| 16 | 3  | 2  | 13 |
|----|----|----|----|
| 5  | 10 | 11 | 8  |
| 9  | 6  | 7  | 12 |
| 4  | 15 | 14 | 1  |

**Universidade Candido Mendes**
**Centro de Estudos Afro-Asiáticos**

Praça Pio X, 7 - 10º andar  Centro
CEP 20040-020  Rio de Janeiro - RJ  Brasil
Tel. (21) 2233-9294
ceaa@candidomendes.edu.br

*Diretor*: Candido Mendes
*Vice-Diretor Técnico Científico*: Livio Sansone
*Coordenação do Projeto*: Márcia Lima

*Apoio*: Fundação Ford

# Paul Gilroy

# O ATLÂNTICO NEGRO
Modernidade e dupla consciência

*Tradução*
*Cid Knipel Moreira*

editora 34

EDITORA 34

Editora 34 Ltda.
Rua Hungria, 592  Jardim Europa  CEP 01455-000
São Paulo - SP  Brasil  Tel/Fax (11) 3811-6777  www.editora34.com.br

Copyright © Editora 34 Ltda. (edição brasileira), 2001
*The Black Atlantic* © Paul Gilroy, 1993

A FOTOCÓPIA DE QUALQUER FOLHA DESTE LIVRO É ILEGAL E CONFIGURA UMA APROPRIAÇÃO INDEVIDA DOS DIREITOS INTELECTUAIS E PATRIMONIAIS DO AUTOR.

Edição conforme o Acordo Ortográfico da Língua Portuguesa.

Capa, projeto gráfico e editoração eletrônica:
*Bracher & Malta Produção Gráfica*

Revisão técnica:
*Denise Ferreira da Silva, Patrícia Farias*

Preparação de texto:
*Sandra Brazil*

Tradução do prefácio à edição brasileira:
*Patrícia Farias*

Revisão:
*Alexandre Barbosa de Souza*

1ª Edição - 2001 (1 Reimpressão),
2ª Edição - 2012 (4ª Reimpressão - 2023)

Catalogação na Fonte do Departamento Nacional do Livro
(Fundação Biblioteca Nacional, RJ, Brasil)

        Gilroy, Paul, 1956
G588a     O Atlântico negro: modernidade e dupla
consciência / Paul Gilroy; tradução de Cid Knipel
Moreira. — São Paulo: Editora 34; Rio de Janeiro:
Universidade Candido Mendes, Centro de Estudos
Afro-Asiáticos, 2012 (2ª Edição).
432 p.

ISBN 978-85-7326-196-7

Tradução de: The Black Atlantic

    1. Negritude. 2. Modernidade. 3. Diáspora.
4. Cultura contemporânea. I. Título.

CDD - 305.896

# O ATLÂNTICO NEGRO
## Modernidade e dupla consciência

Prefácio à edição brasileira .................................. 9
Prefácio .............................................................. 27

1. O Atlântico negro como
   contracultura da modernidade ......................... 33
2. Senhores, senhoras, escravos
   e as antinomias da modernidade ..................... 101
3. "Joias trazidas da servidão":
   música negra e a política da autenticidade ......... 157
4. "Anime o viajante cansado": W. E. B. Du Bois, a
   Alemanha e a política da (des)territorialização ... 223
5. "Sem o consolo das lágrimas": Richard Wright,
   a França e a ambivalência da comunidade ......... 281
6. "Uma história para não se passar adiante":
   a memória viva e o sublime escravo .................. 351

Agradecimentos ................................................. 417
Índice onomástico ............................................. 421

*para Cora Hatsheput
e minha mãe*

# PREFÁCIO À EDIÇÃO BRASILEIRA

Parece adequado iniciar esta edição de *O Atlântico negro* indicando o impacto causado pelos movimentos negros do Brasil e de suas histórias de luta. Eles recentemente conseguiram forçar o reconhecimento do racismo como um aspecto estruturante da sociedade brasileira, uma conquista que é ainda mais notável porque ocorreu em meio a celebrações oficiais. Entretanto, seu padrão de atitudes políticas fornece mais do que apenas um eixo útil de comparação. Em primeiro lugar, ele ajuda a conter os desejos românticos de empregar a cultura brasileira como um signo único que antecipa a possibilidade de um mundo sem raças. Em segundo lugar, dentro da perspectiva analítica fornecida pela ideia da diáspora, a história e os reconhecidos sucessos deste movimento local inevitavelmente levantam questões sobre o escopo e o alcance da política negra. A tradutibilidade e o alcance de modelos políticos baseados exclusivamente na história dos Estados Unidos têm sido ultimamente muito questionados.

Esta linha de investigação nos estimula a perguntar como, a esta altura, no início do século XXI, um século após a famosa "linha de cor" de W. E. B. Du Bois, devemos compreender, e talvez mesmo se estamos preparados para re-articular, as reivindicações políticas que embasaram e orquestraram a própria noção de solidariedade negra. A afinidade extranacional que caracterizou os movimentos negros do século XX foi frágil e esteve longe de ser automática. Ela se tornou menos atraente hoje em dia porque não é focalizada, ou está sincronizada com o tempo da colonização ou com os conflitos militares que almejaram assegurar a libertação nacional e a autonomia pós-colonial.

A solidariedade translocal que aquelas reivindicações promovem parece ser ainda mais preciosa a partir do momento em que sua vulnerabilidade aos poderes destrutivos da globalização se tornou mais óbvia. Ela também deve conter pistas significativas para as implicações resultantes das formas políticas e culturais da globalização.

Falar do Brasil produz, corretamente, hesitação. Tudo o que eu normalmente quero dizer sobre a cultura e a mistura, a diáspora, a história e a socialidade trans-africana tem uma ressonância diferente quando se refere a um lugar tão próximo do epicentro da escravidão racial moderna. Os pontos críticos que recentemente dominaram as lutas políticas dos europeus negros — como forçar governos relutantes a reconhecerem o enraizamento e a mistura e como defender a diferença que eles provocam em termos de cidadania — parecem ser irrelevantes num lugar onde o prejudicial ideal de pureza tem um sentido muito mais frouxo em relação à política cultural e uma relação totalmente diferente com as ideias de raça e de identidade nacional.

Reconheço que ninguém no Brasil precisa de lições de estrangeiros sobre os absurdos básicos do racismo, sobre as relações teóricas e políticas entre raça e classe, sobre as possíveis conexões entre o antirracismo político e a consolidação da democracia e da sociedade civil. E o leitor brasileiro necessita menos ainda de palestras acadêmicas sobre a natureza do hibridismo, do sincretismo ou da crioulização, pontos que estão implicitamente conectados a debates anteriores na história e nas ciências sociais brasileiras. Aqueles processos ao mesmo tempo trans e interculturais são importantes e urgentes demais para serem discutidos por nós, para que permitamos que eles caiam na árida poesia de uma academia desinteressada. Na medida em que os contatos heteroculturais, interculturais e transculturais se espalham e se tornam mais desafiantes, deveria ser óbvio que a análise política conduzida a partir de dentro das fortificações dos países desenvolvidos deveria estar ouvindo com muito cuidado os debates brasileiros contemporâneos sobre a extensão de seu fracasso em abalar a desigualdade social e econômica e a hierarquia racial. Esta é apenas uma das várias maneiras pelas quais os argumentos críticos baseados na história do desenvolvimento brasileiro apontam para relações políticas, sociais e culturais que são parte do futuro dos países desenvolvidos.

Os sentimentos de inibição que descrevi se devem à compreensão de o quanto a história brasileira tem sido marginalizada mesmo nos melhores relatos sobre a política negra centrados na América do Norte e no Caribe. Hoje, espero que a nova tendência sobre a ideia da diáspora possa ajudar a acabar com tal marginalização. No espírito do que pode ser chamado de história "heterológica", gostaria que considerássemos o caráter cultural e as dimensões políticas de uma narrativa emergente sobre a diáspora que possa relacionar, senão combinar e unificar, as experiências modernas das comunidades e interesses negros em várias partes do mundo. Isto deveria ser feito de forma que soubéssemos, tanto quanto possível, o que realmente aconteceu, mas seria também uma forma de adquirir uma perspectiva mais complexa sobre a modernidade e uma compreensão mais rica, pós-antropológica, de suas culturas coloniais e pós-coloniais.

O sistema de escravidão racial e seu lugar no desenvolvimento do comércio global forneceram bases fortes para a análise da escravidão, da *plantation* e de outras modernidades coloniais. Histórias sobre o empreendimento capitalista em suas primeiras fases, como a que é produtivamente esboçada nos capítulos iniciais do *Robinson Crusoé* de Daniel Defoe, sugerem maneiras importantes de pensar regionalmente e translocalmente, e podem ainda ser usadas para unir o que parecem ser tendências distintas. À parte o comércio global, a resistência à escravidão também teve significativas dimensões translocais que os historiadores nem sempre se sentiram à vontade para descrever. O Haiti é aqui, como diz a canção, e devemos lembrar que isto marcou o edifício da euromodernidade de forma muito mais profunda do que se tem reconhecido. Sabemos há décadas como os interesses econômicos e políticos europeus e norte-americanos colaboraram e prolongaram a escravidão no Brasil. Mais tarde, o clássico estudo de Joaquim Nabuco sobre as lutas antiescravagistas brasileiras (aliás, escrito quando ele estava exilado em Londres) lançou algumas pistas a mais sobre o impacto de figuras como John Bright, Harriet Beecher Stowe e Frederick Douglass sobre o movimento abolicionista brasileiro. A longa e específica história do Brasil sobre os contínuos contatos com a África deveria também ser produtivamente acrescentada às narrativas fundamentais da história do "Atlântico negro". A história do futebol, que se transformou de maneira tão bonita aqui, após sua apresentação à elite brasileira pelos ingleses, fornece algumas instigantes possibilidades analíticas. De imediato, a paixão duradoura de Bob Marley pelo time do Santos e seu encontro em 1978 com Paulo César assomam à mente. Estes pontos importantes, mas normalmente deixados de lado, afetaram minha própria vida, quando eu era jovem, e, ignorando o terror sustentado pelo Estado, que havia investido o futebol de novos significados, era um dos dissidentes pós-coloniais que sem nenhuma vergonha, entusiasticamente, escolheu torcer pelo Brasil na Copa do Mundo de 1970, quando eles tiraram de um time inglês formado apenas por brancos aquilo que acreditávamos ser uma posição totalmente imerecida: o título de campeões do mundo.

As iniciativas arqueológicas que podem iluminar tais convergências e interseções, além de numerosas outras, são todas necessárias, mas não são, claro, suficientes. A correção proporcionada pela ideia de um "Atlântico sul negro" é certamente precisa, mas acima desta importante meta, uma abordagem da cultura da diáspora é necessária, uma abordagem que seja capaz de mapear as condições e as delicadas consequências da influência mútua e do que Edouard Glissant chama de "relação". Isso se torna particularmente importante e desafiador ao longo do século XX. O período no qual a política negra emerge em sua forma consciente deve provocadoramente se iniciar com a abolição formal da escravidão racial e terminar com a apresentação de Ronaldo num uniforme fornecido pela Nike Corporation: uma forma diferente de servidão bem remunerada para ser colocada ao lado das variedades mais antigas e mais familiares.

A reorientação conceitual proposta aqui necessita de um encontro maior com as teorias da cultura e sua integridade territorial e corporal. A relação da cultura com o lugar, suas implícitas "ecologias de pertencimento" [*ecologies of belonging*] e sua persistente dinâmica imperial, colonial e pós-colonial estão todas sob um novo escrutínio. No entanto, este interesse renovado não implica fazer a cultura regredir ao culturalismo nem a outras celebrações prematuras ou permanentes. Utilizei o modelo do Atlântico negro para identificar outras possibilidades e interpretações. As culturas do Atlântico negro criaram veículos de consolação através da mediação do sofrimento. Elas especificam formas estéticas e contraestéticas e uma distinta dramaturgia da recordação que caracteristicamente separam a genealogia da geografia, e o ato de lidar com o de pertencer. Tais culturas da consolação são significativas em si mesmas, mas também estão carregadas e contrapostas a uma sombra: a consciência oculta e dissidente de um mundo transfigurado que tem sido ritual e sistematicamente conjurado por pessoas que agem em conjunto e se abastecem com a energia fornecida por uma comunidade mais substantivamente democrática do que a raça jamais permitirá existir. Podemos encontrar prazer nesta história de resistência, mas, mais polemicamente, acho que deveríamos também estar preparados para lê-la política e filosoficamente nos momentos em que ela incorporou e manifestou críticas ao mundo tal como é. As extraordinárias conquistas musicais do Atlântico negro exemplificam largamente este ponto. É com elas que a utopia do sublime escravo* ganha um corpo verdadeiro. Sou testemunha disso, na medida em que a trilha so-

---

\* O conceito de sublime escravo (*slave sublime*) é de autoria de Gilroy. Refere-se às discussões anteriores sobre o sublime, e, mais especificamente, à combinação de dor e prazer que o autor considera uma característica distintiva dos modos de comunicação próprios das culturas construídas pelos escravos e seus descendentes. (N. do R.)

Prefácio à edição brasileira 13

nora de minha juventude foi enriquecida pelas vozes exiladas dos tropicalistas que seguiram os passos de Nabuco na Europa. Meu próprio mundo atlântico triangulou momentaneamente pelas assinaturas sônicas de Raul de Souza, Fred Wesley e Rico Rodriguez, que nos levavam ao Rio, a Chicago e a Kingston.

Não sabemos ainda como este tipo de abordagem pode reescrever a história das insurgentes culturas negras brasileiras, suas batalhas contra a escravidão e as extensas contribuições às culturas translocais de oposição à engrenagem da hierarquia racial. É certo que tais formações oposicionistas e tais energias críticas têm fornecido muito do divertido padrão do qual o desenvolvimento de uma cosmo-política negra se tornou dependente. A cartografia desses movimentos demanda uma história descentrada e talvez excêntrica. Ela propõe uma historiografia que não tentará forçar a integração, mas se contentará, ao invés disso, em tentar e em relacionar (em ambos os sentidos da palavra — no de parentesco e no de narração) as culturas negras do século XX com o *nómos* do pós-moderno planetário.

Este projeto crítico estabelecerá, esperemos, que as complexas afinidades translocais não precisam trivializar a solidariedade cosmo-política. Penso que ela pode ser produtivamente conectada com o que considero os melhores esforços de Boas, Bastide e muitos outros. Podemos seguir seus espíritos nos pântanos da crioulização para descobrirmos os complexos culturais que podem apenas ser mal descritos como a "mútua interpenetração de civilizações". Hoje, estas difíceis questões podem ser abordadas num nível diferente: um nível que não coincida com os padrões ultrapassados de uma história meramente nacional. Os problemas políticos que repousam aqui não devem ser entendidos apenas como dificuldades transientes no trabalho de edificação de uma cultura nacional coesa, ou seja, como aspectos contingentes de uma hegemonia fechada, ou, mais tecnicamente, como obstáculos removíveis pelas mãos satisfeitas tanto de uma homogeneidade controlada como de um pluralismo habitável. Eles fornecem recursos para que se escrevam histórias, ainda não escritas nem pensadas, sobre uma trans-cultura negra. Como tentei demonstrar, esta abordagem cosmopolita nos leva necessariamente não só à terra, onde encontramos o solo especial no qual se diz que as culturas nacionais têm suas raízes, mas ao mar e à vida marítima, que se movimenta e que cruza o oceano Atlântico, fazendo surgir culturas planetárias mais fluidas e menos fixas.

A contaminação líquida do mar envolveu tanto mistura quanto movimento. Dirigindo a atenção repetidamente às experiências de cruzamento e a outras histórias translocais, a ideia do Atlântico negro pode não só aprofundar nossa compreensão sobre o poder comercial e estatal e sua relação com o território e o espaço, mas também resume alguns dos árduos problemas conceituais que podem aprisionar ou enrijecer a própria ideia de cultura. Os ganhos potenciais aqui podem ser vislumbrados até mesmo através de um contraste simplificado entre nações estabelecidas e essencialmente sedentárias — baseadas num único centro, mesmo que seus tentáculos imperiais se estendam muito mais — e os padrões de fluxo e mobilidade que caracterizam a aventura extranacional e a criatividade intercultural.

Referências adicionais para este ambicioso projeto são fornecidas por algumas reivindicações controversas sobre as "contraculturas da modernidade" que foram iniciadas e espetacularmente reproduzidas pelos escravos e seus decepcionados descendentes. Uma vez que a multicultura emergiu como um objeto ético e político contestado, esta instância não só gera argumentos que devem desafiar as suposições da teoria política liberal, por apontar continuamente para aquele ponto onde o poder corrosivo e excludente do pensamento racial tem prejudicado e reestruturado suas inocentes noções de justiça e democracia. Ela também sugere que as dúbias, mas sem dúvida atraentes, promessas de uma perspectiva liberal só podem ser consideradas se se prestar atenção de forma consistente à brutalidade da história da raciologia e seus efeitos excludentes.

Além disso, esta contra-história levanta a instigante possibilidade de que enfocar, em nossa defesa da democracia para o século XXI, a obstinada persistência do racismo pode em si mesmo levar a redefinições enriquecedoras e produtivas de o que o liberalismo foi e o que ele será. Estas operações traiçoeiras têm sempre seu melhor guia no espírito popular. Ele se afasta da outra premissa, mais impopular, e é energizado pela ideia de que o fim da hegemonia intelectual e política europeia e norte-americana neste planeta está a caminho. Estes conflitos culturais podem então ser interpretados como sintomas de um longo legado de tais ordenamentos políticos e econômicos.

Reconhecer tal transformação irreversível poderá também acarretar novas formas de pensar, particularmente em relação ao sistema de Estados-nação e governos nacionais que tem sido dominante por muito tempo, mas que está agora começando a se enfraquecer e entrar em declínio.

Sugiro que devemos reconsiderar as possibilidades de escrever relatos não centrados na Europa sobre como as culturas dissidentes da modernidade do Atlântico negro têm desenvolvido e modificado este mundo fragmentado, contribuindo amplamente para a saúde de nosso planeta e para suas aspirações democráticas. Este trabalho corresponde às aflições da geração da Guerra Fria, que incluem a atração pelo passado, a adesão ética e política à ideia de celebrar a experiência sublime da escravidão e uma disposição geralmente favorável diante de movimentos sociais que desafiem o sistema numa insurgência revolucionária que complemente, amplie e então repudie um Iluminismo europeu incompleto e codificado racialmente.

Estas forças revolucionárias foram diferentes das mentalidades jacobinas com as quais elas estiveram regularmente conjugadas. Elas levantaram críticas distintas, relacionadas a uma "dupla consciência" que, sob o risco de simplificação, tocaram vários temas centrais que coincidem com a agenda proposta pelo marxismo e por outros movimentos radicais e revolucionários, mas também se afastam deles. A autocriação através do trabalho e sua relação supostamente privilegiada com a aquisição da liberdade, por exemplo, foram enfaticamente recusadas em favor de outras estratégias de autoconstrução social que reivindicaram o corpo do mundo do trabalho e o fizeram ao invés disso o *locus* do jogo, da resistência e do desejo. Tal repúdio foi muitas vezes combinado com algumas complexas denúncias da injusta ligação entre o mundo das leis e as formas de dominação racial que eram oficialmente legais, mas moral e espiritualmente ilegítimas. As irracionalidades racionalizadas do pensamento racial e a aplicação racional do terror racial da mesma forma levaram os procedimentos técnicos da razão europeia ao descrédito.

É significativo, para meus objetivos, que onde quer que eles surgissem, estes *insights* oposicionistas e os movimentos que eles ajudaram a criar estiveram articulados com fortes versões de consciência histórica. O dinâmico trabalho de memória que é estabelecido e moralizado na edificação da intercultura da diáspora construiu a coletividade e legou tanto uma política como uma hermenêutica aos seus membros contemporâneos. Aqui também as fronteiras oficiais do que conta como cultura foram alargadas e renegociadas. A ideia de diáspora se tornou agora integral a este empreendimento político, histórico e filosófico descentrado, ou, mais precisamente, multicentrado. Falaremos mais diretamente sobre este ponto adiante.

Diria que a discussão contemporânea sobre o conceito de diáspora surge como uma resposta mais ou menos direta aos ganhos trans-locais advindos do movimento Black Power durante a Guerra Fria. Primeiro, ela circulou como parte de um argumento que propunha a reconfiguração da relação entre a África e as populações parcialmente descendentes de africanos do hemisfério ocidental. Sustentada por frutíferas revisões da ideia de libertação nacional, esta iniciativa cada vez mais audaz se dirigiu contra argumentos mais gerais que iluminaram as limitações políticas reveladas pelas formas essencialistas de conceituar a cultura, a identidade e a identificação. Diferenças dentro do coletivo em questão não podem ser indefinidamente reprimidas em prol de que se maximize as diferenças entre este grupo em particular e os outros.

Prefácio à edição brasileira

As teorias baseadas na noção de diáspora tem por vezes reagido de forma impaciente contra o poder coercitivo e autoritário da unanimidade racial. Tal essencialismo tem procurado atalhos em direção à unidade e tem repousado sobre concepções totalitárias e mesmo fascistas sobre a comunidade política, especialmente quando toma emprestado teorias alemãs sobre a hipersimilaridade racial e o absolutismo étnico.

Estas duvidosas aquisições tornaram os negros não apenas contingentemente similares, mas permanentemente e irredutivelmente os mesmos. (Este é um problema não resolvido que, na minha visão de estrangeiro, parece ter forte ressonância aqui com as controvérsias sobre a relação entre o integralismo de Plínio Salgado e a Frente Negra Brasileira sob a liderança de Arlindo Veiga dos Santos). A história destas organizações autoritárias e ultranacionalistas ainda é importante para a análise da diáspora sobre as culturas políticas negras no século XX e para o trabalho mais amplo de enriquecimento do antirracismo político com um centro ético que por vezes lhe falta. Lidar com estes atalhos que buscam uma solidariedade mecânica nos lembra que o conceito de diáspora pode oferecer alternativas reais para a inflexível disciplina do parentesco primordial e a fraternidade pré-política e automática. A popular imagem de nações, raças ou grupos étnicos naturais, espontaneamente dotados de coleções intercambiáveis de corpos ordenados que expressam e reproduzem culturas absolutamente distintas é firmemente rejeitada. Como uma alternativa à metafísica da "raça", da nação e de uma cultura territorial fechada, codificada no corpo, a diáspora é um conceito que ativamente perturba a mecânica cultural e histórica do pertencimento. Uma vez que a simples sequência dos laços explicativos entre lugar, posição e consciência é rompida, o poder fundamental do território para determinar a identidade pode também ser rompido.

Se a separação, o tempo e a distância do ponto de origem ou do centro da soberania complicam o simbolismo da reprodução étnica e nacional, as ansiedades em relação às fronteiras e os limites da semelhança têm levado as pessoas a buscar segurança e antídotos às suas ansiedades na santificação da diferença corporificada. Os racismos que codificaram a biologia em termos culturais têm sido facilmente introduzidos com novas variantes que circunscrevem o corpo numa ordem disciplinar e codificam a particularidade cultural em práticas corporais. As diferenças de gênero se tornam extremamente importantes nesta operação antipolítica, porque elas são o signo mais proeminente da irresistível hierarquia natural que deve ser restabelecida no centro da vida diária. As forças nada sagradas da bio-política nacionalista interferem nos corpos das mulheres, encarregados da reprodução da diferença étnica absoluta e da continuação de linhagens de sangue específicas. A integridade da raça ou da nação portanto emerge como a integridade da masculinidade. Na verdade, ela só pode ser uma nação coesa se a versão correta de hierarquia de gênero foi instituída e reproduzida. A família é o eixo para estas operações tecnológicas. Ela conecta os homens e as mulheres, os garotos e as garotas à comunidade mais ampla a partir da qual eles devem se orientar se quiserem possuir uma pátria.

Esta lúgubre narrativa leva de toda forma ao fascismo, com seus distintos mitos de renascimento nacional após períodos de fraqueza e decadência. Quero enfatizar que a diáspora desafia isto ao valorizar parentescos sub e supranacionais, e permitindo uma relação mais ambivalente com as nações e com o nacionalismo. A propensão não nacional da diáspora é ampliada quando o conceito é anexado em relatos antiessencialistas da formação de identidade como um processo histórico e político, e utilizado para conseguir um afastamento em relação à ideia de identidades primordiais que se estabelecem supostamente tanto pela cultura como pela natureza. Ao aderir à diáspora, a identidade pode ser, ao invés disso, levada à contingência, à indeterminação e ao conflito.

Este desenvolvimento está conectado com a transformação da ideia mais antiga, uni-direcionada, da diáspora como uma forma de dispersão catastrófica mas simples, que possui um momento original identificável e reversível — a sede do trauma — em algo bem mais complexo e frutífero. A rede que a análise da diáspora nos ajuda a fazer pode estabelecer novas compreensões sobre o *self*, a semelhança e a solidariedade. No entanto, os pontos ou nós que compõem esta nova constelação não são estágios sucessivos num relato genealógico de relações de parentesco — ramos de uma única árvore familiar. Não se produz o futuro a partir de uma sequência de teleologia étnica. Nem tampouco são eles pontos de uma trajetória linear em direção ao destino que a identidade afinal representa. Eles sugerem um modo diferente de ser, entre as formas de agenciamento micropolítico exercitado nas culturas e movimentos de resistência e de transformação e outros processos políticos que são visíveis em escala maior. Juntas, sua pluralidade, regionalidade e ligação transversa promovem algo mais que uma condição adiada de lamentação social diante das rupturas do exílio, da perda, da brutalidade, do *stress* e da separação forçada. Elas iluminam um clima mais indeterminado, e alguns diriam, mais modernista, no qual a alienação natal e o estranhamento cultural são capazes de conferir criatividade e de gerar prazer, assim como de acabar com a ansiedade em relação à coerência da raça ou da nação e à estabilidade de uma imaginária base étnica.

Formas contrastantes de ação política emergiram e criaram novas possibilidades e novos prazeres através dos quais os povos dispersados reconheceram que os efeitos do deslocamento espacial tornavam a questão da origem inacessível e em ampla medida irrelevante. Eles podem mesmo ter chegado a aceitar a possibilidade de que não são mais o que já foram um dia, e não podem, portanto, rebobinar as fitas de suas caóticas histórias culturais. Moldada por estas circunstâncias, a ideia da diáspora nos encoraja a atuar rigorosamente de forma a não privilegiar o Estado-nação moderno e sua ordem institucional em detrimento dos padrões subnacionais e supranacionais de poder, comunicação e conflito que eles lutaram para disciplinar, regular e governar. O conceito de espaço é em si mesmo transformado quando ele é encarado em termos de um circuito comunicativo que capacitou as populações dispersas a conversar, interagir e mais recentemente até a sincronizar significativos elementos de suas vidas culturais e sociais. Esta versão da diáspora é distinta, porque ela enxerga a relação como algo mais do que uma via de mão única. Ela nunca ofereceu apenas uma resposta aos interesses, tanto acadêmicos como políticos, que tentaram negar as sobrevivências africanas, seus contágios e as influências da escravidão e para além dela. Esta abordagem das relações diaspóricas surge depois que a lógica cultural da combinação, do tangenciamento e da suplementaridade foi estabelecida por escritores entre os quais os historiadores e antropólogos do "sincretismo" brasileiro foram extremamente proeminentes. Seus *insights* sugerem que os preciosos fragmentos que celebramos e veneramos sob o nome de "sobrevivência" nunca serão intactos ou completos, e mais que isso: que numa decisiva divergência em relação à agenda política e à limitada economia moral do nacionalismo africano-americano, aquelas mesmas sobrevivências podem se tornar mais interessantes, estimulantes, prazeirosas e profundas através dos profanos processos que os amalgamam com elementos imprevisíveis e não planejados, vindos das fontes mais diversas. Nesta contracultura, o prazer da combinação é aumentado por um senso da distância cultural que está sendo ultrapassada, sendo a Afrociberdelia o exemplo mais recente disso.

A diáspora africana pelo hemisfério ocidental dá lugar aqui à história de futuras dispersões, tanto econômicas quanto políticas, pela Europa e pela América do Norte. Estas jornadas secundárias também estão associadas à violência e são um novo nível da disjunção diaspórica, e não apenas reviravoltas ou impasses. Os mecanismos culturais e políticos não podem ser compreendidos sem que se atente para o tempo da migração forçada e para o ritmo quebrado no qual artistas e ativistas deixam regimes assassinos para trás e encontram asilo político em outro lugar. A história da música jamaicana, cubana e brasileira no século XX pode ser facilmente reconstruída através destas linhas cosmo-políticas.

A ênfase proposta aqui sublinha as formas nas quais as culturas vernaculares têm viajado e valoriza os modos pelos quais elas podem resistir à disciplina marcial de todos os projetos de libertação nacional. Mas acima disso, como já disse, ela frisa uma reconceitualização da cultura a partir do sentimento de sua desterritorialização.

A ideia de culturas viajantes foi um instrumento valioso para desagregar as suposições complacentes e irrefletidas a respeito de uma história cultural sedentária. No entanto, ela rapidamente se tornou banal e inútil, a partir do momento em que um ramo acadêmico e fácil do debate sobre a diáspora produziu ortodoxias elegantes porém superficiais, vazias de qualquer sentido de conflito ou de violência. Diante de tal resultado, parece imperativo impedir que a diáspora se torne apenas um sinônimo de movimento. Devemos voltar à geo-piedade e às persistentes formações culturais que rejeitam óbvias analogias, resistem à tradução, recusam a mobilidade e não podem ser transportadas. Esta mudança de ênfase tenta preservar as tensões específicas que guiaram as investigações diaspóricas através das questões do *self*, do sujeito e da solidariedade. Elas tentam reter o sentido de que nesta orientação estão em jogo questões que dizem respeito à vida e à morte.

Dirigir estas observações para a história heterológica nos leva de volta ao garveyismo, que foi uma espécie de moderna ponte entre os sionismos negros do final do século XIX (o que podemos chamar de pan-africanismo do retorno) e a política anticolonial da negritude que a seguiu, rompendo com as mentalidades missionárias norte-americanas e criando um modo de pertencimento mútuo que podemos distinguir como sendo o pan-africanismo da solidariedade. O etiopianismo e a cultura rastafari parecem ter sido o impulso final deste instável estágio intermediário. A desejável reconciliação com um passado traumático se transformou uma vez que a ideia de reconquistar a pátria africana foi tacitamente abandonada. Os conhecidos padrões de autoridade e de hierarquia que caracterizaram o primeiro estágio da construção nacional foram eclipsados por princípios de pseudossolidariedade e conexão que atuam através de noções de proximidade e presença conectadas de um lado pelo consumismo e pelo estilo de vida e de outro pelo ideal pós-moderno de caridade. As simulações atuais, pós-modernas, de pan-africanismo atuam em cima da ideia de igualdade e semelhança, mas não aspiram à solidariedade. E, embora possam estender o turismo aos antepassados, a lugares de memória tais como a costa sul-africana, Gorée [Senegal] ou mesmo Salvador e Cachoeira, não envolvem normalmente a ideia de permanente reterritorialização. Se há uma conexão residual com a África ali, é como se ela fosse apresentada como uma associação mítica e sentimental com uma grandeza perdida que necessita urgentemente ser restaurada. A pequena distância, então, entre se identificar com os israelitas da Bíblia e com seus opressores faraônicos finalmente é percorrida. Se qualquer conexão vital com a África é identificada no presente, é de cunho comercial, se encaixando na lógica global da jurisdição imperial corporativa que tudo abarca.

Concluindo, sugiro que a diáspora se tornou menos um argumento a respeito da identidade, da hibridez e da globalização; das culturas viajantes e do mecanismo disciplinar do Estado do que uma muda disputa sobre os códigos que irão regular a maneira pela qual a história das culturas negras no século XX será escrita. Frequentemente este campo se rompe, por conta de posições antagônicas que refletem a dinâmica imperial mais ampla envolvida nesta discussão. Na medida em que as lutas anticoloniais na África pararam de representar o papel central que tinham durante a Guerra Fria, os negros de todos os lugares são instados cada vez mais a aceitar e internalizar versões de negritude de origem norte-americanas e que circulam através de seus agentes corporativos, chamados a desenvolver remotos mercados para os "*software*" africano-americanos. Se há boas-novas, estas são as de que a ideia de negritude como abjeção está se fundindo a definições mais prestigiosas de negritude em termos de vitalidade, saúde e dinamismo super-humano. No entanto, isso não significa o fim do pensamento racial. A maior parte do tempo estas perspectivas americocêntricas são insensíveis às variações linguísticas e a outras diferenças regionais. Seu essencialismo é a opção mais fácil e barata aberta aos intermediários corporativos da comunidade negra, tornando tais fatores irrelevantes.

Se esta perspectiva de mercado ainda guarda qualquer versão de consciência pan-africana, é aquela que define o progresso pela extensão infinita e insustentável de hábitos de consumo — e de suas distintas visões sobre a hierarquia racial — norte-americanos para todo o planeta. Isto pode ter sido uma fantasia desculpável durante o período do Black Power, do funk e do *soul*, mas é uma opção profundamente repulsiva na era da globalização do *hip-hop* e da multicultura corporativa. Note-se que a África contemporânea e sem dúvida todo o mundo em desenvolvimento ficam de fora deste quadro. A África atual é substituída por significantes icônicos de um passado africano genérico e ideal que pode ainda ter efeitos políticos reais em situações das quais as sensibilidades históricas foram retiradas e não chegam a ser política e eticamente construtivas.

Minha resposta negativa a estes processos que outros acharam divertidos emerge da insatisfação diante das análises da globalização que se escrevem hoje em dia. Elas de forma alguma foram capazes de lidar com o problema das divisões raciais ou pretendem analisar seu lugar nas racionalidades do poder colonial e pós-colonial. Levanto esta questão não para reinscrever ontologias da raça, ou para reificar a diferença racial num momento em que seu apagamento parece uma possibilidade, mas para consolidar e renovar nossas críticas da própria ideia de raça e esperançosamente prever sua morte como princípio de cálculo moral e político. A luta do antirracismo não pode obviamente terminar nesta vitória parcial. Deverá haver outros confrontos. O primeiro deles é com a representação de corpo humano como repositório fundamental da ordem da verdade racial. O segundo é, como já disse, com a ideia de cultura em si. O terceiro confronto, e o mais urgente deles, é com o padrão de desejos e ódios que Freud chamou de narcisismo das menores diferenças. Esta última tarefa nos obriga a identificar as distintas racionalidades, lógicas, metafísicas, patologias e possibilidades de ecologias culturais, mais complexas do que aquelas articuladas sob os nomes de soberania territorial e absolutismo étnico. Sob a ideia-chave da diáspora, nós poderemos então ver não a "raça", e sim formas geopolíticas e geoculturais de vida que são resultantes da interação entre sistemas comunicativos e contextos que elas não só incorporam, mas também modificam e transcendem.

*Paul Gilroy*

# PREFÁCIO

A primeira ideia para este livro surgiu quando eu estava trabalhando na South Bank Polytechnic (atual South Bank University) em Elephant and Castle, Londres, depois de um período difícil em que eu estava dando aulas sobre história da sociologia para um grupo grande de estudantes do segundo ano que haviam optado por não se aprofundar nessa disciplina ao longo de sua graduação. O afastamento em relação à sociologia, para muitos deles, era um sinal deliberado de seu desengajamento da vida do espírito. Para agravar a situação, as aulas começavam muito cedo. Com a ajuda de autores como Michel Foucault, Marshall Berman, Richard Sennett, Fredric Jameson, Jurgen Habermas, Stuart Hall, Cornel West, Jane Flax, bell hooks, Donna Haraway, Nancy Hartsock, Sandra Harding, Janet Wolff, Seyla Benhabib e Zygmunt Bauman, além de uma boa dose dos clássicos, eu procurava convencê-los de que valia a pena compreender e discutir a história e a herança do Iluminismo. Empenhei-me muito para pontuar o fluxo do material centrado na Europa com observações extraídas das contribuições discordantes de autores negros sobre os interesses iluministas e contrailuministas.

*O Atlântico negro* desenvolveu-se a partir de minhas tentativas irregulares de mostrar a esses estudantes que as experiências do povo negro faziam parte da modernidade abstrata que eles achavam tão intrigante; e de provar algumas coisas que os intelectuais negros haviam dito — às vezes como defensores do Ocidente, outras vezes como seus críticos mais agressivos — sobre seu sentido de inserção no mundo moderno.

No capítulo 1, explicitam-se as dimensões dos argumentos polêmicos, desenvolvidos em seguida mais profundamente. Nele mostra-se como diferentes paradigmas nacionalistas para se pensar a história cultural fracassam quando comparados à formação intercultural e transnacional, a qual chamo Atlântico negro. O texto traz algumas afirmações políticas e filosóficas em favor da cultura vernacular negra e lança um novo olhar sobre a história do pensamento nacionalista negro que tem sido obrigado a reprimir sua própria ambivalência em relação ao exílio da África.

O capítulo 2 surgiu da ausência de preocupação com "raça" ou etnia nos textos mais recentes sobre a modernidade. Nele se afirma que a escravidão racial foi parte integrante da civilização ocidental e se considera em detalhe a relação senhor/escravo, que funda tanto as críticas como as afirmações da modernidade desenvolvidas por intelectuais negros. No capítulo, argumenta-se que os modernismos literário e filosófico do Atlântico negro encontram suas origens em um sentido bem desenvolvido de cumplicidade entre a razão racializada e o terror da supremacia branca.

No capítulo 3, investigam-se esses temas articulados a um comentário histórico sobre aspectos da música negra. Apresentam-se um inventário das questões sobre as ideias de autenticidade étnica rotineiramente construídas por meio de discussões dessa música, as identidades de gênero que ela celebra e as imagens de "raça" como família que se tornaram parte importante tanto de sua produção como de sua interpretação. Procura-se ainda demonstrar por que a polarização entre as teorias essencialistas e antiessencialistas da identidade negra tornou-se improdutiva. Propõe-se que a análise da história da música do Atlântico negro pode desempenhar um papel útil na elaboração de um conjunto mais satisfatório de argumentos antiantiessencialistas.

No capítulo 4, examina-se uma pequena parte da obra de W. E. B. Du Bois, cuja instigante teoria da "dupla consciência" [*double consciousness*] é um dos temas centrais que organizam meu trabalho. No capítulo questiona-se a inserção de sua obra no cânone emergente da história cultural africano-americana e explora-se o impacto de seu pan-africanismo e anti-imperialismo sobre os elementos de seu pensamento, que foram configurados por uma convicção na excepcionalidade africano-americana. A intenção desse capítulo é mostrar como a cultura política do Atlântico negro mudou à medida que saía das fases iniciais que haviam sido dominadas pela necessidade de fugir à escravidão e de várias tentativas de conquistar uma cidadania significativa nas sociedades pós-emancipação. Minha hipótese é de que as viagens e os estudos de Du Bois na Europa transformaram seu entendimento da "raça" e do lugar deste conceito no mundo moderno.

O capítulo 5 continua esta linha de argumento com uma discussão paralela sobre a obra de Richard Wright e das reações críticas a ela. No caso deste autor, a política do Atlântico negro é reexaminada sobre o pano de fundo do fascismo europeu e da construção dos estados-nações pós-coloniais e independentes na África e em outras áreas. Procura-se defender Wright das tendências na crítica literária africano-americana que afirmam que a obra que ele produziu enquanto vivia na Europa perde valor quando comparada a seus escritos anteriores, supostamente autênticos. Ele é aplaudido por suas tentativas de vincular a sina dos negros americanos às experiências de outros povos colonizados e de elaborar uma teoria da subordinação racial que incluía uma psicologia.

O livro termina com uma discussão crítica do africentrismo e do modo como este tem entendido a ideia de tradição mais como repetição invariante do que como estímulo para a inovação e a mudança. Este capítulo inclui uma reflexão sobre o conceito de diáspora, importado de inconfessadas fontes judaicas para a política pan-africana e a história negra. Sugiro que este conceito deva ser valorizado por sua capacidade de propor a relação entre igualdade e diferenciação étnica: um mesmo *mutável*. Afirmo também que as trocas entre negros e judeus são importantes para o futuro da política cultural do Atlântico negro, bem como para sua história.

É essencial enfatizar que não há nada de definitivo aqui. A cultura atlântica negra é tão descomunal e sua história tão pouco conhecida que raramente fiz pouco mais do que lançar alguns marcos preliminares para futuras investigações mais detalhadas.

Minhas preocupações são heurísticas e minhas conclusões, estritamente provisórias. Existem também muitas omissões óbvias. Praticamente não digo nada sobre a vida, teorias e atividades políticas de Frantz Fanon e C. L. R. James, os dois mais famosos pensadores do Atlântico negro. A vida de ambos desde logo se encaixa no padrão de movimento, transformação e relocação que descrevi. Entretanto, eles já são suficientemente bem conhecidos, ainda que não sejam lidos tão amplamente como deveriam, e outras pessoas iniciaram o trabalho de introduzir seus textos na teoria crítica contemporânea.

Existem duas aspirações que desejo compartilhar com os leitores, antes que eles embarquem na viagem marítima que eu gostaria que a leitura deste livro representasse. Nenhuma delas está restrita aos exemplos racializados que utilizei para lhes dar substância. A primeira é minha esperança de que o conteúdo deste livro seja unificado por uma preocupação de repudiar as perigosas obsessões com a pureza "racial" que se encontram em circulação dentro e fora da política negra. Afinal, este livro é, essencialmente, um ensaio sobre a inevitável hibridez e mistura de ideias. A segunda é meu desejo de que o apelo sincero deste livro contra a clausura das categorias com as quais conduzimos nossas vidas políticas não deixe de ser ouvido. A história do Atlântico negro fornece um vasto acervo de lições quanto à instabilidade e à mutação de identidades que estão sempre inacabadas, sempre sendo refeitas.

"O que importa para o dialético é trazer o vento da história mundial para as suas velas. Pensar para ele significa: içar as velas. O importante é o modo como elas são içadas. As palavras são as suas velas. O modo como são içadas as convertem em conceitos."

*Walter Benjamin*

"Abandonamos a terra e embarcamos. Queimamos nossas pontes atrás de nós — na verdade, fomos mais longe e destruímos a terra atrás de nós. Agora, barquinho, cuidado! Ao seu lado está o oceano: por certo ele nem sempre ruge e, às vezes, ele se esparrama como seda e ouro e devaneios de afabilidade. Mas horas virão em que você perceberá que ele é infinito e que não há nada mais atemorizante do que o infinito. Ah, o pobre pássaro que se sentia livre agora se choca contra as paredes dessa gaiola! Desgraça, quando você sente saudade da terra como se ela houvesse oferecido mais *liberdade* — e não há mais nenhuma 'terra'."

*Friedrich Nietzsche*

"Nas roupas eu me vestia em estilo marinheiro. Eu usava uma camisa vermelha, um boné de lona e uma gravata preta com laço de marinheiro, desleixada e solta em volta do pescoço. Meu conhecimento de embarcações e conversas de marinheiros me foram de muita valia, pois eu conhecia um barco da popa à proa e da sobrequilha às vaus reais, e conseguia conversar como um 'velho lobo do mar'."

*Frederick Douglass*

# 1.
# O ATLÂNTICO NEGRO COMO CONTRACULTURA DA MODERNIDADE

> "Nós que somos sem lar — Entre os europeus, hoje não faltam aqueles que se arrogam o direito de se chamarem sem-lar em um sentido distintivo e honroso... Nós, crianças do futuro, como poderíamos nos sentir em casa nos dias de hoje? Sentimos desagrado por todos os ideais que poderiam levar alguém a sentir-se em casa mesmo neste tempo frágil e inativo de transição; quanto às 'realidades', não acreditamos que elas durarão. O gelo que ainda hoje suporta as pessoas se tornou muito fino; o vento que traz o degelo está soprando; nós mesmos, os sem-lar, constituímos uma força que rompe o gelo e outras 'realidades' demasiado finas."
>
> *Friedrich Nietzsche*

> "*Sobre a noção de modernidade*. É uma questão desconcertante. Toda era não seria 'moderna' em relação à precedente? Parece que pelo menos um dos componentes de 'nossa' modernidade é a expansão da consciência que temos dela. A consciência de nossa consciência (a dupla, o segundo grau) é nossa fonte de força e nosso tormento."
>
> *Edouard Glissant*

Esforçar-se por ser ao mesmo tempo europeu e negro requer algumas formas específicas de dupla consciência. Ao dizer isto não pretendo sugerir que assumir uma ou ambas identidades inacabadas esvazie necessariamente os recursos subjetivos de um determinado indivíduo. Entretanto, onde os discursos racista, nacionalista ou etnicamente absolutista orquestram relações políticas de modo que essas identidades pareçam ser mutuamente exclusivas, ocupar o espaço entre elas ou tentar demonstrar sua continuidade tem sido encarado como um ato provocador e mesmo opositor de insubordinação política.

Os negros ingleses contemporâneos, como os anglo-africanos de gerações anteriores e, talvez, como todos os negros no Ocidente, permanecem entre (pelo menos) dois grandes grupos culturais, que têm se transformado ao longo da marcha do mundo moderno que os formou e assumiu novas configurações. No momento, eles permanecem simbioticamente fechados em uma relação antagônica demarcada pelo simbolismo de cores que se soma ao poder cultural explícito de sua dinâmica maniqueísta central — preto e branco. Essas cores sustentam uma retórica especial que passou a ser associada a um jargão de nacionalidade e filiação nacional, bem como aos jargões de "raça" e identidade étnica.

Embora em grande parte ignoradas pelos recentes debates sobre a modernidade e seus descontentes, essas ideias sobre nacionalidade, etnia, autenticidade e integridade cultural são fenômenos tipicamente modernos com implicações profundas para a crítica cultural e a história cultural. Eles se materializaram com as transformações revolucionárias do Ocidente ao final do século XVIII e início do XIX e envolviam tipologias e modos de identificação inéditos. Qualquer desvio para uma condição pós-moderna não deve, porém, significar que o poder manifesto dessas subjetividades modernas e os movimentos que elas articularam tenham sido deixados para trás. Na verdade, o seu poder cresceu e sua ubiquidade, como meio de dar sentido político ao mundo, atualmente não encontra paralelos nos jargões de classe e de socialismo pelos quais outrora pareciam ter sido sobrepujados. Minha preocupação aqui é menos com a explicação de sua longevidade e atração duradoura do que com a exploração de alguns problemas políticos específicos oriundos da junção fatal do conceito de nacionalidade com o conceito de cultura e as afinidades e parentescos que unem os negros do Ocidente a uma de suas culturas adotivas e originais: a herança intelectual do Ocidente a partir do Iluminismo. Passei a ficar fascinado pelo modo como gerações sucessivas de intelectuais negros entenderam esta ligação e como a projetaram em sua escrita e sua fala na busca de liberdade, cidadania e autonomia social e política.

Se isso parece ser pouco mais do que um modo indireto de dizer que as culturas reflexivas e a consciência dos colonos europeus e aquelas dos africanos que eles escravizaram, dos "índios" que eles assassinaram e dos asiáticos que eles subjugaram, não eram, mesmo em situações da mais extrema brutalidade, hermeticamente isoladas umas das outras, então, assim seja. Parece que essa deveria ser uma observação óbvia e autoevidente, mas seu caráter inflexível foi sistematicamente obscurecido por comentaristas de todas as tendências de opinião política. Seja qual for sua filiação à direita, esquerda ou centro, os grupos têm regressado à ideia de nacionalismo cultural, a concepções superintegradas de cultura que apresentam as diferenças étnicas como uma ruptura absoluta nas histórias e experiências do povo "negro" e do povo "branco". Contra essa escolha se impõe outra opção mais difícil: a teorização sobre crioulização, *métissage*, *mestizaje* e hibridez. Do ponto de vista do absolutismo étnico, essa seria uma ladainha de poluição e impureza. Esses termos são maneiras um tanto insatisfatórias de nomear os processos de mutação cultural e inquieta (des)continuidade que ultrapassam o discurso racial e evitam a captura por seus agentes.

Este livro aborda uma pequena área dentro da consequência maior desta conjunção histórica: as formas culturais estereofônicas, bilíngues ou bifocais originadas pelos — mas não mais propriedade exclusiva dos — negros dispersos nas estruturas de sentimento, produção, comunicação e memória, a que tenho chamado heuristicamente mundo atlântico negro. Este capítulo, portanto, tem como raiz e como rota o esforço envolvido em tentar olhar para (pelo menos) duas direções simultaneamente.

Minhas preocupações nesta etapa são basicamente conceituais: tentei abordar o constante engodo dos absolutismos étnicos na crítica cultural produzida tanto pelos negros como pelos brancos. Em particular, este capítulo busca explorar as relações especiais entre "raça", cultura, nacionalidade e etnia que possuem relevância nas histórias e culturas políticas dos cidadãos negros do Reino Unido. Em outro trabalho, argumentei que as culturas desse grupo foram produzidas em um padrão sincrético no qual os estilos e as formas do Caribe, dos Estados Unidos e da África foram reelaborados e reinscritos no contexto moderno do próprio conjunto desordenado de conflitos regionais e classistas do Reino Unido moderno. Em vez de fazer do fluxo revigorado dessas formas culturais mescladas o foco de minha preocupação aqui, desejo considerar questões mais amplas de identidade étnica que contribuíram para o conhecimento acadêmico e as estratégias políticas que os colonos negros da Inglaterra geraram e para o sentido subjacente da Inglaterra como uma comunidade cultural coesa em relação à qual sua autoconcepção tantas vezes tem sido definida. Aqui, as ideias de nação, nacionalidade, filiação nacional e nacionalismo são supremas. Elas são extensamente apoiadas por um agregado de estratégias retóricas que podem ser denominadas "inclusivismo cultural".[1] A marca registrada essencial do inclusivismo cultural, que também fornece o fundamento para a sua popularidade, é um sentido absoluto de diferença étnica. Esse sentido é maximizado de forma a distinguir as pessoas entre si e, ao mesmo tempo, assumir uma prioridade incontestável sobre todas as outras dimensões de sua experiência social e histórica, culturas e identidades. De modo característico, essas afirmações são associadas à ideia de filiação nacional ou aspiração à nacionalidade e outras formas mais locais, porém equivalentes, de parentesco cultural. A gama e a complexidade dessas ideias na vida cultural inglesa escapam ao mero resumo ou à mera exposição. Entretanto, as formas de inclusivismo cultural que elas sancionam

---

[1] Werner Sollors, *Beyond Ethnicity*. Nova York e Oxford: Oxford University Press, 1986.

normalmente constroem a nação como um objeto etnicamente homogêneo e invocam a etnia uma segunda vez nos procedimentos hermenêuticos acionados para dar sentido ao seu conteúdo cultural distinto. A junção intelectual na qual os estudos culturais ingleses têm se posicionado — por meio de um trabalho inovador nos campos da história social e da crítica literária — pode ser detectada neste ponto. As modalidades estatistas de análise marxista que concebem os modos de produção material e de dominação política como entidades exclusivamente *nacionais* são apenas uma das fontes desse problema. Outro fator, mais evasivo, embora potente por sua ubiquidade intangível, é um nacionalismo cultural silencioso que perpassa o trabalho de alguns pensadores radicais. Este criptonacionalismo significa que eles frequentemente declinam de considerar a dinâmica intercatalítica ou transversal da política racial como elemento significativo na formação e reprodução das identidades nacionais inglesas. Essas formações são tratadas como se brotassem, completamente formadas, de suas próprias entranhas.

Minha busca por recursos para compreender a duplicidade e a mistura cultural que distinguem a experiência dos negros bretões na Europa contemporânea obrigou-me a buscar inspiração em outras fontes e, com efeito, fazer uma viagem intelectual pelo Atlântico. Nas histórias de debate e organização culturais e políticos da América negra, encontrei uma segunda perspectiva com a qual orientar minha própria posição. Aqui, também, o engodo do particularismo étnico e do nacionalismo tem constituído um perigo sempre presente. Mas essa estreiteza de visão que se contenta com o meramente nacional também foi contestada de dentro dessa comunidade negra por pensadores que estavam dispostos a renunciar às afirmações fáceis do excepcionalismo africano-americano em favor de uma política global e de coalizão na qual anti-imperialismo e antirracismo poderiam ser vistos em interação, se não em fusão. O trabalho de alguns desses pensadores será examinado em capítulos subsequentes.

Este capítulo também propõe alguns novos cronótopos[2] que poderiam se adequar a uma teoria que fosse menos intimidada pelos — e respeitosa dos — limites e integridade dos estados-nações modernos do que têm sido até agora os estudos culturais ingleses ou africano-americanos. Decidi-me pela imagem de navios em movimento pelos espaços entre a Europa, América, África e o Caribe como um símbolo organizador central para este empreendimento e como meu ponto de partida. A imagem do navio — um sistema vivo, microcultural e micropolítico em movimento — é particularmente importante por razões históricas e teóricas que espero se tornem mais claras a seguir. Os navios imediatamente concentram a atenção na *Middle Passage* [passagem do meio],* nos vários projetos de retorno redentor para uma terra natal africana, na circulação de ideias e ativistas, bem como no movimento de artefatos culturais e políticos chaves: panfletos, livros, registros fonográficos e coros.

O restante deste capítulo se enquadra em três seções. A primeira parte aborda alguns problemas conceituais comuns às versões inglesas e africano-americanas de estudos culturais que, conforme argumentarei, compartilham um foco nacionalista antitético à estrutura rizomórfica e fractal da formação transcultural e internacional a que chamo o Atlântico negro. A segunda seção utiliza a vida e os escritos de Martin Robison Delany — um dos primeiros idealizadores do nacionalismo negro cuja influência ainda é registrada em movimentos políticos contemporâneos — para concre-

---

[2] "Uma unidade de análise para estudar textos de acordo com a frequência e a natureza das categorias temporais e espaciais representadas... O cronótopo é uma ótica para ler textos como raios X das forças em atuação no sistema de cultura da qual elas emanam." M. M. Bakhtin, *The Dialogic Imagination*, organizado e traduzido por Michael Holquist. Austin: University of Texas Press, 1981, p. 426.

* A expressão *Middle Passage* tem uso consagrado na historiografia de língua inglesa e designa o trecho mais longo — e de maior sofrimento — da travessia do Atlântico realizada pelos navios negreiros. (N. do R.)

tizar a ideia do Atlântico negro e ampliar os argumentos gerais mediante a introdução de vários temas fundamentais que serão usados para mapear as respostas às promessas e aos fracassos da modernidade produzidos por pensadores posteriores. A seção final explora a contracultura específica da modernidade produzida por intelectuais negros e faz algumas observações preliminares sobre o caráter intrínseco dos negros para o Ocidente. Ela dá início a uma polêmica, que perpassa o resto do livro, contra o absolutismo étnico que atualmente domina a cultura política negra.

## ESTUDOS CULTURAIS EM PRETO E BRANCO

Qualquer satisfação a ser experimentada com o recente crescimento espetacular dos estudos culturais como projeto acadêmico não deve obscurecer seus problemas evidentes com o etnocentrismo e o nacionalismo. A compreensão dessas dificuldades poderia começar por uma avaliação crítica das formas em que foram mobilizadas as noções de etnia, muitas vezes mais por negligência do que por determinação, como parte da hermenêutica distintiva dos estudos culturais ou com a suposição irrefletida de que as culturas sempre fluem em padrões correspondentes às fronteiras de estados-nações essencialmente homogêneos. O marketing e a inevitável reificação dos estudos culturais como tema acadêmico distinto também possuem o que poderia ser chamado aspecto étnico secundário. O projeto de estudos culturais é um candidato mais ou menos atraente à institucionalização dependendo da roupagem étnica na qual ele é apresentado. A pergunta a respeito de quem são as culturas que estão sendo estudadas, portanto, é uma pergunta importante, tal como o é a questão sobre de onde virão os instrumentos que possibilitarão esse estudo. Nessas circunstâncias, é difícil não querer saber até que ponto o recente entusiasmo internacional pelos estudos culturais é gerado por suas associações profundas com a Inglaterra e as ideias de anglicidade [*Englishness*]. Esta possibilidade pode ser utilizada como ponto de partida na consideração da especificidade etno-histórica do próprio discurso dos estudos culturais.

O exame dos estudos culturais sob uma perspectiva etno-histórica requer mais do que apenas notar sua associação com a literatura e a história inglesas e a política da Nova Esquerda. É necessário construir uma explicação sobre o que essas iniciativas inglesas tomaram de empréstimo de tradições europeias mais amplas e modernas de pensar a cultura, e a cada etapa examinar o lugar que essas perspectivas culturais destinam para as imagens de seus outros racializados[3] como objetos de conhecimento, poder e crítica cultural. É imperativo, embora muito difícil, combinar a reflexão sobre essas questões com a consideração da necessidade urgente de se fazer com que as expressões culturais, as análises e histórias negras sejam levadas a sério nos círculos acadêmicos, em lugar de serem atribuídas, via a ideia de relações raciais, à sociologia e, daí, abandonadas ao cemitério dos elefantes no qual as questões políticas intratáveis vão aguardar seu falecimento. Esses dois discursos importantes apontam para direções diferentes e às vezes ameaçam eliminar-se entre si, mas é a luta para tornar os negros percebidos como agentes, como pessoas com capacidades cognitivas e mesmo com uma história intelectual — atributos negados pelo racismo moderno —, que é para mim a razão primordial para escrever este livro. Ela fornece uma justificativa válida para questionar alguns dos modos de utilização do conceito de etnia pelos jargões ingleses da teoria e história culturais e nas produções acadêmicas da América negra. A compreensão da cultura política dos negros no Reino Unido exige atenção estreita a ambas tradições. Este livro se situa em sua cúspide.

---

[3] O conceito de racialização é desenvolvido por Frantz Fanon em seu ensaio "On National Culture", em *The Wretched of the Earth* (Harmondsworth: Penguin, 1967, pp. 170-1) [Ed. brasileira: *Condenados da terra*, Coleção Perspectivas do Homem. Rio de Janeiro: Civilização Brasileira, 1979]. Ver também Robert Miles, *Racism*. Nova York e Londres: Routledge, 1989, pp. 73-7.

As histórias dos estudos culturais raramente reconhecem como as aspirações politicamente radicais e francamente intervencionistas, encontradas no melhor de sua erudição, já estão articuladas à história e à teoria culturais negras. Raramente se percebem esses elos ou a eles se atribui algum significado. Na Inglaterra, o trabalho de personalidades como C. L. R. James e Stuart Hall oferece uma riqueza de símbolos e evidência concreta para as ligações práticas entre estes projetos políticos críticos. Nos Estados Unidos, a obra de estudiosos intervencionistas como bell hooks e Cornel West, além da de acadêmicos mais ortodoxos como Henry Louis Gates Jr., Houston A. Baker Jr., Anthony Appiah e Hazel Carby, aponta para convergências semelhantes. A posição desses pensadores nas contestadas "zonas de contato"[4] entre culturas e histórias não é, porém, tão excepcional quanto poderia a princípio parecer. Mais adiante veremos que gerações sucessivas de intelectuais negros (particularmente aqueles cujas vidas, como a de James, ziguezaguearam pelo Oceano Atlântico) notaram esse posicionamento intercultural e lhe atribuíram uma importância especial antes de lançarem seus estilos distintos de crítica e política culturais. Muitas vezes, eles eram pressionados em sua labuta pelo absurdo brutal da classificação racial que deriva de — e também celebra — concepções racialmente exclusivas de identidade nacional, da qual os negros foram excluídos, ora como não humanos, ora como não cidadãos. Tentarei mostrar que seus esforços marginais apontam para algumas novas possibilidades analíticas com uma importância geral que ultrapassa em muito as fronteiras bem guardadas da particularidade negra. Este conjunto de obras, por exemplo, oferece conceitos intermediários, situados entre o local e o global, que possuem aplicação mais ampla na história e na política culturais porque oferecem uma alternativa ao foco nacionalista que domina a crítica cultural. Esses conceitos intermediários, particularmente a

---

[4] Mary Louise Pratt, *Imperial Eyes*. Londres e Nova York: Routledge, 1992.

ideia subteorizada de diáspora examinada no capítulo 6, são exemplares precisamente porque rompem o foco dogmático sobre a dinâmica nacional distinta que caracterizou tão grande fração do pensamento cultural euro-americano. Ultrapassar essas perspectivas nacionais e nacionalistas tornou-se essencial por duas razões adicionais. A primeira origina-se da obrigação urgente de reavaliar o significado do estado-nação moderno como unidade política, econômica e cultural. Nem as estruturas políticas nem as estruturas econômicas de dominação coincidem mais com as fronteiras nacionais. Isso tem um significado especial na Europa contemporânea, onde novas relações políticas e econômicas estão sendo criadas aparentemente a cada dia, mas é um fenômeno mundial com consequências importantes para a relação entre a política da informação e as práticas de acumulação do capital. Seus efeitos corroboram mudanças de caráter mais reconhecidamente político, como a crescente centralidade de movimentos ecológicos transnacionais que, por sua insistência na associação entre sustentabilidade e justiça, fazem muito para alterar os preceitos morais e científicos sobre os quais foi erigida a moderna separação entre política e ética. A segunda razão diz respeito à popularidade trágica de ideias sobre a integridade e a pureza das culturas. Em particular, ela diz respeito à relação entre nacionalidade e etnia. Esta possui atualmente uma força especial na Europa, mas também se reflete diretamente nas histórias pós-coloniais e nas trajetórias complexas, transculturais e políticas dos colonos negros do Reino Unido.

O que poderia ser chamado de peculiaridade do negro inglês requer atenção à mistura entre várias formas culturais distintas. Tradições políticas e intelectuais anteriormente separadas convergiram e, em sua junção, sobredeterminaram o processo de formação social e histórica do Reino Unido negro. Essa mistura é mal entendida quando concebida em termos étnicos simples, mas a direita e a esquerda, racistas e antirracistas, negros e brancos compartilham tacitamente uma visão dela como sendo pouco mais do que uma colisão entre comunidades culturais completamente formadas e mutuamente excludentes. Esta se tornou a perspectiva dominante a partir da qual a história e a cultura negras são percebidas, assim como os próprios colonos negros, como uma intrusão ilegítima em uma visão da vida nacional britânica autêntica que, antes de sua chegada, era tão estável e tranquila quanto etnicamente indiferenciada. A análise específica dessa história aponta para questões de poder e conhecimento que ultrapassam os objetivos deste livro. Entretanto, embora derive mais de condições presentes do que passadas, o racismo britânico contemporâneo em muitos sentidos traz a marca do passado. As noções particularmente cruas e redutoras de cultura que formam a substância da política racial hoje estão claramente associadas a um discurso antigo de diferença racial e étnica, que em toda parte está emaranhado na história da ideia de cultura no Ocidente moderno. Esta história passou a ser ardorosamente contestada em si mesma depois que os debates sobre multiculturalismo, pluralismo cultural e as respostas aos mesmos, que às vezes são desdenhosamente chamadas "politicamente corretas", passaram a investigar a facilidade e a velocidade com que os particularismos europeus ainda estão sendo traduzidos em padrões universais absolutos, para a realização, as normas e as aspirações humanas.

É significativo que, antes da consolidação do racismo científico no século XIX,[5] o termo "raça" fosse empregado quase no mesmo sentido em que a palavra "cultura" é empregada hoje. Mas, nas tentativas de diferenciar o verdadeiro, o bom e o belo que caracterizam o ponto de junção entre capitalismo, industrialização e democracia política e dão substância ao discurso da modernidade ocidental, é importante considerar que os cientistas não monopolizaram a imagem do negro ou o conceito emergente de diferença racial biologicamente fundada. No que diz respeito ao

---

[5] Nancy Stepan, *The Idea of Race in Science: Great Britain, 1800-1960*. Basingstoke, Hampshire e Londres: Macmillan, 1982. Michael Banton, *Racial Theories*. Cambridge: Cambridge University Press, 1987.

futuro dos estudos culturais, deve ser igualmente importante que ambos sejam empregados de forma central nas tentativas europeias de refletir sobre a beleza, o gosto e o juízo estético que são as precursoras da crítica cultural contemporânea.

Rastrear as origens dos sinais raciais a partir dos quais se construiu o discurso do valor cultural e suas condições de existência em relação à estética e à filosofia europeias, bem como à ciência europeia, pode contribuir muito para uma leitura etno-histórica das aspirações da modernidade ocidental como um todo e para a crítica das premissas do Iluminismo em particular. É certamente o caso das ideias sobre "raça", etnia e nacionalidade, que formam uma importante linha de continuidade vinculando os estudos culturais ingleses a uma de suas fontes de inspiração — as doutrinas estéticas europeias modernas que são constantemente configuradas pelo apelo à particularidade nacional e, muitas vezes, à particularidade racial.[6]

Este não é o lugar para aprofundar as dimensões mais amplas desta herança intelectual. Trabalhos valiosos já foram realizados por Sander Gilman,[7] Henry Louis Gates Jr.[8] e outros sobre a

---

[6] George Mosse, *Nationalism and Sexuality: Middle-Class Morality and Sexual Norms in Modern Europe*. Madison e Londres: University of Wisconsin Press, 1985. Reinhold Grimm e Jost Hermand (orgs.), *Blacks and German Culture*. Madison e Londres: University of Wisconsin Press, 1986.

[7] Sander Gilman, *On Blackness without Blacks*. Boston: G. K. Hall, 1982.

[8] Ver Henry Louis Gates Jr., "The History and Theory of Afro-American Literary Criticism, 1773-1831: The Arts, Aesthetic Theory and the Nature of the African" (Clare College, Cambridge University, 1978, tese de doutorado); David Brion Davis, *The Problem of Slavery in Western Culture* (Ithaca, Nova York: Cornell University Press, 1970); e *The Problem of Slavery in the Age of Revolution* (Ithaca, Nova York: Cornell University Press, 1975); e Eva Beatrice Dykes, *The Negro in English Romantic Thought; or, A Study of Sympathy for the Oppressed* (Washington, D.C.: Associated Publishers, 1942).

história e o papel da imagem do negro nas discussões que fundaram a axiologia cultural moderna. Gilman mostra muito bem que a figura do negro aparece de formas diferentes nas estéticas de Hegel, Schopenhauer e Nietzsche (entre outros) como sinalizador para momentos de relativismo cultural e para apoiar a produção de juízos estéticos de caráter supostamente universal para diferenciar, por exemplo, entre música autêntica e, como diz Hegel, "o barulho mais detestável". Gates enfatiza uma genealogia complexa na qual as ambiguidades na discussão de Montesquieu sobre a escravidão suscitam respostas de Hume que, por sua vez, podem ser relacionadas aos debates filosóficos sobre a natureza da beleza e do sublime encontrados na obra de Burke e Kant. A avaliação crítica dessas representações da negritude [*blackness*] também poderia ser associada às controvérsias sobre o lugar do racismo e antissemitismo na obra de personalidades do Iluminismo como Kant e Voltaire.[9] Essas questões merecem um tratamento extenso que não pode ser feito aqui. O essencial para os fins deste capítulo de abertura é que debates desse tipo não deveriam ser encerrados simplesmente pela denúncia daqueles que levantam questões canhestras ou embaraçosas como forças totalitárias que trabalham para legitimar sua própria linha política. Tampouco indagações importantes sobre a contiguidade entre razão racializada e racismo irracional devem ser desqualificadas como questões triviais. Essas questões tocam o cerne dos debates contem-

---

[9] Leon Poliakov, *The Aryan Myth* (Londres: Sussex University Press, 1974), cap. 8; e "Racism from the Enlightenment to the Age of Imperialism", em Robert Ross (org.), *Racism and Colonialism: Essays on Ideology and Social Structure* (Haia: Martinus Nijhoff, 1982); Richard Popkin, "The Philosophical Basis of Eighteenth Century Racism", em *Studies in Eighteenth Century Culture*, vol. 3: *Racism in the Eighteenth Century* (Cleveland e Londres: Case Western Reserve University Press, 1973); Harry Bracken, "Philosophy and Racism", *Philosophia* 8, nos 2 e 3, novembro de 1978. Em alguns aspectos, este trabalho pioneiro antecipa os debates sobre o fascismo de Heidegger.

porâneos sobre o que constitui o cânone da civilização ocidental e como este legado precioso deve ser ensinado.

Nessas circunstâncias de combate, é lamentável que perguntas sobre "raça" e representação tenham sido tão regularmente banidas das histórias ortodoxas do juízo estético, gosto e valor cultural do Ocidente.[10] Existe aqui um argumento de que investigações adicionais deveriam ser feitas sobre precisamente como as discussões de "raça", beleza, etnia e cultura contribuíram para o pensamento crítico que acabou dando origem aos estudos culturais. O uso do conceito de fetichismo no marxismo e nos estudos psicanalíticos é um meio óbvio para introduzir este problema.[11] O caráter enfaticamente nacional atribuído ao conceito de modos de produção (cultural e outros) é outra questão fundamental que demonstra a especificidade etno-histórica das abordagens dominantes sobre política cultural, movimentos sociais e consciências opositoras.

Essas questões gerais aparecem de forma específica nas expressões inglesas que dizem respeito à reflexão cultural. Nesse caso, também o problema moral e político da escravidão revelou-se enorme, principalmente porque era outrora reconhecido como *interno* à estrutura da civilização ocidental e surgiu como conceito político e filosófico central ao discurso emergente da singularidade cultural inglesa moderna.[12] Noções de primitivo e civilizado, que haviam sido essenciais ao entendimento pré-moderno das diferenças "étnicas", tornaram-se sinalizadores cognitivos e estéticos fundamentais nos processos que geraram uma cons-

---

[10] A contribuição de Hugh Honour a DeMenil Foundation Project, *The Representation of the Black in Western Art* (Londres e Cambridge, Massachusetts: Harvard University Press, 1989), é uma exceção bem-vinda a esta amnésia.

[11] W. Pietz, "The Problem of the Fetish, I", *Res* 9, primavera de 1985.

[12] Robin Blackburn, *The Overthrow of Colonial Slavery, 1776-1848*. Londres e Nova York: Verso, 1988.

telação de posições temáticas nas quais anglicidade, cristandade e outros atributos étnicos e racializados dariam finalmente lugar ao fascínio desalojador de "brancura" [*whiteness*].[13] Um *insight* breve mas revelador pode ser encontrado na discussão do sublime, feita por Edmund Burke, que esteve em voga recentemente. Ele faz um uso refinado da associação entre escuridão [*darkness*] e negritude [*blackness*], vinculando os termos à pele de uma mulher negra, real e viva. Vê-la produz um sentimento de terror sublime em um menino cuja visão havia sido restabelecida por uma operação cirúrgica.

> A pesquisa talvez possa revelar que negritude e escuridão são, em certa medida, dolorosas por sua operação natural, independent de quaisquer associações que possam existir. Devo observar que as ideias de negritude e escuridão são quase iguais; e elas só diferem no fato de que a negritude é uma ideia mais limitada.
>
> O sr. Cheselden nos contou uma história muito curiosa de um menino que havia nascido cego e assim continuou até a idade de 13 ou 14 anos; seu mal foi então diagnosticado como catarata, por meio de cuja operação ele recebeu a visão... Cheselden nos conta que a primeira vez que o menino viu um objeto negro, sentiu uma grande intranquilidade; e que, algum tempo depois, ao ver acidentalmente uma mulher negra, foi atingido por grande horror diante da visão.[14]

Burke, que se opunha à escravidão e argumentava em favor de sua abolição gradual, fica no limiar da tradição de pesquisa

---

[13] Winthrop D. Jordan, *White over Black*. Nova York: W. W. Norton, 1977.

[14] Edmund Burke, *A Philosophical Enquiry into the Origin of Our Ideas of the Sublime and the Beautiful*, organização de James T. Boulton. Oxford: Basil Blackwell, 1987.

mapeada por Raymond Williams, que é também a infraestrutura na qual grande parte dos estudos culturais ingleses passou a se basear. Essa origem é parte da explicação de como algumas das manifestações contemporâneas dessa tradição deslizam para o que só pode ser chamado de uma celebração mórbida da Inglaterra e da anglicidade. Estes estilos de subjetividade e identificação adquirem uma renovada carga política na história pós-imperial, que assistiu aos negros vindos das colônias britânicas assumirem seus direitos de cidadania como súditos do Reino Unido. O ingresso dos negros na vida nacional foi, em si mesmo, um fator poderoso que contribuiu para as circunstâncias nas quais se tornou possível a formação tanto dos estudos culturais como da política da Nova Esquerda. Este fator sinaliza as transformações profundas da vida social e cultural britânica nos anos 50 e permanece, em geral de forma ainda não reconhecida explicitamente, no cerne das queixas por um nível mais humano de vida social que parecia não ser mais viável depois da guerra de 1939-45.

A história conturbada da colonização negra não precisa ser aqui recapitulada. Um de seus fragmentos recentes, a contenda em torno do livro de Salman Rushdie, *Os versos satânicos*, é suficiente para demonstrar que o conflito racializado sobre o significado da cultura inglesa ainda está muito vivo e para mostrar que estes antagonismos se emaranharam em uma segunda série de batalhas, nas quais as premissas iluministas sobre cultura, valor cultural e estética continuam a ser testadas por aqueles que não as aceitam como padrões morais universais. De certo modo, esses conflitos são o resultado de um período histórico distinto no qual foi produzido um novo racismo, etnicamente absoluto e culturalista. Isso explicaria a queima de livros nas ruas inglesas como manifestações de diferenças culturais irredutíveis que sinalizavam o caminho para a catástrofe racial interna. Este novo racismo foi gerado em parte pelo movimento rumo a um discurso político que alinhava estreitamente "raça" à ideia de filiação nacional e que acentuava mais a diferença cultural complexa do que a simples hierarquia biológica. Esses estranhos conflitos emergiram em circunstâncias em que negritude e anglicidade de repente pareciam ser atributos mutuamente excludentes e onde o antagonismo explícito entre eles prosseguia no terreno da cultura, não no da política. Qualquer que seja a opinião que se tenha sobre Rushdie, seu destino oferece outro pequeno, mas significativo, presságio da medida na qual os valores quase metafísicos da Inglaterra e da anglicidade estão sendo atualmente contestados por sua conexão com a "raça" e a etnia. Suas experiências também são um lembrete das dificuldades envolvidas nas tentativas de construir um sentido mais pluralista, pós-colonial, da cultura e da identidade nacional britânicas. Nesse contexto, situar e responder ao nacionalismo — se não ao racismo e etnocentrismo — dos estudos culturais ingleses tornou-se uma questão diretamente política em si mesma.

É instrutivo retornar às personalidades imperiais que forneceram a Raymond Williams a matéria-prima para sua brilhante reconstrução crítica da vida intelectual inglesa. Além de Burke, Thomas Carlyle, John Ruskin, Charles Kingsley e o restante do elenco de personagens dignos de Williams podem tornar-se valiosos, não simplesmente nas tentativas de purgar os estudos culturais de seu foco tenazmente etnocêntrico, mas na tarefa mais ambiciosa e mais útil de reformar ativamente a Inglaterra contemporânea por meio da reinterpretação do cerne cultural de sua vida nacional supostamente autêntica. No trabalho de reinterpretação e reconstrução, reinscrição e relocação necessárias para transformar a Inglaterra e a anglicidade, a discussão sobre a clivagem na intelectualidade vitoriana em torno da resposta ao tratamento dado pelo governador Eyre à rebelião da baía de Morant na Jamaica,* em 1865, tende a ser proeminente.[15] Assim como as reações

---

\* A rebelião da baía de Morant foi uma insurreição de colonos negros da Jamaica, que ocuparam terras antes abandonadas e foram cruelmente reprimidos pelas autoridades britânicas. (N. do R.)

[15] Catherine Hall, *White, Male and Middle Class*. Cambridge: Polity Press, 1992.

inglesas ao levante de 1857 na Índia, estudadas por Jenny Sharpe,[16] este momento pode bem se mostrar muito mais formador do que até agora tem sido considerado. A rebelião da baía de Morant é duplamente significativa porque representa um caso de conflito metropolitano, interno, que emana diretamente de uma experiência colonial externa. Essas crises no poder imperial demonstram sua continuidade. Parte de meu argumento consiste em que esta relação interior/exterior deve ser reconhecida como um elemento mais poderoso, mais complexo e mais contestado na memória histórica, social e cultural de nossa nação gloriosa do que anteriormente se supunha.

Estou sugerindo que mesmo as variedades louváveis e radicais da sensibilidade cultural inglesa examinadas por Williams e celebradas por Edward Thompson e outros não foram produzidas espontaneamente por sua própria dinâmica interna e intrínseca. O fato de que algumas das concepções mais convincentes da anglicidade foram construídas por estrangeiros como Carlyle, Swift, Scott ou Eliot deveria aumentar a nota de precaução aqui emitida. Os mais heroicos e subalternos nacionalismos e patriotismos contraculturais ingleses talvez sejam mais bem entendidos como tendo sido gerados em um padrão complexo de relações antagônicas com o mundo supranacional e imperial, para o qual as ideias de "raça", nacionalidade e cultura nacional fornecem os indicadores principais (embora não os únicos). Esta abordagem obviamente traria a obra de William Blake para um foco bastante diferente do fornecido pela história cultural ortodoxa e, como sugeriu Peter Linebaugh, esta reavaliação mais que tardia pode ser prontamente complementada pelo mapeamento do envolvimento, durante muito tempo negligenciado, dos escravos negros e seus

---

[16] Jenny Sharpe, "The Unspeakable Limits of Rape: Colonial Violence and Counter-Insurgency", *Genders*, nº 10, primavera de 1991, pp. 25-46, e "Figures of Colonial Resistance", *Modern Fiction Studies* 35, nº 1, primavera de 1989.

descendentes na história radical de nosso país em geral e os movimentos de sua classe trabalhadora em particular.[17] Oluadah Equiano, cujo envolvimento nos primórdios da política da classe trabalhadora organizada está sendo agora amplamente reconhecido; o anarquista, jacobino e ultrarradical herege metodista Robert Wedderburn; William Davidson, filho do promotor-geral da Jamaica, enforcado por sua participação na conspiração de Cato Street para explodir o gabinete britânico em 1819;[18] e o militante sufragista William Cuffay são apenas os candidatos mais urgentes e óbvios à reabilitação. Suas biografias oferecem meios inestimáveis de verificar como o pensar e refletir por meio dos discursos e imagens de "raça" aparecem mais no centro do que na margem da vida política inglesa. O discurso de Davidson no patíbulo, antes de ser submetido à última decapitação pública na Inglaterra, por exemplo, é uma comovente apropriação dos direitos dos ingleses dissidentes nascidos livres, que ainda hoje não é amplamente lida.

Desse trio mal-afamado, Wedderburn é talvez o mais conhecido, graças aos esforços de Peter Linebaugh e Iain McCalman.[19] Filho de um traficante de escravos, James Wedderburn, e de uma escrava, Robert foi criado por uma praticante de vodu de Kingston, que atuava como agente de contrabandistas. Ele migrou para Londres em 1778, aos 17 anos. Ali, tendo publicado vários panfletos ultrarradicais e difamadores como parte de seus trabalhos políticos subversivos, ele se apresentou como encarnação viva dos horrores da escravidão em uma capela que abrigava debates políticos na Hopkins Street perto do Haymarket, onde ele pregava

---

[17] Peter Linebaugh, "All the Atlantic Mountains Shook", *Labour/Le Travailleur* 10, outono de 1982, pp. 87-121.

[18] Peter Fryer, *Staying Power*. Londres: Pluto Press, 1980, p. 219.

[19] *The Horrors of Slavery and Other Writings by Robert Wedderburn*, organização de Iain McCalman. Edimburgo: Edinburgh University Press, 1992.

uma versão de anarquismo milenarista cristão, baseado nos ensinamentos de Thomas Spence e infundida de deliberada blasfêmia. Em um dos debates realizados nesse "palheiro em ruínas com duzentas pessoas da mais baixa condição", Wedderburn defendeu os direitos inerentes ao escravo caribenho de assassinar seu senhor, prometendo escrever para sua casa e "dizer-lhes que assassinem seus senhores tão logo o desejarem". Depois dessa ocasião, ele foi processado e absolvido de uma acusação de blasfêmia depois de convencer o júri de que ele não estivera clamando por uma sublevação mas somente praticando o "verdadeiro e infalível gênio da habilidade profética".[20]

É particularmente significativo para o sentido de minha argumentação global que Wedderburn e seu eventual parceiro Davidson tenham sido ambos marinheiros, circulando para lá e para cá entre nações, cruzando fronteiras em máquinas modernas que eram em si mesmas microssistemas de hibridez linguística e política. Sua relação com o mar pode mostrar-se particularmente importante tanto para a política como para a poética do mundo atlântico negro, que desejo contrapor ao nacionalismo estreito de grande parte da historiografia inglesa. Wedderburn serviu na Marinha Real e como corsário, enquanto Davidson, que fugiu para o mar em vez de estudar direito, foi obrigado ao serviço naval em duas ocasiões subsequentes. Davidson habitava a mesma subcultura ultrarradical que Wedderburn e era participante ativo da Marylebone Reading Society, um grupo radical formado em 1819 depois do massacre de Peterloo. Ele é conhecido por ter atuado como guardião de sua bandeira negra, que significativamente trazia um crânio e ossos cruzados com a legenda "Que possamos morrer como homens e não sermos vendidos como escravos", em uma assembleia ao ar livre em Smithfield, mais tarde, naquele

---

[20] Iain McCalman, "Anti-slavery and Ultra Radicalism in Early Nineteenth-Century England: The Case of Robert Wedderburn", *Slavery and Abolition* 7, 1986.

ano.[21] Os detalhes precisos de como as ideologias radicais articularam, antes da instituição do sistema fabril, a cultura dos pobres de Londres com a cultura marítima insubordinada dos piratas e outros trabalhadores pré-industriais do mundo terão de esperar os trabalhos inovadores de Peter Linebaugh e Marcus Rediker.[22] Entretanto, calcula-se que ao final do século XVIII um quarto da marinha britânica era composto de africanos para os quais a experiência da escravidão fora uma poderosa orientação rumo às ideologias de liberdade e justiça. Procurando padrões similares no outro lado da rede atlântica, podemos localizar Crispus Attucks na liderança de sua "populaça variegada de meninos insolentes, crioulos, mulatos, *teagues*,\* irlandeses e marujos bizarros",[23] e podemos acompanhar Denmark Vesey singrando pelo Caribe e colhendo histórias inspiradoras da revolução haitiana (um de seus colegas conspiradores testemunhou que ele havia dito que eles "não deixariam um pele-branca vivo pois este era o plano que eles adotaram em São Domingos").[24] Também há o exemplo brilhante de Frederick Douglass, cujas autobiografias revelam que aprendera sobre liberdade no norte, com marinheiros irlandeses, enquanto trabalhava como calafate de um navio em Baltimore. Ele tinha menos a dizer sobre o fato embaraçoso de que as embarcações que ele preparava para o oceano — veleiros de Baltimore — eram navios negreiros, os mais rápidos do mundo e os únicos

---

[21] Peter Fryer, *Staying Power*, p. 216. Public Records Office, Londres: PRO Ho 44/5/202, PRO Ho 42/199.

[22] Seu artigo "The Many Headed Hydra", *Journal of Historical Sociology* 3, nº 3, setembro de 1990, pp. 225-53, apresenta uma amostra desses argumentos.

\* Na Irlanda do Norte, nome pejorativo dado pelos protestantes aos católicos. (N. do T.)

[23] John Adams, citado por Linebaugh em "Atlantic Mountains", p. 112.

[24] Alfred N. Hunt, *Haiti's Influence on Antebellum America*. Baton Rouge e Londres: Louisiana State University Press, 1988, p. 119.

artefatos capazes de correr mais do que o bloqueio britânico. Douglass, que desempenhou um papel negligenciado na atividade antiescravista inglesa, escapou da escravidão disfarçado de marinheiro e atribuiu este sucesso a sua habilidade de "conversar como um velho lobo do mar".[25] Estes são apenas alguns poucos exemplos do século XIX. O envolvimento de Marcus Garvey, George Padmore, Claude McKay e Langston Hughes com navios e marinheiros dão apoio adicional à sugestão premonitória de Linebaugh de que "o navio continuava a ser talvez o mais importante canal de comunicação pan-africana antes do aparecimento do disco long-play".[26]

Navios e outros cenas marítimas ocupam um lugar especial na obra de J. M. W. Turner, um artista cujos quadros representam, na visão de muitos críticos contemporâneos, o apogeu da escola inglesa de pintura. Qualquer turista em Londres testemunhará a importância da Clore Gallery enquanto instituição nacional e do lugar de Turner como expressão duradoura da própria essência da civilização inglesa. Turner foi colocado no topo da avaliação crítica por John Ruskin que, como vimos, ocupa um lugar de destaque na constelação de grandes ingleses de Williams. O célebre quadro de Turner de um navio negreiro[27] lançando seu

---

[25] O melhor relato feito por Douglass a respeito é encontrado em Frederick Douglass, *Life and Times of Frederick Douglass* (Nova York: Macmillan, 1962), p. 199. Ver também Philip M. Hamer, "Great Britain, the United States and the Negro Seamen's Acts" e "British Consuls and the Negro Seamen's Acts, 1850-1860" (*Journal of Southern History* 1, 1935, pp. 3-28, 138-68). Introduzidas depois da rebelião do Denmark Vesey, essas interessantes peças legislativas exigiam que os marinheiros negros livres fossem encarcerados enquanto seus navios estivessem atracados, como uma maneira de minimizar o contágio político que sua presença nos portos fatalmente transmitiria.

[26] Linebaugh, "Atlantic Mountains", p. 119.

[27] Paul Gilroy, "Art of Darkness, Black Art and the Problem of Belonging to England", *Third Text* 10, 1990. Uma interpretação muito dife-

mortos e moribundos ao mar enquanto uma tempestade se aproxima foi exposto na Royal Academy para coincidir com a convenção mundial antiescravista realizada em Londres, em 1840. O quadro, de propriedade de Ruskin durante cerca de 28 anos, era bem mais do que uma resposta aos ausentes proprietários caribenhos, que haviam encomendado ao seu criador o registro do esplendor maculado de suas casas de campo, as quais, como demonstrou eloquentemente Patrick Wright, se tornavam um importante sinalizador da essência contemporânea rural da vida nacional.[28] O quadro apresentava um protesto poderoso contra o rumo e o tom moral da política inglesa. Isso ficou explícito em uma epígrafe que Turner extraiu de sua própria poesia e que retinha em si mesma uma inflexão política: "Esperança, esperança, traiçoeira esperança, onde está agora o teu mercado?". Três anos depois de seu longo envolvimento na campanha para defender o governador Eyre,[29] Ruskin pôs à venda na Christie's o quadro do navio negreiro. Conta-se que ele passara a achar muito doloroso conviver com o quadro. Nenhum comprador foi encontrado naquele momento e, três anos mais tarde, ele vendeu o quadro para um americano. Desde então, a pintura permanece nos Estados Unidos. O exílio do quadro em Boston é mais um indicador da configuração do Atlântico como um sistema de trocas culturais. É mais importante, porém, chamar a atenção para a incapacidade de Ruskin para discutir o quadro, exceto em termos daquilo que ele

---

rente da pintura de Turner é dada em Albert Boime, *The Art of Exclusion: Representing Blacks in the Nineteenth Century* (Londres: Thames and Hudson, 1990).

[28] Patrick Wright, *On Living in an Old Country*. Londres: Verso, 1985.

[29] Bernard Semmel, *Jamaican Blood and the Victorian Conscience*. Westport, Connecticut: Greenwood Press, 1976. Ver também Gillian Workman, "Thomas Carlyle and the Governor Eyre Controversy", *Victorian Studies* 18, nº 1, 1974, pp. 77-102.

revelava sobre a estética de pintar a água. A informação de que a embarcação era um navio negreiro foi relegada por ele a uma nota de rodapé no primeiro volume de *Modern Painters*.[30]

Apesar de lapsos como este, os membros da Nova Esquerda, herdeiros da tradição estética e cultural à qual pertencem Turner e Ruskin, combinaram e reproduziram seu nacionalismo e etnocentrismo negando à anglicidade imaginária e inventada absolutamente quaisquer referentes externos. A Inglaterra dá à luz incessantemente a si mesma, aparentemente a partir da cabeça de *Britânia*.* As filiações políticas e preferências culturais desse grupo da Nova Esquerda amplificaram esses problemas. Eles são mais visíveis e mais intensos na historiografia radical que forneceu uma contrapartida às sutis reflexões literárias de Williams. Apesar de todo o seu entusiasmo pela obra de C. L. R. James, o influente grupo de historiadores do Partido Comunista Britânico[31] é o culpado neste caso. Suas predileções pela imagem do inglês nascido livre e o sonho do socialismo em um só país que orientavam suas obras estarão ambos ausentes quando se trata de nacionalismo. Esta incômoda correspondência pode ser encontrada ao longo da obra de Edward Thompson e Eric Hobsbawm, escritores visionários que tanto contribuíram para as sólidas fundações dos estudos culturais ingleses e que compartilham uma abordagem marxista não redutora da história econômica, social e cultural, na qual a nação — compreendida como receptáculo estável para a luta de classes contra-hegemônica — é o foco pri-

---

[30] Volume 1, seção 5, capítulo 3, seção 39. W. E. B. Du Bois reeditou este comentário quando era editor de *The Crisis*; ver vol. 15, 1918, p. 239.

* Além de antigo nome romano da ilha da Grã-Bretanha, *Britânia* designa a figura de mulher sentada, com um tridente e capacete, empregada como representação simbólica da Grã-Bretanha e o Império Britânico. (N. do R.)

[31] Eric Hobsbawm, "The Historians' Group of the Communist Party", em M. Cornforth (org.), *Essays in Honour of A. L. Morton*. Atlantic Highlands, Nova Jersey: Humanities Press, 1979.

mário. Esses problemas no interior dos estudos culturais ingleses se alinham, em seu ponto de junção, com a prática política prática e exemplificam dificuldades mais amplas com o nacionalismo e com o deslizamento discursivo ou a ressonância conotativa entre "raça", etnia e nação.

Problemas semelhantes se manifestam de forma um tanto diferente nas literaturas africano-americanas onde um nacionalismo cultural popular igualmente populista transparece na obra de várias gerações de estudiosos radicais e igual número de outros não tão radicais. Mais adiante veremos que concepções absolutistas da diferença cultural aliadas a um entendimento culturalista de "raça" e etnia podem ser encontradas também neste posicionamento.

Em oposição às abordagens nacionalistas ou etnicamente absolutas, quero desenvolver a sugestão de que os historiadores culturais poderiam assumir o Atlântico como uma unidade de análise única e complexa em suas discussões do mundo moderno e utilizá-la para produzir uma perspectiva explicitamente transnacional e intercultural.[32] Além do confronto com a historiografia e a história literária inglesa, isso acarreta um desafio aos modos como as histórias culturais e políticas dos negros americanos têm sido até agora concebidas. Quero sugerir que grande parte do precioso legado intelectual reivindicado por intelectuais africano-americanos como substância de sua particularidade é, na realidade, apenas parcialmente sua propriedade étnica absoluta. Não menos do que no caso da Nova Esquerda inglesa, a ideia do Atlântico negro pode ser usada para mostrar que existem outras reivindicações a este legado que podem ser baseadas na estrutura da diáspora africana no hemisfério ocidental. Uma preocupação com o Atlântico como sistema cultural e político tem sido imposta à

---

[32] Linebaugh, "Atlantic Mountains". É esta também a estratégia adotada por Marcus Rediker em seu brilhante livro *Between the Devil and the Deep Blue Sea* (Cambridge: Cambridge University Press, 1987).

historiografia e à história intelectual negra pela matriz histórica e econômica na qual a escravidão da *plantation* — "o capitalismo sem suas roupas" — foi um momento especial. Os padrões fractais de troca e transformação cultural e política, que procuramos especificar por termos teóricos manifestamente inadequados como crioulização e sincretismo, indicam como as etnias e ao mesmo tempo as culturas políticas têm sido renovadas de maneiras que são significativas não só para os povos do Caribe mas, também, para a Europa, para a África, especialmente Libéria e Serra Leoa, e, naturalmente, para a América negra.

Vale repetir que as comunidades de colonos negros do Reino Unido forjaram uma cultura complexa a partir de fontes discrepantes. Elementos de expressão cultural e sensibilidade política transmitidos da América negra durante um longo período de tempo foram reacentuados no Reino Unido. Eles são centrais, conquanto não mais dominantes, nas configurações cada vez mais recentes que caracterizam uma outra cultura vernacular negra mais nova. Esta não se contenta em ser dependente nem simplesmente imitadora das culturas da diáspora africana da América e do Caribe. A ascensão cada vez maior de Jazzie B e Soul II Soul na virada da última década constituiu um indicador válido deste novo clima afirmativo. O Funki Dreds do norte de Londres, cujo próprio nome se baseia numa identidade recentemente miscigenada,* tem projetado para o mundo a cultura e ritmo de vida distintos do Reino Unido negro. Sua canção "Keep On Moving" ["Continue em Movimento"] foi notável por ter sido produzida na Inglaterra por filhos de colonos caribenhos e depois remixada em formato (jamaicano) *dub* nos Estados Unidos por Teddy Riley, um africano-americano. Ela incluiu segmentos ou *samples* de música tiradas de gravações americanas e jamaicanas de JBs e Mikey Dread,

---

\* O termo "funk" designa um ramo da música negra norte-americana e *dread* associa-se à cultura rastafari. O autor refere-se à combinação, num único nome, de estilos do Caribe e dos Estados Unidos. (N. do T.)

respectivamente. Esta unidade formal de elementos culturais diversos era mais do que apenas um símbolo poderoso. Concentrava a intimidade diaspórica lúdica que tem sido característica marcante da criatividade transnacional do Atlântico negro. O disco e sua extraordinária popularidade proclamavam os laços de filiação e afeto que articulavam as histórias descontínuas de colonos negros no Novo Mundo. A injunção fundamental de "Keep On Moving" também expressava a inquietude de espírito que torna vital essa diáspora cultural. O movimento contemporâneo das artes negras no cinema, nas artes visuais e no teatro, bem como na música, que fornecia o pano de fundo para esta liberação musical, criou uma nova topografia de lealdade e identidade na qual as estruturas e pressupostos do estado-nação têm sido deixados para trás porque são vistos como ultrapassados. É importante lembrar que esses fenômenos recentes do Atlântico negro podem não constituir tanta novidade quanto sugere sua codificação digital pela força transnacional do Soul II Soul do norte de Londres. O piloto de Colombo, Pedro Nino, também era africano. Desde então, a história do Atlântico negro, constantemente ziguezagueado pelos movimentos de povos negros — não só como mercadorias mas engajados em várias lutas de emancipação, autonomia e cidadania —, propicia um meio para reexaminar os problemas de nacionalidade, posicionamento [*location*], identidade e memória histórica. Todos esses problemas emergem com especial clareza se compararmos os paradigmas nacionais, nacionalistas e etnicamente absolutos da crítica cultural encontrados na Inglaterra e na América com essas expressões ocultas, residuais ou emergentes, que tentam ser de caráter global ou extranacional. Essas tradições apoiaram contraculturas da modernidade que afetaram o movimento dos trabalhadores, mas que não se reduzem a isto. Elas forneceram fundações importantes sobre as quais se poderia construir.

A extraordinária pintura de Turner do navio negreiro continua a ser uma imagem útil não só por seu poder moral autoconsciente e o modo notável pelo qual ela aponta diretamente para o sublime em sua invocação do terror racial, comércio e degeneração ético-política da Inglaterra. Deve-se enfatizar que os navios eram os meios vivos pelos quais se uniam os pontos naquele mundo atlântico. Eles eram elementos móveis que representavam os espaços de mudança entre os lugares fixos que eles conectavam.[33] Consequentemente, precisam ser pensados como unidades culturais e políticas em lugar de incorporações abstratas do comércio triangular. Eles eram algo mais — um meio para conduzir a dissensão política e, talvez, um modo de produção cultural distinto. O navio oferece a oportunidade de se explorar as articulações entre as histórias descontínuas dos portos da Inglaterra, suas interfaces com o mundo mais amplo.[34] Os navios também nos reportam à

---

[33] "Existe espaço quando alguém leva em conta vetores de direção, velocidades e variáveis de tempo. Dessa forma, o espaço é composto de interseções de elementos móveis. Em certo sentido, ele é articulado pelo conjunto de movimentos dispostos dentro dele". Michel de Certeau, *The Practice of Everyday Life*. Berkeley e Londres: University of California Press, 1984, p. 117.

[34] Ver Michael Cohn e Michael K. Platzer, *Black Men of the Sea* (Nova York: Dodd, Mead, 1978). Recorri muito à antologia de George Francis Dow, *Slave, Ships and Slaving*, publicação da Marine Research Society, nº 15 (1927; reimpr. Cambridge, Md.: Cornell Maritime Press, 1968), que inclui excertos de material valioso dos séculos XVIII e XIX. Sobre a Inglaterra, achei muito útil o estudo publicado anonimamente, *Liverpool and Slavery* (Liverpool: A. Bowker and Sons, 1884). Memórias produzidas por capitães negros também apontam para uma série de problemas de pesquisas intercultural e transcultural. O livro do capitão Harry Dean, *The Pedro Gorino: The Adventures of a Negro Sea Captain in Africa and on the Seven Seas in His attempts to Found an Ethiopian Empire* (Boston e Nova York: Houghton Mifflin, 1929) contém material interessante sobre a política concreta do pan-africanismo que não são registradas em outros trabalhos. A autobiografia do capitão Hugh Mulzac, *A Star to Steer By* (Nova York: International Publishers, 1963), inclui observações valiosas sobre o papel dos navios no movimento Garvey. Algumas indicações sobre o que poderia envolver uma releitura da história dos Rastafaris com base no Atlântico negro são encontradas no importante ensaio de Robert A. Hill, que acentua as complexas relações pós-escravidão entre a Jamaica e a África: "Dread History: Leonard P. Howell and Millenarian Visions in Early Rastafari Religions in Jamaica", *Epoché: Journal of the History of Religions at UCLA* 9, 1981, pp. 30-71.

*Middle Passage*, à micropolítica semilembrada do tráfico de escravos e sua relação tanto com a industrialização quanto com a modernização. Subir a bordo, por assim dizer, oferece um meio para reconceituar a relação ortodoxa entre a modernidade e o que é tomado como sua pré-história. Fornece um sentido diferente de onde se poderia pensar o início da modernidade em si mesma nas relações constitutivas com estrangeiros, que fundam e, ao mesmo tempo, moderam um sentido autoconsciente de civilização ocidental.[35] Por todas essas razões, o navio é o primeiro dos cronótopos modernos pressupostos por minhas tentativas de repensar a modernidade por meio da história do Atlântico negro e da diáspora africana no hemisfério ocidental.

No espírito aventureiro proposto por James Clifford em sua influente obra sobre a cultura viajante,[36] quero considerar o impacto que esta reconceituação extranacional, transcultural, poderia produzir na história política e cultural dos negros americanos e na dos negros na Europa. Na história recente, isso certamente significará reavaliar Garvey e o garveyismo, o pan-africanismo e o Poder Negro como fenômenos hemisféricos, se não globais. Na periodização da política negra moderna, será necessária uma nova reflexão sobre a importância do Haiti e sua revolução para o desenvolvimento do pensamento político africano-americano e os movimentos de resistência. Do lado europeu, será indubitavelmente necessário reconsiderar a relação de Frederick Douglass com os radicalismos ingleses e escoceses e meditar sobre o significado dos cinco anos de William Wells Brown na Europa como escravo fugitivo, na permanência e nos estudos de Alexander Crummell em Cambridge e nas experiências de Martin Delany em Londres

---

[35] Stephen Greenblatt, *Marvellous Possessions* (Oxford: Oxford University Press, 1992). Ver também Pratt, *Imperial Eyes*.

[36] James T. Clifford, "Travelling Cultures", em Lawrence Grossberg *et al.*, *Cultural Studies*, Nova York e Londres: Routledge, 1992; e "Notes on Theory and Travel", *Inscriptions* 5, 1989.

no Congresso Estatístico Internacional de 1860.[37] Exigirá compreensão de questões difíceis e complexas como o interesse de W. E. B. Du Bois, desde sua infância, por Bismarck, seu esforço para que suas roupas e bigode seguissem o modelo do Kaiser Wilhelm II, seus prováveis pensamentos ao assistir aos seminários de Heinrich von Treitschke,[38] e o uso que seus heróis trágicos fazem da cultura europeia.

Notáveis viajantes negros americanos, da poeta Phyllis Wheatley em diante, iam para a Europa e ali suas percepções da América e da dominação racial eram alteradas em decorrência de suas experiências. Isto trouxe consequências importantes para sua compreensão das identidades raciais. A jornalista e organizadora política radical Ida B. Wells é típica, descrevendo seus períodos produtivos na Inglaterra como "estar nascendo de novo em uma nova condição".[39] Lucy Parsons é uma personalidade mais problemática na história política da América negra,[40] mas qual teria sido o efeito de seus encontros com William Morris, Annie Besant e Peter Kropotkin em uma nova escrita da história do radicalismo inglês? E quanto à relação de Nella Larsen com a Dinamarca, onde George Padmore foi mantido na prisão durante o início dos anos de 1930 e que também era a base de seu jornal banido, o *Negro Worker*, que circulou pelo mundo por meio de seus partidários

---

[37] *Manchester Weekly Advertiser*, 21 de julho de 1860; *Punch*, 28 de julho de 1860; *The Morning Star*, 18 de julho de 1860; e F. A. Rollin, *Life and Public Services of Martin R. Delany* (Lee and Shepard: Boston, 1868), p. 102.

[38] Peter Winzen, "Treitschke's Influence on the Rise of Imperialist and Anti-British Nationalism in Germany", em P. Kennedy e A. Nicholls (orgs.), *Nationalist and Racialist Movements in Britain and Germany before 1914*. Basingstoke: Macmillan, 1981.

[39] Ida B. Wells, citada em Vron Ware, *Beyond the Pale: White Women, Racism, and History*. Londres e Nova York: Verso, 1992, p. 177.

[40] Carolyn Ashbaugh, *Lucy Parsons: American Revolutionary*. Chicago: Charles H. Kerr, 1976. Devo agradecer Tommy Lott por esta referência.

na Colonial Seamen's Association [Associação dos Marinheiros Coloniais]?[41] E quanto à obra de Sarah Parker Remond como médica na Itália e à vida de Edmonia Lewis,[42] escultora que fixou residência em Roma? Que efeitos produziram morar em Paris para Anna Cooper, Jessie Fauset, Gwendolyn Bennett[43] e Lois Maillou Jones?

Parece haver grandes questões quanto a direção e o caráter da cultura e da arte negras se levarmos em conta os poderosos efeitos mesmo de experiências temporárias de exílio, transferência e deslocamento. Como foi alterado, por exemplo, o curso da arte vernacular negra do jazz pelo que aconteceu a Quincy Jones na Suécia e a Donald Byrd em Paris? Isso é particularmente interessante porque ambos desempenharam papéis influentes na reformulação do jazz como forma popular no início dos anos de 1970. Byrd descreve sua sensação de atração pela Europa como algo que nasceu da visão do Canadá, que ele desenvolveu quando jovem criado em Detroit:

> Era por isso que a Europa era tão importante para mim. Morando em criança defronte ao Canadá do outro lado do rio, eu costumava me sentar e olhar para Windsor, em Ontário. Windsor representava a Europa para mim. Aquele era o resto do mundo, o estrangeiro para mim. Por isso, eu sempre tive uma percepção do estrangeiro, da coisa europeia, porque o Canadá estava logo ali. Costumávamos ir até o Canadá. Para os negros, o Canadá era um lugar que nos tra-

---

[41] Frank Hooker, *Black Revolutionary: George Padmore's Path from Communism to Pan-Africanism*. Londres: Pall Mall Library of African Affairs, 1967.

[42] William S. McFeely, *Frederick Douglass*. Nova York: W. W. Norton, 1991, p. 329.

[43] Michel Fabre, *Black American Writers in France*, 1840-1980. Urbana e Chicago: University of Illinois Press, 1991.

tava melhor do que a América, o norte. Para meu pai, Detroit era melhor do que o sul; para mim, nascido no norte, o Canadá era melhor. Pelo menos era isso o que eu achava. Mais tarde descobri que não era assim mas, de qualquer maneira, o Canadá representava para mim alguma coisa estranha, exótica, que não era os Estados Unidos.[44]

A vida de Richard Wright no exílio, que foi descrita como uma traição de sua autenticidade e como um processo de sedução pelas tradições filosóficas supostamente fora de sua estreita extensão étnica,[45] será explorada mais adiante como um caso exemplar de como a política do posicionamento e a política de identidade são inscritas nas análises da cultura negra. Muitas das personalidades aqui arroladas serão abordadas em capítulos posteriores. São todas candidatas potenciais a inclusão no mais recente cânone cultural africano-americano, um cânone que é condicionado e talvez exigido pela formatação acadêmica dos estudos culturais negros.[46] O capítulo 4 discutirá qual versão da política e filosofia de W. E. B. Du Bois será construída para esse cânone a partir das ricas tessituras transnacionais de sua vida longa e nômade. As experiências de viagem de Du Bois levantam da forma mais aguda possível uma questão comum às vidas de quase todas essas personalidades que começam como africano-americanos ou caribenhos e depois são transformadas em alguma outra coisa que escapa a esses rótulos específicos e, com eles, a todas as noções fixas de nacionalidade e identidade nacional. Quer sua experiência de exílio seja forçada ou escolhida, temporária ou per-

---

[44] Ursula Broschke Davis, *Paris without Regret*. Iowa City: University of Iowa Press, 1986, p. 102.

[45] Contesto esta visão no capítulo 5.

[46] Alguns problemas associados a esta estratégia foram discutidos por Cornel West em "Minority Discourse and the Pitfalls of Canon Formation", *Yale Journal of Criticism* 1, nº 1, outono de 1987, pp. 193-201.

manente, esses intelectuais e ativistas, escritores, oradores, poetas e artistas articulam um desejo de escapar aos laços restritivos de etnia, identificação nacional e, às vezes, até da própria "raça". Alguns falam, como Wells e Wright, em termos do renascimento que a Europa lhes proporcionava. Quer dissolvessem sua sensibilidade africano-americana em um discurso explicitamente pan-africanista ou no engajamento político, sua relação com a terra natal e sua base etno-política foram absolutamente transformadas. A especificidade da formação política e cultural moderna a que pretendo chamar Atlântico negro pode ser definida, em um nível, por este desejo de transcender tanto as estruturas do estado-nação como os limites da etnia e da particularidade nacional. Estes desejos são pertinentes ao entendimento da organização política e da crítica cultural. Eles sempre se sentiram pouco à vontade com as escolhas estratégicas impostas aos movimentos negros e com indivíduos imbricados em culturas políticas nacionais e estados-nações na América, no Caribe e na Europa.

## MARTIN DELANY
## E A INSTITUIÇÃO DA PÁTRIA

A personalidade influente e importante de Martin Robison Delany — jornalista, editor, médico, cientista, juiz, soldado, inventor, fiscal de alfândega, orador, político e romancista — fornece uma oportunidade para examinar os efeitos distintos produzidos onde a política do posicionamento do Atlântico negro compõe o limiar da dupla consciência. Sua vida também oferece uma oportunidade ímpar para considerar algumas das questões suscitadas no âmbito das histórias da cultura e da política negra, por meio da viagem ou da transferência voluntária. Marcada por suas origens europeias, a cultura política negra moderna sempre esteve mais interessada na relação de identidade com as raízes e o enraizamento do que em ver a identidade como um processo de movimento e mediação, que é mais convenientemente abordado por via das rotas homônimas.* A consideração de uma personalidade como Delany exige atenção cuidadosa à interação entre essas duas dimensões da ontologia racial. Sua vida revela um confronto entre seu nacionalismo e as experiências de viagem que têm sido geralmente ignoradas pelos historiadores, exceto onde elas podem ser lidas como gestos etiopianistas ou emigracionistas contra o racismo americano. Isto não é mais suficiente.

Delany é crucial para os interesses deste livro por inúmeras outras razões. Ele ainda é regularmente saudado como o principal progenitor do nacionalismo negro na América. Embora lançasse em 1879 os seus *Principia of Ethnology* [Princípios de Etnologia] com uma dedicatória bajuladora ao Duque de Shaftesbury, o que não encontraria simpatia entre os africentristas de hoje, seus argumentos nessa publicação final antecipam de um modo desconcertante o tom e o conteúdo do pensamento africológico [*Africalogical*]. Delany foi identificado por Molefi Kete Asante como pioneiro neste campo[47] e constitui um ancestral atraente para os africentristas graças a traços apreciados como sua disposição em vestir seu *dashiki*** ao proferir palestras sobre a África na prefeitura, igreja Batista e "escola de cor" em Chatham, no Ontário, onde, no exílio, fixou sua residência. Além de suas propensões marinheiras e ideológicas, a proximidade com a África na história familiar de Delany produz o efeito de fazer suas opções políticas parecerem austeras e nítidas. Elas são bem menos ambíguas, por exemplo, do que as de seu ocasional colega Frederick Douglass, que havia sido criado por um homem branco, alfabetizado por

---

\* O autor se vale da homofonia, em inglês, de *roots*, raízes, e *routes*, rotas, estradas, mapas. (N. do R.)

[47] Molefi Kete Asante, *Kemet, Afrocentricity and Knowledge*. Trenton, Nova Jersey: Africa World Press, 1990, p. 112.

\*\* *Dashiki* é uma vestimenta da África Ocidental que se tornaria extremamente popular entre os negros norte-americanos na década de 1960. Delany vestia-se desse modo cem anos antes. (N. do R.)

uma mulher branca e tivera sua liberdade comprada por outros dois. Isso fica muito claro a partir da passagem que encerra o primeiro livro de Delany, *The Condition, Elevation, Emigration and Destiny of the Colored People of the United States Politically Considered* [A Condição, Elevação, Emigração e Destino do Povo de Cor dos Estados Unidos Politicamente Considerados], de 1852. Embora seu cristianismo assertivo possua uma nota um tanto destoante, a obra termina de modo comovente com um floreio claramente pan-africano que coloca as forças da ciência, o Iluminismo e o progresso em harmonia com o projeto de regeneração racial no período pós-escravidão:

> "Do Egito virão os grandes; a Etiópia estenderá as mãos para Deus" (*Ps*, LXVIII, 31). Com fé nesta promessa abençoada, graças a Deus; neste nosso grande advento para dentro da África, não queremos "Nenhum timbale nem flajolés, gaitas de fole, trombones ou baionetas" mas com uma confiança perseverante em Deus, nosso rei celestial, corajosamente avançaremos, cantando doces canções de redenção, na regeneração de nossa raça e na restauração de nossa pátria, da melancolia e das trevas de nossa superstição e ignorância para a gloriosa luz de um brilho mais cristalino — a luz da mais alta civilização divina.[48]

Delany é uma figura de extraordinária complexidade cuja trajetória política pelos abolicionismos e emigracionismos, dos republicanos aos democratas,[49] dilui quaisquer tentativas sim-

---

[48] Martin R. Delany, *Principia of Ethnology: The Races and Color, with an Archeological Compendium of Ethiopian and Egyptian Civilisation from Years of Careful Examination and Enquiry*. Filadélfia: Harper and Brother, 1879, p. 95.

[49] Ver a oposição de Delany à proposta para indicar um candidato negro à vice-presidência (*New York Tribune*, 6 de agosto de 1867, p. 1).

plistas de defini-lo como conservador ou radical coerente. Em terceiro lugar, a vida de Delany é valiosa por causa de sua temporada de sete meses na Inglaterra,[50] seu exílio em Chatham, suas viagens para o sul e pela África, bem como seus sonhos de colonização negra autônoma nas Américas Central e do Sul. Ele é justamente afamado por ter organizado e liderado a primeira expedição científica à África a partir do hemisfério ocidental: o Grupo de Exploração do Vale do Niger de 1859 [*Niger Valley Exploring Party*], comandado por Delany em conjunto com Robert Campbell, um naturalista jamaicano que havia sido chefe do departamento de ciências no Instituto para Crianças de Cor [*Institute for Colored Youth*] na Filadélfia. Essas peregrinações estão recodificadas nas digressões de Henrico Blacus/Henry Holland, o herói do romance de Delany, *Blake; or, the Huts of America* [Blake; ou as Cabanas da América], sua única incursão pela ficção, publicado em partes na revista *Anglo-African Magazine*, durante 1859, e na *Weekly Anglo-African* em 1861. Delany é interessante também por considerar a si mesmo como homem de ciência.[51] Sua ideia de si mesmo como polímata aspirava, e de fato expressava, a uma competência interdisciplinar que o distingue como excepcional intelecto. Ele modelou sua carreira de acordo com metas caracteristicamente masculinas, definidas no século XVIII por sábios e filósofos cujo legado, como veremos, foi imediatamente apropriado para suas teorias de integridade e cidadania raciais. Como William Wells Brown, Sarah Parker Remond e outros, ele foi um negro que estudou e praticou a medicina em um período em que o desejo dos escravos de fugir da escravidão ainda era por vezes ra-

---

[50] R. Blackett, "In Search of International Support for African Colonisation: Martin R. Delany's Visit to England, 1860", *Canadian Journal of History* 10, n° 3, 1975.

[51] Uma amostra de Delany nesse estilo é fornecida por seu "Comets", *Anglo-African Magazine* 1, n° 2, fevereiro de 1859, pp. 59-60.

cionalizado pela opinião médica como uma doença — drapetomania ou *dysaesthesia Aetheopis*[52] — e em que J. Marion Sims estava aperfeiçoando os procedimentos de cirurgia ginecológica nas mulheres que ele mantinha em servidão.[53] Totalmente à parte de seus estudos médicos de orientação mais prática, Delany é conhecido por ter estudado a frenologia em busca de respostas aos argumentos da etnologia racista. Sua obra nesta área poderia ser utilizada para iniciar algumas interessantes pesquisas sobre a relação entre razão científica e dominação racial. Mais adiante veremos que suas aspirações como homem culto das ciências se entrelaçavam de diversas maneiras com sua radicalização política. Ambas receberam um ímpeto adicional pela amarga reação de Delany ao lhe ser negado em 1852 o direito de patente por sua invenção para transportar locomotivas por terreno montanhoso porque, embora livre, ele não era formalmente cidadão dos Estados Unidos.[54]

Delany nasceu em Charlestown, Virgínia, em maio de 1812, filho de pai escravo e mãe liberta que haviam aparentemente desfrutado dos benefícios do sangue africano, que não era apenas puro mas também real. O avô mandingo de Delany havia regressado para a África após ser emancipado, e seu pai, Samuel, havia comprado sua própria liberdade no início dos anos de 1820. A família fixara residência em Chambersburg, Pensilvânia. Atuante nos círculos abolicionistas como orador, jornalista e escritor, Delany publicou *The Mystery* [O Mistério] em 1843 e, com Douglass, tor-

---

[52] Thomas Szasz, "The Sane Slave: An Historical Note on the Use of Medical Diagnosis as Justificatory Rhetoric", *American Journal of Psychotherapy* 25 (1971): 228-239; J. D. Guillory, "The Pro-slavery Arguments of S. A. Cartwright", *Louisiana History* 9, 1968, pp. 209-27.

[53] Ann Dally, *Women under the Knife*. Londres: Radius, 1991.

[54] Dorothy Sterling, *The Making of an Afro-American: Martin Robison Delany, 1812-1885*. Nova York: Doubleday, 1971, p. 139.

nou-se co-editor do *North Star* (1847). Passou a se encantar com o abolicionismo garrisoniano[55] em uma idade precoce e complementou sua obra na causa antiescravista com suas atividades médicas como aplicador de ventosas, sanguessugas e sangrias.[56] Em 1850, tendo estudado medicina com uma série de diferentes médicos, matriculou-se em Harvard para formar-se em medicina e foi aceito juntamente com mais dois estudantes negros, Isaac Snowden e Daniel Hunt, sob a condição de que fossem patrocinados pela American Colonisation Society e apenas exercessem suas habilidades médicas fora dos Estados Unidos, na Libéria, depois da graduação.[57] Uma estudante branca, Harriot K. Hunt, que havia sido aprovada na mesma época em que os três negros, foi persuadida a desistir depois de reuniões privadas com membros do corpo docente. Delany, Snowden e David Hunt começaram a assistir às aulas em novembro daquele ano mas foram solicitados a deixar a faculdade pelo decano — Oliver Wendell Holmes, um célebre admirador de *Crania Americana* de Samuel Morton — ao final do curso de inverno, depois de protestos de estudantes brancos furiosos que achavam que sua presença rebaixaria os padrões educacionais. A amargura e a justificada raiva que

---

[55] Nell Irvin Painter, "Martin R. Delany", em L. Litwak e A. Meier (orgs.), *Black Leaders of the Nineteenth Century*. Urbana e Londres: University of Illinois Press, 1988.

[56] W. Montague Cobb, "Martin Robison Delany", *Journal of the National Medical Association* 44, maio de 1952.

[57] Ver o material sobre Delany na Countway Library da Escola de Medicina de Harvard. Registros da Medical Faculty of Harvard University, vol. 2, minutas das reuniões de 4 e 23 de novembro de 1850. Os alunos encaminharam abaixo-assinados contra a presença de estudantes negros em 10 e 11 de dezembro. As experiências de Delany em Harvard são muito desfavoráveis quando comparadas com a situação agradável dos três jovens de cor observada por William Wells Brown durante sua visita em 1851 à Escola de Medicina em Edimburgo. Ver sua *Places and People Abroad*. Nova York: Sheldon, Lamport and Blakeman, 1855, p. 265.

haviam se combinado em Delany com uma batalha legal infrutífera para reclamar a herança de sua esposa foram mais tarde elaboradas em decorrência dessa humilhação adicional trazida por Harvard. Ele regressou à Filadélfia ansioso para lutar em favor da cidadania americana *e* em favor de um plano para a emigração negra para a América Central ou do Sul, que seria anunciado por seu primeiro livro.

Publicado no quadragésimo aniversário de Delany, *The Condition* temperava suas propostas emigracionistas com uma polêmica contra a American Colonisation Society e seus planos de colonização liberiana. O livro é notável pelas elaboradas teorias da nacionalidade e da cidadania derivadas de uma leitura da história europeia e talvez, acima de tudo, por sua defesa explícita de um estado forte que poderia concentrar as aspirações sionistas dos negros americanos e ajudar na construção de seu contrapoder político em oposição ao estado de supremacia branca. O livro começava comparando o destino dos negros na América e o dos negros das nações de minorias destituídas de direitos civis encontradas na Europa.

> O fato de que tem [sic] em todas as eras, em quase toda nação, existido uma nação dentro de uma nação — um povo que, embora constituindo parte e parcela da população, ainda era, pela força das circunstâncias, conhecido pela posição peculiar que ocupava, sem formar de fato, pela privação da igualdade política com os demais, nenhuma parte e, quando muito, nada além de uma parte restrita do corpo político de tais nações, também é verdade. São assim os poloneses na Rússia, os húngaros na Áustria, os escoceses, irlandeses e galeses no Reino Unido, *e como tais também os judeus espalhados por toda parte, não só por toda a extensão da Europa mas em quase todo o globo habitável, mantendo suas características nacionais, e olhando adiante com elevadas esperanças de ver o dia em que poderão regressar a sua posição nacional anterior de autogoverno e independência*

*seja em que parte do mundo habitável for...* Tal é então a condição de várias classes na Europa; sim, nações, durante séculos no interior de nações, mesmo sem a esperança de redenção entre aquelas que as oprimem. E por mais desfavorável que seja sua condição, não há nada que se compare à das pessoas de cor dos Estados Unidos.[58] [itálicos adicionados]

Do ponto de vista da história do conceito de diáspora explorado no capítulo 6, é particularmente interessante que, embora não empregue esse termo crucial, Delany toma de imediato as experiências judaicas de dispersão como modelo para compreender a história dos negros americanos e, mais significativamente ainda, apresenta essa história como meio de concentrar suas próprias propostas sionistas de colonização negra americana da Nicarágua[59] e outras áreas. A aquisição de uma pátria poderosa que poderia garantir e defender os direitos dos escravos era, para Delany, bem mais importante do que pequenos detalhes como uma localização geográfica dentro daquilo que seu colaborador Robert Campbell chamava, em seu próprio relatório da Expedição à Nigéria, a terra *mãe* africana. A primeira preocupação de Delany não era com a África como tal, mas sim com as formas de cidadania e filiação originadas da geração (e regeneração) da nacionalidade moderna, na forma de um estado-nação negro e autônomo. A Libéria era rejeitada neste papel porque não era um veículo adequado ou suficientemente sério para as esperanças e os sonhos dos cidadãos soldados negros e suas famílias. Sua geografia era um fator desfavorável, mas sua centralidade ao "esquema profundamente arraigado" dos donos de escravos americanos evidenciava uma

---

[58] *The Condition, Elevation, Emigration and Destiny of the Colored People of the United States Politically Considered*. Filadélfia, edição do autor, 1852, pp. 12-3.

[59] "A América Central e do Sul são, evidentemente, o destino final e futuro lar da raça de cor neste continente", *ibid.*, cap. 21 e 22 passim.

desvantagem mais substancial.[60] Com seus apelos em favor da conquista de cidadania americana parecendo cada vez mais infrutíferos, Delany deixou a América em 1856. Entretanto, seguiu para o norte e não para leste, não para a África, mas para o Canadá.[61] Foi a partir desta nova posição que planejou sua viagem para a África e a Europa. Ele trocou o Novo pelo Velho Mundo em 1859, chegando a Monróvia, capital liberiana, no dia 12 de julho. Lá encontrou-se com Alexander Crummell e outros dignitários.

O relatório de Delany de 1859 sobre sua viagem, o *Official Report of the Niger Valley Exploring Party*,[62] é um documento interessante que define sua visão de uma aliança dinâmica, tanto comercial como civilizatória, entre o capital inglês, o intelecto negro americano e a força de trabalho africana. Essas forças díspares deveriam colaborar em benefício mútuo na exportação do algodão africano a ser beneficiado na Inglaterra. O *Report* é mais interessante no contexto deste capítulo pelos *insights* que fornece sobre as estruturas de sentimento que podem ser denominadas a dialética interna da identificação da diáspora. Delany, sempre o médico e racionalista, descrevia em detalhes a sequência de sintomas clínicos que ele experimentava à medida que seu entusiasmo inicial ao chegar à África dava lugar a uma forma especial e característica de melancolia:

> A primeira visão e impressões da costa da África são sempre inspiradoras, produzindo as emoções mais agradáveis. Essas sensações agradáveis continuam durante vários dias, mais ou menos até que se fundem em sentimentos de entusias-

---

[60] *Ibid.*, pp. 168-9.

[61] C. Peter Ripley (org.), *The Black Abolitionist Papers*, vol. 2: *Canada, 1830-1865*. Chapel Hill e Londres: University of North Carolina Press, 1986.

[62] *Official Report of the Niger Valley Exploring Party*, republicado como *Search for a Place: Black Separatism and Africa, 1860*, introdução de Howard H. Bell. Ann Arbor: University of Michigan Press, 1969.

mo quase intenso... uma hilaridade de sentimento quase análoga ao começo da embriaguez... como a sensação produzida pela ingestão de champanhe... Os primeiros sintomas são seguidos por um relaxamento dos sentidos no qual há uma disposição de se estirar, abrir a boca e bocejar de fadiga. Os segundos podem ou não ser sucedidos por verdadeiros acessos febris... mas quer esses sintomas se sigam ou não, existe um mais notável... Um sentimento de remorso por se ter trocado o país nativo por um país estranho; um desejo quase frenético de ver amigos e conterrâneos; um desânimo e perda da esperança de tornar a ver aqueles que se ama. A esses sentimentos, naturalmente, deve-se resistir e encará-los como uma mera afecção mórbida da mente... Quando uma total recuperação acontece, o amor pelo país é mais ardente e duradouro.[63]

A ambivalência quanto ao exílio e a volta para casa contida nesses comentários possui uma história que provavelmente é tão antiga quanto a presença de escravos africanos no Ocidente. Aqui, é necessário considerar que o desconforto diante da perspectiva de fissuras e falhas na topografia da filiação, que fez do pan-africanismo um discurso tão poderoso, não era diminído por referências a alguma essência africana que pudesse magicamente conectar entre si todos os negros. Atualmente, esta ideia poderosa é frequentemente acionada quando é necessário considerar as coisas que (potencialmente) conectam pessoas negras entre si em lugar de pensar seriamente sobre divisões na comunidade imaginária da raça e nos meios de compreendê-las ou superá-las, se é que isto é, de fato, possível. O período de Delany na África confirmava as diferenças entre os ideólogos africano-americanos e os africanos com quem eles tratavam. Dessa forma, não é surpreendente que, apesar de ao final de seu relato sobre suas aventuras africanas Delany prometer retornar à África com sua família, ele jamais o tenha feito.

---

[63] *Ibid.*, p. 64.

Mais do que qualquer página de Edward Wilmot Blyden, Alexander Crummell e seus outros pares protonacionalistas, os escritos de Delany registravam reações contraditórias à África. O lar arcaico, ancestral, simplesmente não funcionaria como era. Ele possuía uma consciência aguda de que este lar teria de ser amplamente refeito. Em parte, por meio de esquemas grandiosos de modernização, como a ligação ferroviária comercial transafricana que ele havia proposto inicialmente em um extraordinário apêndice a *The Condition*. A superstição e cultura pagã africanas deveriam ser eliminadas. Esses planos revelavam que a missão proposta de elevar o eu racial negro americano era inseparável de uma segunda missão de elevar e esclarecer os africanos incultos, oferecendo-lhes os benefícios da vida civilizada: esgotos, mobília, cutelaria, missionários e

> algum tipo de roupa para cobrir toda a pessoa acima dos joelhos, seja uma única blusa ou camisa, em vez de um pano nativo solto lançado em volta do corpo, para cair ao acaso, a qualquer momento expondo toda a parte superior da pessoa, como na Libéria, onde essa parte da pessoa é inteiramente descoberta — estou certo de que isto faria muito para imprimir-lhes alguns dos hábitos da vida civilizada.[64]

Se esta declaração pode ser lida como um pequeno sinal do compromisso prático de Delany com os frutos da modernidade euroamericana, é menos surpreendente que suas posições políticas pudessem mais tarde mudar outra vez e novamente fundir seu nacionalismo com uma variedade de patriotismo americocêntrico. A guerra civil foi o catalisador desse processo. Ela reativou seu entusiasmo por um futuro americano para os negros da América. Delany foi incorporado como major no exército da União, orgulhosamente assumindo o uniforme do primeiro negro oficial de

[64] *Ibid.*, pp. 101-6.

campo na história dos Estados Unidos. O periódico que havia publicado *Blake* agora oferecia a seus leitores, por 25 centavos, gloriosos cartões postais fotográficos de Delany em seu uniforme azul escuro.

Sua decisão de permanecer dentro da concha desse patriotismo depois que a guerra terminou foi facilitada pela mesma versão decididamente elitista do nacionalismo negro que havia animado seus projetos anteriores. Ela sublinhava a obrigação dos negros de se aprimorarem por meio dos valores universais de sobriedade, moderação e trabalho duro. Essa variedade de nacionalismo negro também havia se mostrado extremamente popular entre as plateias antiescravistas cujo movimento a visita de Delany havia ajudado a revitalizar. Durante a primavera de 1860, ele chegou a Londres vindo da África em busca de respaldo para os projetos de empreendimento colonial: "destemidos, corajosos e aventurosos feitos de audácia",[65] que eram essenciais à realização do respeito todo especial que decorria da um posse de *status* nacional.

Já destaquei que os relatos contrastantes fornecidos por Delany e Campbell sobre as experiências do Vale do Níger divergem em torno do gênero de sua terra natal africana. Campbell via a África como sua terra-mãe [*motherland*], ao passo que Delany, mesmo quando se referia à África com o pronome feminino, persistia em chamar o continente de pátria [*fatherland*]. Desejo sugerir que essa obstinação expressa algo profundo e característico sobre a percepção de Delany da relação necessária entre nacionalidade, cidadania e masculinidade. Provavelmente ele tenha sido o primeiro pensador negro a produzir o argumento de que a integridade da raça é, primeiramente, a integridade de seus chefes masculinos de domicílios e, secundariamente, a integridade das famílias sobre as quais eles presidem. O modelo que ele propunha alinhava o poder do cabeça masculino do domicílio na esfera privada com o *status* nobre do soldado-cidadão que o comple-

---

[65] Delany, *The Condition*, p. 215.

mentava na esfera pública. O discurso de Delany hoje é o de um supremo patriarca. Ele buscava uma variedade de poder para o homem negro no mundo branco, que apenas poderia ser erigida nas fundações fornecidas pelos papéis de marido e pai. Parte dessa mesma atitude é transmitida no modo como ele batizou seus sete filhos com os nomes de figuras famosas de linhagem africana: Alexandre Dumas, Toussaint L'Ouverture, Rameses Placido, São Cipriano, Faustin Soulouque, Charles Lenox Remond, Ethiopia Halle. Em uma seção sobre a educação das meninas em *The Condition*, Delany deixou ainda mais claras suas concepções sobre o relacionamento adequado entre os sexos.

> Que nossas jovens mulheres tenham uma educação; que suas mentes sejam bem informadas; bem supridas de informações úteis e proficiência prática, em lugar das aquisições leves e superficiais, popular e elegantemente chamadas de realizações. Desejamos realizações, mas estas precisam ser úteis.
>
> Nossas mulheres devem ser qualificadas porque serão as mães de nossos filhos. Como mães, são as primeiras amas e instrutoras das crianças; é delas que as crianças, consequentemente, obtêm suas primeiras impressões, que por serem sempre as mais duradouras, devem ser as mais corretas.[66]

As mulheres deveriam ser educadas, mas apenas para a maternidade. A esfera pública seria domínio exclusivo de uma cidadania masculina esclarecida, que parece ter se orientado pela concepção de Rousseau da vida civil em Esparta. Delany pode hoje ser reconhecido como progenitor do patriarcado do Atlântico negro.

Tendo em vista ainda a questão fundamental dos papéis e das relações de gênero, desejo examinar sucintamente seu romance *Blake; or, The Huts of America* como uma narrativa de reconstrução

---

[66] *Ibid.*, p. 196.

familiar. O ponto culminante do livro é fornecido pelo zelo com que seu herói se empenha em reconstruir e regenerar sua vida familiar. Essa luta é apresentada como absolutamente análoga tanto à liberação dos escravos como à regeneração da África, que Delany havia descrito da seguinte forma no relatório do Vale do Níger:

> A África é nosso solo paterno [*fatherland*] e, nós, os seus legítimos descendentes... Há muito cresci para além dos limites da América do Norte e, com eles, também cresci para além dos limites de seus domínios... A África, para ser regenerada, precisa ter um caráter nacional e sua posição entre as nações existentes do mundo dependerá principalmente do alto padrão que ela possa conquistar comparado com elas em todas as suas relações, moral, religiosa, social, política e comercialmente.
> Decidi deixar para meus filhos a herança de um país, a posse do domínio territorial, as bênçãos de uma educação nacional e o direito inquestionável de autogoverno; para que não cedam ao servilismo e à degradação a nós legados por nossos pais. Se nós não nascemos para as fortunas, devemos repartir as sementes que germinarão e gerarão fortunas para eles.[67]

*Blake* foi o quarto romance escrito por um negro americano e certamente uma obra mais radical do que as outras tentativas iniciais comparáveis na ficção. O livro tirava sua epígrafe de *A cabana do Pai Tomás*, de Harriet Beecher Stowe, e era, como sugere a alusão domiciliar no título de Delany, uma resposta explícita e intertextual a esta obra. Tanto a estrutura do livro como seu âmbito geográfico atestam a afirmação de Delany de haver crescido para além dos limites da América do Norte. *Blake* foi escrito no Canadá e se refere a um cubano que, após viajar para

---

[67] Delany, *Report of the Niger Valley Exploring Party*, pp. 110-1.

a África como marinheiro em um navio de escravos, é escravizado nos Estados Unidos. Ele foge para o Canadá, para depois retornar aos Estados Unidos a fim de encontrar a esposa — que havia sido injustamente afastada dele por um maligno senhor de escravos — e para liderar ali a resistência dos escravos. Ele a encontra em Cuba e compra sua liberdade. Em seguida, visita a África novamente, dessa vez como tripulante veterano de um segundo navio de escravos. Essa viagem, atravessando o Atlântico de oeste a leste — o reverso da *Middle Passage* —, é empreendida como parte de um grande plano para liderar uma revolucionária revolta escrava em Cuba, que naquele momento está em risco de ser anexada pelos estados americanos do sul. A topografia do mundo do Atlântico negro é diretamente incorporada ao relato de Delany. Seu herói viajante, Blake, assume vários nomes nos diferentes locais que visita, mas seu nome inglês certamente é significativo por oferecer um eco de um radicalismo mais antigo, explicitamente atlanticista.

Os navios ocupam um lugar simbólico e político primordial na obra. Um capítulo é chamado "Transatlântico" e outro, o capítulo 52, é intitulado "The Middle Passage" e inclui uma cena angustiante de um escravo lançando ao mar os mortos e moribundos, tal como Turner havia retratado: em meio à fúria da própria natureza. O uso que Delany faz da música é complexo e audacioso e tem sido entendido como evidência adicional de sua relação profundamente contraditória com a América e sua cultura. As paródias claras de canções patrióticas e o material popular de Stephen Foster que seus personagem cantam podem ser interpretados como ilustrações dos densos sincretismos culturais que a dupla consciência pode gerar.[68]

*Blake* inclui alguns retratos extremamente compassivos de mulheres negras e oferece uma das poucas apresentações da *Middle*

---

[68] William W. Austin, *"Susanna"*, *"Jeanie" and "The Old Folks at Home": The Songs of Stephen C. Foster from His Time to Ours*. Urbana e Chicago: University of Illinois Press, 1987.

*Passage* e da vida nas senzalas encontradas na literatura negra do século XIX. O livro torna visível a experiência africano-americana na ordem hemisférica da dominação racial. A versão de solidariedade negra proposta por *Blake* é explicitamente antiétnica e opõe-se ao estreito excepcionalismo africano-americano em nome de uma verdadeira sensibilidade pan-africana da diáspora. Isto torna a negritude uma questão mais política do que cultural. O terror da escravidão é invocado com vigor, apenas parcialmente a partir das convenções de um gênero literário abolicionista que expressa um intenso fascínio pela imagem de famílias divididas. A escravidão é vista à uma luz ética mas é basicamente apresentada como um sistema de exploração econômica de caráter internacional. Delany era membro da Igreja Africana Metodista Episcopal, mas utilizou-se de seu herói Blake para transmitir críticas à religião em geral e ao cristianismo em particular. É essa representação da crença religiosa que fornece a chave para a postura antiétnica e pan-africana do livro. Blake se recusava a "ficar parado e ver a salvação", onde quer que ela lhe fosse oferecida: por meio dos rituais da igreja branca da *plantation*, na Igreja Católica ou nas superstições dos feiticeiros com quem ele interage durante uma visita a Dismal Swamp. Seu ceticismo e sua orientação estritamente instrumental em relação à religião, que ele encarava como uma ferramenta válida para o projeto político que procurava avançar, são importantes porque a religião afro-americana é, com muita frequência, o sinal central para a definição cultural-popular, estreitamente étnica da autenticidade racial que está sendo aqui contestada em nome de culturas rizomórficas[69] e derrotadas da diáspora.

Tanto Delany como seu herói gabam-se de seus princípios racionais. Roubar do senhor era racionalizado em termos deri-

---

[69] Gilles Deleuze e Félix Guattari, "Rhizome", *Ideology and Consciousness* 8, 1980, e *A Thousand Plateaus* (Londres: Athlone Press, 1988), pp. 3-25 [Ed. brasileira: *Mil platôs*, 5 vols. São Paulo: Editora 34, 1995-97].

vados de uma teoria trabalhista do valor e, a partir dessa postura racionalista, os negros eram repreendidos por confundirem meios espirituais e fins morais. Os negros americanos não eram os únicos oprimidos e, se quisessem ser livres, deveriam contribuir para o estabelecimento do estado-nação supra-étnico forte e completamente sintético, que Delany via como indispensável ao embate constante para derrotar a opressão racial em todos os lugares no Novo Mundo e ao projeto de mais longo prazo de regeneração africana. Esse racionalismo racial antimístico exigia que os negros de todos os matizes, classes e grupos étnicos renunciassem às diferenças meramente acidentais — que serviam apenas para mascarar a unidade mais profunda que aguardava ser construída —, não tanto a partir de sua herança africana quanto da orientação comum para o futuro produzido por suas lutas militantes contra a escravidão. Diferenças étnicas e religiosas simbolizam no livro divisões intrarraciais. A sobrevivência negra depende da invenção de novos meios para formar alianças acima e além de questões menores como língua, religião, cor da pele e, em menor extensão, gênero. A melhor maneira de criar a nova identidade metacultural demandada pela nova cidadania negra era fornecida pela condição abjeta dos escravos e ironicamente facilitada pela estrutura transnacional do tráfico de escravos em si mesmo. Abyssa, um escravo sudanês e ex-mercador de tecidos, trazido da África na segunda viagem transatlântica de Blake; Plácido, um poeta revolucionário cubano que também é primo de Blake; Gofer Gondolier, um cozinheiro das Índias Ocidentais que servia a um nobre espanhol em Gênova; os abastados quadrarões e oitavões de Cuba; o próprio Blake; e, na verdade, seus apoiadores revolucionários brancos constituem algo como um exército multifário para a emancipação de homens e mulheres oprimidos do Novo Mundo. Uma vez que a religião marca com particular clareza essas insignificantes diferenças étnicas, sua superação significa o passo utópico para além da etnia e o estabelecimento de uma nova base para a comunidade, mutualidade e reciprocidade:

Eu, a princípio católico, e minha mulher, criada como tal, somos ambos batistas; Abyssa Soudan, outrora pagão, foi convertido em sua terra natal à fé metodista ou wesleyana; Madame Sabastina e família são episcopais; Camina, de longa residência na colônia, presbiteriana, e Plácido é um crente das doutrinas de Swedenborg. Todos concordamos em não reconhecer nenhuma seita, nenhuma denominação que não uma religião em favor de nossa redenção da escravidão e da degradação... Nenhuma religião senão aquela que nos trouxer a liberdade será reconhecida; a nenhum Deus serviremos além daquele que nos considera como filhos. Os brancos não aceitam nada além daquilo que promova seus interesses e felicidade, social, política e religiosamente. Eles descartariam uma religião, destruiriam uma igreja, derrubariam um governo ou abandonariam um país que não fortalecesse sua liberdade. Pelo grande e virtuoso nome de Deus não estaremos dispostos a fazer o mesmo?[70]

*Blake* é útil à argumentação deste capítulo contra os absolutismos étnicos pois sua afirmação do intercultural e do transnacional é mais do que suficiente para avançar a discussão da cultura política negra para além da oposição binária entre perspectivas nacional e a da diáspora. O modo sugestivo pelo qual o livro situa o mundo do Atlântico negro em uma rede entrelaçada, entre o local e o global, desafia a coerência de todas as perspectivas nacionalistas estreitas e aponta para a invocação espúria da particularidade étnica para reforçá-las e garantir o fluxo uniforme dos produtos culturais em unidades nítidas e simétricas. Devo acrescentar que isso é válido, quer este impulso venha dos opressores ou dos oprimidos.

---

[70] Martin Delany, *Blake; or, The Huts of America*, parte II, cap. 61. Boston: Beacon Press, 1970.

## A POLÍTICA NEGRA E A MODERNIDADE

Reler *Blake* desta maneira e considerar as trajetórias de seu autor nacionalista nos remete de volta à questão de saber se as perspectivas nacionalistas são um meio adequado para compreender as formas de resistência e acomodação intrínsecas à cultura política negra moderna. A história recente dos negros, como povo no mundo ocidental moderno, mas não necessariamente deste mundo — história que envolve processos de organização política de natureza explicitamente transnacional e internacional —, demanda que se considere muito atentamente a questão seguinte. Afinal de contas, a quê estão se opondo os movimentos de escravos e seus descendentes: à escravidão? ao capitalismo? à industrialização forçada? ao terror racial? ou ao etnocentrismo e ao solipsismo europeu que esses processos ajudam a reproduzir? Como devem ser *pensadas* as histórias descontínuas da resistência da diáspora levantadas em forma ficcional por *Blake* e vividas por figuras como o seu criador? Como essas histórias têm sido teorizadas por aqueles que experimentaram as consequências da dominação racial?

Na parte final deste capítulo, desejo considerar mais especificamente as posições do estado-nação e a ideia de nacionalidade nos relatos da oposição negra e da cultura expressiva, particularmente a música. Farei uso também de uma breve discussão da música negra que antecipa um tratamento mais extenso desses temas no capítulo 3 para levantar questões implícitas sobre as tendências rumo ao etnocentrismo e ao absolutismo étnico da teoria cultural negra.

O problema de ponderar as afirmações de identidade nacional contra as variedades contrastantes de subjetividade e identificação ocupa um lugar especial na história intelectual dos negros no Ocidente. O conceito de dupla consciência de Du Bois já foi mencionado e será explorado em maiores detalhes no capítulo 4. Trata-se apenas da mais famosa resolução de um conhecido problema que aponta para a dinâmica central da opressão racial, bem como para a antinomia fundamental dos negros da diáspora. Como esta duplicidade, aquilo que Richard Wright chama de objetividade aterrorizante,[71] decorrente da situação de ser interno e ao mesmo tempo externo ao Ocidente, afetava a conduta dos movimentos políticos contra a opressão racial e rumo à autonomia negra? As inevitáveis pluralidades envolvidas nos movimentos dos povos negros, na África e no exílio, algum dia serão sincronizadas? Como seriam essas batalhas periodizadas em relação à modernidade: a partir da intermediação fatal de capitalismo, da industrialização e de uma nova concepção de democracia política? Colocar estas perguntas dessa maneira significa algo mais do que a hesitante filiação intelectual dos negros da diáspora a uma abordagem que equivocadamente procura uma totalização prematura de batalhas infinitas, uma abordagem que em si mesma possui raízes profundas e problemáticas nas ambíguas tradições intelectuais do Iluminismo europeu que, em diferentes momentos, foi tanto um salva-vidas como um grilhão?

A obra de Delany tem fornecido fortes indicações de que a herança intelectual da modernidade euroamericana determinou e talvez ainda determine a maneira pela qual a nacionalidade é entendida no interior do discurso político negro. Em particular, esse legado condiciona a aspiração contínua de adquirir uma identidade "enraizada" supostamente autêntica, natural e estável. Esta identidade invariante é, por sua vez, a premissa de um eu "racial" ["*racial*" *self*] pensante, socializado e unificado por sua conexão com outras almas aparentadas normalmente encontradas, embora nem sempre, dentro das fronteiras fortificadas das culturas étnicas distintas que também podem coincidir com os contornos de um estado-nação soberano que garante sua continuidade.

---

[71] Esta expressão é tirada do romance de Wright, *The Outsider* (Nova York: Harper and Row, 1953), p. 129. Em seu livro de ensaios, *White Man Listen!* (Garden City, Nova York: Anchor Books, 1964), ele emprega a expressão "existência dual" para mapear o mesmo terreno. Ver capítulo 5.

Considere-se por um momento a imprecisão com que o termo "nacionalismo negro" é empregado tanto por seus adeptos como pelos céticos. Por que uma linguagem política mais refinada para lidar com essas questões cruciais de identidade, parentesco, geração, afeto e filiação está sendo tão adiada? Um exemplo modesto mas revelador pode ser tirado do caso de Edouard Glissant, que contribuiu tanto para o surgimento de um contra-discurso que pode responder à alquimia dos nacionalismos. A discussão desses problemas é prejudicada quando seu tradutor extirpa as referências de Glissant à obra de Deleuze e Guattari da edição inglesa de seu livro de 1981, *Le discours antillais*,[72] presumivelmente porque reconhecer esse intercâmbio de algum modo violaria a aura da autenticidade caribenha que é uma moldura desejada em torno da obra. Esta recusa típica em aceitar a cumplicidade e interdependência sincrética de pensadores negros e brancos recentemente passou a ser associada a uma segunda dificuldade: as concepções superintegradas de uma cultura pura e homogênea que significam que as batalhas políticas negras são explicadas como sendo, até certo ponto, automaticamente *expressivas* das diferenças nacionais ou étnicas com as quais são associadas.

O sentido superintegrado da particularidade cultural e étnica é muito popular hoje, e os negros não o monopolizam. Ele mascara a arbitrariedade de suas próprias opções políticas na linguagem moralmente carregada do absolutismo étnico e isto coloca perigos adicionais porque desconsidera o desenvolvimento e a mudança das ideologias políticas negras e ignora as qualidades inquietas e recombinantes das culturas políticas afirmativas do Atlântico negro. O projeto político forjado por pensadores como Delany na difícil viagem do navio negreiro até a cidadania corre o risco de ser destroçado pelo conflito aparentemente insolúvel

---

[72] Edouard Glissant, *Le discours antillais*. Paris: Editions du Seuil, 1981.

entre duas perspectivas distintas mas atualmente simbióticas. Elas podem ser livremente identificadas como os pontos de vista essencialista e pluralista, embora sejam de fato duas variedades diferentes de essencialismo: uma ontológica, a outra estratégica. A relação antagônica entre essas duas perspectivas tem sido particularmente intensa nas discussões da arte negra e da crítica cultural. A visão essencialista ontológica tem sido geralmente caracterizada por um pan-africanismo bruto. Ela tem se mostrado incapaz de especificar com precisão onde se situa atualmente a essência muitíssimo apreciada mas tenazmente evasiva da sensibilidade artística e política negra, mas isso não é obstáculo à sua circulação popular. Essa perspectiva encara o intelectual e artista negro como um líder. Onde ela se pronuncia sobre questões culturais, está frequentemente aliada a uma abordagem realista do valor estético que minimiza as questões políticas e filosóficas substantivas envolvidas nos processos de representação artística. Sua concepção absolutista das culturas étnicas pode ser identificada pelo modo como ela registra o incompreensivo desapontamento com as opções e os padrões culturais efetivos da massa do povo negro. Ela tem pouco a dizer sobre o mundo profano e contaminado da cultura popular negra e, em vez disso, procura uma prática artística que possa retirar da massa do povo negro as ilusões pelas quais ele tem sido seduzido por sua condição de exílio e consumo impensado de objetos culturais impróprios, tais como os produtos errados para tratamento de cabelo, música pop e roupas ocidentais. A comunidade é percebida como estando no caminho errado, e a tarefa do intelectual é lhe dar uma nova direção, primeiramente pelo resgate e, depois, pela doação da consciência racial de que as massas parecem carecer.

Essa perspectiva atualmente enfrenta uma posição pluralista que afirma a negritude como um significante aberto e busca celebrar representações complexas de uma particularidade negra *internamente* dividida: por classe, sexo, gênero, idade, etnia, economia e consciência política. Não há aqui nenhuma ideia unitária de comunidade negra, e as tendências autoritárias dos que policiariam a expressão cultural negra em nome de sua própria história ou prioridades particulares são corretamente repudiadas. O essencialismo de base ontológica é substituído por uma alternativa libertária, estratégica: a saturnal cultural que aguarda o fim de noções inocentes do tema negro essencial.[73] Aqui, as qualidades polifônicas da expressão cultural negra constituem a principal consideração estética, e muitas vezes há uma fusão incômoda mas estimulante de técnicas e estilos modernistas e populistas. Dessa perspectiva, as realizações das formas culturais negras populares, como a música, são uma constante fonte de inspiração. São apreciadas por sua advertência implícita contra as arapucas do capricho artístico. A dificuldade com esta segunda tendência é que, ao deixar para trás o essencialismo racial por ver a "raça" em si mesma como uma construção social e cultural, ela tem sido insuficientemente consciente do poder de resistência de formas especificamente racializadas de poder e subordinação.

Cada perspectiva compensa as fraquezas óbvias no outro campo, mas até agora houve pouco debate franco e explícito entre elas. Seu conflito, inicialmente formulado em debates sobre a estética negra e a produção cultural,[74] é valioso como orientação preliminar para alguns dilemas enfrentados pelos *historiadores* culturais e intelectuais da diáspora africana moderna e ocidental. Os problemas que ela levanta se tornam agudos, particularmente para aqueles que procuram compreender acontecimentos culturais e resistências políticas que têm tido pouco respeito tanto pelas fronteiras modernas como pelas pré-modernas. Na pior das hipóteses, a invocação negligente e casual do inclusivismo cultural [*cultural insiderism*], que frequentemente caracteriza a visão essencialista ontológica, não é mais que um sintoma das crescentes clivagens *dentro* das comunidades negras. Nestas, porta-vo-

---

[73] Stuart Hall, "New Ethnicities", em K. Mercer (org.), *Black Film: British Cinema*. Londres: ICA Documents 7, 1988, p. 28.

[74] Ver *Ten 82*, nº 3, 1992, edição intitulada *The Critical Decade*.

zes incômodos da elite negra — alguns deles comentaristas culturais profissionais, artistas, escritores, pintores e cineastas, bem como líderes políticos — têm fabricado uma perspectiva populista como expressão de sua própria posição contraditória. Esse neonacionalismo parece fora de sintonia com o espírito da nova roupagem africêntrica na qual ela se apresenta hoje diante de nós. Ele incorpora comentários sobre as necessidades e os desejos especiais das castas relativamente privilegiadas no interior das comunidades negras, mas sua marca registrada mais comum é a persistente mistificação das problemáticas relações desse grupo com os negros pobres que, afinal de contas, fornecem à elite o direito dúbio de falar em nome da clientela-fantasma do povo negro em geral. A ideia dos negros como um grupo nacional ou protonacional, com sua própria cultura hermeticamente enclausurada, desempenha um papel-chave nesta mistificação e, embora raras vezes nomeada explicitamente, a ideia deslocada de um interesse nacional é invocada como meio de silenciar a dissensão e censurar o debate político quando são expostas as incoerências e inconsistências do discurso africológico.

Esses problemas assumem um traço específico no Reino Unido, que atualmente carece de algo que possa ser convincentemente chamado de burguesia negra. Entretanto, não estão confinados a esse país e não podem ser desconsiderados. A ideia de nacionalidade e as premissas do absolutismo cultural se juntam de outras maneiras.[75] Deve-se enfatizar que onde a arqueologia dos conhecimentos críticos negros entra na academia, ela geralmente envolve a construção de cânones aparentemente feita em bases exclusivamente *nacionais* — afro-americanos, caribenhos anglófonos e assim por diante. Não se trata de um apelo oblíquo em favor da legitimidade de um inventário cultural negro inglês ou britânico igualmente distintivo. Se parece indelicado pergun-

---

[75] Etienne Balibar e Immanuel Wallerstein, *Race, Nation, Class*. Londres e Nova York: Verso, 1991.

tar a quem pode servir a formação de tais cânones, então a questão correlata sobre de onde vem o impulso para formalizar e codificar elementos de nossa herança cultural neste padrão particular pode ser uma questão melhor a ser investigada. Será esse impulso em direção ao protecionismo cultural o truque mais cruel que o Ocidente pode praticar sobre seus filiados dissidentes? O mesmo problema do *status* desfrutado pelas fronteiras nacionais na elaboração da história cultural é evidente em debates recentes sobre a cultura *hip-hop*, o poderoso meio expressivo dos negros urbanos pobres da América, que criaram um movimento jovem global de considerável importância. Os componentes musicais do *hip-hop* são uma forma híbrida nutrida pelas relações sociais no South Bronx, onde a cultura jamaicana do *sound-system* foi transplantada durante os anos de 1970 e criou novas raízes. Em conjunto com inovações tecnológicas específicas, essa cultura caribenha expulsa e reenraizada acionou um processo que iria transformar a autopercepção da América negra e igualmente uma grande parcela da indústria da música popular. Neste ponto, devemos perguntar como uma forma que se gaba e exulta em sua própria maleabilidade, bem como de seu caráter transnacional, passa a ser interpretada como expressão de alguma essência africano-americana autêntica? Como discutir o rap como se ele brotasse intacto das entranhas do blues?[76] Outra maneira de abordar isto seria perguntar por que a elite literária da América negra precisa afirmar essa forma cultural diaspórica de maneira tão agressivamente nacionalista?[77]

---

[76] Nelson George, *The Death of Rhythm and Blues*. Londres: Omnibus, 1988.

[77] Devo enfatizar que é a assimilação dessas formas culturais a uma noção impensada de nacionalidade que constitui o objeto de minha crítica aqui. É claro que determinadas formas culturais se tornam articuladas com conjuntos de fatores sociais e políticos ao longo de períodos prolongados. Pode-se considerar e conviver com essas formas como se elas fossem em-

Uma área adicional, e talvez mais profunda, de dificuldade política passa a ser considerada quando o jargão em voga da diferença cultural absoluta, associado ao ponto de vista essencialista ontológico, fornece um elo embaraçoso entre a prática dos negros — que compreendem a política racial por meio deste ponto de vista — e as atividades de seus oponentes repudiados — os absolutistas étnicos da direita racista —, que abordam a dinâmica complexa de raça, nacionalidade e etnia por meio de um conjunto similar de equações culturalistas pseudo-exatas. Essa convergência improvável é parte da história do *hip-hop*, pois a música negra é, com muita frequência, o principal símbolo da autenticidade racial. Analisá-la nos leva, rápida e diretamente, de volta ao *status* da nacionalidade e das culturas nacionais em um mundo pós-moderno, onde os estados-nações estão sendo eclipsados por uma nova economia do poder que atribui à cidadania nacional e às fronteiras nacionais um novo significado. Na busca de explicar a controvérsia sobre as origens do *hip-hop*, também temos de investigar o modo como a abordagem absolutista e excludente da relação entre "raça", etnia e cultura coloca no comando dos recursos culturais de seu próprio grupo como um todo aqueles que afirmam ser capazes de resolver a relação entre os discursos supostamente incomensuráveis, característicos de diferentes grupos raciais. Os intelectuais podem reivindicar esta posição de vanguarda em virtude de uma capacidade para traduzir de uma cultura para outra, conciliando oposições decisivas ao longo do percurso. Faz pouca diferença que as comunidades negras envolvidas sejam concebidas como nações inteiras e autossustentáveis ou como coletividades protonacionais.

---

blemas naturais da particularidade racial e étnica. Isto pode até ser um atributo defensivo essencial das comunidades interpretativas envolvidas. Entretanto, a noção de nacionalidade não pode ser tomada de empréstimo como um meio pré-fabricado para entender a dinâmica específica desse processo.

Não menos do que seu predecessor Martin Delany, os intelectuais negros de hoje têm constantemente sucumbido ao engodo dessas concepções românticas de "raça", "povo" e "nação", encarregando a si mesmos, em lugar do povo que supostamente representam, das estratégias de construção da nação, formação do estado e elevação racial. Este ponto sublinha o fato de que o *status* da nacionalidade e o peso preciso que devemos atribuir às diferenças evidentes de língua, cultura e identidade que dividem entre si os negros da diáspora, para não falar dos africanos, não encontram solução no âmbito da cultura política, que promete um dia congregar os povos díspares do mundo do Atlântico negro. Além disso, entre os intelectuais negros que tentaram lidar com essas questões, é certamente manifesta sua dependência das reflexões teóricas derivadas do cânone da modernidade ocidental — de Herder a Von Treitschke e outros posteriores. A obra de W. E. B. Du Bois será explorada mais adiante como um terreno dessa filiação. O caso de seu discurso de formatura em Fisk em 1888 sobre Bismarck fornece um exemplo preliminar. Refletindo sobre isto alguns anos depois em *Dusk of Dawn*, ele escreveu:

> Bismarck era meu herói. Ele construiu uma nação a partir de uma massa de povos em conflito. Ele havia controlado todo o desenvolvimento do processo com sua força, até que coroou um imperador em Versalhes. Isto antecipava em minha mente o tipo de coisa que os negros americanos deveriam fazer, marchando em frente com força e determinação sob liderança treinada.[78]

Este modelo de desenvolvimento nacional exerce uma atração especial sobre os povos em disputa da diáspora do Atlântico negro. É um componente essencial de suas reações ao racismo mo-

---

[78] W. E. B. Du Bois, *Dusk of Dawn*, em *Dubois Writings*. Nova York: Library of America, 1986, p. 577.

derno e inspirou diretamente seus esforços de construir estados-
-nações em solo africano e em outros lugares. A ideia de nacionalidade ocupa um lugar central, ainda que mutável, na obra de
Alexander Crummell, Edward Blyden, Martin Delany e Frederick
Douglass. Este importante grupo de pós-iluministas, cujas vidas
e sensibilidades políticas podem ser ironicamente definidas por um
persistente zigue-zague entre fronteiras nacionais, muitas vezes parece compartilhar a crença decididamente hegeliana de que a combinação entre cristianismo e estado-nação representa a superação
de todas as antinomias.

Os temas da nacionalidade, do exílio e da filiação cultural
acentuam a inevitável fragmentação e diferenciação da questão
negra. Esta fragmentação recentemente se tornou mais complexa pelas questões de gênero, sexo e dominação masculina, que têm
se tornado inevitáveis devido às lutas das mulheres negras e manifestações de gays e lésbicas negros. Não posso tentar resolver
essas tensões aqui, mas a dimensão da diferenciação social e política à qual se referem fornece um referencial para o que segue.
Como indicadores de diferenciação, elas são particularmente importantes, porque os antagonismos intracomunais que se manifestam entre os níveis locais e imediatos de nossas lutas e sua dinâmica hemisférica e global só podem aumentar. As vozes negras
de dentro dos países superdesenvolvidos podem ser capazes de continuar a ecoar em harmonia com aquelas produzidas de dentro
da África ou podem, com graus variáveis de relutância, desviar-
se do projeto global de avanço negro, uma vez concluída a liberação simbólica e política, se não a material e econômica, da África meridional.

Pretendo tornar esses pontos abstratos e complexos mais
concretos e acessíveis por meio da elaboração de uma conclusão
para este capítulo a partir de algumas das lições que aguardam
ser aprendidas da consideração de elementos da produção musical dos negros no Ocidente, o que será explorado mais detalhadamente no capítulo 3. A história e a importância dessas músicas são constantemente desconsideradas pelos escritores negros

por dois motivos: porque ultrapassam os referenciais da análise nacional ou etnocêntrica, com os quais temos muito facilmente nos contentado, e porque falar a sério sobre a política e a estética das culturas vernaculares negras exige um confronto embaraçoso com diferenças intrarraciais substantivas, que tornam simplesmente insustentável o essencialismo cômodo a partir do qual a maioria das apreciações críticas são construídas. À medida que crescem essas divisões internas, o preço desse embaraço tem sido um doloroso silêncio.

Para quebrar esse silêncio, pretendo argumentar que a expressão musical negra tem desempenhado um papel na reprodução daquilo que Zygmunt Bauman chamou de contracultura distintiva da modernidade.[79] Utilizarei uma breve consideração do desenvolvimento musical negro para dar um passo adiante no entendimento dos processos culturais que, conforme já sugeri, estão atualmente dilacerados entre sua percepção ora como expressão de um eu racial essencial, imutável e soberano, ora como efluente de uma subjetividade constituída que emerge casualmente do jogo interminável da significação racial. Esta costuma ser concebida exclusivamente em termos do modelo inadequado fornecido pela *textualidade*. A vitalidade e complexidade dessa cultura musical oferece um meio de ir além das oposições correlatas entre essencialistas e pseudopluralistas, de um lado, e entre concepções totalizantes de tradição, modernidade e pós-modernidade, do outro. Ela também fornece um modelo de performance que pode complementar e parcialmente deslocar o interesse pela textualidade.

A impossibilidade da alfabetização para os escravos e seu refinamento compensatório na arte musical não explica o compromisso obstinado e consistente da música negra com a ideia de um futuro melhor. O poder da música no desenvolvimento das lutas negras pela comunicação de informações, organização da cons-

---

[79] Zygmunt Bauman, "The Left As the Counterculture of Modernity", *Telos* 70, inverno de 1986-87, pp. 81-93.

ciência e teste ou articulação das formas de subjetividade exigidas pela atuação política, seja individual ou coletiva, defensiva ou transformadora, exige atenção tanto aos atributos formais dessa cultura expressiva como à sua base *moral* distintiva. As qualidades formais desta música estão se tornando mais bem conhecidas[80] e, por isso, desejo me concentrar nos aspectos morais e em particular na disjunção entre o valor ético da música e seu *status* como sinal étnico.

Nos termos mais simples possíveis, colocando o mundo tal como ele é contra o mundo tal como os racialmente subordinados gostariam que ele fosse, essa cultura musical fornece uma grande dose da coragem necessária para prosseguir vivendo no presente. Ela é, ao mesmo tempo, produção e expressão dessa "transvalorização de todos os valores", precipitada pela história do terror racial no Novo Mundo. Ela contém uma teodiceia mas a ultrapassa porque as dimensões profanas desse terror racial tornam impossível a teodiceia.[81] Em outro trabalho, considerei

---

[80] A admirável exposição de Anthony Jackson sobre o estilo de baixo de James Jamerson é, em minha opinião, sugestiva do tipo de trabalho crítico minucioso que precisa ser realizado sobre a forma e a dinâmica da criatividade musical negra. Seus comentários sobre o uso de Jamerson da ambiguidade harmônica e rítmica e do emprego seletivo da dissonância foram particularmente úteis. Dizer que o livro a partir do qual isto é tirado foi concebido mais para as necessidades do músico intérprete do que para o historiador cultural é acusar antes o estado atual da história cultural do que a obra de Jackson e seu colaborador o Dr. Licks. Ver "An Appreciation of the Style", em Dr. Licks (org.), *Standing in the Shadows of Motown*. Detroit: Hal Leonard, 1989.

[81] Estou pensando aqui tanto na discussão perturbadora de Wright sobre as *Dozens* no ensaio sobre a "Literary Tradition of the Negro in the United States" em *White Man Listen!*, como nos comentários de Levinas sobre o sofrimento inútil em um outro contexto: "sofrimentos inúteis e injustificáveis [são] expostos e manifestados... sem nenhuma sombra de uma teodiceia consoladora". Ver "Useless Suffering", em R. Bernasconi e D. Wood (orgs.), *The Provocation of Levinas* (Londres: Routledge, 1988). A discussão criteriosa, porém ardorosamente cristã, daquilo que ele chama de Teodiceia do Blues

sua crítica distintiva das relações sociais capitalistas.[82] Aqui, porque desejo mostrar que sua acuidade crítica inclui mas também supera o anticapitalismo, é necessário traçar parte da dinâmica filosófica interna dessa contracultura e explorar a conexão entre seu caráter normativo e suas aspirações utópicas. São aspectos inter-relacionados e até inseparáveis um do outro e da crítica do capitalismo racial[83] que essas culturas expressivas constroem mas também ultrapassam. Para compreendê-las é necessário realizar uma análise do conteúdo das letras e das formas de expressão musical, bem como das relações sociais ocultas nas quais essas práticas de oposição profundamente codificadas são criadas e consumidas. A questão do conteúdo normativo concentra a atenção no que se poderia chamar de política de realização [*politics of fulfilment*]:[84] a noção de que uma sociedade futura será capaz de realizar a promessa social e política que a sociedade presente tem deixado irrealizada. Refletindo a posição semântica fundante da *Bíblia*, este é um modo discursivo de comunicação. Embora nada literal, ele pode ser captado por meio do que é dito, berrado, gritado ou cantado. A política de realização praticada pelos descendentes dos escravos exige, como fez Delany, que a sociedade civil burguesa cumpra as promessas de sua própria retórica. Ela cria um meio no qual possam ser expressas as demandas por metas como a justiça não racializada e a organização racional

---

também é relevante aqui. Ver *The Theology of American Popular Music*, uma edição especial de *Black Sacred Music* 3, n° 2 (Durham, N.C.: Duke University Press, outono de 1989). Não disponho de espaço aqui para desenvolver minha crítica de Spencer.

[82] *There Ain't No Black in the Union Jack: The Cultural Politics of Race and Nation*. Londres: Hutchinson, 1987, cap. 5.

[83] Cedric Robinson, *Black Marxism*. Londres: Zed Press, 1982.

[84] Este conceito e sua junção com a política da transfiguração foram adaptados de seu emprego no livro inspirador de Seyla Benhabib, *Critique, Norm and Utopia* (Nova York: Columbia University Press, 1987).

dos processos produtivos. Ela é imanente à modernidade e um elemento de seu contradiscurso valioso demais para ser sistematicamente ignorado.

A questão de como as utopias são concebidas é mais complexa, principalmente porque elas insistem continuamente em fugir ao alcance do meramente linguístico, textual e discursivo. A invocação da utopia referencia aquilo que, conforme a sugestiva indicação de Seyla Benhabib, proponho chamar de política da transfiguração. Esta política enfatiza o surgimento de desejos, relações sociais e modos de associação qualitativamente novos no âmbito da comunidade racial de interpretação e resistência e *também* entre esse grupo e seus opressores do passado. Ela aponta especificamente para a formação de uma comunidade de necessidades e solidariedade, que é magicamente tornada audível na música em si e palpável nas relações sociais de sua utilidade e reprodução culturais. Criada debaixo do nariz dos capatazes, os desejos utópicos que alimentam a política complementar da transfiguração devem ser invocados por outros meios mais deliberadamente opacos. Esta política existe em uma frequência mais baixa, onde é executada, dançada e encenada, além de cantada e decantada, pois as palavras, mesmo as palavras prolongadas por melisma e complementadas ou transformadas pelos gritos que ainda indicam o poder conspícuo do sublime escravo [*slave sublime*], jamais serão suficientes para comunicar seus direitos indizíveis à verdade. Os sinais voluntariamente adulterados que traem a política decididamente utópica da transfiguração, portanto, transcendem parcialmente a modernidade, construindo tanto um passado imaginário antimoderno como um vir a ser pós-moderno. Não se trata de um contradiscurso mas de uma contracultura que reconstrói desafiadoramente sua própria genealogia crítica, intelectual e moral em uma esfera pública parcialmente oculta e inteiramente sua. A política da transfiguração, portanto, revela as fissuras internas ocultas no conceito de modernidade. Os confins da política são estendidos precisamente porque esta tradição de expressão recusa-se a aceitar que a política seja um domínio prontamente separável. Seu desejo básico é conjurar e instituir os novos modos de amizade, felicidade e solidariedade consequentes com a superação da opressão racial sobre a qual se assentava a modernidade e sua antinomia do progresso racional, ocidental, como barbaridade excessiva. Dessa forma, as artes vernaculares dos filhos dos escravos dão origem a um veredicto sobre o papel da arte, surpreendentemente em harmonia com as reflexões de Adorno sobre a dinâmica da expressão artística europeia logo depois de Auschwitz:

> A Utopia da arte, o porvir contrafactual, está drapejado em negro. Ela continua a ser uma lembrança do possível com acuidade crítica contra o real; é uma espécie de restituição imaginária dessa catástrofe que é a história do mundo; é uma liberdade que não se submeteu ao feitiço da necessidade e que bem pode jamais se submeter.[85]

Essas dimensões irmãs da sensibilidade negra, a política da realização e a política da transfiguração, não são co-extensivas. Existem tensões significativas entre elas, porém, estão estreitamente associadas nas culturas vernaculares da diáspora do Atlântico negro. Elas também podem ser usadas para refletir a ideia de duplicidade com que este capítulo foi iniciado e que muitas vezes se afirma como a força constitutiva que dá origem à experiência negra no mundo moderno. A política da realização em geral se contenta em jogar a racionalidade ocidental em seu próprio campo. Ela necessita de uma orientação hermenêutica que possa assimilar o semiótico, o verbal e o textual. A política da transfiguração empenha-se na busca do sublime, esforçando-se para repetir o irrepetível, apresentar o inapresentável. Seu foco hermenêutico um tanto diferente avança para o mimético, o dramático e o performativo.

---

[85] T. W. Adorno, *Aesthetic Theory*. Londres: Routledge, 1984, p. 196 [ed. brasileira: *A teoria estética*. São Paulo: Martins Fontes, 1982].

Parece particularmente significativo que as expressões culturais que essas músicas nos permitem mapear não procuram excluir a desigualdade ou fazer da justiça racial uma questão exclusivamente abstrata. Sua ética bastante fundamentada oferece, entre outras coisas, um comentário contínuo sobre as relações sistemáticas e generalizadas de dominação que condicionam sua existência. Sua estética, também bastante fundamentada, nunca se isola num domínio autônomo onde regras políticas familiares não possam ser aplicadas e onde, como muito bem diz Salman Rushdie, "a salinha da literatura"[86] pode continuar a desfrutar de seus privilégios especiais como um recurso heroico para os abastados adversários do capitalismo liberal.

Estou propondo, dessa forma, que façamos uma releitura e repensemos essa contracultura expressiva não só como uma sucessão de *tropos* e gêneros literários, mas como um discurso filosófico que rejeita a separação moderna, ocidental, de ética e estética, cultura e política. O ensinamento tradicional da ética e da política — filosofia prática — chegou ao fim algum tempo atrás, ainda que suas agonias de morte sejam prolongadas. Esta tradição havia mantido a ideia de que a vida boa para o indivíduo e o problema de uma ordem social e política melhor para a coletividade poderiam ser alcançadas por meios racionais. Embora raramente seja reconhecida ainda hoje, essa tradição perdeu seu direito exclusivo à racionalidade, em parte pelo modo como a escravidão se tornou interna à civilização ocidental e pela cumplicidade óbvia que tanto a escravidão da *plantation* como os regimes coloniais revelaram existir entre a racionalidade e a prática do terror racial. Sem perceber a condição residual dessa escravidão, os negros no Ocidente secretamente escutaram e depois assumiram uma pergunta fundamental a partir das obsessões intelectuais de seus governantes esclarecidos. Seu avanço do *status*

---

[86] Salman Rushdie, *Is Nothing Sacred?* The Herbert Read Memorial Lecture 1990. Cambridge: Granta, 1990, p. 16.

de escravos para o *status* de cidadãos os levou a indagarem quais seriam as melhores formas possíveis de existência social e política. A memória da escravidão, ativamente preservada como recurso intelectual vivo em sua cultura política expressiva, ajudou-os a gerar um novo conjunto de respostas para essa indagação. Eles tiveram de lutar — muitas vezes por meio de sua espiritualidade — para manterem a unidade entre a ética e a política, dicotomizadas pela insistência da modernidade em afirmar que o verdadeiro, o bom e o belo possuíam origens distintas e pertenciam a domínios diferentes do conhecimento. Primeiro, a escravidão em si mesma e, depois, sua memória induziram muitos deles a indagarem sobre as bases da fundação da filosofia e do pensamento social modernos, quer viessem eles dos teóricos dos direitos naturais que procuravam distinguir entre as esferas da moralidade e da legalidade, dos idealistas que desejavam emancipar a política da moral de sorte que aquela se tornaria uma esfera de ação estratégica, ou dos economistas políticos da burguesia que primeiro formularam a separação da atividade econômica tanto da ética como da política. Os excessos brutais da *plantation* escravista forneciam um conjunto de respostas morais e políticas para cada uma dessas tentativas. A história e a utilidade da música negra, discutidas no capítulo 3, permitem que acompanhemos parte dos meios pelos quais a unidade entre ética e política tem sido reproduzida como uma forma de conhecimento popular. Esta subcultura muitas vezes se mostra como a expressão intuitiva de alguma essência racial mas é, na verdade, uma aquisição histórica elementar produzida das vísceras de um corpo alternativo de expressão cultural e política que considera o mundo criticamente do ponto de vista de sua transformação emancipadora. No futuro, ela se tornará um lugar capaz de satisfazer as necessidades (redefinidas) de seres humanos que emergirão quando a violência — epistêmica e concreta — da tipologia racial chegar ao fim. A razão é assim reunificada com a felicidade e a liberdade dos indivíduos e o reino da justiça no âmbito da coletividade.

Já sugeri que há aqui um grau de convergência com outros projetos rumo a uma teoria crítica da sociedade, particularmente o marxismo. Entretanto, onde a crise vivida e a crise sistêmica se juntam, o marxismo atribui prioridade à última, ao passo que a memória da escravidão insiste na prioridade da primeira. Sua convergência também é solapada pelo simples fato de que, no pensamento crítico dos negros no Ocidente, a autocriação social por meio do trabalho não é a peça central das esperanças de emancipação. Para os descendentes de escravos, o trabalho significa apenas servidão, miséria e subordinação. A expressão artística, expandida para além do reconhecimento oriundo dos rancorosos presentes oferecidos pelos senhores como substituto simbólico para a liberdade da sujeição torna-se, dessa forma, o meio tanto para a automodelagem individual como para a libertação comunal. *Poiésis* e poética começam a coexistir em formas inéditas — literatura autobiográfica, maneiras criativas especiais e exclusivas de manipular a linguagem falada e, acima de tudo, a música. As três transbordaram os vasilhames que o estado-nação moderno forneceu a elas.

# 2.
# SENHORES, SENHORAS, ESCRAVOS E AS ANTINOMIAS DA MODERNIDADE

> "Toda ideia lançada na mente do negro é entendida e percebida com toda a força de sua vontade; mas esta percepção envolve uma ampla destruição... é evidente que a necessidade de autocontrole distingue o caráter dos negros. Essa condição não é capaz de nenhum desenvolvimento ou cultura, e tal como nós os vemos hoje em dia, assim sempre foram. A única conexão essencial entre os negros e os europeus é a escravidão... podemos concluir que a escravidão foi a ocasião do aumento do sentimento humano entre os negros."
>
> *G. W. F. Hegel*

> "O modo como o homem lida com o homem é visto, por exemplo, na escravidão dos negros, cujo objeto último é o açúcar e o café."
>
> *Arthur Schopenhauer*

> "Seria melhor que todos vocês morressem — morressem imediatamente, do que viverem escravos e atrair sua desgraça sobre sua prosperidade. Se quiserem ser livres nesta geração, esta é sua única esperança."
>
> *Henry Highland Garnet*

> "... as colinas livres da velha Escócia, onde o antigo 'Negro Douglass' outrora encontrou seus inimigos... quase toda colina, rio, montanha e lago que foram tornados clássicos pelos feitos heroicos de seus nobres filhos. Raro o riacho que não esteja vertido em canto, ou a colina que não esteja associada a um conflito feroz e sangrento entre liberdade e escravidão."
>
> *Frederick Douglass*

Faz alguns anos que a teoria social, a filosofia e a crítica cultural euroamericanas têm abrigado debates acerbos e politicamente carregados sobre o conteúdo e *status* do conceito da modernidade e das ideias afins de modernismo e modernização. Esses debates nem sempre foram realizados explicitamente e seus conceitos fundamentais têm sido matizados de diversas maneiras de acordo com o contexto disciplinar específico no qual surgem e, apesar de certa falta de consistência, uma série surpreendentemente coerente de trocas tem tomado forma. Essas trocas têm sido dominadas por uma constelação de posições teóricas formalmente opostas — ainda que mutuamente elas se reforcem — de diversos dos principais teóricos do *establishment* acadêmico euroamericano. Jürgen Habermas, Jean-François Lyotard, Fredric Jameson e uma multidão de outras mulheres e homens têm se dedicado à tarefa de examinar essas ideias e a especificidade da vida contemporânea no Ocidente para a qual elas apontam. Os autores às vezes se preocupam em identificar e explicar mudanças decisivas recentes no clima cultural dos países superdesenvolvidos e em sua relação com o resto do mundo. Muitos participantes construíram desvios intelectuais pela modernidade como um modo de demarcar o que é moderno ou historicamente original na condição pós-moderna contemporânea. Outros analisam o pós-moderno como se este simplesmente tivesse apagado ou substituído o moderno e, como Lyotard, não mergulham profundamente na história do pós-moderno, seu surgimento a partir da modernidade ou sua relação com os processos de modernização.[1]

Seja como for que se dediquem à tarefa, estes autores compartilham uma preocupação com o impacto das mudanças do pós-guerra sobre as bases cognitivas e tecnológicas da vida social e cultural no mundo superdesenvolvido, onde eles têm conseguido

---

[1] Edward Said, "Representing the Colonised", *Critical Inquiry* 15, nº 2, inverno de 1989, p. 222.

descobrir "uma espécie de tristeza no *Zeitgeist*".[2] O conceito de pós-modernismo é frequentemente introduzido para enfatizar a natureza radical ou mesmo catastrófica da ruptura entre as condições contemporâneas e a época do modernismo. Dessa forma, pouca atenção é dada à possibilidade de que grande parte do que é identificado como pós-moderno possa ter sido pressagiado ou prefigurado nos contornos da própria modernidade. Tanto os defensores como os críticos da modernidade parecem não atentar para o fato de que a história e a cultura expressivas da diáspora africana, a prática da escravidão racial ou as narrativas de conquista imperial europeia podem exigir que todas as periodizações simples do moderno e do pós-moderno sejam drasticamente repensadas.[3]

A relação crucial entre o moderno e o pós-moderno levanta uma série de questões adicionais, principalmente porque constitui uma pequena parte das investigações mais amplas sobre a viabilidade contínua daquilo que Habermas chamou de projeto iluminista.[4] Essas discussões pretendem ser mais do que contribuições meramente escolásticas à história intelectual do Ocidente. Sem dúvida adquiriram uma repercussão política mais ampla, particularmente onde se pronunciaram sobre a ideia de progresso e a visão de civilização firmemente orientada para a perfeição pelos princípios seculares e racionais que sustentam essa ideia. Habermas

---

[2] Jean-François Lyotard, "Defining the Postmodern", em L. Appignanesi (org.), *Postmodernism*. Londres: ICA Documents 4, 1986.

[3] Existem outras possibilidades sinalizadas no trabalho pioneiro de Edward Said, *Orientalism* (Harmondsworth: Penguin, 1985 [Ed. brasileira: *Orientalismo*. São Paulo: Companhia das Letras, 1998]) e no trabalho de outros críticos e historiadores culturais que seguiram a trilha foucaultiana em outras direções. Ver Peter Hulme, *Colonial Encounters* (Londres: Methuen, 1986), e V. Y. Mudimbe, *The Invention of Africa* (Bloomington e Indianápolis: Indiana University Press, 1988).

[4] Jürgen Habermas, "Modernity: An Incomplete Project", em Hal Foster (org.), *Postmodern Culture*. Londres: Pluto Press, 1983.

e outros, por exemplo, se concentraram na relação entre liberdade e razão, que tem sido uma característica fundamental dos discursos políticos ocidentais desde o fim do século XVIII. Isso ganhou ressonância especial durante um período em que as transformações tecnológicas e os levantes políticos pareciam ameaçar em igual medida a liberdade e a razão. A reestruturação contemporânea das relações políticas e econômicas nos países superdesenvolvidos colocou em questão muitas das suposições históricas do racionalismo ocidental. Questionando os defensores do racionalismo moderno, vozes incrédulas têm chamado a atenção da crítica para as pretensões audaciosas e universalistas da modernidade ocidental e sua confiança arrogante em sua própria infalibilidade. É decepcionante que a posição dos céticos às vezes tenha sido depreciada por um coro de comentários retóricos que extrai seu entusiasmo dos excessos do pós-estruturalismo antipolítico em geral e da crítica literária desconstrutivista em particular.

Não tentarei reconstruir aqui toda a complexidade dessas trocas. Vários autores já forneceram uma literatura secundária valiosa sobre as principais posições envolvidas.[5] Entretanto, gos-

---

[5] Marshall Berman, *All That Is Solid Melts into Air* (Londres: Verso, 1983 [Ed. brasileira: *Tudo que é sólido desmancha no ar*. São Paulo: Companhia das Letras, 1986]); Peter Dews (org.), *Habermas: Autonomy and Solidarity* (Londres: Verso, 1986); Zygmunt Bauman, *Legislators and Interpreters* (Cambridge: Polity Press, 1987); Andreas Huyssen, *After the Great Divide* (Bloomington e Indianapolis: Indiana University Press, 1986); David White, *The Recent Work of Jürgen Habermas: Reason, Justice and Modernity* (Cambridge: Cambridge University Press, 1988); David Ingram, *Habermas and the Dialectic of Reason* (New Haven e Londres: Yale University Press, 1987); Cornel West, "Fredric Jameson's Marxist Hermeneutic", em Jonathan Arac (org.), *Postmodernism and Politics* (Manchester: Manchester University Press, 1986); Alice A. Jardine, *Gynesis: Configurations of Women and Modernity* (Ithaca e Londres: Cornell University Press, 1985); David Kolb, *The Critique of Pure Modernity* (Chicago e Londres: Chicago University Press, 1986); John McGowan, *Postmodernism and Its Critics* (Ithaca e Londres: Cornell University Press, 1991); William E. Connolly, *Political Theory and Modernity* (Oxford: Basil Blackwell, 1988).

taria muito de enfatizar que este debate internacional extenso e incomum está claramente vinculado tanto ao destino de uma casta intelectual distinta e oficial como ao futuro das universidades nas quais tantos de seus doutos protagonistas adquiriram postos seguros. Pelo menos na Europa essas instituições de ensino superior estão sendo arejadas pela brisa fria da mobilidade descendente, num momento em que o poder cultural autônomo e a preeminência de seus mandarins como intelectuais públicos também estão sendo drasticamente reduzidos. Esta é apenas uma dentre várias razões pelas quais se pode argumentar que aquilo que cada vez mais é percebido como a crise da modernidade e dos valores modernos talvez seja melhor entendido como a crise dos intelectuais cuja autoconsciência foi outrora servida por essas condições.[6] Enfocar o papel dos intelectuais dentro da modernidade é uma maneira importante de traçar a particularidade à espreita sob as asserções universalistas do projeto iluminista, que, teoricamente, valiam para a humanidade como um todo mesmo que se pretendesse definir humanidade em termos bastante restritos. O significado de ser intelectual em contextos que têm negado acesso à alfabetização e encorajado outras formas de comunicação em seu lugar é uma questão recorrente na discussão a seguir.

Debates recentes sobre a modernidade e seu possível eclipse estão associados ao recente declínio das forças expressamente socialistas nos países superdesenvolvidos. Seria então errado supor que a importância política desse debate seja totalmente diminuída por suas origens acadêmicas e pela atração especial que esse debate exerce sobre os filiados dissidentes da burguesia que outrora, de bom grado ou pesarosamente, colocaram as armas das suas críticas alinhadas à crítica das armas do proletariado. Tan-

---

[6] Bauman, *Legislators and Interpreters*. Os atributos e posições específicos dos intelectuais negros, que raramente têm sido acadêmicos, foram discutidos produtivamente por bell hooks e Cornel West em seu trabalho em colaboração, *Breaking Bread* (Boston: South End Press, 1991).

to reformistas como esquerdistas revolucionários estão sendo agora desafiados a defender os protocolos da razão secular e o ideal de perfeição humana e social, independente de ser este ideal carregado sob a bandeira da autoemancipação da classe trabalhadora ou o estandarte de filosofias políticas mais modestas e declaradamente realistas.

Embora possa não conter o veredicto final sobre a narrativa grandiosa do progresso euroamericano e a expansão infinita das forças produtivas que frequentemente são vistas pela esquerda ou pela direita como uma condição prévia essencial para a ampliação das liberdades sociais e políticas, este debate é importante por várias razões que não têm sido, até agora, observadas de dentro dele. Pode-se argumentar que grande parte da suposta novidade do pós-moderno se evapora quando vista à luz histórica inexorável dos encontros brutais entre europeus e aqueles que eles conquistaram, mataram e escravizaram. A periodização do moderno e do pós-moderno, portanto, é da mais profunda importância para a história dos negros no Ocidente e para a narrativa das relações alternadas de dominação e subordinação entre os europeus e o resto do mundo. É essencial para nossa compreensão da categoria de "raça" em si mesma e da gênese e do desenvolvimento das formas sucessivas da ideologia racista. É pertinente, acima de tudo, na elaboração de uma interpretação das origens e da evolução da política negra. Essa tarefa requer uma atenção cuidadosa à complexa mistura entre ideias e sistemas filosóficos e culturais europeus e africanos. Um conceito de modernidade que se preze deve, por exemplo, ter algo a contribuir para uma análise de como as variantes particulares de radicalismo articuladas pelas revoltas de povos escravizados fez uso seletivo das ideologias da Era da Revolução ocidental e depois desaguou em movimentos sociais de um tipo anticolonial e decididamente anticapitalista. Por último, a superação do racismo científico (um dos produtos intelectuais mais duráveis da modernidade) e sua transmutação no pós-guerra em formas culturais mais novas, que enfatizam a diferença complexa em lugar da hierarquia biológica simples, podem fornecer um exemplo concreto e revelador do significado do ceticismo em relação às narrativas grandiosas da razão científica.

Comentar o potencial deste debate em torno da modernidade para abordar essas questões prementes de raça e racismo não significa dizer que todos os elementos de sua resolução bem-sucedida já se encontram em evidência. Naquilo que parece ser um passo atrás em relação ao que podemos chamar alta idade moderna, o interesse pela subordinação social e política dos negros e outros povos não europeus geralmente não se apresenta nos debates contemporâneos em torno do conteúdo filosófico, ideológico ou cultural e das consequências da modernidade. Em seu lugar, uma modernidade inocente emerge das relações sociais aparentemente felizes que agraciaram a vida pós-Iluminismo em Paris, Berlim e Londres. Esses lugares europeus são prontamente purgados de qualquer traço dos povos sem história, cujas vidas degradadas poderiam levantar questões incômodas sobre os limites do humanismo burguês. A famosa pergunta de Montesquieu "como pode alguém ser persa?"[7] permanece obstinada e deliberadamente sem resposta. O que poderia ser rotulado como pós-modernismo fácil ataca tanto a racionalidade como a universalidade com um relativismo óbvio e banal, mas tal posição não é o bastante para os que recuam diante da sugestão de que todos os modos de vida são irreconciliáveis e da ideia correlata de que qualquer posição ética ou política é tão válida quanto qualquer outra. O trabalho de uma série de pensadores negros será examinado adiante como parte de uma argumentação geral de que há outras bases para a ética e a estética que não as que parecem imanentes às versões da modernidade elaboradas pelas míopes teorias eurocêntricas. Este capítulo examinará algumas omissões e ausências nesses debates, além de algumas das premissas inadvertidas e frequentemente etnocêntricas a partir das quais eles têm sido conduzidos.

---

[7] Montesquieu, *Persian Letters*. Harmondsworth: Penguin, 1986, p. 83 [Ed. brasileira: *Cartas persas*. São Paulo: Pauliceia, 1991].

Desejo também apresentar uma crítica e uma correção a essas trocas, e meu interesse fundamental pela história da diáspora africana necessita do ponto de partida específico — o Atlântico negro — que estabeleci no capítulo 1. As experiências históricas características das populações dessa diáspora criaram um corpo único de reflexões sobre a modernidade e seus dissabores, que é uma presença permanente nas lutas culturais e políticas de seus descendentes atuais. Quero trazer para o primeiro plano da discussão elementos dessa sequência alternativa de investigações sobre a política de vida no Ocidente. Essa "tradição" descontínua tem sido obstruída pela dominação das elites literárias europeias e americanas, cujas vozes modernistas altissonantes dominaram o clamor dos discursos filosóficos e políticos que se elevam desde o século XVIII para agora nos assombrar. Entretanto, estou sugerindo algo mais que a inclusão corretiva desses comentários negros sobre o moderno que até agora têm sido negligenciados pela história intelectual ocidental. Não pretendo apenas questionar a credibilidade de uma concepção ordenada e holística da modernidade, mas argumentar também em favor da inversão da relação entre margem e centro, tal como tem se manifestado nos discursos senhoriais da raça dos senhores. Em outras palavras, estou buscando contribuir para certo trabalho intelectual *re*construtivo que, por olhar para a história cultural moderna dos negros no mundo moderno, tem uma grande relação com as ideias sobre o que era e é hoje o Ocidente. Isso requer inicialmente um retorno e uma reflexão sobre a relação caracteristicamente moderna entre o senhor e o escravo. Vejo este trabalho como complemento e extensão do trabalho de filósofas feministas que se opuseram à representação da mulher como um signo para o outro reprimido ou irracional de uma racionalidade identificada como masculina. Sua exposição daquilo que Rosi Braidotti chama "distinção sexual não aceita e camuflada no próprio cerne da filosofia"[8] pode ser equiparada a uma arqueologia

---

[8] *Patterns of Dissonance*. Cambridge: Polity Press, 1991, p. 193.

dos ícones dos negros que se manifestam como signos de desordem irracional ou como meio de celebrar o poder da natureza humana não corrompida pela decadência do processo civilizatório. Em qualquer dos disfarces, os negros desfrutam de uma posição subordinada no sistema dualista que reproduz a dominação da brancura, masculinidade e racionalidade indissoluvelmente ligadas.

## A ESCRAVIDÃO E O PROJETO ILUMINISTA

Se escritores conhecidos como Jürgen Habermas e Marshall Berman merecem crédito, a promessa não realizada do projeto iluminista da modernidade continua a ser uma fonte cerceada mas, ainda assim vibrante, que mesmo hoje pode ser capaz de orientar a prática das lutas sociais e políticas contemporâneas. Em oposição a esta visão, proponho que a história da diáspora africana e uma reavaliação da relação entre modernidade e escravidão podem exigir uma revisão das condições nas quais os debates sobre a modernidade têm sido elaborados, uma revisão mais completa do que qualquer um de seus participantes acadêmicos pode estar disposto a admitir.

Apesar das muitas qualidades positivas do trabalho de Berman, a generalidade persuasiva de seu argumento o leva a falar um tanto apressadamente em "unidade íntima entre o eu moderno e o ambiente moderno". Isto é transmitido de uma maneira instintiva pela "primeira grande onda de escritores e pensadores da modernidade — Goethe, Hegel, Marx, Stendhal e Baudelaire, Carlyle e Dickens, Herzen e Dostoiévski".[9] Além de seu evidente centralismo europeu, observações como esta pareceriam não só endossar a visão da modernidade como ruptura absoluta com seu passado, mas também negar a possibilidade de que a especificidade do eu moderno poderia consistir em ser ele uma entidade ne-

---

[9] Berman, *All That Is Solid Melts into Air*, p. 132.

cessariamente fraturada ou compósita. Da perspectiva de Berman, o poderoso impacto de questões como "raça" e gênero na formação e reprodução dos eus modernos também pode ser tranquilamente deixado de lado. A possibilidade de que o sujeito moderno possa ser situado em configurações historicamente específicas e inevitavelmente complexas de individualização e corporificação — negro e branco, macho e fêmea, senhor e escravo — não é contemplada. Berman aumenta essas dificuldades ao afirmar que "os ambientes e experiências modernos cruzam *todas* as fronteiras de geografia e etnia, de classe e nacionalidade, de religião e ideologia: nesse sentido, pode-se dizer que a modernidade une toda a humanidade"[10] [itálico adicionado]. Isso poderia ser lido como sugestão de que uma modernidade que abrange tudo afeta a todos de um modo uniforme e essencialmente similar. Esta abordagem, portanto, corre em sentido oposto ao de minha própria preocupação com as variações e as descontinuidades na experiência moderna e com a natureza descentrada e indiscutivelmente plural da subjetividade e da identidade modernas.

Como Habermas, Berman faz algumas afirmações muito audaciosas em favor do legado ideológico e político do Iluminismo: "essas imagens e ideias fornecem um rico legado para o pensamento político moderno e formam uma espécie de agenda para quase todos os movimentos radicais dos dois últimos séculos".[11] Ele observa com acuidade, mas de modo um tanto lamurioso, que Montesquieu e Rousseau "nos deram uma agenda, *mas nenhuma utopia*"[12] [itálicos adicionados]. Veremos adiante que as expressões de radicalismo do Atlântico negro, exploradas em capítulos posteriores, constantemente têm adquirido e às vezes até refinado seus tons utópicos. Um de meus objetivos é defender esta es-

---

[10] *Ibid.*, p. 15.

[11] *The Politics of Authenticity: Radical Individualism and the Emergence of Modern Society*. Londres: George Allen and Unwin, 1971, p. 317.

[12] *Ibid.*

colha e esclarecer as forças ocasionais com que ela tem dotado a política e a estética da diáspora.

Em outra passagem, em um interessante debate com Perry Anderson,[13] Berman chega ao ponto de sugerir que seu desejo, totalmente louvável, de permanecer o mais próximo possível dos ritmos insinuantes da vida cotidiana e sua admirável convicção de que os intelectuais de esquerda devem cultivar a capacidade de, por exemplo, ler as placas na rua a despeito das pressões contemporâneas para que se retirem para um estado contemplativo, são ambos produtos valiosos dessa perspectiva modernista especial. Embora não imunes ao engodo do esotérico, por uma série de razões os intelectuais negros, a maioria dos quais não têm ocupado cargos acadêmicos, têm se inclinado a achar mais fácil permanecer em contato com o nível de cultura que Berman tão corretamente considera animador.

O mesmo conjunto de questões fica ainda mais nítido quando, em outro artigo, Berman descreve um retorno à área do South Bronx onde ele passou a infância.[14] Os dançarinos de *break* e os grafiteiros que ele observa em movimento pelas sombras daquela paisagem urbana desolada não são tão facilmente reivindicados pelo modernismo abrangente que ele busca afirmar. A história desses elementos, que, apesar de todos os seus atrativos, não se encaixa diretamente nas explicações de Berman sobre o fascínio vertiginoso e o potencial democrático da sociedade moderna, tem origem em instituições distintamente modernas do hemisfério ocidental como a *plantation* do açúcar.[15] Ela constitui a linhagem de uma variedade de pensamento social — um movimento ou uma sucessão de movimentos na política cultural e na cultura política —,

---

[13] "The Signs in the Street: A Response to Perry Anderson", *New Left Review* 144, 1984.

[14] "Urbicide", *Village Voice* 29, n° 36, 4 de setembro de 1984.

[15] Manuel Moreno Fraginals, *The Sugar Mill: The Socioeconomic Complex of Sugar in Cuba*. Nova York: Monthly Review Press, 1976.

que é um componente extremamente ambíguo de sua visão modernista e pouco tem a ver com a inocente modernidade europeia que aparece nos debates mais amplos nos quais ele está participando.

Mais adiante examinaremos em detalhe como grupos específicos de intelectuais negros — mais um vez, não simplesmente escritores — analisaram e procuraram acertar contas com a relação em si ambivalente com o Ocidente e seus legados políticos duvidosos. Aqui é necessário apenas observar que os descendentes contemporâneos e as formas culturais protetoras do radicalismo negro também levantam questões sobre a suposição de intersubjetividade simétrica que caracteriza grande parte desse discurso sobre a natureza da modernidade e da modernização. Em vista disto, não é de admirar que Berman fale daqueles que emergem das ruínas do South Bronx como "heróis da classe trabalhadora",[16] como se sua associação ou filiação a uma classe trabalhadora identificável e coesa fosse um fato autoevidente que de alguma maneira confirmasse sua percepção dos efeitos centrípetos da modernidade.

Devo enfatizar que não estou escolhendo Berman aqui como alvo de ataque e que sinto uma grande dose de simpatia por sua explicação convincente e estimulante sobre a modernidade e suas respectivas opções políticas. Destacar alguns lapsos em sua narrativa do moderno não significa que se deva negligenciar o fato de que ele, ao contrário de muitos de seus pares teóricos, pelo menos note a presença negra e hispânica nas ruínas da cidade moderna. Ele pode não estar interessado no impacto das categorias e significados raciais na obra de modernistas "intuitivos" como Hegel, mas reconhece os produtos culturais contemporâneos da história negra moderna e busca retratar seu valor positivo. Berman considera até que "não é uma parte muito grande de [sua] arte que é produzida na forma de mercadoria para venda".[17] Entre-

---

[16] Berman, "Urbicide", p. 25.

[17] *Ibid.*, p. 17.

tanto, nenhum desses *insights* importantes interrompe sua pressa em agregar as formas culturais do Atlântico negro a uma imagem da classe trabalhadora. Secundariamente, a incapacidade de Berman de atribuir o devido peso à pluralidade que acredito ser essencial ao moderno suscita problemas profundos adicionais sobre sua apresentação da continuidade da identidade moderna e a integridade totalizante que ele investe em sua concepção da experiência moderna.

Salientar aspectos da particularidade das experiências negras modernas não deve ser entendido como ocasião para organizar a comparação entre os valores regionais de um setor ou comunidade distintos e o suposto universalismo da racionalidade ocidental. Não estou sugerindo que os traços contemporâneos da história intelectual negra incluam ou mesmo se refiram a uma experiência de vida [*lifeworld*] sem comparação com a dos ex-proprietários de escravos. Esta seria uma saída fácil, pois, ao enfocar a escravidão racial e suas consequências, somos forçados a considerar uma relação histórica na qual dependência e antagonismo estão estreitamente ligados e na qual as críticas dos intelectuais negros à modernidade também podem ser, em alguns sentidos importantes, a afirmação dessa mesma modernidade. A chave para compreender isto não reside na separação precipitada das formas culturais particulares a ambos os grupos em alguma tipologia étnica, mas em uma apreensão detalhada e abrangente de seu complexo entrelaçamento.[18] As realizações intelectuais e culturais das populações do Atlântico negro existem em parte dentro e nem sempre contra a narrativa grandiosa do Iluminismo e seus princípios operacionais. Seus caules cresceram fortes, apoiados por um entrelaçamento da política e das letras ocidentais. Embora os *tropos*

---

[18] Começaram a aparecer estudos de sincretismo cultural em termos das experiências cotidianas: o de Mechal Sobel, *The World They Made Together: Black and White Values in Eighteenth-Century Virginia* (Princeton, Nova Jersey: Princeton University Press, 1987) me parece um texto exemplar deste tipo.

linguísticos e os temas políticos e filosóficos africanos ainda sejam visíveis para aqueles que os desejam ver, muitas vezes eles têm sido transformados e adaptados por seus posicionamentos no Novo Mundo, até um novo ponto em que as perigosas questões das essências purificadas e das origens simples perdem todo significado. Essas formações políticas negras modernas permanecem simultaneamente dentro e fora da cultura ocidental, que tem sido um padrasto peculiar. Essa relação complexa aponta uma vez mais para a necessidade de desenvolver uma crítica ao modo pelo qual a modernidade tem sido teorizada e periodizada por seus defensores e críticos mais entusiastas. Lamentavelmente, ambos os grupos têm sido igualmente lentos em perceber como as ideias de raça e de cultura são centrais a suas permanentes investigações.

Tal como Berman, cuja obra denota sua influência, os escritos de Jürgen Habermas transmitem uma fé profunda no potencial democrático da modernidade. A modernidade é compreendida como uma configuração distinta, com suas próprias características espaciais e temporais definidas sobretudo pela consciência da novidade que cerca o aparecimento da sociedade civil, do estado moderno e do capitalismo industrial. Nenhum dos dois autores aceitaria que o potencial normativo desta nova era tenha se exaurido, mas o entusiasmo deles não é um entusiasmo positivista ou ingênuo. A modernidade é apreendida por seus contradiscursos e frequentemente defendida somente por seus elementos contrafactuais, embora as análises deles permaneçam substancialmente não afetadas pelas histórias de brutalidade que parecem ser uma característica tão proeminente no abismo crescente entre experiência moderna e expectativa moderna. Há uma tênue percepção, por exemplo, de que a universalidade e a racionalidade da Europa e da América iluministas foram usadas mais para sustentar e transplantar do que para erradicar uma ordem de diferença racial herdada da era pré-moderna. A figura de Colombo não parece complementar o paralelismo comum feito entre Lutero e Copérnico, implicitamente utilizado para marcar os limites dessa compreensão particular da modernidade. Os interesses coloniais de Locke e o efeito da conquista das Américas em Descartes e Rousseau são questões simplesmente inexistentes. Nesse contexto, dificilmente surpreende que, se a história da escravidão chega a ser percebida como relevante ainda assim é considerada uma tarefa para autores negros. Ela se torna nossa propriedade específica, em lugar de uma parte da herança ética e intelectual do Ocidente como um todo.[19] Isto é apenas um pouco preferível à resposta alternativa convencional que encara a escravidão da *plantation* como um resíduo pré-moderno que desaparece uma vez revelada fundamentalmente incompatível com a racionalidade iluminista e a produção industrial capitalista.

Como muitos ex-escravos e abolicionistas, Habermas está tenazmente comprometido com a proposta de fazer a sociedade civil burguesa cumprir suas promessas políticas e filosóficas. Deduzindo sua teoria da modernidade da obra de Kant e Hegel, ele observa suas crises contemporâneas, mas diz que elas só podem ser solucionadas de dentro da própria modernidade pela conclusão do projeto iluminista. Não deixa de ser uma ironia ver os adeptos do materialismo histórico defendendo a própria racionalidade humanista que por muitos anos foi um dos seus principais inimigos intelectuais.

Habermas reconhece os laços íntimos entre a ideia de modernidade e o desenvolvimento da arte europeia que é capaz de atuar como reconciliador dos momentos fragmentados da razão. Recorrendo a Weber e a Nietzsche, ele também define a modernidade por sua superação de visões de mundo religiosas e o processo de racionalização cultural por meio do qual ciência, moralidade e arte são separadas em esferas autônomas, cada uma governada por suas próprias regras epistemológicas e seus procedimentos de validação. A diferenciação dessas esferas de valor é caracterizada por uma ênfase na descentralização e na reflexi-

---

[19] A obra de David Brion Davis é uma importante exceção, mas ele é americano e historiador.

vidade. Dessa forma, a modernização da experiência de vida vê os conceitos de autenticidade, estética e ética claramente diferenciados enquanto o moderno é identificado na lacuna entre as esferas secular e sagrada da ação, que se cria a partir da morte de Deus. Essa divergência prossegue estreitamente articulada com a reificação da consciência que pode ser apreendida no afastamento de culturas especializadas da experiência de vida e com a "colonização" destas últimas por formas degradadas de pseudorrazão que servem apenas para integrar e dar funcionalidade ao sistema social. Nestas condições, a consciência cotidiana se torna uma "consciência fragmentada", divorciada da oportunidade de se envolver na prática reflexiva e na autocrítica ou da chance de analisar a experiência em termos de padrões distintos, cognitivos, práticos e estéticos.

Habermas não segue Hegel ao afirmar que a escravidão é em si mesma uma força modernizadora porque leva tanto o senhor como o escravo, primeiro, à autoconsciência e, em seguida, à desilusão, forçando ambos a enfrentar a percepção infeliz de que a verdade, o bom e o belo não têm uma origem comum única. Provavelmente é por isso que, embora a teoria da modernidade de Habermas recorra muito a Hegel, seu foco kantiano a exime de explorar a dialética do senhor e do escravo na qual se enraíza a alegoria hegeliana da consciência e da liberdade. Mais adiante voltarei a este ponto. É interessante que, quando Habermas finalmente menciona a relação senhor/escravo, ele seja interessado exclusivamente nas dimensões psicológicas da alegoria. Ele cita a observação de Hegel de que apenas os "selvagens mongóis" têm seus senhores fora de si mesmos, ao passo que os verdadeiros filhos da modernidade europeia permanecem escravizados até quando levam seu senhor dentro de si mesmos.[20] É particularmente desa-

---

[20] Jürgen Habermas, *The Philosophical Discourse of Modernity*. Cambridge: Polity Press, 1987, p. 28 [Ed. brasileira: *Discurso filosófico da modernidade*, Coleção Tópicos. São Paulo: Martins Fontes, 2000].

pontador que ele não tenha achado digna de comentários mais detalhados a demanda moderna de que os senhores europeus considerassem seriamente o outro escravizado. Habermas é perspicaz ao considerar que a explicação de Hegel da relação senhor/escravo perpassa grande parte dos escritos de teóricos contemporâneos da modernidade. Ele dá a seguinte descrição do significado especial da obra de Hegel no início dos debates sobre a modernidade que prefiguram as discussões contemporâneas:

> Hegel não é o primeiro filósofo a pertencer à idade moderna, mas ele é o primeiro para quem a modernidade se tornou um problema. Em sua teoria, a constelação entre modernidade, consciência do tempo e racionalidade fica visível pela primeira vez. O próprio Hegel explode esta constelação porque a racionalidade inflada em espírito absoluto neutraliza as condições sob as quais a modernidade atingiu uma consciência de si mesma.[21]

Estas palavras endossam a ideia de que pode valer a pena uma viagem de volta a Hegel. Esforçando-se para especificar o valor das mesmas passagens difíceis, o historiador David Brion Davis assim as descreve:

> É um mérito de Hegel dotar a relação entre domínio e escravidão de tal ressonância rica de significados que o modelo poderia ser aplicado a toda forma de dominação física e psicológica... Acima de tudo, Hegel legou uma mensagem que teria um impacto profundo no pensamento futuro... não podemos esperar nada da misericórdia divina ou da misericórdia daqueles que exercem domínio mundano em Seu nome ou em outros nomes; pois a verdadeira emancipação do homem, seja física ou espiritual, deve sempre de-

---

[21] *Ibid.*, p. 43.

pender daqueles que suportam e superam alguma forma de escravidão.[22]

Brion Davis não está sozinho na defesa de uma leitura mais diretamente social do texto de Hegel do que as sancionadas pelas preocupações mais estritamente delimitadas e essencialmente psicológicas de Habermas. Os escritos de Alexander Kojève foram particularmente importantes na popularização de uma interpretação da relação senhor/escravo que, sem divagar para uma análise literal, é ao mesmo tempo menos psicológica e mais historicamente específica do que a que está atualmente em voga.[23] A identificação de Kojève de um impasse existencial desenvolvido a partir da dependência do senhor em relação ao escravo também é interessante porque pareceria oferecer um ponto de partida atraente para a análise da estética moderna. Essas passagens em Hegel e a interpretação influente que Kojève lhes deu têm sido amplamente assumidas na teoria social e psicanalítica, constituindo, por exemplo, uma parte importante do pano de fundo para as revisões parisienses do marxismo e as apropriações da fenomenologia e do existencialismo feitas por Richard Wright. Tais passagens também têm sido de grande interesse para as escritoras feministas, que retomaram a alegoria de Hegel (via *História e consciência de classe*, de Lukács) como parte de seu esclarecimento da possibilidade de "epistemologias de pontos de vis-

---

[22] David Brion Davis, *The Problem of Slavery in the Age of Revolution, 1770-1823*. Ithaca e Londres: Cornell University Press, 1975.

[23] A. Kojève, *Introduction to the Reading of Hegel* (Nova York: Basic Books, 1969); Hussein A. Bulhan, *Frantz Fanon and the Psychology of Oppression* (Nova York: Plenum Press, 1985). Permanece profunda a divisão entre aqueles que, como Deleuze, afirmam que Hegel diz que o futuro pertence ao escravo e aqueles que interpretam suas palavras como indicando um mundo além da relação senhor/escravo. Ver Deleuze, *Nietzsche and Philosophy* (Londres: Athlone Press, 1983 [ed. brasileira: *Nietzsche e a filosofia*. Rio de Janeiro: Semeion, 1976]).

ta",[24] posicionamentos sociológicos ou experiências particulares a partir das quais se pode processar o conhecimento de mundo centrado na mulher. Este é um grande debate e não pode ser aqui reconstruído em sua totalidade. Entretanto, ele tem sido aplicado à história e à cultura política negras modernas por várias autoras feministas, em particular Patricia Hill Collins, cujo argumento em favor da existência de uma epistemologia do ponto de vista das mulheres negras é conduzido em parte com o mesmo espírito crítico, reconstrutivo e revisionista que orienta meu pensamento aqui.[25] Hill Collins afirma que as tradições ocidentais do pensamento e do pensamento sobre o pensamento, ao qual as ciências humanas estão confinadas, têm sistematicamente tentado separar essas atividades privilegiadas do mero existir. Este *insight* está vinculado em sua discussão à crítica dos efeitos perniciosos do pensamento dualista, binário, no qual um elemento do par cognitivo é sempre dominado por sua outra metade reprimida e subjugada — masculino/feminino, racional/irracional, natureza/cultura, claro/escuro.

Embora eu concorde com a maior parte do diagnóstico feito por Hill Collins para este estado de coisas, ao mesmo tempo discordo de suas respostas. Sua resposta à separação ocidental entre pensar (e pensar sobre o pensar) e ser é implodi-los de volta um para dentro do outro, de modo que constituam uma unidade

---

[24] Sandra Harding, *The Science Question in Feminism* (Milton Keynes: Open University Press, 1986), p. 158; Nancy Hartsock, *Money, Sex and Power* (Boston: Northeastern University Press, 1983), p. 240.

[25] A ênfase de Hill Collins sobre o forasteiro interno [*outsider within*], por exemplo, poderia ser prontamente assimilada às noções de "dupla consciência", "dupla visão" e "aterrorizante objetividade" [*dreadful objectivity*] discutidas em outra parte deste livro. É interessante que ela não tente em sua obra vincular este tema à história dessas ideias na cultura política africano-americana. Ver Patricia Hill Collins, "Learning from the Outsider Within: The Sociological Significance of Black Feminist Thought", *Social Problems* 33, n° 6, 1986, pp. 14-32.

funcional que possa ser acriticamente celebrada. Ela utiliza uma versão feminista deste raciocínio como uma analogia para entender o que as mulheres negras podem fazer para produzir uma teoria crítica capaz de dar conta de suas experiências de marginalização das atividades de busca e interpretação da verdade. Começo esta crítica com uma defesa da ideia de construção social de "raça" e de gênero. Não há nenhuma essência de mulher ou uma mulher em geral que possa encarnar o projeto emancipador da política feminista; por isso, uma epistemologia feminista deve continuar a construir seu próprio ponto de vista dirigido a esta falta. Isto se faz a partir da descrença na convicção de que a experiência essencialmente feminina possa atuar como fiadora de reivindicações de conhecimento feminista. No discurso feminista (não negro), os termos mulher e feminista são distintos e devem permanecer separados para que a crítica opere com credibilidade. Não há nenhum contra-argumento explícito de Hill Collins para o valor superior de uma compreensão essencialista da subjetividade feminina negra. Entretanto, outra versão de essencialismo racial é contrabandeada pela porta dos fundos mesmo quando Hill Collins eloquentemente a expulsa pela porta da frente. Em sua transposição, o termo "negro" cumpre uma dupla obrigação. Ele cobre as posições do conhecer e do ser. Suas dimensões epistemológicas e ontológicas são inteiramente congruentes. Sua unidade expressiva simples junta um ato de afirmação política a esta posição filosófica: "ser negro engloba tanto a experiência da dominação branca como a valorização individual e grupal de uma consciência afrocêntrica independente, de longa duração".[26] Seu empre-

---

[26] Patricia Hill Collins, *Black Feminist Thought: Knowledge, Consciousness and the Politics of Empowerment* (Nova York e Londres: Routledge, 1991), p. 27. O zelo desconstrutivo com que Hill Collins insta seus leitores a desmontarem as premissas epistemológicas tradicionais é exaurido após se atracar com "mulher" e "intelectual". Ele se esgota bem antes de ela alcançar as palavras-chaves "negro" e "afrocêntrico", que parecem estar imunes a esta operação crítica (ver p. 17).

go instável do termo afrocêntrico, algumas vezes parecendo sinônimo para negro e outras vezes equivalente ao sentido da palavra "feminista" que era oposta à palavra "mulher", faz pouco para resolver a confusão que daí resulta: "muito embora eu continue a empregar o termo pensamento feminista afrocêntrico de modo intercambiável com a expressão pensamento feminista negro, penso que eles sejam conceitualmente distintos".[27]

Hill Collins enfatiza reiteradamente que o ponto de vista que ela está explorando é "autodefinido". Esta formulação surge no ponto em que uma versão classicamente "leninista" de vanguardismo é importada para o seu texto. A massa de mulheres negras possui experiências que abrem caminho rumo a formas únicas de consciência. Entretanto, elas são incapazes de "articular" o seu ponto de vista e para fazerem isto necessitam da ajuda de um quadro de elite de intelectuais negras que vacinem as pessoas comuns com os produtos de sua teorização crítica, com isto gerando resistência. Este grupo também executa o que parece ser uma função disciplinar de baixa intensidade em áreas da política negra que não as lutas feministas: "As mulheres negras intelectuais, que articulam um ponto de vista autônomo, autodefinido, estão em condições de examinar a utilidade de coalizões com outros grupos, tanto acadêmicos como militantes, para desenvolver novos modelos de mudança social".[28] Seja o que for que se pense sobre as estratégias políticas envolvidas em tudo isso, é surpreendente como a imagem de um sujeito integral, humanista e completamente cartesiano sustenta e anima o constructo do eu que tem sido situado no cerne deste "ponto de vista das mulheres negras — as experiências e ideias compartilhadas por mulheres africano-americanas que fornecem um ângulo exclusivo de visão sobre o eu, a comunidade e a sociedade".[29] A elisão de negro e africano-americano

---

[27] *Ibid.*, p. 40.

[28] *Ibid.*, pp. 32-3.

[29] *Ibid.*, p. 23.

nesta passagem é sintomática de outros problemas que serão examinados mais adiante. Mas o que devemos entender do fato de que o eu sempre vem primeiro nesta litania? Que tipo de entendimento sobre o eu deve suprir a subjetividade capaz de focalizar o sujeito da política negra?

As respostas de Hill Collins para essas perguntas sugerem a continuidade de uma imbricação nas premissas do Iluminismo, apesar dos gestos ostensivos de deserção dessa corrente. As reivindicações de conhecimento centrado na experiência, mediatizado, quando muito, por contribuição da vanguarda intelectual, simplesmente acabam substituindo o ponto de vista das mulheres negras por seu precursor enraizado nas vidas dos homens brancos. Isso pode ter algum valor como um corretivo de curto prazo, mas é menos radical e menos estimulante do que a possibilidade de que podemos ir além do desejo de situar nossas reivindicações sobre o mundo nas vidas desses sujeitos ideais íntegros e estáveis. Apesar de todo o seu visível masculinismo e eurocentrismo, a alegoria de Hegel é relacional. Pode ser usada para destacar o valor da incorporação do problema da formação do sujeito tanto na epistemologia como na prática política. Isto também significaria seguir a pista de um pós-modernismo politizado e deixar em aberto as categorias de investigação.[30]

Meu interesse na famosa seção do início da *Fenomenologia do espírito*[31] de Hegel é duplo: primeiro, ela pode ser usada para iniciar uma análise da modernidade, que é renegada por Habermas porque aponta diretamente para uma abordagem que vê a estreita associação entre modernidade e escravidão como uma questão conceitual chave. Isto é importante porque ela pode ser usada para oferecer uma firme rejeição da ideia hipnótica da his-

---

[30] Jane Flax, *Thinking Fragments*. Berkeley e Oxford: University of California Press, 1990.

[31] *The Phenomenology of Mind*, tradução de J. B. Baillie. Nova York: Harper and Row, 1967, cap. 4 [ed. brasileira: Petrópolis: Vozes, 1993].

tória como progresso e porque ela propicia uma oportunidade de reperiodizar e reacentuar narrativas da dialética do Iluminismo que nem sempre têm se preocupado em olhar para a modernidade pela lente do colonialismo ou do racismo científico. Em segundo lugar, um retorno à explicação de Hegel do conflito e das formas de dependência produzidas na relação entre o senhor e o escravo traz para o primeiro plano as questões de brutalidade e terror que também são muito frequentemente ignoradas. Considerados em conjunto, esses problemas oferecem uma oportunidade para transcender o debate improdutivo entre um racionalismo eurocêntrico, que expulsa a experiência escrava de suas narrativas da modernidade e ao mesmo tempo afirma que as crises da modernidade podem ser solucionadas internamente, e um anti-humanismo igualmente ocidental que situa as origens das crises atuais da modernidade nos fracassos do projeto iluminista.

Cornel West destacou que Hegel era o filósofo favorito de Martin Luther King Jr.[32] O ponto de ingresso no discurso da modernidade que Hegel propicia é duplamente significativo porque, como veremos, um número considerável de intelectuais formados pelo Atlântico negro tem se envolvido em diálogos críticos com seus escritos. A relação complexa e profundamente ambivalente desses autores com a obra de Hegel e a tradição intelectual na qual ela se insere ajuda a localizar a posição incômoda desses intelectuais em relação à política e à literatura ocidentais e a identificar as perspectivas distintas sobre o mundo moderno que eles têm expressado. O poema "Hegel", de Amiri Baraka, de 1963, capta esta ambivalência e mostra que, de modo algum, a apropriação de temas hegelianos é sempre negativa:

---

[32] Cornel West, "The Religious Foundations of the Thought of Martin Luther King, Jr.", em Peter J. Albert e Ronald Hoffman (orgs.), *We Shall Overcome: Martin Luther King and the Black Freedom Struggle*. Nova York: Pantheon, 1990.

> *I scream for help. And none comes, has ever*
> *come. No single redeeming hand*
> *has ever been offered...*
> *no single redeeming word, has come*
> *wringing out of flesh*
> *with the imperfect beautiful resolution*
> *that would release me from this heavy contract*
> *of emptiness.*\*[33]

Em *O ser e o nada*, Sartre argumenta que a análise de Hegel não diz respeito a relações laterais entre senhores ou dentro da casta de escravos, para não falar do impacto de uma população livre não proprietária de escravos [*free non-slave owning population*] sobre a instituição da escravidão.[34] Entretanto, apesar dessas deficiências contextuais, seus *insights* e sua visão da escravidão como, de certo modo, premissa da modernidade também nos dá a chance de reabrir a discussão das origens da política negra na era da revolução euro-americana e a consequente relação entre as variedades contrastantes de radicalismo que animaram as lutas dos escravos pela emancipação e pela justiça racial, e que persistem nas lutas atuais de seus descendentes dispersos. A escravidão da *plantation* era mais do que apenas um sistema de mão

---

\* Grito por ajuda. E ninguém vem, nunca/ apareceu. Nem uma só mão redentora/ jamais foi oferecida.../ nem uma única palavra redentora tem se/ retorcido da carne/ com a bela resolução imperfeita/ que me libertaria deste pesado contrato/ de vacuidade.

[33] Citado por Kimberley Benston em *Baraka* (New Haven: Yale University Press, 1976, p. 90). Para uma discussão da relação entre Baraka e Hegel ver Esther M. Jackson, "LeRoi Jones (Imamu Amiri Baraka): Form and the Progression of Consciousness", em Kimberly W. Benston (org.), *Imamu Amiri Baraka (LeRoi Jones): Twentieth Century Views* (Englewood Cliffs, Nova Jersey: Prentice Hall, 1978).

[34] *Being and Nothingness*. Londres: Methuen, 1969, livro 1, pp. 157-8 [Ed. brasileira: *O ser e o nada*. São Paulo: Vozes, 2001, 9ª ed.].

de obra e um modo distinto de dominação racial. Quer ela concentrasse a essência interna do capitalismo ou fosse um elemento residual essencialmente pré-capitalista em uma relação subordinada ao capitalismo propriamente dito, ela fornecia as fundações para uma rede distinta de relações econômicas, sociais e políticas. Acima de tudo, "seu falecimento escancarou as questões mais fundamentais da economia, da sociedade e do governo",[35] e tem ocupado um lugar central nas lembranças históricas do Atlântico negro.

O modo como essas populações continuam a fazer uso criativo e comunicativo da memória da escravidão aponta, de modo construtivo, para além das posições equivalentes que até agora têm sobredeterminado o debate sobre a modernidade — um racionalismo acrítico e complacente e um anti-humanismo acanhado e retórico que simplesmente banaliza a potência da negação. Para ir além dessas opções é necessário considerar aquilo que, segundo Walter Benjamin, pode ser chamado de história primordial da modernidade.[36] Embora Benjamin não estivesse sintonizado com a possibilidade de que a história moderna pudesse ser vista como fraturada ao longo do eixo que separa senhores europeus de seus escravos africanos, existem elementos de seu pensamento, particularmente os que derivam de sua relação com o misticismo judeu, que o tornam um recurso valioso para minha própria crítica.[37] Está na hora de reconstruir a história primordial da modernidade

---

[35] Eric Foner, *Nothing but Freedom*. Baton Rouge e Londres: Louisiana State University Press, 1983, p. 1.

[36] Walter Benjamin, "Paris: The Capital of the Nineteenth Century" em *Charles Baudelaire: A Lyric Poet in the Era of High Capitalism*. Londres: Verso, 1976, p. 159 [Ed. brasileira: *Obras escolhidas, vol. III. Charles Baudelaire: um lírico no auge do capitalismo*. São Paulo: Brasiliense, 1989]. Ver também Richard Wolin, *Walter Benjamin: An Aesthetic of Redemption*. Nova York: Columbia University Press, 1982.

[37] Andrew Benjamin, "Tradition and Experience", em Andrew Benjamin (org.), *The Problems of Modernity*. Londres: Routledge, 1989.

a partir dos pontos de vista dos escravos. Estes emergem na consciência particularmente aguda da vida e da liberdade que é nutrida pelo "terror mortal do mestre soberano" sentido pelos escravos e a constante "provação pela morte" que a escravidão se torna para o escravo do sexo masculino.[38] Essa história primordial oferece uma perspectiva ímpar sobre muitas das questões intelectuais e políticas fundamentais nos debates da modernidade. Já mencionei a ideia de história como progresso. Afora essa permanente pedra no sapato, as perspectivas dos escravos exigem uma visão clara não só da dinâmica do poder e dominação nas sociedades de *plantation* dedicadas à busca de lucro comercial mas das categorias centrais do projeto iluminista, como a ideia de universalidade, a fixação dos significados, a coerência do sujeito e, naturalmente, o etnocentrismo basilar no qual todas essas categorias tendem a se embasar. Cada uma dessas questões produz impacto na formação do discurso racial e tem relevância para a compreensão do desenvolvimento da política racial. Afora esses problemas, as perspectivas dos escravos necessitam de uma postura crítica sobre o discurso do humanismo burguês que diversos estudiosos têm sugerido na ascensão e consolidação do racismo científico.[39] Utilizar a memória da escravidão como dispositivo de interpretação sugere que este humanismo simplesmente não pode ser reparado pela introdução das figuras de negros, que anteriormente haviam sido confinadas à categoria intermediária entre o animal e o humano, como os que Du Bois identifica como um *tertium quid*.[40]

---

[38] Ver a discussão sobre Hegel em Orlando Patterson, *Slavery and Social Death* (Cambridge, Massachusetts: Harvard University Press, 1982), pp. 97-101.

[39] Dominique Lecourt, "On Marxism as a Critique of Sociological Theories", em M. O'Callaghan (org.), *Sociological Theories: Race and Colonialism*. Paris: UNESCO, 1980, p. 267.

[40] "... em algum lugar entre os homens e o gado Deus criou um *tertium quid* e o chamou de negro — uma criatura simples, ridícula, às vezes

Ao manterem os componentes espirituais que também ajudam a distingui-las da racionalidade secular moderna, as perspectivas dos escravos apenas secundariamente incluem a ideia de uma utopia racionalmente buscada. Suas categorias primárias são impregnadas da ideia de um apocalipse revolucionário ou escatológico — o Jubileu. Elas sugerem provocativamente que muitos avanços da modernidade são, na realidade, avanços insubstanciais ou pseudoavanços dependentes do poder do grupamento racialmente dominante e que, consequentemente, a crítica da modernidade não pode ser concluída satisfatoriamente de dentro de suas próprias normas filosóficas e políticas, ou seja, de modo imanente. Todas as figuras representativas cujas obras devo explorar mais adiante tinham consciência aguda da promessa e do potencial do mundo moderno. No entanto, suas perspectivas críticas a seu respeito apenas em parte eram fundamentadas em suas próprias normas. Apesar da insegurança com que suas obras compensavam suas apologias da modernidade com críticas à mesma, eles bebiam de forma deliberada e constrangida das imagens e símbolos pré-modernos, que ganham um poder adicional diante dos fatos brutos da escravidão moderna. Essas figuras contribuíram para a formação de uma variedade vernacular de consciência infeliz que demanda repensarmos os significados de racionalidade, autonomia, reflexão, subjetividade e poder à luz de uma meditação prolongada, tanto sobre a condição dos escravos quanto sobre a sugestão de que o terror racial não é meramente compatível com a racionalidade ocidental mas voluntariamente cúmplice dela. Em termos de política e teoria social contemporânea, o valor desse projeto reside em sua promessa de descobrir tanto uma ética da liberdade para colocar ao lado da ética da lei da modernidade e as novas concepções de construção do eu e de individuação que

---

amável dentro de suas limitações, mas estreitamente predestinado a caminhar dentro do Véu". *The Souls of Black Folk* (1903). Nova York: Bantam, 1989, p. 63.

aguardam ser construídas do ponto de vista dos escravos — para sempre dissociadas dos correlatos psicológicos e epistemológicos da subordinação racial. Este ponto de vista instável deve ser entendido de um modo diferente dos clamores em favor do narcisismo epistemológico e da soberania absoluta da experiência não mediatizada[41] que às vezes aparece em associação com o termo. Ele pode ser resumido na ampliação que Foucault tenta fazer da ideia de um autoinventário *crítico* no campo político. É significativo que isso tenha sido feito em um comentário sobre o Iluminismo:

> A ontologia crítica de nós mesmos não precisa ser considerada, certamente, como uma teoria, uma doutrina, nem mesmo como um corpo permanente de conhecimento que está se acumulando; precisa ser concebida como uma atitude, um *ethos*, uma vida filosófica na qual a crítica do que nós somos é, a um só tempo, a análise histórica dos limites que nos são impostos e uma experiência com a possibilidade de ir além deles.[42]

Tendo reconhecido a força cultural do termo "modernidade", também devemos estar preparados para mergulhar nas tradições especiais da expressão artística que emergem da cultura do escravo. Como veremos no próximo capítulo, a arte, particularmente na forma da música e da dança, era oferecida aos escravos como um substituto para as liberdades políticas formais que lhes eram negadas no regime da *plantation*. As culturas expressivas desenvolvidas na escravidão continuam a preservar em forma artística as necessidades e desejos que vão muito além da mera satisfação de desejos materiais. Em oposição à suposição do Ilu-

---

[41] Para uma crítica dessas posições ver Joan Wallach Scott, "The Evidence of Experience", *Critical Inquiry* 17, verão de 1991, pp. 773-97.

[42] Michel Foucault, "What Is Enlightenment?" em Paul Rabinow (org.), *The Foucault Reader*. Harmondsworth: Peregrine, 1986, p. 50.

minismo de uma separação fundamental entre arte e vida, essas formas expressivas reiteram a continuidade entre arte e vida. Elas celebram o enraizamento do estético em outras dimensões da vida social. A estética particular que a continuidade da cultura expressiva preserva não deriva da avaliação imparcial e racional do objeto artístico, mas de uma contemplação inevitavelmente subjetiva das funções miméticas da apresentação artística nos processos de lutas rumo à emancipação, à cidadania e, por fim, à autonomia. A subjetividade é aqui vinculada de modo contingente à racionalidade. Ela pode ser fundada na comunicação, mas esta forma de interação não é uma troca equivalente e idealizada entre cidadãos iguais que mantêm consideração recíproca uns pelos outros em discurso gramaticalmente unificado. Os padrões extremos de comunicação definidos pela instituição da escravidão da *plantation* ordenam que reconheçamos as ramificações antidiscursivas e extralinguísticas do poder em ação na formação dos atos comunicativos. Afinal de contas, não pode haver nenhuma reciprocidade na *plantation* fora das possibilidades de rebelião e suicídio, fuga e luto silencioso, e certamente não há nenhuma unidade de discurso para mediar a razão comunicativa. Em muitos aspectos, os habitantes da *plantation* vivem de modo assíncrono. Seu modo de comunicação é dividido pelos interesses políticos e econômicos radicalmente opostos que distinguem o senhor de seus respectivos bens móveis humanos. Sob essas condições, a prática artística retém suas "funções de culto" enquanto suas reivindicações superiores de autenticidade e testemunho histórico puderem ser ativamente preservadas. Ela se torna difusa ao longo de toda a coletividade racial subalterna em que se operam as relações de produção e recepção cultural, que são completamente diferentes das que definem a esfera pública dos proprietários de escravos. Nesse espaço severamente restrito, sagrado ou profano, a arte se tornou a espinha dorsal das culturas políticas dos escravos e de sua história cultural. Ela continua a ser o meio pelo qual os militantes culturais ainda hoje se engajam em "resgatar críticas" do presente tanto pela mobilização de recordações do passado como pela invenção de um estado passado imaginário que possa alimentar suas esperanças utópicas.

Podemos perceber agora que a arte negra aparece no Ocidente no momento em que a modernidade se revela ativamente associada com as formas de terror legitimado por referência à ideia de "raça". Devemos nos lembrar de que, por modernas que possam parecer, as práticas artísticas dos escravos e seus descendentes também são fundamentadas fora da modernidade. A invocação de anterioridade como antimodernidade é mais do que um floreio retórico consistente, vinculando a africologia contemporânea e seus precursores do século XIX. Esses gestos articulam uma memória da história da pré-escravidão que pode, por sua vez, operar como mecanismo para destilar e focalizar o contrapoder daqueles mantidos em servidão e seus descendentes. Essa prática artística, portanto, está inevitavelmente tanto dentro como fora da proteção duvidosa que a modernidade oferece. Ela pode ser examinada em relação a formas, temas e ideias modernas, mas carrega sua crítica própria e distinta da modernidade, uma crítica forjada a partir das experiências particulares envolvidas em ser escravo por questões de raça em um sistema legítimo e dclaradamente racional de trabalho não livre. Em outras palavras, essa formação artística e política passou a cultuar sua medida de autonomia em relação ao moderno — uma vitalidade independente que advém do pulso sincopado de perspectivas filosóficas e estéticas não europeias e as consequências de seu impacto sobre as normas ocidentais. Essa autonomia se desenvolveu mais à medida que a escravidão, o colonialismo e o terror que os acompanhavam opunham as artes vitais dos escravos às condições tipicamente modernas nas quais a opressão se manifestava — como subproduto da produção coercitiva de artigos para venda em um mercado mundial. Esse sistema produziu uma modernidade grosseira, descentrada dos mundos fechados da Europa metropolitana, que até agora têm merecido a atenção dos teóricos.

Uma preocupação com a notável duplicidade resultante dessa posição única — dentro de um Ocidente expandido, mas ao mesmo tempo não fazendo parte completamente dele — é uma característica definitiva da história intelectual do Atlântico negro. Veremos que ela pode ser acompanhada através dos trabalhos de vários pensadores negros modernos. Frederick Douglass é a primeira dessas figuras representativas, e sua vida é exemplar no que concerne a este livro. Ela abarcou o Atlântico e envolveu um registro de constante ativismo e defesa em nome do escravo. Não há espaço aqui para discutir o impacto das viagens de Douglass para a Inglaterra e a Escócia,[43] ainda que elas ajudem a mapear as dimensões espaciais do mundo do Atlântico negro. Ao contrário de outros candidatos ao papel de pai do nacionalismo negro — Martin Delany, Edward Wilmot Blyden e Alexander Crummell —, Douglass havia sido escravo. Ele é geralmente lembrado pela qualidade e paixão de sua oratória política. Seus escritos continuam a ser uma rica fonte para a análise cultural e política do Atlântico negro.[44]

## SENHOR E ESCRAVO EM UM IDIOMA NEGRO

Douglass, que recebeu seu novo sobrenome (pós-escravo) das páginas de *The Lady of the Lake* [A Senhora do Lago] de Sir Walter Scott, publicou três autobiografias, reescrevendo sua história de vida e reformulando sua *persona* pública em diferentes fases de sua vida.[45] Esses textos apresentam uma gama de importan-

---

[43] George Shepperson, "Frederick Douglass and Scotland", *Journal of Negro History* 38, nº 3, 1953, pp. 307-21.

[44] Waldo E. Martin, *The Mind of Frederick Douglass* (Durham e Londres: University of North Carolina Press, 1984); L. Litwack e A. Meier, *Black Leaders of the Nineteenth Century* (Urbana e Chicago: University of Illinois Press, 1988); William S. McFeely, *Frederick Douglass* (Nova York: W. W. Norton, 1991).

[45] *The Life and Times of Frederick Douglass* (Nova York: Macmil-

tes perspectivas para os negros sobre o problema da modernidade. Sua forma literária também levanta questões profundas sobre as dimensões estéticas e a periodização do modernismo negro. Ambas as linhas de investigação podem ser estendidas a alguma consideração intertextual da relação entre as autobiografias de Douglass e sua única incursão pela ficção, *The Heroic Slave* [O Escravo Heroico]. Sua relação com a modernidade foi complexa e mutável, particularmente porque ele reteve e desenvolveu as convicções religiosas que jaziam no cerne de sua oposição original ao sistema escravo. No entanto, Douglass não precisaria de nenhuma lição de Habermas e seus seguidores sobre a natureza incompleta do projeto iluminista, ou sobre a necessidade de uma crítica à religião antes das outras formas de crítica social. Em seus escritos, ele reiteradamente invoca o Iluminismo maior, capaz de trazer a luz da razão para a escuridão ética da escravidão. Ao contrário de muitos dos que iriam seguir seus passos, Douglass concebia a *plantation* escravista como uma instituição arcaica e deslocada no mundo moderno:

> [a] *plantation* é uma pequena nação em si mesma, tendo seu idioma próprio, suas regras, regulamentos e costumes próprios. As leis e instituições do estado aparentemente não a afetam em parte alguma. As dificuldades que surgem aqui não são resolvidas pelo poder civil do estado.[46]

A falta de acesso do Estado à *plantation* ilustrava a inacessibilidade geral da *plantation* às modalidades da razão política moderna e secular necessárias à sua reforma. Douglass compara-

---

lan, 1962); *My Bondage and My Freedom* (Nova York e Auburn: Miller, Orton and Mulligan, 1855); e *Narrative of the Life of Frederick Douglass, An American Slave, Written by Himself* (Cambridge: Harvard University Press, 1960). Todas as situações adiante são tiradas dessas edições.

[46] Douglass, *My Bondage and My Freedom*, p. 49.

va as fazendas de escravos às relações pré-modernas e pré-capitalistas da Europa feudal:

> Em seu isolamento, separação e independência autoconfiante, [a] *plantation* se assemelha ao que eram os domínios feudais na Idade Média... Sombria, fria e inalcançável por todas as influências sociáveis de comunidades de fora, assim ela permanece; trezentos anos inteiros atrasada em tudo o que diz respeito à humanidade e moralidades... A civilização é encerrada do lado de fora.[47]

O cristianismo pessoal de Douglass pode ter formado o centro de sua perspectiva política, mas ele enfatizava que o melhor mestre que ele tivera havia sido um ateu:

> Se eu tivesse de ser novamente reduzido à condição de escravo, em seguida a esta calamidade, eu deveria considerar o fato de ser escravo de um proprietário de escravos religioso o pior que poderia me acontecer. De todos os proprietários de escravos com quem me encontrei alguma vez, os religiosos são os piores.[48]

Douglass defendia a humanidade dos escravos africanos e atacava a exclusão da África da história em uma célebre confe-

---

[47] *Ibid.*, p. 50.

[48] *Ibid.*, p. 198. O tema antirreligioso é compartilhado por uma série de outras narrativas, como, por exemplo, os comentários cáusticos de Henry Bibb sobre a cumplicidade do cristianismo com a instituição da escravidão. Ver também os comentários do Sr. Listwell no romance de Douglass, *The Heroic Slave* em Ronald Takaki (org.), *Violence in the Black Imagination: Essays and Documents* (Nova York: G. P. Putnam's Sons, 1972); e Robert B. Stepto, "Sharing the Thunder: The Literary Exchanges of Harriet Beecher Stowe, Henry Bibb and Frederick Douglass", em Eric Sundquist (org.), *New Essays on Uncle Tom's Cabin* (Cambridge: Cambridge University Press, 1986).

rência etnológica que ele apresentou em várias localidades a partir de 1854. Mais tarde publicado como "The Claims of the Negro Ethnologically Considered"[49] [As Reivindicações do Negro Etnologicamente Consideradas], este trabalho apresentava uma contestação coerente do racismo científico corrente em sua época. Entre outras coisas, ele discutia o trabalho de Samuel Morton,[50] A conferência também transmitia a precisão do ataque de Douglass à eliminação helenomaníaca da África da narrativa do desenvolvimento da civilização. Essa era uma questão intensamente discutida em uma época em que o conhecimento científico estava passando para uma nova versão da relação entre a Grécia Antiga, os países do Mediterrâneo oriental e o Egito. Conforme mostrou Martin Bernal,[51] grande parte desse debate gira em torno da análise das civilizações do Vale do Nilo em geral e do Egito em particular. Como muitos africano-americanos, Douglass visitou o Egito. Viajou para lá com sua segunda esposa, Helen Pitts, durante o final dos anos de 1880, deixando claro que sua viagem era parte de uma busca de longo prazo por fatos com os quais ele pudesse sustentar suas opiniões etnológicas.[52] É óbvio que a atração do Egito como evidência da grandeza das culturas africanas pré-escravidão, como símbolo duradouro da criatividade negra e da civilização, sempre teve um significado especial nas respostas do Atlântico negro à modernidade. O mínimo que se pode dizer é que isso ajudava a fundar as normas culturais da política da diáspora fora da trilha demarcada pelo próprio progresso do Oci-

---

[49] Philip S. Foner (org.), *The Life and Writings of Frederick Douglass*, vol. 2. Nova York: International Publishers, 1950, pp. 289-309.

[50] Stephen Jay Gould, *The Mismeasure of Man*. Harmondsworth: Pelican, 1984, cap. 2.

[51] *Black Athena: The Afroasiatic Roots of Classical Civilization*, vol. 1: *The Fabrication of Anciest Greece, 1785-1985*. Londres: Free Association Books, 1987.

[52] Martin, *The Mind of Frederick Douglass*, cap. 9.

dente — da barbárie até a civilização — e mostrar que o caminho começava na África, e não na Grécia. O Egito também fornecia o meio simbólico para localizar fora do repertório filosófico do Ocidente a crítica ao aspecto universal do Iluminismo feita pela diáspora.[53] Embora Douglass contestasse as implicações etnológicas da visão de Hegel sobre a África e os africanos a partir das plataformas de numerosas reuniões políticas, suas autobiografias permitem elaborar leituras críticas de Hegel de uma forma bem diversa. Douglass certamente conhecia a tradição idealista alemã. Devemos ao biógrafo de Douglass, William McFeely, detalhes importantes sobre sua relação íntima com Ottilia Assing, a tradutora da edição alemã de *My Bondage, My Freedom* [Minha Escravidão, Minha Liberdade], publicada em Hamburgo em 1860. Assing vinha de uma família culta e intelectualizada. Ela desfrutava de ligações íntimas com a esposa de seu tio, Rahel Levin, uma figura importante no culto a Goethe. Sabemos que Assing leu Goethe e Feuerbach para Douglass.[54] Teria sido surpreendente se o nome de Hegel não tivesse sido levantado em tão ilustre companhia. Assing seguiu sua própria vida no Bois de Boulogne, em 1884, depois do casamento de Douglass com Helen Pitts.

Tendo em mente esta sugestiva ligação, desejo propor que leiamos um trecho da narrativa de Douglass como uma alternativa a Hegel: um suplemento, se não exatamente um transcodificação de sua explicação da luta entre o senhor e o escravo. Em uma rica narrativa da amarga prova de força com Edward Covey, o treinador de escravos para o qual o enviaram, Douglass pode ser lido como se estivesse sistematicamente refazendo de uma maneira notável o encontro entre senhor e escravo, invertendo o esquema alegórico de Hegel. É o escravo, e não o senhor, que emerge

---

[53] George James, *Stolen Legacy: The Greeks Were Not the Authors of Greek Philosophy, but the People of North Africa, Commonly Called the Egyptians*. São Francisco: Julian Richardson, 1976.

[54] McFeely, *Frederick Douglass*, p. 263.

da narrativa de Douglass com a "consciência que existe para si mesma", ao passo que seu senhor se torna o representante de uma "consciência que é reprimida dentro de si mesma". A transformação de Douglass da metanarrativa do poder de Hegel em um metanarrativa da emancipação é ainda mais notável por ser também a ocasião para uma tentativa de especificar a diferença entre um modo de pensar pré-racional e espiritual africano e sua própria perspectiva composta — um híbrido incômodo entre o sagrado e o secular, o africano e o americano, formado a partir da experiência debilitante da escravidão e modelada segundo os requisitos de seu abolicionismo.

Em suas três versões, este trecho da narrativa começa com Douglass sendo arrendado aos cuidados de Covey por Thomas Auld — seu senhor "real". Tendo dissolvido a Escola de Sabá que Douglass havia organizado para seus companheiros escravos, Auld desejava que seu escravo fosse "bem adestrado" para que não se tornasse "um outro Nat Turner". Ao contrário de Auld, Covey era um homem pobre imbuído de uma modalidade de pseudodevoção, que Douglass encarava com particular desdém. Somos informados, significativamente, que ele era um cantor medíocre e recorria principalmente a Douglass para entoar um hino nos frequentes cultos familiares em que seus escravos participavam. Douglass continuamente o compara a uma serpente e nos conta que seu novo senhor era tão estúpido quanto cruel. Sem entrar aqui no detalhe do regime brutal de Covey ou na natureza do confronto que ele arquitetou para dobrar Douglass, basta dizer que o conflito entre eles induziu Douglass a fugir. Ele descreve os primeiros seis meses de sua permanência com Covey em estilo dramático:

> Alguns meses de sua disciplina me amansaram. O sr. Covey teve sucesso em me domar. Eu estava domado em corpo, alma e espírito. Minha elasticidade natural foi esmagada; meu intelecto se debilitou; a disposição de ler definhou; o brilho de entusiasmo que pairava em meu olho morreu; a

noite escura da escravidão se fechou sobre mim; e eis um homem transformado em um bruto.⁵⁵

Após uma surra particularmente severa, Douglass voltou até Auld para mostrar suas feridas e apelar a ele, com a justificativa de que o regime injusto e brutal de Covey havia colocado em risco uma peça valiosa da propriedade, isto é, o próprio Douglass. Auld encontrou desculpas para o comportamento de Covey e ordenou que Douglass voltasse à sua custódia. Escondido nos bosques, "a sós com a natureza e o Deus da natureza", Douglass rezou, como Madison Washington, o herói fictício de *The Heroic Slave*, pela libertação da escravidão em geral e de Covey em particular. Douglass admite neste ponto que experimentou dúvida sobre toda religião e acreditou que suas preces eram enganosas. Quando a noite caiu, ele encontrou outro escravo que estava a caminho para passar o sabá com sua esposa, que residia em uma fazenda vizinha. Mais tarde nas narrativas de Douglass, os leitores descobrem que este homem, Sandy, traiu os escravos quando estes tentavam fugir. Entretanto, neste momento da narrativa, Douglass olha para ele com respeito. Ele era famoso entre os escravos locais por sua boa índole e bom senso:

> Ele não era apenas um homem religioso, mas afirmava acreditar em um sistema para o qual não conheço nenhum nome. Era um africano genuíno e tinha herdado alguns dos chamados poderes mágicos, supostamente possuídos por nações africanas e orientais.⁵⁶

Douglass "verte[u] sua aflição" no ouvido do feiticeiro e, depois de uma refeição, discutiram qual estratégia era a mais adequada em circunstâncias em que a fuga era impossível. A crença

---

⁵⁵ Douglass, My *Bondage*, p. 170.

⁵⁶ *Ibid.*, p. 184.

de Sandy no antigo sistema da magia africana o levou a oferecer a Douglass uma raiz mágica encantada que, se usada do lado direito de seu corpo, o faria invulnerável aos golpes de Covey. Sandy respondeu ao ceticismo cristão de Douglass dizendo-lhe que sua aprendizagem livresca não o havia livrado de Covey. Ele implorou ao fugitivo que experimentasse a alternativa africana — sou tentado a dizer africêntrica —, dizendo que isto certamente não poderia fazer mal nenhum. Douglass aceitou a raiz de Sandy e voltou para a casa de Covey. Ele diz ao ansioso leitor que "um leve lampejo ou sombra de sua superstição havia caído sobre mim".[57] Considerando o uso intensivo que Douglass faz do simbolismo da luz e da escuridão, a construção "lampejo ou sombra" é uma interessante evasão. Era um lampejo ou uma sombra? As duas ideias são alternativas claras com implicações marcadamente diferentes para a nossa leitura do episódio. A ambiguidade cuidadosamente disposta também pode ser um reconhecimento secreto das diferentes maneiras pelas quais leitores negros e brancos provavelmente reagiriam ao conto.

Em seu retorno, Douglass encontra Covey e sua esposa a caminho da igreja em suas melhores roupas de domingo. Covey havia assumido o semblante de um anjo e tinha um sorriso tão aberto que Douglass começou "a pensar que a erva de Sandy possuía mais virtude do que eu, em meu orgulho, estivera disposto a admitir".[58] Tudo correu bem até a segunda-feira pela manhã quando Covey, liberado de sua observância religiosa, voltou à sua brutalidade habitual e sinuosa. Foi nesse momento que Douglass resolveu, com consequências devastadoras, levantar-se em sua própria defesa. Seguiu-se a luta hegeliana, mas desta vez Douglass descobriu uma situação ideal de fala no momento mesmo em que agarrava seu opressor pela garganta: "Eu o agarrei tão firmemente

---

[57] *Ibid.*, p. 185.

[58] *Ibid.* O confronto com Covey é um momento decisivo em todas as três versões da autobiografia de Douglass.

pela garganta que seu sangue escorreu por minhas unhas... Você vai resistir, seu patife?, disse ele. Ao qual devolvi um cortês 'Sim, Senhor'".[59] Os dois homens estavam presos no impasse hegeliano. Cada um era capaz de conter a força do outro sem o derrotar. Enfurecido pelo inesperado ato de insubordinação de Douglass, Covey procurou convocar a ajuda das outras pessoas que estavam por perto, tanto escravos como homens livres. Hughes, primo de Covey, foi repelido por Douglass, e depois Bill, o assalariado, fingiu ignorar o que Covey desejava que ele fizesse, e Caroline, a escrava na casa de Covey, corajosamente recusou-se a seguir a instrução de seu mestre de segurar Douglass. No texto, Douglass e Covey se dirigem sucessivamente a cada um desses personagens de apoio. O respeito mútuo nascido desta luta é transmitido pela maneira na qual eles recorrem aos outros como iguais. Depois de duas horas, Covey desistiu da competição e deixou Douglass partir. O narrador nos conta que ele era um homem mudado depois daquele embate, que foi "o ponto de inflexão" em sua carreira como escravo. A luta física também é a ocasião na qual é produzida uma definição liberadora da masculinidade.

> Eu não era nada antes; agora eu era um homem. Ela [a briga] trouxe de volta à vida meu respeito próprio e minha autoconfiança esmagados, e me inspirou com uma determinação renovada de ser um homem livre. Um homem sem força está sem a dignidade essencial da humanidade... Eu não era mais um covarde servil, tremendo sob a carranca de um verme irmão da poeira, mas meu espírito havia muito acovardado foi despertado para uma atitude de máscula independência. Eu havia alcançado um ponto no qual não tinha medo de morrer.[60]

---

[59] *Ibid.*, p. 187.

[60] *Ibid.*, p. 190.

O conto de Douglass pode ser usado para revelar muita coisa sobre a diferença entre a visão da civilização moderna segundo o escravo de sexo masculino e segundo o senhor. Na alegoria de Hegel, que corretamente situa a escravidão no inerente e central à sociabilidade moderna, vemos que um combatente totalmente concentrado nesta na luta essencial prefere a versão de realidade de seu conquistador à morte e se submete. Ele se torna o escravo enquanto o outro obtém o domínio. A versão de Douglass é totalmente diferente. Para ele, o escravo prefere ativamente a possibilidade de morte à condição contínua de desumanidade da qual depende a escravidão da *plantation*. Ele antecipava um ponto levantado por Lacan alguns anos depois:

> [...] a morte, precisamente porque foi atraída para dentro da função de aposta no jogo... mostra ao mesmo tempo quanto da regra anterior, bem como do acerto final, foi suprimido. Pois, em última análise, é necessário que o perdedor não pereça a fim de que ele se torne um escravo. Em outras palavras, em toda parte, o pacto precede a violência antes de perpetuá-la.[61]

Essa guinada rumo à morte como libertação do terror e da escravidão e como uma oportunidade para encontrar liberdade substantiva, se ajusta perfeitamente à célebre noção de escravidão de Orlando Patterson como um estado de "morte social".[62] Ela alude à importância de se perceber a consciência do escravo como envolvendo um ato ampliado do luto. A preferência de Douglass pela morte prontamente se ajusta ao material arquivístico sobre a prática do suicídio entre escravos e necessita também ser vista ao lado de outras representações da morte como recurso que pode

---

[61] Jacques Lacan, *Écrits: A Selection*. Londres: Tavistock, 1977, p. 308.

[62] Patterson, *Slavery and Social Death*.

ser encontrado no início da ficção africano-americana.[63] Ronald Takaki e outros[64] têm discutido essas passagens como parte de uma consideração mais ampla da mudança da visão de Douglass sobre a necessidade da violência na causa da emancipação negra — um tema que Douglass desenvolveu mais em *The Heroic Slave*. A recusa do pacifismo por Douglass, que havia caracterizado seu trabalho inicial, é diretamente relevante para seu entendimento crítico da modernidade. Ela sublinha a cumplicidade entre civilização e brutalidade enfatizando, ao mesmo tempo, que a ordem da autoridade à qual a escravidão da *plantation* recorria não pode ser desfeita sem recurso à contraviolência do oprimido. A descrição de Douglass de seu combate com Covey expressa isso uma vez mais, oferecendo uma resolução interessante, porém claramente masculinista, das oposições internas da escravidão.

Essa ideia de masculinidade é amplamente definida mais por contraste com a experiência de infantilismo, à qual recorrem as instituições da escravidão da *plantation*, do que por contraste com as mulheres. Entretanto, é interessante que este aspecto da posição política de Douglass tenha sido discutido alhures entre os pretensos sábios e filósofos do Atlântico negro como um sintoma de diferenças importantes nas orientações filosóficas e estratégicas de homens e mulheres negros. Em seu famoso ensaio "On

---

[63] Refiro-me particularmente ao espetacular suicídio de Clotel/Isabella (a trágica filha de Thomas Jefferson com uma escrava) nas águas congeladas do Potomac, que pode ser encontrado nos romances de William Wells Brown, *Clotel; or, The President's Daughter, A Narrative of Slave Life in the United States* (1853; reimpr. Nova York: Collier Books, 1970) e *Clotelle: A Tale of the Southern States* (Boston: Redpath, 1864). O cap. 16 de *Clotelle* é intitulado "Death Is Freedom" [A Morte é Liberdade].

[64] Ver também a discussão deste tema feita por Ronald Takaki no trabalho de William Wells Brown e Martin Delaney em *Violence in the Black Imagination*; e L. F. Goldstein, "Violence as an Instrument of Social Change: The Views of Frederick Douglass (1817-1895)", *Journal of Negro History* 61, parte 1, 1976.

the Damnation of Women" [Sobre a Danação das Mulheres], Du Bois relata uma história a ele contada por Wendell Phillips que define o problema com precisão:

> Wendell Phillips diz que estava certa vez em Faneuil Hall, quando Frederick Douglass era um dos principais oradores. Douglass estivera descrevendo as injustiças em relação à raça negra, e à medida que prosseguia tornava-se cada vez mais inflamado, e finalmente terminou dizendo que os negros não tinham nenhuma esperança de justiça por parte dos brancos, nenhuma esperança possível exceto em seus próprios braços. Ela deve vir pelo sangue! Eles precisam lutar por si mesmos. Sojourner Truth estava sentada, alta e sombria, na primeira fila defronte a plataforma e, no silêncio emocionado que se seguiu à sua fala, enquanto Douglass se sentava, ela falou em sua voz grave e peculiar, ouvida por todo o salão: "Frederick, Deus está morto?".[65]

A pergunta que Sojourner Truth detectou na oratória feroz e na conclusão política pessimista de Douglass ocupa um lugar importante nos debates filosóficos sobre o valor da modernidade e a transvalorização dos valores pós-sagrados, modernos. Na Alemanha, aproximadamente na mesma época, outro Frederick (Nietzsche) estava ponderando as implicações filosóficas e éticas da mesma pergunta. Ela permanece implícita na história das lutas de Douglass dentro e contra a escravidão. Ela também pode ser uma pergunta inseparável da modalidade distinta de masculinidade com que foi articulada. Para contrabalançar toda a ambiguidade em torno desse ponto no conto de Douglass, desejo procurar conclusões filosóficas semelhantes, que surgiram em outros lugares na história do movimento abolicionista, como símbolo im-

---

[65] *Darkwater Voices from within the Veil.* Nova York: Harcourt Brace and Co., 1921, p. 176.

portante para as sensibilidades feministas emergentes logo após a publicação do conto de Douglass.

A assustadora história da tentativa de fuga de Margaret Garner da escravidão em Kentucky pode ser proveitosamente lida em conjunto com o relato autobiográfico de Douglass. Uma versão desse conto ainda se encontra em circulação, tanto como parte da tradição literária africano-americana inaugurada por trabalhos como *The Heroic Slave* de Douglass, como parte do que poderia ser chamado de projeto político feminista negro. Essa longevidade não é testemunho apenas da patente habilidade de Toni Morrison como escritora na recriação dessa história em seu romance *Beloved*,[66] mas, também, do poder simbólico permanente do conto e sua importância como elemento da crítica moral que embasa a antipatia negra às formas de racionalidade e conduta civilizada que legitimam a escravidão racial e sua brutalidade.

Reportagens jornalísticas contemporâneas, material abolicionista e vários relatos biográficos e autobiográficos fornecem as fontes a partir das quais este episódio pode ser reconstruído. Os detalhes mais simples do caso comuns a vários relatos[67] parecem ser os seguintes. Tirando partido do inverno que congelava o rio Ohio, que normalmente barrava seu caminho para a liberdade, Margaret

---

[66] A versão da história por Toni Morrison parece ter sido suscitada por um relato contemporâneo reproduzido em Harris Middleton *et al.* (orgs.), *The Black Book* (Nova York: Random House, 1974), p. 10. Morrison teria sido responsável pela edição deste livro durante seu emprego na Random House.

[67] *Annual Report Presented to the American Anti-Slavery Society*, Nova York, maio de 1856, pp. 44-7. Levi Coffin, *Reminiscences of Levi Coffin, the Reputed President of the Underground Railroad* (Cincinnati, 1876, reimpr., Nova York: Augustus Kelley, 1968), p. 560. A maioria das referências aos jornais são fornecidas por Julius Yanuck em "The Garner Fugitive Slave Case", *Mississippi Valley Historical Review* 40, junho de 1953, pp. 47-66. Ver também Herbert Aptheker, "The Negro Woman", *Masses and Mainstream* 2, fevereiro de 1949, pp. 10-7.

Garner, uma "mulata, de cerca de um metro e meio de altura, aparentando um quarto ou um terço de sangue branco... [com] uma testa alta... [e] olhos brilhantes e inteligentes",[68] fugiu da escravidão em um trenó puxado a cavalo em janeiro de 1856 com seu marido, Simon Garner Jr., também conhecido como Robert, os pais deste, Simon e Mary, os quatro filhos e nove outros escravos. Ao chegar ao Ohio, a família se separou dos outros escravos, mas foram descobertos depois de buscarem ajuda na casa de um parente, Elijah Kite. Apanhada em sua casa pelo cerco de caçadores de escravos, Margaret matou sua filha de três anos com uma faca de açougueiro e tentou matar as outras crianças em lugar de deixar que fossem levadas de volta à escravidão por seu senhor, Archibald K. Gaines, o proprietário do marido de Margaret e da fazenda adjacente à sua casa. Este caso iniciou uma série de batalhas legais em torno da abrangência da Lei do Escravo Fugitivo [*Fugitive Slave Act*],[69] a extradição de Margaret, sua subjetividade legal e os respectivos poderes dos oficiais de justiça nos diferentes estados. Apesar de apelos para que ela fosse levada a julgamento pelo assassinato da garotinha a "quem ela provavelmente mais amava",[70] o senhor de Margaret acabou enviando-a para o mercado de escravos em New Orleans.

Os relatos contemporâneos desse episódio são contraditórios e carregados dos interesses políticos conflitantes que estruturavam sua tragédia central. Uma matéria de jornal sugeriu que a decisão original dos Garners de fugir da escravidão, por exemplo, havia sido encorajada por uma visita de duas damas inglesas à casa dos Gaines.[71] O relato mais conhecido dos eventos está nas

---

[68] *Reminiscences of Levi Coffin*, p. 562.

[69] Stanley W. Campbell, *The Slave Catchers: Enforcement of the Fugitive Slave Law, 1850-1860*. Chapel Hill: University of North Carolina Press, 1968.

[70] *Reminiscences of Levi Coffin*, p. 560.

[71] *New York Daily Times*, 16 de fevereiro de 1856.

*Reminiscences of Levi Coffin* [Reminiscências de Levi Coffin]. Coffin era um quaker local, abolicionista e renomado presidente da Underground Railroad, que estivera perifericamente envolvida na tragédia. Muitos pontos interessantes emergem dessa fonte autorizada, bem como de artigos de jornais sobre o caso, o relatório anual da Sociedade Americana Antiescravidão, um relato apresentado na biografia de Lucy Stone, a prestigiada abolicionista e sufragista que visitou Margaret Garner na prisão e assistiu às audiências no tribunal, e uma versão adicional escrita para o *American Baptist* por um tal P. S. Bassett, que dava como seu endereço o Seminário Teológico Fairmount em Cincinnati.[72]

Desamparado e cercado por um destacamento de caçadores de escravos na casa de seu parente Elijah Kite, o marido de Margaret, Simon Garner Jr., disparou vários tiros de revólver nos perseguidores. Em uma luta adicional que aconteceu depois que Gaines e seus ajudantes conseguiram entrar na casa, um oficial de justiça foi ferido em dois dedos de sua mão e perdeu vários dentes devido a uma bala que ricocheteara. Coffin escreve que "os escravos estavam armados e lutaram corajosamente", ao passo que a Sociedade Antiescravidão vê nessa resistência um fenômeno de caráter mais matrimonial do que baseado em gênero: "Robert e Margaret lutaram corajosa e desesperadamente para proteger seus pais e seus filhos em seu direito à liberdade, mas logo foram dominados".[73] Nessa versão, a agressão de Margaret às crianças acontece entre dois ataques à casa feitos por Gaines e seus capangas. Na versão dada por Coffin, só *depois* que Margaret considerou sem saída a situação sitiada dos escravos e viu o marido subjugado, que ela iniciou o ataque que liberaria os filhos.

Algumas matérias de jornal disseram que, depois de quase decapitar a garotinha ao cortar sua garganta, Margaret gritou para

---

[72] Esta versão é reproduzida em *The Black Book*.

[73] *Annual Report Presented to the American Anti-Slavery Society*, p. 45.

sua sogra pedindo ajuda para matar as outras crianças: "Mãe, me ajude a matar as crianças".[74] Bassett, que afirmou ter entrevistado ambas as mulheres, cita Mary Garner, que teria dito que "não encorajou nem desencorajou sua nora, — pois, em circunstâncias semelhantes, ela provavelmente teria feito o mesmo". Que tipo de cálculo racional, moral, pode ter informado este apelo de uma mulher negra a outra? Outros jornais noticiaram que a mulher mais velha não conseguira suportar a visão de seus netos sendo assassinados e correra para se refugiar debaixo de uma cama. O que devemos entender dessas formas contrastantes de violência, uma codificada como masculina e voltada para fora, dirigida para o opressor, e a outra, codificada como feminina, de certo modo interna, canalizada para seus objetos de amor, orgulho e desejo mais preciosos e íntimos? Conta-se que, depois de ser detida, Margaret Garner se sentou na delegacia de polícia da rua Hammond, em estado de choque e estupefação. Archibald Gaines levou o corpo da criança morta para enterrá-lo em Kentucky, em terra "consagrada à escravidão".[75]

Este conto foi imediatamente repetido dentro do movimento abolicionista como prova importante da ameaça venal representada pelos apetites desenfreados dos senhores de escravos. Dessa perspectiva, havia muito a tirar do fato de a criança assassinada ter sido uma menina, morta por sua mãe para que não caísse vítima desta licenciosidade. Lucy Stone enfatizou este ponto ao seu biógrafo:

> Ela era uma mulher bonita, a pele castanha, traços atraentes e olhos maravilhosos. Não foi nenhum desespero selvagem que a motivou, mas uma calma determinação de que, se ela não podia encontrar liberdade aqui, ela a conse-

---

[74] *New York Daily Times*, 2 de fevereiro de 1856; ver também *Cincinnati Commercial*, 30 de janeiro de 1856.

[75] *Cincinnati Daily Gazette*, 29 de janeiro de 1856.

guiria com os anjos... Margaret tentou matar todos os seus filhos, mas conseguiu com a garotinha. Ela havia dito que sua filha jamais sofreria como ela.[76]

Stone assistiu às deliberações da corte sobre o destino de Margaret e foi acusada de tentar passar uma faca para ela ao visitá-la na prisão, para que ela pudesse terminar o trabalho que havia começado. Somos informados por Coffin que Stone levou muitos ouvintes às lágrimas quando, ao explicar sua conduta diante do tribunal, utilizou o seguinte argumento:

> Quando vi aquela pobre fugitiva, tomei em minhas mãos sua mão endurecida pelo trabalho e li em seu rosto um sofrimento profundo e um desejo ardente de liberdade, não consegui deixar de lhe emprestar coragem. Eu lhe disse que mil corações estavam sofrendo por ela, e que eles estavam contentes que uma criança sua estava a salvo com os anjos. Sua única resposta foi um olhar de profundo desespero, de tamanha angústia que palavra nenhuma pode expressar.[77]

Stone defendeu a conduta de Margaret como mulher e cristã, argumentando que seu infanticídio brotava dos sentimentos

---

[76] Alice Stone Blackwell, *Lucy Stone: Pioneer of Women's Rights*. Boston: Little, Brown, 1930, pp. 183-4.

[77] Coffin afirma ter estado no tribunal quando estas palavras foram ditas. Este relato é tirado de sua versão. Uma versão adicional deste episódio é dada por Alice Stone Blackwell em *Lucy Stone*, p. 184: "Ao visitar Margaret Garner na prisão, a Sra. Stone lhe perguntou, caso ela tivesse de ser levada de volta para a escravidão, se ela tinha uma faca. No tribunal, a Sra. Stone foi indagada se era verdade que ela havia oferecido uma faca a Margaret. Ela respondeu: 'eu realmente perguntei se ela tinha uma faca. Se eu fosse uma escrava, como ela é uma escrava, com a lei contra mim, e a igreja contra mim, e sem nenhuma arma mortal à mão, com meus próprios dentes eu rasgaria minhas veias e mandaria minha alma de volta para Deus que a concedeu'".

mais profundos e sagrados implantados igualmente nas mulheres negras e brancas por seu pai divino comum. Coffin a cita fazendo uma comparação entre o espírito de Margaret e o dos seus antepassados para os quais havia sido erigido o monumento em Bunker Hill. Ela tornava bastante explícita a interpretação protofeminista das ações de Margaret: "As faces pálidas das crianças negras expressam muito claramente a que degradação as escravas se submetem. Em lugar de entregar sua filhinha àquela vida, ela a matou".[78]

Outra indicação da força desta narrativa no desenvolvimento de um discurso abolicionista distintamente feminino se origina das conferências de Sarah Parker Remond, uma abolicionista e médica negra nascida livre em Salem, Massachusetts, e que acabou fixando residência na Itália.[79] Curiosamente, sabemos que Lucy Stone visitara a Sociedade Feminina Antiescravidão de Salem, da qual Sarah fazia parte.[80] Uma versão do relato de Remond da história de Garner é dada em uma matéria sobre uma concorrida reunião pública na qual ela se pronunciou no Music Hall, em Warrington, Inglaterra, três anos depois do incidente.[81] Remond ti-

---

[78] *Reminiscences of Levi Coffin*, p. 565; *Cincinnati Daily Gazette*, 14 de fevereiro de 1856.

[79] "A Coloured Lady Lecturer", *Englishwoman's Review* 7, junho de 1861, pp. 269-75; Mathew Davenport Hill (org.), *Our Exemplars, Poor and Rich* (Londres: Peter Cassell and Co., 1861), pp. 276-86 (sou grato a Clare Midgeley por esta referência); Ruth Bogin, "Sarah Parker Remond: Black Abolitionist from Salem", *Essex Institute Historical Collections* 110, abril de 1974, pp. 120-50; Dorothy Porter, "Sarah Parker Remond, Abolitionist and Physician", *Journal of Negro History* 20, julho de 1935, pp. 287-93.

[80] B. Stephenson (org.), *Journals of Charlotte Forten Grimké* (Nova York e Oxford: Oxford University Press, 1988), pp. 116-7 (registro do dia 17 de dezembro de 1854). Em parte deviso sua vocação comum como médicos, a odisseia de Remond da Nova Inglaterra até Roma marca um interessante contraponto à vida de Martin Delany discutida no capítulo 1.

[81] *Warrington Times*, 29 de janeiro de 1859; ver também C. Peter Rip-

nha discutido o caso com John Jolliffe, o advogado de Margaret Garner. Sua preocupação, ao longo da conferência de uma hora e meia, foi demonstrar o caráter não cristão e imoral da escravidão e revelar sua capacidade de perverter a civilização e os atributos naturais dos seres humanos. De acordo com as convenções do discurso abolicionista, a imagem da sexualidade masculina branca, abusiva e coercitiva, era proeminentemente destacada. A perversão da maternidade pela instituição da escravidão era um tema bem amadurecido na propaganda abolicionista. Frederick Douglass havia feito esta mesma observação em sua *Narrative*, recontando um incidente no qual uma mulher branca, a Sra. Hicks, assassinara sua escrava — uma prima de Douglass — por não manter o bebê a seus cuidados suficientemente quieto durante a noite.

> A ofensa pela qual esta menina foi assassinada foi a seguinte: — Ela havia sido encarregada aquela noite de cuidar do bebê da senhora Hick, e durante a noite ela dormiu e o bebê chorou. Tendo perdido seu descanso durante várias noites, ela não ouviu o choro. Ambos estavam no quarto com a senhora Hicks. A senhora Hicks, achando que a menina demorava a se mover, saltou da cama, apanhou uma vara de carvalho na lareira e com ela quebrou o nariz e o esterno da menina, e assim acabou com sua vida.[82]

Essas histórias suscitam questões complexas sobre o papel mediador das categorias de gênero na política racial, e particularmente sobre as estruturas psicológicas de identificação facilitadas pela ideia de maternidade. É impossível explorar aqui estas importantes questões. A história de Margaret Garner encontra estreita correspondência com a obra de Douglass pela recusa daquela

---

ley (org.), *The Black Abolitionist Papers*, vol. 1 (Chapel Hill e Londres: University of North Carolina Press, 1985), pp. 437-8.

[82] Douglass, *Narrative*, p. 49.

mulher em conceder qualquer legitimidade à escravidão e com isso iniciar a dialética de dependência intersubjetiva e de reconhecimento que a alegoria de Hegel apresenta como precondição da modernidade. Como a de Douglass, sua história constrói uma concepção da questão do sujeito escravo como agente. O que se manifesta em ambas as histórias como uma preferência positiva pela morte em lugar da continuidade da servidão pode ser lido como uma contribuição na direção do discurso escravo sobre a natureza da liberdade em si mesma. Ela fornece uma valiosa pista para responder a pergunta de como o reino de liberdade é concebido por aqueles que nunca foram livres. Essa inclinação para a morte e para longe da escravidão é fundamental. Ela nos lembra que, na escatologia revolucionária que ajuda a definir esta história primordial da modernidade, quer apocalíptica ou redentora, é o momento de jubileu* que tem a primazia sobre a busca da utopia por meios racionais. O discurso da espiritualidade negra que legitima esses momentos de violência possui um conteúdo de verdade utópico que se projeta para além dos limites do presente. A escolha repetida da morte em lugar da escravidão articula um princípio de negatividade que é oposto à lógica formal e ao cálculo racional característicos do pensamento ocidental moderno e expressos na preferência do escravo hegeliano pela escravidão em lugar da morte. Como parte de seu argumento contra o retorno de Margaret para o Kentucky, seu advogado, o Sr. Jolliffe, disse ao tribunal que ela e os outros fugitivos "iriam todos cantando para a forca" em lugar de voltarem para a escravidão. A associação desta aparente preferência pela morte com o canto também é muito significativa. Ela une um gesto moral e político a um ato de criação e afirmação cultural. Deve-se ter isto

---

\* O ritual católico e cristão do Jubileu define o perdão geral dos pecados concedido aos devotos de 25 em 25 anos pela Igreja Católica. A etimologia da palavra também se liga à noção de alegria, contentamento, júbilo. No caso, note-se que os Cantores do Jubileu (Jubilee Singers) são protestantes. (N. do T.)

em mente quando formos considerar como a intervenção nas memórias da escravidão é comumente praticada como uma forma de história cultural vernácula.

Os escritos de Douglass e a popularidade da narrativa de Garner também são notáveis por demarcarem o processo por meio do qual a divisão do trabalho intelectual foi transformada no interior do movimento abolicionista. O material filosófico para a causa abolicionista não seria mais gerado exclusivamente por comentaristas brancos que articulavam o cerne metafísico de narrativas escravas simples e factuais. Também é importante enfatizar que esses textos oferecem muito mais do que a reformulação e a transformação da conhecida alegoria hegeliana. Eles expressam da maneira mais poderosa uma tradição de escrita na qual a autobiografia se torna um ato ou processo de simultânea autocriação e autoemancipação.[83] A apresentação de uma persona pública torna-se assim um motivo fundador dentro da cultura expressiva da diáspora africana.[84] As implicações que isso tem para o caráter estético interno da modernidade do Atlântico negro serão exploradas mais detalhadamente a seguir. É importante notar aqui que uma nova economia discursiva emerge com a recusa em subordinar a particularidade da experiência escrava ao poder totalizante da razão universal detida exclusivamente por mãos, canetas ou editoras brancas. Autoria e autonomia emergem diretamente do deliberado tom pessoal desta história. Avidamente recebidos pelo movimento para o qual se dirigiam, esses contos ajudaram a demarcar um espaço dissidente dentro da esfera pública burguesa que eles visavam preencher com seu conteúdo utópico. O caráter autobiográfico de muitas declarações como esta é portanto absolutamente crucial. Ele apela de modo especial à

---

[83] William L. Andrews, *To Tell a Free Story*. Urbana e Chicago: University of Illinois Press, 1986.

[84] H. L. Gates Jr., *Figures in Black: Words, Signs, and the "Racial" Self*. Oxford e Nova York: Oxford University Press, 1986.

opinião pública do movimento abolicionista contra o poder arbitrário intrínseco a um sistema de escravidão que é, a um só tempo, irracional e anticristão. Aquilo que mais tarde Richard Wright identificaria como a estética do personalismo flui dessas narrativas e mostra que nas mãos dos escravos o particular pode vestir o manto da verdade e da razão, tão prontamente quanto o universal.

Vale a pena fazer uma pausa momentânea para examinar uma passagem particularmente significativa ao término do quinto capítulo da narrativa de Douglass e que foi destacada por William Andrews em seu absorvente livro *To Tell a Free Story* [Contar uma História Livre].[85] Nessa passagem, Douglass está refletindo sobre um ponto de inflexão em sua vida, quando, com a idade de 7 ou 8 anos, foi enviado por seu senhor para Baltimore para morar com os Aulds. Rememorando esse evento, Douglass o descreve como a primeira manifestação clara de uma providência especial que o assistiu desde então. Ele admite que o leitor branco talvez reaja ceticamente à sua afirmação de ter sido ele escolhido para este destino especial:

> Pode ser que me julguem supersticioso, e até arrogante, por considerar este evento como uma interposição especial da providência divina em meu favor. Mas eu seria falso com os sentimentos mais primitivos de minha alma se eu suprimisse a opinião. Prefiro ser sincero comigo mesmo até sob o risco de me expor a ser ridicularizado pelos demais, em lugar de ser falso e me expor à minha própria aversão.[86]

Andrews mostra que Douglass não apela para a autoridade *divina* para legitimar esta declaração de independência na interpretação de sua própria vida. A passagem sublinha a ligação entre escrita autobiográfica e o projeto de autolibertação. Sua impor-

---

[85] Andrews, *To Tell a Free Story*, p. 103.

[86] Douglass, *Narrative*, p. 56.

tância fundamental reside na clareza de seu anúncio de que a verdade para o seu próprio eu tem prioridade sobre o que os leitores possam achar aceitável ou apropriado introduzir em um discurso abolicionista. Entretanto, acredito que haja aqui um argumento mais profundo, concernente ao estatuto da verdade e da razão como conceitos universais e à necessidade de se afastar de padrões absolutos quando se pretende que as qualidades apropriadas de autenticidade racial e testemunho pessoal sejam mantidas. O padrão distintivo de autocriação evidente neste texto, e de muitos outros textos semelhantes do período, não é, como pensariam alguns aspirantes a críticos literários pós-estruturalistas, simplesmente a inauguração de um gênero literário novo e vital. As conclusões de Douglass dirigem a atenção do leitor para uma modalidade distinta e constrangedora de comentário metafísico, filosófico. Elas apontam para o início e a reprodução de uma perspectiva política distinta na qual a *autopoiesis* se articula com a poética para constituir uma postura, um estilo e um clima filosófico que têm se repetido e reformulado desde então na cultura política do Atlântico negro. Os componentes vernáculos da cultura expressiva negra estão portanto vinculados a textos mais explicitamente filosóficos de escritores modernistas negros como Wright e Du Bois. Eles desenvolvem esta linha de investigação buscando responder às perguntas metafísicas "Quem sou eu?" e "Quando sou mais eu mesmo?".

Alguns anos depois, Du Bois fez eco a Douglass com uma precisão desconcertante. Ele desenvolveu o argumento implicado no texto mais acima, elevando-o a um novo nível de abstração:

> Isto o homem negro americano sabe: sua luta aqui é uma luta até o fim. Ou morre ou vence. Se ele ganhar não será por nenhum subterfúgio, nem por nenhum sonho de assimilação pela mistura. Ele entrará na civilização moderna aqui na América como um homem negro em condições de igualdade perfeita e ilimitada com qualquer homem branco, ou absolutamente não entrará. Ou o extermínio radical

ou a igualdade absoluta. Não pode haver nenhum meio-termo. Esta é a última grande batalha do Ocidente.[87]

Como Douglass, Du Bois quis estabelecer que a história dos negros no Novo Mundo, particularmente as experiências do tráfico escravo e da *plantation*, era uma parte legítima da história moral do Ocidente como um todo. Não eram eventos únicos — episódios discretos na história de uma minoria — que poderiam ser apreendidos por seu impacto exclusivo sobre os negros em si mesmos, nem eram aberrações em relação ao espírito da cultura moderna que provavelmente teriam de ser superados pelo progresso inexorável rumo a uma utopia secular, racional. A existência permanente do racismo desmentiu estes dois veredictos e exige que consideremos mais profundamente a relação de terror e subordinação racial com a própria natureza interna da modernidade. Este é o caminho indicado por Wright, James, Du Bois e um séquito de outros que contribuíram de várias maneiras para a hermenêutica que distingue a estética consolidada do Atlântico negro. Esta hermenêutica possui duas dimensões relacionadas — ela é tanto uma hermenêutica da suspeita como uma hermenêutica da memória. Juntas, elas têm alimentado uma crítica redentora.

No período posterior à escravidão, a memória da experiência escrava é evocada em si mesma e utilizada como um instrumento adicional, suplementar, com o qual construir uma interpretação distinta da modernidade. Quer essas memórias invoquem ou não a lembrança de um terror que ultrapassa a apreensão do discurso ideal, gramatical, elas apontam no presente para uma transformação utópica da subordinação racial. Precisamos indagar então se uma definição da racionalidade moderna como a empregada por Habermas deixa margem para um momento liberador, estético, que seja empaticamente anti ou mesmo pró-dis-

---

[87] W. E. B. Du Bois, *Black Reconstruction in America*. Nova York: Atheneum, 1977, p. 703.

cursivo. Em outras palavras, no texto a seguir, a crítica da ideologia burguesa e a realização do projeto iluminista sob a bandeira da emancipação da classe trabalhadora, que caminha de mãos dadas com ela, está sendo complementada por outra luta — a batalha para representar uma crítica redentora do presente à luz das memórias vitais do passado escravo. Esta crítica apenas em parte é construída dentro das estruturas normativas fornecidas pela modernidade em si mesma. Podemos perceber isso pelo modo como ela mobiliza uma ideia do remoto passado escravo, muitas vezes na forma de uma preocupação com a história e a cultura egípcia, e a utiliza para ancorar suas avaliações dissidentes sobre as realizações da modernidade.

# 3.
# "JOIAS TRAZIDAS DA SERVIDÃO":
# MÚSICA NEGRA E A
# POLÍTICA DA AUTENTICIDADE

"Minha nacionalidade é a realidade."

*Kool G Rap*

"Desde a metade do século XIX a música de um país tem se tornado uma ideologia política por enfatizar características nacionais, manifestando-se como representante da nação e por toda parte confirmando o princípio nacional... No entanto, a música, mais do que qualquer outro meio artístico, expressa também as antinomias do princípio nacional."

*T. W. Adorno*

"Ó bardos negros e desconhecidos de tempos atrás,
Como seus lábios vieram a tocar o fogo sagrado?
Como, em sua escuridão, vieram a conhecer
O poder e a beleza da lira do menestrel?
Quem, em meio aos seus grilhões, primeiro ergueu seus olhos?
Quem, de dentro do relógio parado, solitário e demorado,
Sentindo a antiga fé dos profetas se elevar
Dentro de sua alma mantida em trevas, explodiu em canção?

O coração de qual escravo verteu uma melodia
Como 'Roubado para Jesus'? Em sua labuta
Seu espírito deve ter flutuado noturno e livre,
Embora ainda em suas mãos ele sentisse suas cadeias.
Quem ouviu o grande 'Jordan Roll'? De quem o olho estelar
Que viu a carruagem 'oscilar leve'? E quem era ele
Que exalou aquele confortador suspiro melódico,
'Ninguém conhece o problema que eu vejo'?"

*James Weldon Johnson*

Os debates contemporâneos sobre a modernidade e seu possível eclipse, citados no capítulo anterior, têm em grande medida ignorado a música. Isto é estranho, considerando que a moderna diferenciação entre o verdadeiro, o bom e o belo foi transmitida diretamente na transformação do uso público da cultura em geral e na maior importância pública de todos os gêneros de música.[1] Sugeri que as críticas da modernidade articuladas por sucessivas gerações de intelectuais negros tinham seus sistemas rizomórficos de propagação ancorados em uma proximidade constante com os terrores indizíveis da experiência escrava. Argumentei que essa crítica era alimentada por um sentido profundo de cumplicidade entre o terror racial e a razão. A ambivalência resultante em relação à modernidade tem constituído parte dos fatores mais distintos que moldam a cultura política do Atlântico negro. Desenvolveremos a seguir esta discussão em um sentido ligeiramente diferente, explorando algumas das maneiras pelas quais a proximidade dos terrores inefáveis da escravidão foi mantida viva — cuidadosamente cultivada — em formas ritualizadas, sociais. Este capítulo inicia uma guinada que será mais desenvolvida no capítulo 4, onde meu interesse pelas respostas negras à modernidade começa a ser complementado por um interesse no desenvolvimento dos modernismos negros.

A questão do terror racial sempre permanece em pauta quando esses modernismos são discutidos, pois a proximidade imaginativa do terror é experiência inaugural desses modernismos. Seu foco é um tanto refinado na passagem da sociedade escrava para a era do imperialismo. Embora fossem indizíveis, esses terrores não eram inexprimíveis, e meu principal objetivo aqui é explorar como os traços residuais de sua expressão necessariamente dolorosa ainda contribuem para memórias históricas inscritas e incorporadas no cerne volátil da criação cultural afro-atlântica. Pen-

---

[1] Andrew Bowie, *Aesthetics and Subjectivity*. Manchester: Manchester University Press, 1990, p. 68.

sar no objetivo básico deste capítulo — a música negra — exige esta reorientação para o fático e o inefável.

Através de uma discussão da música e das relações sociais que a acompanham, desejo esclarecer alguns dos atributos distintivos das formas culturais negras que são, a um só tempo, modernas e modernistas. São modernas porque têm sido marcadas por suas origens híbridas e crioulas no Ocidente; porque têm se empenhado em fugir ao seu *status* de mercadorias e da posição determinada pelo mesmo no interior das indústrias culturais; e porque são produzidas por artistas cujo entendimento de sua própria posição em relação ao grupo racial e do papel da arte na mediação entre a criatividade individual e a dinâmica social é moldado por um sentido da prática artística como um domínio autônomo, relutante ou voluntariamente divorciado da experiência da vida cotidiana.

Essas formas culturais expressivas são, portanto, ocidentais e modernas; mas isto não é tudo o que elas são. Desejo sugerir que, um tanto como a crítica filosófica examinada no capítulo 2, seu poder especial deriva de uma duplicidade, de sua localização instável simultaneamente dentro e fora das convenções, premissas e regras estéticas que distinguem e periodizam a modernidade. Essas formas musicais e os diálogos interculturais para os quais elas contribuem são uma refutação dinâmica das sugestões hegelianas de que o pensamento e a reflexão superaram a arte e que a arte é oposta à filosofia como forma mais inferior, meramente sensual de reconciliação entre a natureza e a realidade finita.[2] A teimosa modernidade dessas formas musicais negras exigiria uma reordenação da hierarquia moderna de Hegel em relação às realizações culturais. Esta outra hierarquia poderia afirmar, por exemplo, que a música deve desfrutar de *status* superior, em função de sua capacidade de expressar uma imagem direta da vontade dos escravos.

---

[2] Essas visões são repetidas pela insistência de Richard Wright no blues como meramente a sensualização do sofrimento.

A antimodernidade dessas formas, como sua anterioridade, manifesta-se na (más)cara de uma pré-modernidade que é ativamente reimaginada no presente e também transmitida intermitentemente em pulsos eloquentes oriundos do passado. Ela busca não apenas mudar a relação dessas formas culturais com a filosofia e a ciência recentemente autônomas, mas, também, rejeitar as categorias sobre as quais se baseia a avaliação relativa desses domínios separados e, com isso, transformar a relação entre a produção e o uso da arte, o mundo cotidiano e o projeto de emancipação racial.

O *topos* de indizibilidade produzido a partir das experiências dos escravos com o terror racial e reiteradamente representado em avaliações feitas no século XIX sobre a música escrava tem outras importantes implicações. Ele pode ser utilizado para contestar as concepções privilegiadas tanto da língua como da literatura enquanto formas dominantes de consciência humana. O poder e significado da música no âmbito do Atlântico negro têm crescido em proporção inversa ao limitado poder expressivo da língua. É importante lembrar que o acesso dos escravos à alfabetização era frequentemente negado sob pena de morte e apenas poucas oportunidades culturais eram oferecidas como sucedâneo para outras formas de autonomia individual negadas pela vida nas fazendas e nas senzalas. A música se torna vital no momento em que a indeterminação/polifonia linguística e semântica surgem em meio à prolongada batalha entre senhores e escravos. Esse conflito decididamente moderno foi resultado de circunstâncias em que a língua perdeu parte de seu referencial e de sua relação privilegiada com os conceitos.[3] Em sua narrativa, Frederick Douglass levantou essa

---

[3] "O limiar entre o classicismo e a modernidade [...] havia sido definitivamente atravessado quando as palavras cessaram de se entrecruzar com representações e de fornecer uma grade espontânea para o conhecimento das coisas." Michel Foucault, *The Order of Things*. Londres: Tavistock, 1974, p. 304 [ed. brasileira: *As palavras e as coisas*. São Paulo: Martins Fontes: 1995].

questão ao discutir Gore, o feitor que ilustra a relação entre o racionalismo do sistema escravo e seu terror e brutalidade:

> O Sr. Gore era um homem sisudo e, embora jovem, não se permitia nenhuma piada, não dizia palavras engraçadas e raramente sorria. Suas palavras estavam em perfeita harmonia com suas feições, e suas feições estavam em perfeita harmonia com suas palavras. Os feitores, por vezes, se permitiam algum dito espirituoso, mesmo com os escravos; não era este o caso do Sr. Gore. Ele falava apenas para comandar e comandava apenas para ser obedecido; ele lidava parcimoniosamente com as palavras e prolificamente com seu chicote, jamais usando as primeiras onde o último também funcionaria... Sua brutalidade selvagem era comparável apenas à absoluta frieza com que cometia as mais rudes e selvagens ações sobre os escravos sob sua responsabilidade.[4]

Examinar o lugar da música no mundo do Atlântico negro significa observar a autocompreensão articulada pelos músicos que a têm produzido, o uso simbólico que lhe é dado por outros artistas e escritores negros e as relações sociais que têm produzido e reproduzido a cultura expressiva única, na qual a música constitui um elemento central e mesmo fundamental. Desejo propor que o compartilhamento das formas culturais negras pós-escravidão seja abordado por meio de questões relacionadas que convergem na análise da música negra e das relações sociais que a sustentam. Um procedimento particularmente valioso para isso é fornecido pelos padrões distintivos do uso da língua, que caracterizam as populações contrastantes da diáspora africana moderna e ocidental.[5]

---

[4] Frederick Douglass, *Narrative of the Life of Frederick Douglass, an American Slave, Written by Himself*. Cambridge, Massachusetts: Harvard University Press, 1960, p. 46.

[5] St. Clair Drake, *Black Folks Here and There*, Afro-American Culture

O caráter oral das situações culturais nas quais se desenvolve a música da diáspora pressupõe uma relação distintiva com o corpo — uma ideia manifestada com a dose certa de impaciência por Glissant:

> Não é nada novo declarar que para nós a música, o gesto e a dança são formas de comunicação, com a mesma importância que o dom do discurso. Foi assim que inicialmente conseguimos emergir da *plantation*: a forma estética em nossas culturas deve ser moldada a partir dessas estruturas orais.[6]

A expressão corporal distintiva das populações pós-escravas foi resultado dessas brutais condições históricas. Embora mais usualmente cultivada pela análise dos esportes, do atletismo e da dança, ela deveria contribuir diretamente para o entendimento das tradições de performance que continuam a caracterizar a produção e a recepção da música da diáspora. Essa orientação para a dinâmica específica da performance possui um significado mais amplo na análise das formas culturais negras do que até agora se supôs. Sua força é evidente quando comparada com abordagens da cultura negra que têm sido baseadas exclusivamente na textualidade e na narrativa e não na dramaturgia, na enunciação e no gestual — os ingredientes pré e antidiscursivos da metacomunicação negra.

Cada uma dessas áreas merecem tratamento detalhado por si mesma.[7] Todas elas são configuradas por suas origens comple-

---

and Society Monograph Series n° 7. Los Angeles: University of California, 1987.

[6] Edouard Glissant, *Caribbean Discourse*, tradução de J. Michael Dash (Charlottesville: University of Virginia Press, 1989), p. 248; John Baugh, *Black Street Speech* (Austin: University of Texas Press, 1983).

[7] Robert Farris Thompson, *Flash of the Spirit* (Nova York: Vantage Press, 1983) e "Kongo Influences on African-American Artistic Culture", em

xas e múltiplas na mistura de formas culturais africanas e outras às vezes referidas como crioulização. Entretanto, minha principal preocupação neste capítulo é menos com os atributos formais dessas culturas expressivas sincréticas do que com os problemas de como podem ser formulados os julgamentos críticos, avaliativos, axiológicos e (anti)estéticos a seu respeito e com o lugar da etnia e da autenticidade no interior desses julgamentos. Que problemas analíticos especiais surgem se um estilo, gênero ou desempenho particular de música são identificados como expressivos da essência absoluta do grupo que os produziu? Que contradições surgem na transmissão e na adaptação dessa expressão cultural por outras populações da diáspora, e como serão resolvidas? Como o deslocamento hemisférico e a disseminação mundial da música negra se refletiram em tradições localizadas de literatura crítica e, considerando que a música é percebida como fenômeno mundial, que valor é atribuído a suas origens, particularmente se elas entram em oposição a mutações adicionais, produzidas durante seus ciclos contingentes e suas trajetórias fractais? Onde a música é pensada como emblemática e constitutiva da diferença racial em lugar de apenas associada a esta, como a música é utilizada para especificar questões gerais pertinentes ao problema da autenticidade racial e à consequente autoidentidade do grupo étnico? Pensar sobre música — uma forma não figurativa, não conceitual — evoca aspectos de subjetividade corporificada que não são redutíveis ao cognitivo e ao ético. Essas questões também são úteis na tentativa de situar com precisão os componentes estéticos distintos na comunicação negra.

As tradições inventadas de expressão musical, que constituem aqui meu objeto, são igualmente importantes no estudo dos negros da diáspora e da modernidade porque elas têm apoiado a formação de uma casta distinta, muitas vezes sacerdotal, de inte-

---

J. E. Holloway (org.), *Africanisms in American Culture* (Bloomington e Indianápolis: Indiana University Press, 1990).

lectuais orgânicos[8] cujas experiências nos permitem focalizar com particular clareza a crise da modernidade e dos valores modernos. Essas pessoas geralmente têm sido intelectuais no sentido gramsciano, operando sem os benefícios que fluem ora de uma relação com o estado moderno, ora de posições institucionais seguras no interior das indústrias culturais. Elas têm procurado papéis que escapam à classificação como prática de legisladores ou intérpretes e, em lugar disso, têm se apresentado como guardiães temporários de uma sensibilidade cultural distinta e entrincheirada que também tem operado como um recurso político e filosófico. Os ritmos irreprimíveis do tambor, outrora proibido, muitas vezes ainda são audíveis em seu trabalho. Suas síncopes características ainda animam os desejos básicos — serem livres e serem eles mesmos — revelados nesta conjunção única de corpo e música da contracultura. A música, o dom relutante que supostamente compensava os escravos, não só por seu exílio dos legados ambíguos da razão prática, mas também por sua total exclusão da sociedade política moderna, tem sido refinada e desenvolvida de sorte que ela propicia um modo melhorado de comunicação para além do insignificante poder das palavras — faladas ou escritas.

Paradoxalmente, à luz de suas origens nas relações sociais mais modernas ao final do século XVIII, as premissas estéticas etnocêntricas da modernidade consignaram essas criações musicais a uma noção do primitivo que era intrínseca à consolidação do racismo científico. Os criadores dessa subcultura e desse contrapoder embebidos em música talvez sejam mais acuradamente descritos como "parteiras", uma designação apropriada se seguirmos as provocativas sugestões de Julia Kristeva para a "feminização" das bases éticas a partir das quais é possível a ação política dissidente.[9] Eles defendem seu espaço no eixo social construído

---

[8] bell hooks e Cornel West, *Breaking Bread*. Boston: South End Press, 1991.

[9] Também podemos seguir Kristeva na ideia de que a condição de exí-

entre uma natureza atávica e a cultura racional. Desejo endossar a sugestão de que esses subversivos músicos e usuários de música representam um tipo diferente de intelectual, principalmente porque sua autoidentidade e sua prática da política cultural permanecem fora desta dialética entre devoção e culpa que, particularmente entre os oprimidos, tantas vezes tem governado a relação entre a elite literária e as massas da população existentes fora das letras. Também desejo indagar se, para a teoria cultural negra, abraçar ou mesmo aceitar essa relação mediada, tática, com o não representável, o pré-racional e o sublime seria beber de um cálice envenenado. Essas questões se tornaram politicamente decisivas, uma vez que essas formas culturais têm colonizado os interstícios da indústria cultural em nome não apenas dos povos do Atlântico negro, mas também dos pobres, explorados e reprimidos de toda parte.

O debate corrente sobre a modernidade ora gira em torno das relações problemáticas entre política e estética, ora em torno da questão da ciência e de sua associação com a prática da dominação.[10] Poucos desses debates operam na interface da ciência e da estética, que é o ponto de partida necessário da expressão cultural negra contemporânea e da tecnologia digital de sua disseminação e reprodução social. Esses debates em torno da modernidade convencionalmente definem a instância política da totalidade social moderna por meio de uma frouxa invocação das realizações da democracia burguesa. A noção distinta de estético, em relação à qual esse domínio político autossustentador é então avaliado, é elaborada pela ideia e ideologia do texto e da

---

lio que particalmente define a experiência desses artistas também constitui sua experiência de dissidência. "A New Type of Intellectual: The Dissident", em Toril Moi (org.), *The Kristeva Reader*. Oxford: Basil Blackwell, 1986.

[10] Robert Proctor, *Value-Free Science? Purity and Power in Modern Knowledge* (Cambridge, Massachusetts: Harvard University Press, 1991); Donna Haraway, "Manifesto For Cyborgs", em Linda Nicholson (ed.) *Feminism/Postmodernism* (Nova York e Londres: Routledge, 1990).

textualidade, como um estilo de prática comunicativa que fornece um modelo para todas as demais formas de troca cognitiva e interação social. Instados pelas críticas pós-estruturalistas sobre a metafísica da presença, os debates contemporâneos têm ido além da citação da língua como analogia fundamental para compreender todas as práticas significantes, em direção a uma posição em que a textualidade (particularmente quando ampliada pelo conceito de diferença) se expande e se funde com a totalidade. Prestar uma cuidadosa atenção às estruturas de sentimento que embasam as culturas expressivas negras pode evidenciar como essa crítica é incompleta. Ela fica bloqueada por esta invocação da textualidade que a tudo engloba. A textualidade se torna um meio de esvaziar o problema da ação humana, um meio de especificar a morte (por fragmentação) do sujeito e, na mesma manobra, entronizar o crítico literário como senhor do domínio da comunicação humana criativa.

Correndo o risco de parecer um tanto esotérico, desejo sugerir que a história e a prática da música negra apontam para outras possibilidades e geram outros modelos plausíveis. Vale a pena reconstruir essa história negligenciada, quer ela forneça ou não indicadores para outros processos culturais mais gerais. Entretanto, desejo sugerir que a democracia burguesa, no disfarce metropolitano refinado, no qual ela surgiu na alvorada da esfera pública, não deve servir como tipo ideal para todos os processos políticos modernos. Em segundo lugar, desejo desviar a preocupação com as questões relativas à beleza, gosto e julgamento artístico para que a discussão não fique circunscrita à ideia de textualidade desenfreada e invasora. Trazer a história da música negra para o primeiro plano encoraja essas duas propostas. Isto exige também um registro diferente de conceitos analíticos. Essa demanda é ampliada pela necessidade de dar sentido às performances musicais nas quais a identidade é elusivamente experienciada das maneiras mais intensas, e às vezes reproduzida por meio de estilos negligenciados de prática significante como a mímica, gestos, expressão corporal e vestuário. A antifonia (chamado e resposta) é a principal característica formal dessas tradições musicais. Ela passou a ser vista como uma ponte para outros modos de expressão cultural, fornecendo, juntamente com a improvisação, montagem e dramaturgia, as chaves hermenêuticas para o sortimento completo de práticas artísticas negras. Toni Morrison afirma de modo eloquente sua visão desta importante relação:

> Os negros americanos eram sustentados, curados e nutridos pela tradução de sua experiência em arte, sobretudo na música. Isso era funcional... Meu paralelo é sempre a música porque todas as estratégias da arte estão aí presentes. Toda a complexidade, toda a disciplina. Todo o trabalho deve passar por improvisação de modo a parecer que você jamais tocou nele. A música deixa a gente faminta por mais. Ela nunca nos dá o conjunto todo. Ela bate e abraça, bate e abraça. A literatura deveria fazer o mesmo. Tenho sido muito enfática a esse respeito. O poder da palavra não é música, mas em termos de estética, a música é o espelho que me dá a clareza necessária... As maiores coisas que a arte negra tem a fazer são estas: ela deve possuir a habilidade para usar objetos à mão, a aparência de utilizar coisas disponíveis e deve parecer espontânea. Deve parecer tranquila e fácil. Se ela fizer você suar é que algo não está certo. Você não deveria poder ver as emendas e costuras. Sempre quis desenvolver uma maneira de escrever que fosse irreversivelmente negra. Não tenho os recursos de um músico, mas eu achava que se fosse realmente literatura negra ela não seria negra porque eu era, nem mesmo seria negra por causa de seu tema. Ela seria algo intrínseco, inato, algo na maneira como era organizada — as sentenças, a estrutura, a textura e o tom — de sorte que ninguém que a lesse perceberia. Utilizo a analogia da música porque você pode viajar pelo mundo inteiro e ela ainda é negra... Eu não a imito, mas sou informada por ela. Às vezes eu escuto blues, outras vezes *spirituals* ou jazz e me aproprio dela. Tenho tentado recons-

truir sua textura em meu texto — certos tipos de repetição — sua profunda simplicidade... O que já aconteceu com a música nos Estados Unidos, a literatura fará um dia, e quando isso acontecer estará tudo terminado.[11]

Os diálogos intensos e muitas vezes amargos que acionam o movimento das artes negras oferecem um pequeno lembrete de que há um momento democrático, comunitário, sacralizado no uso de antífonas\* que simboliza e antecipa (mas não garante) relações sociais novas, de não dominação. As fronteiras entre o eu e o outro são borradas, e formas especiais de prazer são criadas em decorrência dos encontros e das conversas que são estabelecidos entre um eu racial fraturado, incompleto e inacabado e os outros. A antífona é a estrutura que abriga esses encontros essenciais. A famosa observação de Ralph Ellison sobre a dinâmica interna da produção de jazz utiliza a arte visual como sua analogia central, mas ela pode ser estendida para além do contexto específico ao qual visava esclarecer:

> Existe nisto uma contradição cruel implícita na própria forma de arte. Pois o verdadeiro jazz é uma arte de afirmação individual no interior e contra o grupo. Cada momento de jazz verdadeiro... brota de uma disputa na qual o artista desafia todo o resto; cada voo solo, ou improvisação, representa (como as telas de um pintor) uma definição de sua identidade: como indivíduo, como membro da coletividade e como elo na cadeia da tradição. Dessa forma, porque o jazz encontra sua própria vida na improvisação sobre materiais

---

[11] Paul Gilroy, "Living Memory: An Interview with Toni Morrison", em Paul Gilroy, *Small Acts*. Londres: Serpent's Tail, 1993, pp. 175-82.

\* Do grego *antíphona*, "som em resposta". Termo que deu origem à palavra *anthem* (na Inglaterra do século XVI), versículo cantado antes e depois do Salmo, com respostas do coro, dividido em dois. (N. do R.)

tradicionais, o jazzista deve perder sua identidade mesmo quando a encontra...[12]

Esta citação oferece um lembrete de que, além da música e dos próprios músicos, devemos também levar em conta o trabalho daqueles que, no interior da cultura expressiva do Atlântico negro, tentaram utilizar sua música como um marco estético, político ou filosófico na produção do que se poderia livremente chamar def suas teorias sociais críticas. Aqui é necessário considerar o trabalho e uma multidão inteira de figuras exemplares: ex-escravos, pregadores, estudiosos e escritores autodidatas, bem como um pequeno número de profissionais e a reduzida minoria que conseguiu adquirir algum tipo de posição acadêmica em sistemas educacionais essencialmente segregacionistas ou que aproveitou oportunidades na Libéria, no Haiti e outros estados independentes. Esta companhia se espalha em linhas de descendência descontínuas, transversais, que se estendem para fora através do Atlântico, de Phyllis Wheatley em diante. Seu melhor traço é uma tradição anti-hierárquica de pensamento que provavelmente culmina na ideia de C. L. R. James de que as pessoas comuns não necessitam de uma vanguarda intelectual para ajudá-las a falar ou para dizer a elas o que dizer.[13] Repetidamente, dentro dessa cultura expressiva, são os músicos que são apresentados como símbolos vivos do valor da espontaneidade.[14] Muitas vezes isso não é nada mais do que uma questão de estilo.

---

[12] Ralph Ellison, *Shadow and Act*. Nova York: Random House, 1964, p. 234.

[13] C. L. R. James, *Notes on Dialectics*. Londres: Allison Busby, 1980.

[14] C. L. R. James, "The Mighty Sparrow", em *The Future in the Present* (Londres: Allison and Busby, 1978); Kathy Ogren, "'Jazz Isn't Just Me': Jazz Autobiographies as Performance Personas", em Reginald T. Buckner *et al.* (orgs.), *Jazz in Mind: Essays on the History and Meanings of Jazz* (Detroit: Wayne State University Press, 1991).

Deixando de lado os trabalhos básicos de reconstrução e periodização arqueológica, trabalhar nas formas contemporâneas da cultura expressiva negra envolve empenhar-se em um problema em particular. É o enigma de qual *status* analítico deve ser atribuído à variação no interior das comunidades negras e entre as culturas negras reveladas por seus hábitos musicais. As tensões produzidas por tentativas de comparar ou avaliar formações culturais negras divergentes podem ser resumidas na seguinte questão: como devemos pensar criticamente os produtos artísticos e os códigos estéticos que, embora possam ser rastreados até um local distinto, têm sido alterados seja pela passagem do tempo ou por seu deslocamento, reterritorialização ou disseminação por redes de comunicação e troca cultural? Esta pergunta serve como receptáculo para várias outras questões ainda mais incômodas. Elas incluem a unidade e a diferenciação do eu negro criativo, a questão embaraçosa da particularidade negra e o papel da expressão cultural em sua formação e reprodução. Esses problemas são especialmente agudos porque os pensadores negros não têm conseguido apelar para as narrativas oficiais da psicanálise como meio de fundamentar as aspirações interculturais de suas teorias. Com algumas nobres exceções, as explicações críticas da dinâmica da subordinação e da resistência negra têm sido obstinadamente monoculturais, nacionais e etnocêntricas. Isso empobrece a história cultural negra moderna, pois as estruturas transnacionais que trouxeram à existência o mundo do Atlântico negro também se desenvolveram e agora articulam suas múltiplas formas em um sistema de comunicações globais constituído por fluxos. Este deslocamento fundamental da cultura negra é particularmente importante na história recente da música negra que, produzida a partir da escravidão racial que possibilitou a moderna civilização ocidental, agora domina suas culturas populares.

 Em face da manifesta diferenciação e proliferação de estilos e gêneros culturais negros, uma nova ortodoxia analítica começou a desenvolver-se. Em nome do antiessencialismo e rigor teórico, ela sugere que uma vez que a particularidade negra é construída social e historicamente e a pluralidade se tornou inelutável, a busca de qualquer estrutura dinâmica unificadora ou subjacente de sentimento nas culturas negras contemporâneas está extremamente mal colocada. A tentativa de situar as práticas e os motivos culturais ou as agendas políticas que poderiam conectar entre si os negros dispersos e divididos do Novo Mundo e da Europa é desconsiderada como essencialismo ou idealismo ou ambos.[15]

A posição alternativa esboçada no restante deste capítulo oferece uma tentativa de refutação desta ortodoxia, que considero prematura ao rejeitar a questão da teorização da identidade negra. Sugiro que a ponderação das similaridades e diferenças entre as culturas negras continua a ser uma preocupação urgente. Esta resposta recorre de modo crucial ao conceito de diáspora,[16] que será discutido em mais detalhes no capítulo 6. Para os objetivos presentes, desejo declarar que a diáspora ainda é indispensável no enfoque da dinâmica política e ética da história inacabada dos negros no mundo moderno. Os perigos do idealismo e do retorno a um passado idílico associados a este conceito devem estar óbvios a esta altura, mas o mínimo que ele oferece é um meio heurístico de enfocar a relação entre identidade e não identidade na cultura política negra. Ele também pode ser empregado para projetar a riqueza plural das culturas negras em diferentes partes do mundo em contraponto a suas sensibilidades comuns — tanto aquelas residualmente herdadas da África como as geradas a partir da amargura especial da escravidão racial do Novo Mundo. Não é uma questão fácil. A proposição de que as culturas pós-escravas do mundo Atlântico estão de modo significativo associa-

---

[15] Kobena Mercer, "Black Art and the Burden of Representation", *Third Text* 10, primavera de 1990, e "Looking for Trouble", *Transition* 51, 1991.

[16] Este conceito é sugestivamente explorado por Glissant em *Caribbean Discourse* e por St. Clair Drake em seu estudo em dois volumes *Black Folk Here and There* (1987 e 1990).

das entre si e com as culturas africanas, a partir das quais parcialmente derivam, tem sido permanentemente uma questão de grande controvérsia, capaz de gerar emoções intensas que ultrapassam em muito a contemplação escolástica imparcial. A situação é complicada ainda mais pelo fato de que as frágeis correspondências psicológicas, emocionais e culturais que conectam as populações da diáspora a despeito de suas diferenças manifestas são geralmente apreendidas apenas de modo efêmero e em sentidos que persistem em confundir os protocolos da ortodoxia acadêmica. Existe, contudo, um grande corpo de obras que justifica a proposição de que é possível identificar algumas filiações culturais, religiosas e linguísticas, ainda que seu significado político contemporâneo continue discutível. Existem também indicações válidas, ainda que subutilizadas, a serem encontradas na obra de pensadores políticos feministas, críticos culturais e filósofos que têm formulado concepções estimulantes sobre relação entre identidade e diferença no contexto de fazer avançar os projetos políticos de emancipação feminina.[17]

REINO UNIDO NEGRO

A questão da identidade e não identidade das culturas negras tem adquirido um significado histórico e político especial no Reino Unido. A colonização negra naquele país remonta a muitos séculos, e a afirmação de sua continuidade tornou-se parte importante da política que se empenha em responder ao racismo britânico contemporâneo. Entretanto, a massa das comunidades ne-

---

[17] Judith Butler, *Gender Trouble* (Nova York e Londres: Routledge, 1990); Jane Flax, *Thinking Fragments* (Berkeley e Oxford: University of California Press, 1990); E. Spelman, *Inessential Woman* (Boston: Beacon Press, 1988); Sandra Harding, "The Instability of Analytical Categories in Feminist Theory" em S. Harding e J. O'Barr (orgs.), *Sex and Scientific Enquiry* (Chicago: University of Chicago Press, 1988).

gras de hoje é de origem relativamente recente, datando apenas do período pós-Segunda Guerra Mundial. Se essas populações estão de algum modo unificadas, é mais pela experiência da migração do que pela memória da escravidão e pelos resíduos da sociedade de *plantation*. Até recentemente, essa mesma novidade e falta de enraizamento nas culturas "nativas" dos redutos urbanos [*inner cities*] do Reino Unido condicionava a formação de subculturas raciais que eram bastante influenciadas por uma espécie de "matéria-prima" vinda do Caribe e da América negra. Isso era verdadeiro mesmo onde essas subculturas também contribuíam para o equilíbrio instável de relações antagônicas de classe nas quais os colonos negros do Reino Unido se viam inseridos como trabalhadores migrantes racialmente subordinados mas também como colonos negros da classe trabalhadora.

As músicas do mundo atlântico negro foram as expressões primárias da distinção cultural que esta população capturava e adaptava a suas novas circunstâncias. Ela utilizava as tradições separadas mas convergentes do mundo atlântico negro, se não para criar a si mesma de novo como conglomerado de comunidades negras, como meio para avaliar o progresso social acusado pela autocriação espontânea sedimentada pelas intermináveis pressões conjuntas da exploração econômica, do racismo político, do deslocamento e do exílio. Essa herança musical gradualmente se tornou um importante fator facilitador da transição de colonos diversos a um modo distinto de negritude vivida. Ela foi fundamental na produção de uma constelação de posições temáticas que era francamente devedora, para suas condições de possibilidade, do Caribe, dos Estados Unidos e mesmo da África. Também foi indelevelmente marcada pelas condições britânicas nas quais cresceu e amadureceu.

É essencial considerar que esse tipo de processo não se restringiu aos colonos de descendência afro-caribenha. Ao reinventar sua própria etnia, parte dos colonos asiáticos do Reino Unido também tomou emprestada a cultura do sistema sonoro do Caribe e os estilos *soul* e *hip-hop* da América negra, bem como técnicas como mixagem, *scratching* e *sampling* como parte de sua invenção de um novo modo de produção cultural que servisse à produção de uma identidade.[18] A popularidade das tentativas de Apache Indian[19] e de Bally Sagoo[20] de fundir a música e a língua Punjabi com o reggae e o estilo *raggamuffin* levantou debates sobre a autenticidade dessas formas culturais híbridas em um grau sem precedentes. A experiência dos migrantes caribenhos para o Reino Unido fornece exemplos adicionais da complexa troca cultural e das maneiras pelas quais uma cultura conscientemente sintética pode sustentar algumas identidades políticas igualmente novas. As histórias culturais e políticas da Guiana, Jamaica, de Barbados, Granada, Trinidad e Santa Lúcia, assim como as forças econômicas em ação na geração de suas respectivas migrações para a Europa, são largamente díspares. Mesmo se fosse possível, para não dizer desejável, sua síntese em uma única cultura britânica negra, esta jamais teria sido garantida apenas pelo efeito do racismo. Dessa forma, o papel dos significados externos em torno da negritude, extraídos em particular da América negra, tornou-se importante na elaboração de uma cultura conectiva que atraiu esses diferentes grupos "nacionais" a se juntarem em um novo padrão, que não era etnicamente marcado do modo como haviam sido suas heranças culturais caribenhas. O reggae, uma categoria supostamente estável e autêntica, fornece aqui um exemplo útil. Uma vez que suas próprias origens híbridas no *rhythm*

---

[18] Esses processos foram examinados no filme de Gurinder Chudha, *I'm British But* (British Film Institute, 1988).

[19] Sobre o Apache Indian, ver John Masouri, "Wild Apache", *Echoes*, 1º de fevereiro de 1992, p. 11; Laura Connelly, "Big Bhangra Theory", *Time Out*, 19-26 de fevereiro de 1992, p. 18; e Vaughan Allen, "Bhangramuflïn", *The Face* 44, maio de 1992, pp. 104-7.

[20] Por exemplo, Malkit Singh, *Golden Star (U.K.)*, "Ragga Muffin Mix 1991", remixado por Bally Sagoo, Star Cassette SC 5120. Agradeço a Chila Kumari Burman por esta referência.

*and blues* foram efetivamente ocultas,[21] ele deixou de significar, no Reino Unido, um estilo jamaicano exclusivamente étnico, e derivou para um tipo diferente de legitimação cultural tanto a partir de um novo *status* global como de sua expressão do que poderia ser chamado cultura pan-caribenha.

O estilo, a retórica e a autoridade moral do movimento dos direitos civis e do Poder Negro sofreram destinos similares. Eles também foram desvinculados de seus marcadores étnicos originais e de suas origens históricas, exportados e adaptados, com evidente respeito mas pouco sentimentalismo, às necessidades locais e climas políticos. Surgindo na Grã-Bretanha a partir de um sistema circulatório que atribuía um lugar central às músicas que informavam e ao mesmo tempo registravam lutas negras em outros locais, foram rearticulados em condições distintamente europeias. Como foi possível a apropriação dessas formas, estilos e histórias de luta em tão grande distância física e social é, por si só, uma questão interessante para os historiadores culturais. Ela foi facilitada por um fundo comum de experiências urbanas, pelo efeito de formas similares — mas de modo algum idênticas — de segregação racial, bem como pela memória da escravidão, um legado de africanismos e um estoque de experiências religiosas definidas por ambos. Deslocadas de suas condições originais de existência, as trilhas sonoras dessa irradiação cultural africano-americana alimentaram uma nova metafísica da negritude elaborada e instituída na Europa e em outros lugares dentro dos espaços clandestinos, alternativos e públicos constituídos em torno de uma cultura expressiva que era dominada pela música.

A linguagem inevitavelmente política da cidadania, justiça racial e igualdade foi um dos diversos discursos que contribuí-

---

[21] Estou pensando aqui no modo pelo qual os experimentos de funk de rua [*street funk*] do grupo War, de Los Angeles, facilitaram o caminho para os experimentos reggae modernistas. Toque "Slippin' into Darkness" do War em seguida a "Get Up Stand Up" do Wailers e você verá o que eu quero dizer.

ram para essa transferência de formas culturais e políticas e de estruturas de sentimento. O comentário sobre a relação do trabalho com o lazer e as respectivas formas de liberdade com que esses mundos opostos passaram a se identificar forneceu um segundo princípio de ligação. Uma espécie de historicismo popular, que estimulou um fascínio especial pela história e o significado de sua recuperação por aqueles que têm sido expulsos dos dramas oficiais da civilização foi um terceiro componente aqui. A representação da sexualidade e da identidade de gênero, em particular a projeção pública ritual da relação antagônica entre mulheres negras e homens negros em sentidos que suscitavam formas de identificação fortes o bastante para operarem atravessando a fronteira da cor, foi o quarto elemento dentro dessa formação cultural e filosófica vernacular disseminada pelas músicas do mundo atlântico negro.

A representação conflituosa da sexualidade tem rivalizado com o discurso da emancipação racial na constituição do núcleo central das culturas expressivas negras. Estratégias retóricas comuns desenvolvidas através do mesmo repertório de procedimentos enunciativos têm ajudado esses discursos a se tornarem interligados. Sua associação foi essencial, por exemplo, na secularização massiva que produziu o *soul* a partir do *rhythm and blues* e persiste hoje. Ela pode ser facilmente observada no conflito acirrado em torno do tom misógino e da tencência masculinista do *hip-hop*. A cultura *hip-hop* recentemente forneceu a matéria-prima para uma disputa acirrada entre a expressão vernacular negra e a censura repressiva do trabalho artístico. Isto tem lançado alguns comentaristas negros em um dilema que eles têm resolvido invocando a retórica do inclusivismo cultural e puxando o manto tranquilizador da etnia absoluta para mais perto ainda de seus ombros ansiosos. A ilustração recente mais significativa disto é fornecida pelas questões complexas derivadas do processo por obscenidade do 2 Live Crew, um grupo de rap sediado na Flórida, liderado por Luther Cambell, um americano negro de origem jamaicana e mentalidade comercial. Este episódio não é notável porque as formas de misoginia que chamaram a atenção da polícia e dos promotores distritais eram novas.[22] Seu significado reside no fato de que foi a ocasião para uma importante intervenção pública por parte do mais conhecido acadêmico e crítico cultural da América negra, Henry Louis Gates Jr.[23] Gates fez mais do que simplesmente afirmar o estatuto artístico desse produto *hip-hop* específico, argumentando de modo totalmente convincente que o material do Crew era uma manifestação de tradições culturais distintamente negras, que operavam por códigos satíricos específicos, no qual a misoginia de um homem se torna paródia de outro homem. Rakim, o mais talentoso poeta rap dos anos 1980, tinha um ponto de vista muito diferente sobre a autenticidade da produção do 2 Live Crew.

> Isto [a situação do 2 Live Crew] não é problema meu. Algumas pessoas podem achar que é problema nosso porque o rap é uma grande família feliz. Quando eu faço minha cama, eu deito nela. Eu não digo nada que não possa defender. Porque eu vi uma entrevista onde faziam uma pergunta para ele [Luther Cambell] e ele começou a falar um monte de coisa sobre a cultura negra. Isso fez com que todo mundo da onda do rap parecesse fazer uma coisa mais densa, profunda. Ele estava dizendo "Olha, esta é a minha cultura". Isso não é cultura nenhuma.[24]

É impressionante que os apologistas das piadas grosseiras de ódio às mulheres do 2 Live Crew e outros artistas até agora não

---

[22] Dennis Wepman *et al.*, *The Life: The Lore and Folk Poetry of the Black Hustler*. Filadélfia: University of Pennsylvania Press, 1976.

[23] Henry Louis Gates Jr., "Rap Music: Don't Knock It If You're Not onto Its 'Lies'", *New York Herald Tribune*, 20 de junho de 1990.

[24] Eric Berman, "A Few Words with Eric B. and Rakim", *Crossroads Magazine* 1, n° 4, dezembro de 1990, p. 10.

tenham se preocupado com o fato de que a tradição vernacular que eles corretamente desejam legitimar e proteger possui seu próprio registro de reflexão sobre as obrigações éticas e responsabilidades políticas específicas que constituem encargo exclusivo do artista negro. Deixando de lado por um momento a questão da misoginia, ser conivente com a crença de que o vernáculo negro não é *nada* além de um desfile paródico e brincalhão da subversão rabelaisiana decididamente enfraquece as posições do artista, do comentarista crítico e da comunidade como um todo. O que é mais importante, certamente, é o fracasso do comentário acadêmico ou jornalístico sobre a música popular negra na América em desenvolver uma estética política reflexiva capaz de distinguir o 2 Live Crew e seus congêneres de seus colegas igualmente autênticos mas talvez mais convincentes e certamente mais construtivos.

Não estou sugerindo que a tímida pedagogia racial de artistas que podem ser reconhecidos como políticos como KRS1, os Poor Righteous Teachers, Lakim Shabazz ou X Clan deva ser diretamente contraposta ao niilismo afirmativo cuidadosamente calculado de Ice Cube, Tim Dog, Ghetto Boys, Above the Law e Compton's Most Wanted. Os diferentes estilos e perspectivas políticas expressos dentro da música são ligados tanto pelos laços de um discurso estilizado, mas agressivamente masculinista, como por empréstimos formais das inovações linguísticas de modalidades distintas de "oralidade cinética" da Jamaica.[25] Esta dívida com as formas caribenhas, que pode apenas minar a definição do *hip-hop* como um produto exclusivamente americano, é mais francamente reconhecida nos africentrismos lúdicos dos Jungle Brothers, De La Soul e A Tribe Called Quest, que pode representar uma terceira alternativa — tanto em sua representação respeitosa e igualitária das mulheres como em sua relação mais ambivalente com a América e o americanismo. O trabalho estimulante e inova-

---

[25] Cornel West, "Black Culture and Postmodernism", em B. Kruger e P. Mariani (orgs.), *Re-Making History*. Seattle: Bay Press, 1989.

dor deste último grupo de artistas opera uma concepção um tanto diferente, excêntrica, da autenticidade negra, que efetivamente contrasta o local (nacionalismo negro) com o global (internacionalismo negro), avaliando o americanismo em função do apelo de etiopianismo e pan-africanismo. É importante enfatizar que os três elementos do *hip-hop* — pedagogia, afirmação e brincadeira — contribuem para uma constelação cultural-popular em que nem a bússola política do esquerdismo cansado nem os lustrosos instrumentos de navegação do pós-modernismo negro prematuro[26] ofereceram até agora muita coisa de útil em relação à estética.

Ao lidar com a relação entre raça e classe, tem sido lugar-comum evocar o sugestivo comentário de Stuart Hall de que a primeira é a modalidade na qual a última é vivida. O caso do 2 Live Crew e o lugar central da sexualidade nos discursos contemporâneos da particularidade racial apontam para uma formação análoga, que pode se mostrar igualmente manejável: o gênero é a modalidade na qual a raça é vivida. Uma masculinidade ampliada e exagerada tem se tornado a peça central de fanfarronice de uma cultura de compensação, que timidamente afaga a miséria dos destituídos e subordinados. Essa masculinidade e sua contraparte feminina relacional tornam-se símbolos especiais da diferença que a raça faz. Ambos são vividos e naturalizados nos padrões distintos de vida familiar aos quais supostamente recorre a reprodução das identidades raciais. Essas identidades de gênero pas-

---

[26] O trabalho de Trey Ellis, "The New Black Aesthetic (N.B.A.)", *Callaloo* 12, nº 1, inverno de 1989, pp. 233-47, exemplificava os perigos do pós-modernismo casual, "qualquer coisa vai" para a produção cultural negra. Era marcante como, por exemplo, questões profundas do antagonismo de classe *dentro* das comunidades negras eram evocadas às ocultas. Afora esta fusão de formas que não meramente diferentes mas que se opõem ativamente entre si, Ellis não considera seriamente a noção de que a N.B.A. poderia ter uma articulação muito particular e altamente específica de classe dentro de um segmento isolado da classe média negra que tem lutado com sua dependência do sangue cultural dos negros pobres.

sam a exemplificar diferenças culturais imutáveis que aparentemente brotam da diferença étnica absoluta. Questioná-las e questionar sua constituição da subjetividade racial é imediatamente ficar sem gênero e colocar-se de fora do grupo de parentesco racial. Isso torna difícil responder a essas posições, para não falar em criticá-las. Vivenciar a mesma raça por meio de determinadas definições de gênero e sexualidade também tem se mostrado eminentemente exportável. As formas de ligação e identificação que isto possibilita no espaço e no tempo não podem ser confinadas dentro das fronteiras do estado-nação e correspondem estreitamente à experiência vivida. Elas podem até criar novas concepções de nacionalidade na interação conflituosa entre as mulheres que silenciosa e privadamente reproduzem a comunidade nacional negra e os homens que aspiram ser seus cidadãos-soldados públicos.

Esses laços não mostram nenhum sinal de enfraquecimento, mas a dependência dos negros no Reino Unido em relação às culturas negras produzidas no Novo Mundo recentemente começou a mudar. A popularidade atual do Jazzie B e do Soul II Soul, Maxi Priest, Caron Wheeler, Monie Love, the Young Disciples e outros nos Estados Unidos confirma que durante os anos 1980 as culturas britânicas negras deixaram de simplesmente imitar ou reproduzir formas, estilos e gêneros por atacado, que haviam sido afetuosamente tomados de empréstimo, respeitosamente roubados ou descaradamente sequestrados dos negros de outros lugares. A cartografia crítica espaço/tempo da diáspora, portanto, precisa ser reajustada de sorte que a dinâmica da disseminação e da autonomia local possa ser evidenciada ao lado dos desvios e circuitos imprevistos que marcam as novas jornadas e novas chegadas que, em troca, liberam novas possibilidades políticas e culturais.[27]

Em certos momentos durante o passado recente, o racismo britânico gerou turbulentas forças econômicas, ideológicas e po-

---

[27] Edward Said, "Travelling Theory" em *The World, the Text and the Critic*. Cambridge, Massachusetts: Harvard University Press, 1983.

líticas que pareceram atuar sobre as pessoas que elas oprimiam pela concentração de suas identidades culturais em uma poderosa configuração única. Quer essas pessoas fossem de descendência africana, caribenha ou asiática, seus atributos comuns eram frequentemente definidos por sua referência ao sinal central, irredutível, de sua subordinação racial comum — a cor negra. Mais recentemente, contudo, essa frágil unidade em ação tem se fragmentado e sua autoconcepção tem se separado em seus vários elementos constituintes. A noção unificadora de uma negritude aberta tem sido amplamente rejeitada e substituída por concepções mais particularistas de diferença cultural. Esta retirada de uma noção politicamente construída de solidariedade racial tem dado início a uma recuperação compensatória da cultura e da identidade estritamente étnicas. De fato, a aura de etnia autêntica fornece uma forma especial de conforto numa situação em que a própria historicidade da experiência negra é constantemente solapada.

Essas mudanças políticas e históricas são registradas no domínio cultural. O crescimento do fundamentalismo religioso entre algumas populações de descendência asiática é um sinal óbvio de sua importância, e pode haver processos similares em atuação na experiência das pessoas de descendência caribenha — para as quais uma volta equivalente para a pura etnia tem adquirido acentuados traços geracionais. Seu desejo de se ancorarem na particularidade racial não é dominado pelo anseio de regressar às certezas e virtudes vitorianas da vida cultural caribenha. Entretanto, em conjunção com as pressões da recessão econômica e do racismo populista, esse anseio tem levado muitos colonos mais velhos a retornarem às terras nas quais nasceram. Entre seus descendentes, o mesmo desejo de afastamento tem assumido uma forma de expressão muito diferente. Ela tem se movido rumo a um africentrismo abrangente, que pode ser lido como uma forma de inventar sua própria concepção totalizante da cultura negra. Essa nova etnia é ainda mais poderosa, pois não corresponde a nenhuma comunidade negra efetivamente existente. Seu utopismo radical, geralmente ancorado no alicerce ético fornecido pela história das civilizações do vale do Nilo, transcende o provincianismo das memórias caribenhas em favor de uma africanidade pesadamente mitologizada, que é em si mesma marcada por suas origens não na África, mas em uma modalidade de ideologia pan-africana produzida mais recentemente pela América negra. Os problemas da África contemporânea estão quase totalmente ausentes de suas preocupações. Esta sensibilidade complexa, e por vezes radical, tem sido recentemente fomentada pelos elementos mais pedagógicos e deliberadamente politizados dentro do *hip--hop*. O "rap universitário" dos grupos de mentalidade mais educativo-recreativa [*edutainment minded*] representa um dos polos no campo que o reproduzia, enquanto a postura afirmativa dos nacionalistas estritos do *hip-hop* representa o outro. Essas tarefas necessárias não são sinônimas ou sequer coextensivas, embora possam ser compatibilizadas. O que é mais importante para os objetivos presentes é que no discurso africêntrico, do qual derivam ambas as tendências de opinião, a ideia de uma diáspora composta de comunidades que são similares e *ao mesmo tempo* diferentes tende a desaparecer em algum ponto entre as invocações de uma terra-mãe africana e os influentes comentários críticos sobre as condições locais imediatas, nas quais se origina uma determinada interpretação de uma música. Afora essas complexidades, a cultura do *hip-hop* é mais bem entendida como o último produto de exportação da América negra a ter encontrado aprovação no Reino Unido negro. Logo, é particularmente interessante que seu sucesso tenha sido construído em estruturas transnacionais de circulação e de troca intercultural há muito estabelecidas.

## OS JUBILEE SINGERS
## E A ROTA TRANSATLÂNTICA

Desejo ilustrar mais esses argumentos apresentando sucintamente alguns casos históricos concretos nos quais se pode perceber que as tradições musicais do mundo atlântico negro adquiriram um valor político especial, e nos quais a ideia de cultura racial autêntica ora tem sido contestada, ora sintomaticamente desconsiderada. Esses exemplos são simultaneamente nacionais, porque produziram impacto direto na vida no Reino Unido, e diaspóricos, porque nos contam algo fundamental sobre os limites dessa perspectiva nacional. É claro que não são os únicos exemplos que eu poderia ter escolhido. Eles foram selecionados um tanto ao acaso, embora eu espere que o fato de que cobrem um século seja tomado como evidência adicional para a existência de padrões fractais[28] de filiação cultural e política, aos quais me referi no capítulo 1. De modos bem diferentes, esses exemplos refletem a posição especial do Reino Unido no interior do mundo do atlântico negro, que permanece no vértice da estrutura semitriangular que assistia a mercadorias e pessoas sendo embarcadas para lá e para cá pelo oceano.

O primeiro caso diz respeito às visitas feitas pelos Jubilee Singers [Cantores do Jubileu] da Universidade Fisk[29] à Inglaterra, Irlanda, País de Gales e Escócia, no início dos anos de 1870, sob o patrocínio filantrópico do Duque de Shaftesbury. Os cantores da Fisk possuem uma profunda importância histórica porque foram o primeiro grupo a apresentar *spirituals* em um palco público, oferecendo esta forma de música negra como cultura popular.[30]

---

[28] Refiro-me à geometria fractal como uma analogia aqui porque dá margem à possibilidade de que uma linha de comprimento infinito possa encerrar uma área finita. A oposição entre totalidade e infinito é, desta forma, refundida em uma imagem marcante do escopo para a ação em condições restritas.

[29] Peter Linebaugh recentemente discutiu a etimologia da palavra "jubileu" e alguns discursos políticos que a cercam em "Jubilating", *Midnight Notes*, outono de 1990. Resenhas das apresentações dos cantores na Inglaterra podem ser encontradas em *East Anglian Daily Times*, 21 de novembro de 1874, e *Surrey Advertiser*, 5 de dezembro de 1874.

[30] John M. MacKenzie (org.), *Imperialism and Popular Culture*. Manchester: Manchester University Press, 1986.

No caso deste coro, podemos verificar que os padrões distintivos de circulação intercultural, sobre a qual tem se baseado o crescimento de fenômenos mais recentes como o rap africêntrico, antecedem a consolidação de culturas e subculturas jovens após a guerra de 1939-45.

Acredito que esses sistemas circulatórios possam ser remontados aos primórdios do acesso da música negra ao domínio público do entretenimento de massa, no final do século XIX. As viagens dos Jubilee Singers pelo mundo inteiro fornecem um exemplo pouco conhecido, porém importante, das dificuldades que, desde os momentos iniciais, aguardavam a passagem de formas populares africano-americanas para as emergentes indústrias culturais-populares dos países superdesenvolvidos. Naquela época, a situação da arte dos Jubilee Singers era complicada ainda pela evidência e popularidade da arte dos menestréis.*[31] Uma resenha das primeiras apresentações do grupo trazia o cabeçalho "Menestréis negros na igreja — Nova prática religiosa", enquanto outra alardeava o fato de que este grupo de menestréis negros era, na verdade, de "negros genuínos".[32] Doug Seroff cita outra resenha

---

\* Característicos da cultura do século XIX, os *minstrels shows* eram apresentações nas quais atores brancos, maquiados de negros, encenavam quadros da vida cotidiana dos negros, sobretudo suas danças e músicas. Realizados inicialmente por prazer, passaram a ser uma atividade lucrativa quando se tornaram diversão de massa. Historiadores e críticos da cultura não chegaram a um acordo quanto ao fato de essa mimese racista ser também uma mimese subversiva ou antirracista. (N. do R.)

[31] Joel Boskin, *Sambo: The Rise and Demise of an American Jester* (Nova York e Oxford: Oxford University Press, 1986); R. C. Toll, *Blacking Up: The Minstrel Show in Nineteenth-Century America* (Nova York e Oxford: Oxford University Press, 1974).

[32] L. D. Silveri, "The Singing Tours of the Fisk Jubilee Singers: 1871-1874", em G. R. Keck e S. V. Martin (orgs.), *Feel the Spirit: Studies in Nineteenth-Century Afro-American Music*. Westport, Connecticut: Greenwood Press, 1989.

americana da época sobre um concerto do grupo: "Aqueles que apenas ouviram cantores caricatamente maquiados como se fossem menestréis negros não têm a menor ideia do que ele realmente é".[33] Problemas similares se manifestam na reação do público e dos críticos na Europa:

> No princípio, a música do Jubilee era mais ou menos um enigma para os críticos; e mesmo entre os que simpatizavam com sua missão não havia a menor diferença de opinião quanto ao mérito artístico de suas apresentações. Alguns não conseguiam entender o motivo para tão completa adesão por parte do público, já que quase todo mundo fazia essas canções simples e *despretensiosas*.[34] [itálico adicionado]

O papel da música e do canto no interior do movimento abolicionista é um fator adicional, e também pouco conhecido que deve ter antecipado parte dos triunfos finais dos Jubilee Singers.[35] O coro, enviado para o mundo com objetivos econômicos que devem ter parcialmente eclipsado a busca da excelência estética em suas apresentações musicais, inicialmente se empenhou em conquistar um público para a música negra produzida por negros a partir de uma base que havia sido criada por cinquenta anos de entretenimento "blackface". Não é preciso dizer que as tensões estéticas e políticas envolvidas no estabelecimento da credibilidade

---

[33] D. Seroff, "The Original Fisk Jubilee Singers and the Spiritual Tradition", parte 1, *Keskidee* 2, 1990, p. 4.

[34] J. B. T. Marsh, *The Story of the Jubilee Singers with Their Songs*. Londres: Hodder and Staughton, 1875, p. 69.

[35] Sam Dennison, *Scandalize My Name: Black Imagery in American Popular* Music (Nova York e Londres: Garland Press, 1982). Ver também William Wells Brown (org.), *The Anti-Slavery Harp: A Collection of Songs for Anti-Slavery Meetings, Compiled by William W. Brown, a Fugitive Slave* (Boston: Bela Marsh, 1848).

e atração de sua nova marca própria de expressão cultural negra não estavam confinadas às salas de concerto. Problemas práticos se manifestavam durante as viagens, quando os hoteleiros recusavam alojamentos ao grupo por terem feito as reservas supondo que se tratava de uma companhia de "menestréis crioulos" (isto é, brancos). Um gerente só descobriu que "suas faces estavam coloridas por seu Criador e não por cortiça queimada"[36] quando os cantores já estavam instalados em seus quartos. Mesmo assim, ele os mandou para a rua.

Como era de se esperar, o progresso do coro foi sempre acompanhado por controvérsias sobre o valor relativo de seu trabalho quando comparado à produção dos "menestréis" brancos. O grupo da Fisk também deparou com a ambivalência e o embaraço de plateias negras incertas ou incomodadas com a apresentação de uma música sagrada para audiências condicionadas pelas detestáveis piadas grotescas de Zip Coon, Jim Crow e seu odioso elenco de apoio. É compreensível que os negros fossem zelosos de sua cultura musical única e receassem o modo como ela poderia ser alterada por ser obrigada a competir no novo terreno da cultura popular contra as representações absurdas da negritude oferecidas pela dramatização pantomímica dos menestréis da supremacia branca.

O sucesso dos cantores da Fisk gerou uma multidão de outras companhias que partiram para a estrada na Europa, África do Sul e outros lugares, oferecendo alimento musical similar nos anos seguintes a 1871.[37] Seu sucesso é particularmente significativo em meio às circunstâncias culturais e ideológicas alteradas, que aguardavam a recomposição da classe trabalhadora inglesa na era do imperialismo.[38] Em oposição explícita aos menestréis,

---

[36] Marsh, *The Jubilee Singers*, p. 36.

[37] A pesquisa de Seroff lista mais de vinte coros no período entre 1871 e 1878.

[38] Gareth Stedman Jones, "Working-Class Culture and Working-Class Politics in London, 1870-1900: Notes on the Remaking of a Working Class",

que estavam se tornando um elemento consolidado na cultura popular nesta época,[39] os cantores da Fisk formavam uma aura de seriedade em torno de suas atividades e projetavam para o exterior a memória da escravidão como meio de tornar suas apresentações musicais inteligíveis e prazerosas. O coro havia partido para a estrada sete anos depois da fundação de sua alma mater para levantar fundos. Produzia livros para complementar a renda de seus concertos e esses livros chegaram a mais de 60 mil exemplares vendidos entre 1873 e o final do século. Curiosamente, essas publicações incluíam um relato histórico geral da Fisk e suas batalhas, algumas declarações autobiográficas incomuns sobre os membros do coro, e música e letra de 104 a 139 canções de seu extenso repertório. Em minha opinião, esta combinação invulgar de estilos e gêneros comunicativos é particularmente importante para quem quer que procure situar as origens da técnica de montagem polifônica desenvolvida por Du Bois em *The Souls of Black Folk* [As Almas do Povo Negro].

Os textos dos cantores da Fisk descrevem uma austera Rainha Vitória ouvindo "John Brown's Body" [O Corpo de John Brown] "com evidente prazer", o Príncipe de Gales pedindo "No More Auction Block for Me" [Para Mim Acabou o Tablado do Leilão] e o coro sendo esperado pelo Sr. e Sra. Gladstone depois que seus criados haviam sido dispensados.[40] Essas imagens são

---

em Gareth Stedman Jones, *Languages of Class*. Cambridge: Cambridge University Press, 1983.

[39] Uma versão da *Cabana do Pai Tomás* em que a heroína Eva acaba bem (ao contrário do livro de Harriet Beecher Stowe, em que ela morre no fim) estava obtendo grande sucesso comercial nos palcos londrinos em 1878. Ver também Toll, *Blacking Up*; Barry Anthony, "Early Nigger Minstrel Acts in Britain", *Music Hall* 12, abril de 1980; e Josephine Wright, "Orpheus Myron McAdoo", *Black Perspective in Music* 4, nº 3, outono de 1976.

[40] Estes acontecimentos são descritos nos diários de Gladstone para os dias 14 e 29 de julho de 1873. Além do próprio texto dos cantores, existe

importantes, embora a história das apresentações do coro para enormes plateias da classe trabalhadora nas cidades britânicas possam ser mais valiosas para o legado do antirracismo contemporâneo, que se empenha em encontrar precedentes e fugir às limitações de sua própria novidade aparente. É evidente que para seus ouvintes liberais a música e o canto dos Jubilee Singers ofereciam uma oportunidade para se sentirem mais perto de Deus e da redenção, ao passo que a memória da escravidão resgatada por suas apresentações alocava os sentimentos de retidão moral que fluíam do compromisso com a reforma política para a qual o imaginário sobre a superação da escravidão era emblemático muito tempo depois da emancipação. Pode-se demonstrar que a música dos Jubilee Singers comunica aquilo que Du Bois chamou "a mensagem articulada do escravo para o mundo"[41] para a cultura e sociedade britânica em diversos pontos distintos e classistas. Os *spirituals* reforçavam as preocupações morais aristocráticas de Shaftesbury e Gladstone, mas também introduziam uma sensibilidade moral específica nas vidas das camadas inferiores que, conforme se evidenciaria, começaram a criar seus próprios coros de jubileu.[42]

---

uma extensa descrição desses acontecimentos no *Independent* de Nova York, 21 de agosto de 1873. Ver também Ella Sheppard Moore, "Historical Sketch of the Jubilee Singers", *Fisk University News*, outubro de 1911, p. 42.

[41] W. E. B. Du Bois, *The Souls of Black Folk*. Nova York: Bantam, 1989, p. 179.

[42] Em seu ensaio sobre os Fisk Singers na Grã-Bretanha, Doug Seroff cita o exemplo do East London Jubilee Singers da Hackney Juvenile Mission, uma "Ragged School" [escola voltada para a população pobre nas cidades industriais da Inglaterra no século XIX] formada após uma visita inspiradora dos Fisk Singers a Hackney em junho de 1873. John Newman, o diretor da missão, "sentia que esse canto vindo da alma não deveria ser esquecido e se apressou a trabalhar para ensinar as crianças da missão as canções que os cantores do jubileu haviam cantado". Ver R. Lotz e I. Pegg (orgs.), *Under the Imperial Carpet: Essays in Black History, 1780-1950*. Crawley: Rabbit Press, 1986.

O significado deste movimento de cantores negros para nosso entendimento do período da Reconstrução nos Estados Unidos também ainda está por ser explorado. Ele complementará e estenderá um trabalho já realizado sobre as representações da negritude durante esta era,[43] e promete ir além da discussão básica que desejo enfatizar aqui. Negros cantando canções escravas como espetáculo de massa estabelecem novos padrões públicos de autenticidade para a expressão cultural negra. A legitimidade dessas novas formas culturais foi estabelecida precisamente por sua distância dos códigos raciais da arte dos menestréis. A viagem dos Jubilee Singers para fora da América foi um estágio decisivo para tornar isto possível.

O caso extraordinário dos Jubilee Singers e suas viagens também é digno de consideração porque ele produziu uma grande impressão sobre sucessivas gerações de analistas e comentaristas culturais negros. Du Bois, que foi aluno em Fisk, dedicou um capítulo a suas atividades em *The Souls of Black Folk*. Ele descobriu um símbolo com o qual reconciliar as obrigações dos dez por cento existente de pessoas acima da média com as dos pobres e camponeses negros, de forma que os Singers foram capazes de converter a universidade negra em um lugar de música e canto. No próximo capítulo veremos que *The Souls* é um texto-chave. Ele é a base de tudo o que o vem a seguir e sua importância é marcada pelo modo como Du Bois situa a música negra como signo central do valor, integridade e autonomia cultural negra. Cada capítulo era introduzido com o fragmento de um canto escravo, que acompanhava e ao mesmo tempo simbolizava a poesia romântica euro-americana que constituía a outra parte dessas epígrafes duplas. *The Souls* é o lugar onde a música escrava é sinalizada em sua posição de significante privilegiado da autenticidade negra. A dupla consciência, que *The Souls* discute como a experiência

---

[43] H. L. Gates Jr., "The Trope of the New Negro and the Reconstruction of the Image of the Black", *Representations* 24, 1988, pp. 129-56.

basilar dos negros no Ocidente, é em si expressa no duplo valor dessas canções que sempre são, a um só tempo, americanas e negras. Em seu ensaio sobre as canções na antologia *The New Negro*, que forneceu o manifesto para o Renascimento do Harlem, o filósofo Alain Locke deixa claro este ponto:

> Os *spirituals* são realmente o produto mais característico do gênio da raça até agora na América. Mas os próprios elementos que os tornam expressão única do negro fazem-nos ao mesmo tempo profundamente representativos do solo que os produziu. Dessa forma, como produtos espirituais únicos da vida americana, eles se tornam nacionalmente e também racialmente característicos. Talvez hoje não se admita prontamente que o canto do negro seja a canção popular da América; mas se os *spirituals* forem aquilo que pensamos que são, uma expressão popular clássica, então este é o seu destino último. Eles já dão prova desta qualidade clássica... A universalidade dos *spirituals* se avulta cada vez mais à medida que resistem ao teste do tempo.[44]

Esta duplicidade tem se mostrado incômoda e embaraçosa para certos comentaristas, já que leva forçosamente à consideração de questões sobre desenvolvimento, mutação e mudança cultural, e exige um grau de ajustamento conceitual a fim de dar conta da tensão que é introduzida entre o mesmo e o outro, ou o tradicional e o moderno. Isso tem gerado problemas, particularmente para os pensadores cuja estratégia de legitimação de sua própria posição como críticos e artistas se converte em uma imagem do povo autêntico como guardiães de uma noção anti-histórica, essencialmente invariante, da particularidade negra à qual somente eles, de certo modo, mantêm acesso privilegiado. Como salien-

---

[44] Alain Locke (org.), *The New Negro* (1925). Nova York: Atheneum, 1968, p. 199.

tou Hazel Carby,[45] Zora Neale Hurston foi uma intelectual negra que favoreceu essa tática. Ela também reconhecia o caso dos Jubilee Singers da Fisk como um importante ponto de mutação no desenvolvimento da cultura política negra, mas a lição que ela tirou da alegoria que as viagens do grupo poderiam ter gerado foi muito diferente daquilo que o mesmo caso ofereceu a Du Bois e Locke. Para Hurston, o sucesso do coro de Fisk representava o triunfo dos macetes dos músicos sobre o espírito vital, inculto e rude do povo rural que "não dá a mínima para o tom" e "não é pautado por regras".[46] Ela rejeitou a sugestão de Du Bois, de que o conjunto de *spirituals* poderia ser descrito como "cantos de tristeza", chamando-a de "ridícula", e sugeria que ele também tivera suas razões dúbias para a necessidade de representá-los neste disfarce recorrentemente lamurioso. Ela criticava as apresentações do coro como inautênticas em uma de suas ricas e cuidadosas contribuições à antologia de Nancy Cunard, *Negro*:

> Apesar dos altos e baixos desse mundo, dos cantores do Fisk Jubilee até o presente, não houve nenhuma apresentação genuína de canções negras para plateias brancas. Os *spirituals* que têm sido cantados pelo mundo afora são por certo negroides, mas tão cheios de truques por parte dos músicos que as congregações negras nem percebem quando ouvem seus velhos cantos tão alterados. Eles nunca usam canções novas, e estas nunca são ouvidas exceto quando porventura alguma filha ou filho vão para a universidade e voltam trazendo uma das velhas canções "de cara nova", por assim dizer.

---

[45] Hazel Carby, "The Politics of Fiction, Anthropology and the Folk: Zora Neale Hurston", em Michael Awkward (org.), *New Essays on Their Eyes Were Watching God*. Cambridge: Cambridge University Press, 1990.

[46] Zora Neale Hurston, "Spirituals and Neo-Spirituals", em Nancy Cunard (org.), *Negro* (1933). Nova York: Ungar Press, 1970, p. 224.

Sou de opinião que este estilo ardiloso de apresentação originou-se com os cantores da Fisk... Este estilo composto por um pequeno conjunto coral continuou por tanto tempo e se tornou tão estável entre cantores de concertos que é considerado inteiramente autêntico. Mas eu repito, nem um único cantor de concertos no mundo está cantando as canções como os compositores negros as cantam.[47]

Devo enfatizar que, no que diz respeito a este capítulo, o fato de que Hurston estivesse certa ou equivocada quanto aos cantores da Fisk não é a questão principal. A questão que me interessa aqui, mais do que o seu acerto, é que ela sentia muita necessidade de traçar uma linha em torno do que é e não é autêntico, genuína e realmente negro, e de usar a música como meio que torna essas distinções dignas de crédito. O ocasional adversário e concorrente de Hurston, Richard Wright, foi outro que ficou absorvido pelo caso dos Jubilee Singers. No início dos anos 1940, quando ambos estavam tentando passar da literatura para o cinema de Hollywood, ele produziu um roteiro de filme, "Melody Limited", que era baseado nas viagens dos cantores pela Europa. Ele explicava que o objetivo do filme "seria retratar o estilo romântico e aventureiro no qual as primeiras instituições educacionais negras foram criadas, e a parte e o papel que as canções populares negras, religiosas e seculares, desempenharam em sua formação".[48] Wright, que achava que a impressão deixada pelos cantores estava "ainda viva na Europa e na América", apresentava sua música como sendo uma mediadora da relação entre uma

---

[47] Zora Neale Hurston, "The Characteristics of Negro Expression", em Cunard, *Negro*, p. 31.

[48] Várias versões preliminares deste roteiro inédito, bem como as notas de leitura feitas por Emily Brown, a editora de roteiros de Hollywood que o rejeitou em 1944, estão guardadas na Coleção James Weldon Johnson no Beinecke Archive, Yale University. Brown achou que o roteiro carecia da simplicidade e dignidade que o tema merecia. Ver "Jubilee" JWJ Wright 219.

política abolicionista antiquada e as nascentes lutas dos ex-escravos pela cidadania e pelo progresso por meio da educação. Ele achava que o filme "daria espaço e alcance para o talento do cantor negro", "refrescaria a memória da nação com um sentido conceitual do negro em nossa sociedade" e "resgataria parte da velha dignidade e grandeza selvagem das canções". Seus cantores viajantes têm passagem recusada para a Europa em um vapor segregacionista, mas acabam conseguindo chegar à Inglaterra. Seus triunfos populares ali resultam em apresentações prestigiosas diante da família real e do primeiro-ministro, que ficam cativados por sua arte sublime. Na cena central do roteiro, o coro negro compete contra um conjunto similar irlandês que, em bases puramente racistas, são premiados com o troféu da vitória por um desempenho impressionante mas inferior. Este resultado ilegítimo precipita a morte súbita de uma participante mais velha do grupo negro e, em seu luto por ela, o coro do jubileu improvisa uma canção "meio africana, meio escrava" que mesmo o Sr. Gladstone reconhece como capaz de vencer a própria morte: "O brado do círculo se eleva e quando isto acontece, ele se transforma em um canto da beleza selvagem e bárbara à morte".

Quase cem anos depois de os Singers embarcarem em Boston para a Inglaterra no vapor Batavia, outro músico negro americano fazia a viagem transatlântica para Londres. A importância de Jimi Hendrix na história da música popular africano-americana aumentou após sua morte prematura em 1970. O triunfo europeu, que facilitou o caminho para o sucesso americano de Hendrix, apresenta outro caso interessante, ainda que um tanto diferente, da estética política envolvida nas representações de autenticidade racial. Músico de *rhythm and blues*, maduro mas indisciplinado, Hendrix foi reinventado como a imagem essencial daquilo que as plateias inglesas achavam que devia ser um artista negro americano: impetuoso, sexual, hedonista e perigoso. Seus biógrafos concordam que as extravagâncias de menestrel atualizadas presentes em seus shows tornaram-se uma algema para sua criatividade, e que a questão irreprimível da política racial interveio amargamente em suas relações flutuantes com os músicos ingleses, que forneciam o bizarro pano de fundo para sua criatividade radicada no blues.[49] A relação instável de Jimi com as formas culturais e os movimentos políticos negros provocou problemas substanciais quando ele voltou a se apresentar nos Estados Unidos e foi denunciado como "negro de alma branca" por alguns ativistas do Poder Negro, incapazes de assimilar sua opção por cultivar uma plateia pop quase exclusivamente branca que via na sua postura de menestrel um incentivo para se envolver com sua persona transgressora, se não com sua música. Charles Shaar Murray cita o seguinte diagnóstico do sucesso de Hendrix, feito pelo rival inglês, o guitarrista de blues Eric Clapton:

> Vocês sabem como os ingleses são chegados a um crioulo. Eles realmente adoram essa coisa mágica. Todos eles se sentem atraídos por esse tipo de coisa. Absolutamente todo mundo na Inglaterra ainda acha que os crioulos têm paus grandes. E Jimi chegou e explorou isto até o limite... e todos se apaixonaram.[50]

Sexualidade e autenticidade têm se entrelaçado na história da cultura ocidental durante vários séculos.[51] A sexualidade aber-

---

[49] "Noel e Mitch às vezes empregavam ofensas raciais quando conversavam. Eles usavam os termos 'nigger' ('crioulo') e 'coon' ('quati') em gozações." David Henderson, *'Scuse Me While I Kiss the Sky: The Life of Jimi Hendrix*. Nova York: Bantam, 1981, p. 92. Para a versão dos gozadores desta animada conversa, ver Noel Redding e Carol Appleby, *Are You Experienced: The Inside Story of the Jimi Hendrix Experience* (Londres: Fourth Estate, 1990); e Mitch Mitchell com John Platt, *Jimi Hendrix: Inside the Experience* (Nova York: Harmony, 1990). Ver também Harry Shapiro e Caesar Glebbeek, *Jimi Hendrix: Electric Gypsy* (Londres: Heinemann, 1990).

[50] Charles Shaar Murray, *Crosstown Traffic*. Londres: Faber, 1989, p. 68.

[51] Marshall Berman discute a forma que esta relação assumiu durante

ta da bufonaria neomenestrel de Hendrix parece ter sido recebida como signo de sua negritude autêntica pelas audiências brancas do rock, nas quais sua florescente carreira pop estava tão solidamente embasada. Quer as primeiras apresentações de Hendrix fossem paródicas ou não do papel de menestrel, ou de inegável confirmação do potencial permanente desse papel, seu diálogo com tais códigos aponta para o antagonismo entre diferentes definições locais de negritude e para o caráter associado e irregular do desenvolvimento cultural negro. A complexidade de sua relação com o blues e seu compromisso flutuante com a política do protesto racial, que havia ateado fogo às cidades americanas durante o período, ampliam e sublinham este ponto. A oposição criativa em seu trabalho entre a reverência óbvia pelas tradições baseadas no blues e uma espiritualidade agressivamente *high-tech* e futurista destila um conflito mais amplo não só entre o pré-moderno ou antimoderno e o moderno mas, também, entre as definições rivais da autenticidade que são apropriadas à criação cultural negra em sua passagem para a mercantilização pop internacional. Nelson George, o respeitado historiador e crítico da música africano-americana, resolve este problema em sua avaliação de Hendrix expulsando o guitarrista inovador de sua reconstrução canônica da linguagem musical negra e tornando literal a alienação racial de Hendrix: "A música de Jimi era, se não de outro planeta, definitivamente de outro país".[52] Em uma biografia meticulosa e solidamente inteligente, o único livro a abordar seriamente a sensibilidade política de Hendrix, outro escritor negro americano, o poeta David Henderson, é mais perspicaz e mais sintonizado nas possibilidades para inovação abertas por Hendrix por sua simples estadia em Londres em vez de Nova York. As

---

o Iluminismo em *The Politics of Authenticity* (Londres: George Allen and Unwin, 1971).

[52] Nelson George, *The Death of Rhythm and Blues*. Londres: Omnibus Press, 1988, p. 109.

múltiplas ironias nesta locação perpassam não somente a explicação de Henderson sobre a relação de Hendrix com Rahsaan Roland Kirk mas também suas tentativas de estrangeiro de colocar a imagem do guitarrista em uma estrutura mais ampla de relações culturais percebidas como moldadas mais pela classe do que pela raça e etnia:

> O penteado de Hendrix, encarapinhado e abundante, era encarado por muitos espectadores culturais como uma das rebeldias visuais mais notáveis de Londres. Para o público britânico que gosta de acompanhar a moda e que mesmo externamente jamais assimilou a aparência ou a cultura de outra raça, ver os jovens exibindo penteados afros armados e curtindo blues era um pouco demais.[53]

Hendrix mais tarde racionalizaria sua ambivalência, tanto para com a negritude como para com a América, por meio da ideologia nômade do cigano, que se manifestou em sua obra como um acompanhamento curiosamente perverso da decisão de tocar música mais funk e mais politicamente engajada com uma banda toda negra.

A autenticidade não é tão ardorosamente contestada em meu terceiro exemplo de inovação cultural transnacional, diaspórica, centrada em Londres. Ele é fornecido mais por uma canção que circulava pela rede do Atlântico negro do que por um artista ou grupo. É aqui incluído precisamente porque o direito de tomar emprestado, reconstruir e rearranjar fragmentos culturais tirados de outros contextos negros não era pensado como problema por aqueles que produziam e consumiam a música. Este exemplo também é mais contemporâneo, embora diga respeito à canção "I'm So Proud" [Estou Tão Orgulhoso], originalmente

---

[53] Henderson, *'Scuse Me*, p. 92.

composta e executada pelo trio vocal Impressions, de Chicago, no pico de seu sucesso artístico e comercial em meados dos anos 1960. Os sucessos do grupo nos anos 1960, como "Gypsy Woman", "Grow Closer Together", "Minstrel and Queen" e "People Get Ready", foram extremamente populares entre os negros no Reino Unido e no Caribe. Na Jamaica, o formato trio vocal masculino popularizado pela banda inaugurou um gênero distinto dentro da forma musical vernacular que acabaria sendo comercializada internacionalmente como reggae.[54] The Wailers foi apenas o mais conhecido dos muitos grupos que se modelaram pelo Impressions e se empenharam em igualar-se ao canto dos americanos em suas ricas texturas harmônicas, dinâmica emocional e graça metafísica negra.

Uma nova versão do sucesso dos Impressions "I'm So Proud" chegou ao topo das paradas do reggae no Reino Unido, em 1990. Reintitulada "Proud of Mandela", foi executada pela dupla formada pelo acompanhador de reggae [*toaster*] de Birmingham, Macka B, e pelo cantor Kofi, de *lovers rock*, que haviam produzido sua própria versão da música estreitamente calcada em outra versão suave, *soul*, que havia sido gravada pela cantora americana Deniece Williams, em 1983. Não pretendo fazer nenhuma defesa especial dos méritos formais e musicais desta gravação em particular, mas acho que ela é um exemplo útil, porque liga em

---

[54] O fenômeno dos trios vocais masculinos jamaicanos é discutido por Randall Grass, "Iron Sharpen Iron: The Great Jamaican Harmony Trios", em P. Simon (org.), *Reggae International* (Londres: Thames and Hudson, 1983). Expoentes-chave desta arte particular seriam The Heptones, The Paragons, The Gaylads, The Meditations, The Itals, Carlton and the Shoes, Justin Hines and the Dominoes, Toots and the Maytals, Yabby Yu and the Prophets, The Gladiators, The Melodians, The Ethiopians, The Cables, The Tamlins, The Congoes, The Mighty Diamonds, The Abyssinians, Black Uhuru, Israel Vibration e, é claro, The Wailers, em que Neville O'Reilly/Bunny Livingstone/Bunny Wailer faz a melhor personificação de Curtis Mayfield de todos eles.

uma só música África, América, Europa e Caribe. Ela foi produzida no Reino Unido pelos filhos dos colonos caribenhos e africanos, a partir de matérias-primas fornecidas pela Chicago negra, mas filtradas pela sensibilidade kingstoniana a fim de prestar tributo a um herói negro cujo significado global reside fora dos limites de sua cidadania sul-africana parcial e da impossível identidade nacional que a acompanha. O mínimo que esta música e sua história podem nos oferecer hoje é uma analogia para a compreensão das linhas de afiliação e associação que levam a ideia da diáspora para além de seu estatuto simbólico, como o oposto fragmentário de alguma suposta essência racial. Dessa forma, trazer para o primeiro plano o papel da música permite-nos ver a Inglaterra, ou mais precisamente Londres, como um ponto importante de articulação, ou como encruzilhada, das trilhas cheias de imbricações da cultura política do Atlântico negro. Ela é revelada como um lugar em que, em virtude de fatores locais como a informalidade da segregação racial, a configuração das relações de classe e a contingência das convergências linguísticas, fenômenos globais como as formações políticas anticoloniais e emancipacionistas, ainda estão sendo sustentadas, reproduzidas e ampliadas. Este processo de fusão e mistura é reconhecido como uma melhoria da produção cultural negra pelo público negro que faz uso dela. Sua autenticidade ou artificialidade não era pensada como problema, em parte porque ela se contentava em permanecer dentro dos espaços ocultos da clandestinidade cultural negra e também por causa da diferença representada pela invocação de Nelson Mandela. O nome de Mandela se tornou um talismã associado à figura do pai capaz de suspender e redirecionar as diferenças intrarraciais que poderiam se mostrar difíceis e até embaraçosas em outras circunstâncias. Sua libertação da prisão projetava uma voz patriarcal incontestada, enraizada no mais intenso conflito político entre negros e brancos neste planeta, a fronteira final da supremacia branca no continente africano, do outro lado das redes de transmissão do Atlântico negro. A autenticidade heroica, redentora, que envolvia a imagem de Mandela nessas locações era devidamente desconstruída em um discurso que ele mesmo proferiu em Detroit em sua primeira visita aos Estados Unidos. Mandela respondia às expectativas africentristas de sua plateia confidenciando que ele havia encontrado conforto ouvindo música da Motown enquanto estava na prisão na ilha de Robben. Citando a música de Marvin Gaye, "What's Going On?", ele explicou: "Quando estávamos na prisão, gostávamos e obviamente ouvíamos o som de Detroit".[55] A ideia purista de fluxo de mão única da cultura africana do Oriente para o Ocidente foi imediatamente revelada como absurda. As dimensões globais do diálogo da diáspora se tornaram momentaneamente visíveis e, quando suas palavras casuais iluminaram a paisagem do Atlântico negro, como o lampejo de um relâmpago em uma noite de verão, o valor da música como o principal símbolo de autenticidade racial foi simultaneamente confirmado e colocado em questão.

## A CRÍTICA DE MÚSICA E A POLÍTICA DE AUTENTICIDADE RACIAL

O problema das origens culturais e da autenticidade para o qual esses exemplos apontam persistiu e assumiu um significado maior à medida que a cultura de massa vai adquirindo novas bases tecnológicas e a música negra se torna um fenômeno verdadeiramente global. Ele tem revelado maiores proporções à medida que expressões originais, populares ou locais da cultura negra têm sido identificadas como autênticas e avaliadas positivamente por este motivo, enquanto as manifestações subsequentes hemisféricas ou globais das mesmas formas culturais têm sido desconsideradas como inautênticas e, por isto, carentes de valor cultural ou estético, precisamente por causa de sua distância (suposta

---

[55] Nelson Mandela, discurso em Detroit, 29 de junho de 1990. Agradeço a Suzy Smith da Yale University por esta referência.

ou real) de um ponto de origem prontamente identificável. Em seus comentários de capa ao livro de Nelson George, *The Death of Rhythm and Blues* [A Morte do Rhythm and Blues], Spike Lee, expoente bem conhecido do protecionismo cultural, produz a versão contemporânea óbvia desses argumentos. "Uma vez mais Nelson George mostrou a correlação direta entre a música e a condição do povo negro. É uma pena que quanto mais avançamos como povo, mais diluída a música se torna. Qual é a resposta?"[56]

A fragmentação e subdivisão da música negra em uma proliferação cada vez maior de estilos e gêneros, que torna absurda essa oposição polar entre progresso e diluição, também tem contribuído para uma situação na qual a autenticidade emerge entre os compositores de música como uma questão altamente carregada e acerbamente contestada. Vale a pena citar aqui o conflito entre os trompetistas Wynton Marsalis e Miles Davis ainda como outro exemplo de como esses conflitos podem ser dotados de significação política. Marsalis afirmava que o jazz fornece um repositório essencial para valores culturais negros mais amplos, ao passo que Davis insistia na priorização das inquietas energias criativas que poderiam manter em xeque o processo corrosivo de reificação e mercantilização. A defesa articulada e bem-vestida da "tradição do jazz" feita por Marsalis foi desconsiderada por Davis como um pastiche seguro, tecnicamente sofisticado de estilos anteriores. Não com a justificativa de que ela era inautêntica, o que havia sido a acusação crucial de Marsalis contra a produção de *fusion* [fusão] de Davis, mas porque ela era sentida como anacrônica:

> O que ele está fazendo fuçando no passado? Um músico do seu calibre deveria apenas se informar mais e perceber que acabou. O passado está morto. O jazz está morto... Por que ficar preso nesta velha droga?... Não venha ninguém me dizer o jeito que era. Que diabo, eu estava lá... ninguém

---

[56] Nelson George, *The Death of Rhythm and Blues*, capa do livro.

queria nos ouvir quando estávamos tocando jazz... O jazz está morto, droga! É isso: *finito*! Acabou e não há sentido nenhum em imitar essa droga.[57]

Existem muitas boas razões pelas quais as culturas negras têm encontrado grande dificuldade em perceber que os deslocamentos e transformações celebrados na obra de Davis depois de *In a Silent Way* [De um Jeito Silencioso] são inevitáveis, e que os processos de desenvolvimento considerados pelos conservadores como contaminação cultural podem de fato ser enriquecedores ou fortalecedores. Os efeitos das negações, por parte do racismo, não só da integridade cultural negra, mas da capacidade dos negros de sustentarem e reproduzirem qualquer cultura digna do nome, são aqui claramente visíveis. O lugar preparado para a expressão cultural negra na hierarquia da criatividade gerada pelo pernicioso dualismo metafísico que identifica os negros com o corpo e os brancos com a mente é um segundo fator importante. Entretanto, para além dessas questões gerais reside a necessidade de se projetar uma cultura racial coerente e estável como meio de estabelecer a legitimidade política do nacionalismo negro e as noções de particularidade étnica sobre a qual ela tem passado a recorrer. Pode-se dizer que esta reação defensiva ao racismo assumiu seu apetite evidente pela mesmice e simetria a partir dos discursos do opressor. O romantismo e o nacionalismo cultural europeu contribuíram diretamente para o desenvolvimento do nacionalismo negro moderno. Ele remonta ao impacto das teorias europeias de nacionalidade, cultura e civilização sobre os intelectuais

---

[57] Nick Kent, "Miles Davis Interview", *The Face* 78, 1986, pp. 22-3. "Eles pegaram Wynton tocando alguma velha música europeia morta... Wynton está tocando a merda deles, o tipo de coisa que qualquer um faz. É só praticar, praticar, praticar. Eu disse a ele que eu não iria me curvar para aquela música, que eles deveriam ficar satisfeitos por alguém tão talentoso como ele estar tocando aquela merda". Miles Davis com Quincy Troupe, *Miles: The Autobiography*, Nova York: Simon and Schuster, 1989, pp. 360-1.

da elite africano-americana no início e meados do século XIX.[58] Aqui, a imagem da nação como acumulação de unidades familiares simétricas faz uma figura triste em meio ao drama da construção da identidade étnica. O endosso dado por Alexander Crummell às concepções de Lord Beaconsfield sobre a importância fundamental da raça como "a chave para a história" deveria soar como aviso de alerta aos críticos culturais contemporâneos que atribuem aos artistas a tarefa de refinar a distinção étnica do grupo, e que são tentados a utilizar a analogia da família, não só para compreender o sentido da raça mas para fazer estes gestos um tanto autoritários:

> As raças, como as famílias, são os organismos e as leis de Deus; e o sentimento de raça, como o sentimento familiar, é de origem divina. A extinção do sentimento de raça é exatamente tão possível quanto a extinção do sentimento familiar. De fato, a raça é a família. O princípio de continuidade é tão dominante nas raças como o é nas famílias — como o é nas nações.[59]

Há muito tempo, Du Bois salientou que "a igreja negra antecede o lar negro",[60] e todos os apelos do Atlântico negro à integridade da família devem ser abordados com sua sábia observação em mente. A família é algo mais do que meramente um meio para naturalizar e expelir do tempo histórico relações que devem ser vistas como históricas e contingentes. Este elo entre família,

---

[58] Essas questões são discutidas em um contexto diferente por John Hutchinson em *The Dynamics of Cultural Nationalism: The Gaelic Revival and the Creation of the Irish Nation State* (Londres: Allen and Unwin, 1987).

[59] Alexander Crummell, *Africa and America*. Springfield, Massachusetts: Willey and Co., 1891, p. 46.

[60] Du Bois, *The Souls of Black Folk*, p. 139.

reprodução cultural e etno-hermenêutica tem sido eloquentemente expresso por Houston A. Baker Jr., o principal crítico literário africano-americano, que propôs o *tropo* da família como meio de situar e periodizar a história total da produção cultural negra e, mais importante, como uma espécie de filtro interpretativo para aqueles que pretendem abordar as culturas negras.

> Minha versão, portanto, para dizer novamente o que já disse, é a de um campo complexo de estratégias sonoras na Afro-América, que fazem parte de uma família. A história da família, não importa como ela seja revista, purificada, distorcida, emendada, sempre começa em uma economia da escravidão. A modernidade das estratégias sonoras de nossa família reside em seu movimento em direção ao avanço econômico (quer seja para aumentar esse desejo ou para assegurar a vantagem material obtida). A metáfora que utilizei antes parece mais do que adequada para tais sonoridades ligadas à ideia de salvação — elas são, na verdade, geografias blues que *jamais serão entendidas* fora do contexto familiar.[61] [itálicos adicionados]

A posição de Baker, em diversos sentidos, é uma reafirmação sofisticada da abordagem absolutista da "raça" e da etnia que animou o nacionalismo negro durante os anos 1960 mas que mais recentemente tem entrado em dificuldades. Nem sempre foi fácil a esta posição acomodar as demandas e prioridades dos feminismos, muitas das quais encaravam as relações familiares que sustentam a raça como desempenhando um papel pouco inocente na subordinação de seus membros femininos. Esta posição também tem fracassado quando diante da necessidade de entender as formas cada vez mais distintas da cultura negra produzida por dife-

---

[61] Houston A. Baker Jr., *Modernism and the Harlem Renaissance*. Chicago: University of Chicago Press, 1987, pp. 105-6.

rentes populações da diáspora. Cabe repetir que mesmo onde as formas africano-americanas são emprestadas e postas em ação em novas locações muitas vezes têm sido deliberadamente reconstruídas em novos padrões que não respeitam os direitos de propriedade de seus criadores ou as fronteiras de estados-nações discretos e as comunidades políticas supostamente naturais que elas expressam ou simplesmente contêm. Meu argumento aqui é que o caráter desavergonhadamente híbrido dessas culturas do Atlântico negro constantemente confunde todo entendimento simplista (essencialista ou antiessencialista) da relação entre identidade racial e não identidade racial, entre a autenticidade cultural popular e a traição cultural pop. Aqui, a ideia da comunidade racial como uma família tem sido invocada e utilizada como meio para significar a conexão e a continuidade experiencial, que é por toda parte refutada pelas realidades profanas da vida negra em meio aos detritos da desindustrialização. Desejo indagar se a crescente centralidade do *tropo* da família no interior do discurso político e acadêmico negro aponta para o surgimento de uma modalidade distinta e enfaticamente pós-nacional de essencialismo racial. O apelo à família deve ser entendido ao mesmo tempo como sintoma e assinatura de uma perspectiva neonacionalista, que é mais bem entendida como um essencialismo flexível. A relação entre esta família negra ideal, imaginária e bucólica e as representações utópicas, bem como autoritárias, da negritude serão novamente consideradas no capítulo de conclusão.

A cultura pop tem sido preparada para fornecer endossos seletivos para o prêmio que alguns pensadores negros pretendem atribuir à autenticidade, e tem até acionado esta lógica especial no marketing da chamada World Music. A autenticidade aumenta o apelo de mercadorias culturais selecionadas e tem se tornado um elemento importante no mecanismo do modo de racialização necessário para tornar as músicas não europeias e não americanas artigos aceitáveis em um mercado pop expandido. O discurso da autenticidade tem sido uma presença notável no marketing de massa de sucessivas formas culturais populares negras para plateias brancas. A distinção entre o blues rural e o urbano fornece um bom exemplo disso, embora ainda se façam discussões similares sobre a relação entre o jazz autêntico e os estilos de *fusion* supostamente diluídos pela mistura ilegítima com influências do rock, ou sobre a luta entre instrumentos reais e emuladores digitais. Em todos esses casos não basta que os críticos salientem que a representação da autenticidade sempre envolve artifício. Isto pode ser verdade, mas não ajuda quando se tenta avaliar ou comprar formas culturais, para não falar em quando se tenta entender sua mutação. O mais importante é que esta resposta também perde a oportunidade de utilizar a música como modelo que pode resolver o impasse entre as duas posições insatisfatórias que têm dominado a discussão recente da política cultural negra.

## A *SOUL MUSIC* E A PRODUÇÃO DO ANTIANTIESSENCIALISMO

Conforme argumentei no capítulo de abertura, o diálogo e o debate críticos sobre essas questões de identidade e cultura configuram atualmente um confronto entre duas perspectivas frouxamente organizadas que, opondo-se entre si, ficaram travadas em uma relação inteiramente infrutífera de interdependência mútua. Ambas as posições são representadas nas discussões contemporâneas sobre a música negra e ambas contribuem para preparar um diálogo entre os que encaram a música como um meio básico para explorar criticamente e reproduzir politicamente a essência étnica necessária da negritude e aqueles que contestariam a existência de tal fenômeno orgânico unificador. Onde quer que o confronto entre essas concepções seja suscitado, ele assume a forma básica de conflito entre uma tendência enfocada por alguma modalidade de afirmação excepcionalista (normalmente, mas nem sempre, de caráter nacionalista) e outra postura pluralista mais declarada, que é decididamente cética quanto ao desejo de totalizar a cultura negra, para não falar de converter a dinâmica social da integração cultural em sinônimo de uma prática de construção nacional e do projeto de emancipação racial na África e em outras áreas.

Via de regra, a primeira opção identifica a música com a tradição e a continuidade cultural. Seu conservadorismo às vezes é disfarçado pela natureza radical de sua retórica política afirmativa e por sua louvável preocupação com a relação entre a música e a memória do passado. Ela atualmente anuncia suas intenções interpretativas com o popular *slogan*: "É uma coisa dos negros, você não entenderia". Mas parece não haver grande entusiasmo pelos gêneros e estilos musicais proibitivos, racialmente prescritivos, que poderiam tornar plausível esta afirmação arrojada. Não tem havido nenhum equivalente contemporâneo ao poder provocativo e hermético do *dub*, que apoiava o etiopianismo radical dos anos 1970, ou da ininteligibilidade antiassimilacionista do *bebop* nos anos 1940. O "africentrismo" usualmente místico que anima esta posição não vê nenhum problema na diferenciação interna das culturas negras. Toda fragmentação na produção cultural dos africanos em casa e no exterior é *apenas* mais aparente do que real e não pode, portanto, minar o poder da estética racial subjacente e seus correlatos políticos.

Esta posição excepcionalista compartilha o elitismo e o desdém pela cultura popular negra, com o pretenso pragmatismo pós-moderno que rotineira e inadequadamente se opõe a ela. Alguma coisa do espírito da segunda perspectiva "antiessencialista" é capturada na expressão vernacular negra anterior mas igualmente histórica "Cada cabeça uma sentença" ["different strokes for different folks"]. Esse pluralismo de noções é enganoso. Seu desagrado com as questões incômodas de classe e de poder torna o cálculo político arriscado, se não impossível. Esta segunda posição refere-se pejorativamente à primeira como essencialismo racial. Ela se move rumo a uma desconstrução casual e arrogante da negritude ignorando, ao mesmo tempo, o apelo da poderosa afirmação populista da cultura negra existente na primeira posição. A marca de elitismo que defenderia, por exemplo, o barulho branco da banda *thrash punk rasta* Bad Brains, de Washington, como a última palavra em expressão cultural negra é claramente uma ânsia de abandonar inteiramente o terreno do vernáculo negro. Esta abdicação pode apenas deixar esse espaço aberto aos conservadoristas raciais que oscilam entre uma sensibilidade populista, protofascista, e a sentimentalidade daqueles que dariam de ombros à suposta superioridade moral que acompanha a situação de vítima. Isto equivale a ignorar o poder não reduzido do racismo em si e abandonar a massa do povo negro que continua a compreender sua experiência particular a partir do que esse racismo lhe faz. É desnecessário dizer que os efeitos retardados do racismo institucionalizado no campo político são desconsiderados, tal como sua inscrição nas indústrias culturais que fornecem o veículo maior para este radicalismo exclusivamente estético passar desapercebido.

Considerando a importância atribuída à música no *habitus* dos negros da diáspora, é irônico que nenhum dos polos neste tenso diálogo leve a música muito a sério. O narcisismo que une ambos os pontos de vista é revelado pelo modo com que ambos abandonam a discussão da música e a dramaturgia, a performance, o ritual e os gestos que a acompanham em favor de um fascínio obsessivo com os corpos dos próprios artistas. Para os abertamente essencialistas, Nelson George denuncia os músicos negros que haviam feito cirurgia facial e usavam lentes de contato azuis ou verdes, enquanto no campo oposto, Kobena Mercer constantemente reduz a voz de Michael Jackson primeiro ao seu corpo, depois ao seu cabelo e, por último, à sua imagem enfaticamente descorporificada.[62] Desejo enfatizar que, mesmo que isto possa ter sido alguma vez um fator importante na conformação do terreno intelectual no qual ocorre a análise politicamente engajada da cultura negra, a oposição entre essas perspectivas rígidas se tornou um obstáculo à teorização crítica.

---

[62] Kobena Mercer, "Monster Metaphors: Notes on Michael Jackson's 'Thriller'", *Screen* 27, nº 1, 1986.

A complexidade sincrética das culturas expressivas negras por si só fornece poderosas razões para resistir à ideia de que uma africanidade intocada, imaculada, reside no interior dessas formas, operando uma poderosa magia de alteridade a fim de acionar repetidamente a percepção da identidade absoluta. Seguindo a diretriz estabelecida há muito por Leroi Jones, acredito que seja possível abordar a música mais como um mesmo *mutável* do que como um mesmo imutável. Hoje, isso envolve a difícil tarefa de tentar compreender a reprodução das tradições culturais, não na transmissão tranquila de uma essência fixa ao longo do tempo, mas nas rupturas e interrupções que sugerem que a invocação da tradição pode ser, em si mesma, uma resposta distinta, porém oculta, ao fluxo desestabilizante do mundo pós-contemporâneo. Novas tradições têm sido inventadas nos confrontos da experiência moderna, e novas concepções de modernidade produzidas na longa sombra de nossas resistentes tradições — as africanas e as forjadas a partir da experiência escrava, tão poderosa e ativamente lembrada pelo vernáculo negro. Este trabalho também necessita de atenção muito mais estreita aos rituais de desempenho que fornecem evidência *prima facie* de conexão entre culturas negras.

Devido ao fato de que a autoidentidade, a cultura política e a estética fundamentadas que distinguem as comunidades negras, foram frequentemente construídas por meio de sua música e pelos significados culturais e filosóficos mais amplos que fluem de sua produção, circulação e consumo, a música é particularmente importante na ruptura da inércia que surge na infeliz oposição polar entre um essencialismo enjoativo e um pluralismo cético e saturnal que torna literalmente impensável o mundo impuro da política. A preeminência da música no interior das comunidades negras diversificadas da diáspora do Atlântico é em si mesma um elemento importante na conexão essencial entre elas. Mas as histórias de empréstimo, deslocamento, transformação e reinscrição contínua, abarcadas pela cultura musical, são uma herança viva que não deve ser reificada no símbolo primário da diáspora e em seguida empregada como alternativa ao apelo recorrente de fixidez e enraizamento.

A música e seus rituais podem ser utilizados para criar um modelo pelo qual a identidade não pode ser entendida nem como uma essência fixa nem como uma construção vaga e extremamente contingente a ser reinventada pela vontade e pelo capricho de estetas, simbolistas e apreciadores de jogos de linguagem. A identidade negra não é meramente uma categoria social e política a ser utilizada ou abandonada de acordo com a medida na qual a retórica que a apoia e legitima é persuasiva ou institucionalmente poderosa. Seja o que for que os construcionistas radicais possam dizer, ela é vivida como um sentido experiencial coerente (embora nem sempre estável) do eu [*self*]. Embora muitas vezes seja sentida como natural e espontânea, ela permanece o resultado da atividade prática: linguagem, gestos, significações corporais, desejos. Podemos utilizar os comentários perspicazes de Foucault para esclarecer esta relação necessariamente política. Eles apontam para um antiantiessencialismo que encara a subjetividade racializada como produto das práticas sociais que supostamente derivam dela:[63]

> Em lugar de encarar [a alma moderna] como os remanescentes reativados de uma ideologia, ela seria vista como o correlativo presente de uma certa tecnologia do poder sobre o corpo. Seria equivocado dizer que a alma é uma ilusão ou um efeito ideológico. Ao contrário, ela existe, tem realidade, é permanentemente produzida em torno, sobre, dentro do corpo pelo funcionamento do poder que é exercido.[64]

---

[63] Uma discussão similar foi feita no contexto da teoria política feminista por Judith Butler em *Gender Trouble* (Nova York e Londres: Routledge, 1990).

[64] Michel Foucault, *Discipline and Punish*. Londres: Penguin, 1979, p. 29 [Ed. brasileira: *Vigiar e punir*. Petrópolis: Vozes, 2000, 22ª ed.].

Essas significações podem ser condensadas no processo da apresentação musical, embora naturalmente não as monopolize. No contexto do Atlântico negro, elas produzem o efeito imaginário de um núcleo ou essência racial interna, por agir sobre o corpo por meio dos mecanismos específicos de identificação e reconhecimento, que são produzidos na interação íntima entre artista e multidão. Esta relação recíproca pode servir como uma situação comunicativa ideal mesmo quando os compositores originais da música e seus eventuais consumidores estão separados no tempo e no espaço ou divididos pelas tecnologias de reprodução sonora e pela forma mercadoria a que sua arte tem procurado resistir. Em outro trabalho investiguei como a luta contra a forma mercadoria tem sido empreendida nas próprias configurações assumidas pela criação cultural negra de massa. Negociações com essa situação são reveladas abertamente e têm se tornado uma pedra angular na antiestética que governa essas formas. A aridez desses três termos cruciais — produção, circulação e consumo — leva a que se dê pouca atenção aos processos nacionais-externos neles envolvidos aos quais tais negociações se referem. Cada um deles, de maneiras contrastantes, abriga uma política da raça e do poder que é difícil de abarcar, para não falar em apreciar integralmente, por meio das categorias por vezes cruas que a economia política e a crítica cultural europeia articulam em suas tentativas de análise da etnia e da cultura. O termo "consumo" possui associações particularmente problemáticas e precisa ser cuidadosamente analisado. Ele acentua a passividade de seus agentes e reduz o valor de sua criatividade, bem como do significado micropolítico de suas ações no entendimento das formas de antidisciplina e resistência conduzidas na vida cotidiana. Michel de Certeau demonstrou isto em um nível geral:

> Como a lei [um de seus modelos], a cultura articula conflitos e alternadamente legitima, desloca ou controla a força superior. Ela se desenvolve em uma atmosfera de tensões, muitas vezes de violência, para a qual fornece equilí-

brios simbólicos, contratos de compatibilidade e transigências, todos mais ou menos temporários. As táticas de consumo, as maneiras engenhosas pelas quais os fracos fazem uso dos fortes, emprestam assim uma dimensão política às práticas cotidianas.[65]

## ALGUMAS OBRAS DE ARTE NEGRA NA ERA DA SIMULAÇÃO DIGITAL

No capítulo 1, sugeri que a cultura *hip-hop* foi fruto mais da fecundação cruzada das culturas vernaculares africano-americanas com seus equivalentes caribenhos do que do florescimento pleno formado das entranhas do blues. O catalisador imediato para o seu desenvolvimento foi a relocação de Clive "Kool DJ Herc" Campbell de Kingston para a rua 168 no Bronx. A dinâmica sincrética da forma foi ainda complicada por uma contribuição claramente hispânica e uma apropriação dos movimentos da *break dance* que ajudaram a definir o estilo em seus estágios iniciais. Mas o *hip-hop* não foi apenas o produto dessas tradições culturais negras convergentes. A centralidade do "break" dentro dele e o ulterior refinamento das técnicas de corte e mixagem por meio do *sampling* digital, que levou a forma muito além da competência das mãos sobre os *pick-ups*, significam que as regras estéticas que o governam são pressupostas em uma dialética de apropriação de resgate e recombinação que cria prazeres especiais e não se limita ao complexo tecnológico no qual se originou. Vale a pena considerar por um momento a forma deliberadamente fraturada dessas peças musicais. Ela lembra o sabor característico dos comentários de Adorno em outro contexto muito distante:

---

[65] Michel de Certeau, *The Practice of Everyday Life*. Berkeley e Londres: University of California Press, 1988, p. xvii.

Eles [a] chamam não criativa porque [ela] suspende seu conceito de criação em si mesmo. Tudo de que [ela] se ocupa já está presente... na forma vulgarizada; seus temas são temas expropriados. Apesar disso, nada soa como se fosse habitual; todas as coisas são desviadas como por um ímã. O que está gasto se rende complacente à mão que improvisa; as partes usadas conquistam segunda vida como variantes. Tal como o conhecimento do chofer sobre seu velho carro de segunda mão permite que ele o dirija de modo preciso e inadvertido até o destino pretendido, assim também a expressão de uma melodia muito batida pode... chegar a lugares que a linguagem musical aprovada jamais poderia alcançar com segurança.[66]

Instrumentos acústicos e elétricos são inorganicamente combinados com sintetizadores digitais, uma multiplicidade de sons encontrados; gritos típicos, fragmentos mordazes de discurso ou canto e amostras de gravações anteriores — tanto vocais como instrumentais — cuja textualidade aberta é atacada em afirmações brincalhonas do espírito insubordinado que amarra essa forma radical a uma importante definição de negritude. A abordagem não linear a que a crítica cultural europeia se refere como montagem é um princípio útil de composição na tentativa de analisar tudo isto. De fato, é tentador endossar a sugestão brechtiana de que uma determinada versão de "montagem" corresponde a um tipo sem precedentes de realismo, apropriada às extremas condições históricas que a constituem. Mas essas combinações densas e implosivas de sons diversos e dissimilares resulta em mais do que a

---

[66] T. W. Adorno, "On The Fetish Character in Music and the Regression of Listening", em A. Arato e E. Gebhardt (orgs.), *The Essential Frankfurt School Reader*. Oxford: Basil Blackwell, 1978 [ed. brasileira: "O fetichismo na música e a regressão da audição", em *Textos escolhidos: Benjamin, Horkheimer, Adorno, Habermas*, Coleção Os Pensadores. São Paulo: Abril Cultural, 1983, pp. 165-191].

técnica que elas empregam em sua reconstrução festivamente artificial da instabilidade da identidade racial vivida e profana. Uma ênfase estética é atribuída à distância social e cultural absoluta que anteriormente separava os elementos diversos agora deslocados em novos significados por sua provocativa justaposição auditiva.

Cabe citar aqui o lançamento do *single* de Ronnie Laws, *Identity*.[67] Produzido em um ambiente *low-tech* para uma gravadora independente, o disco é notável não só por seu título, mas como um caso atualizado das possibilidades mais radicais abertas por esta nova forma do velho gênero que demanda que o passado seja feito audível no presente. O arquiteto da melodia, o excêntrico guitarrista californiano Craig T. Cooper, utiliza um estilo de ambiente que lembra o *dub* superenfumaçado do estúdio Black Ark da Upsetter em seu apogeu. A trilha combina um grande número de *samples* de uma ampla gama de fontes: um fragmento plagiado do coro de "Pick up the Pieces", da Average White Band (que já era um pastiche escocês do estilo dos JBs de James Brown) luta para ser ouvido contra a batida *go-go*, gritos semiaudíveis e um ritmo constante e sintético de canto de trabalho reconstruído a partir do som "sampleado" da respiração forçada de *O Poderoso Chefão*. Tendo afirmado uma melodia áspera e espicaçado sua dinâmica interna, o sax soprano de Laws embeleza e pontua o caos aparente da base rítmica. O instrumento é cuidadosamente articulado de modo a lembrar uma voz humana treinada e disciplinada pelas antífonas da igreja negra. *Identity* é o produto de todas essas influências. Seu título oferece um convite a reconhecer que a unidade e a identidade podem ser experimentadas de modo efêmero na relação entre improvisação e a articulação ordenada da desordem musical. O caos que teria dilacerado esta apresentação frágil da identidade negra é impedido de reinar enquanto dura a canção pelo golpe insistente do pulso

---

[67] Ronnie Laws, *Identity* (Hype Mix), A. T. A. Records LSNCD 30011, 1990.

digital do surdo na segunda e na quarta batidas de cada compasso. Os produtores do disco salientaram sua marca política prensando-o em vinil branco.

Cabe repetir que o valor que todos esses estilos da diáspora negra atribuem ao processo de interpretação é enfatizado por suas formas radicalmente inacabadas — um traço que os marca indelevelmente como produtos da escravidão.[68] Pode-se ter um vislumbre dele no modo como as unidades básicas de consumo comercial, nas quais a música logo é congelada e vendida, têm sido subvertidas pela prática de uma política racial que as coloniza e, no processo, realizam aquilo a que Baudrillard se refere como a passagem do objeto ao evento:

> A obra de arte — um fetiche novo e triunfante e não um fetiche triste e alienado — deve trabalhar para desconstruir sua própria aura tradicional, sua autoridade e seu poder de ilusão, a fim de brilhar resplandescente na pura obscenidade da mercadoria. Ela deve aniquilar a si mesma como objeto familiar e se tornar monstruosamente estrangeira. Mas este caráter estrangeiro não é a estranheza perturbadora do objeto reprimido ou alienado; este objeto não brilha a partir de seu ser assombrado ou de alguma secreta destituição; ele brilha com uma sedução genuína que deriva de outro lugar, tendo excedido sua própria forma e se torna objeto puro, evento puro.[69]

A partir desta perspectiva, o processo mágico pelo qual uma mercadoria como um *single* de doze polegadas, lançado da barriga da besta multinacional, passa a antecipar e mesmo a demandar

---

[68] "[...] devemos considerar a apresentação de uma canção não como uma coisa final, mas como um clima [*mood*]. Ela não será a mesma coisa no domingo seguinte". Hurston, "Spirituals and Neo-Spirituals", p. 224.

[69] Jean Baudrillard, *Fatal Strategies*. Nova York e Londres: Semiotext(e), 1990, p. 118.

contribuição criativa suplementar nas esferas ocultas da interação política pública que aguardam mais adiante na estrada, parece menos misterioso. Precisamos, contudo, de um entendimento melhor do "consumo" que possa iluminar seus mecanismos internos e as relações entre enraizamento e deslocamento, localidade e disseminação que lhes confiram vitalidade neste contexto contracultural. O *single* de doze polegadas surgiu como uma inovação de mercado durante o final dos anos 1970. Era parte da resposta das gravadoras às demandas que lhes eram colocadas pelas subculturas da *dance music*, congeladas em torno dos gêneros negros — reggae e *rhythm and blues*. Essas demandas eram atendidas pela criação de um novo tipo de produto musical que poderia maximizar suas próprias oportunidades econômicas, mas isso possuía outras consequências involuntárias. O tempo adicional e o volume aumentado possibilitados pela introdução deste formato se tornavam fatores poderosos impelindo para a frente a criatividade subcultural inquieta. Uma vez que o *dubbing*, o *scratching* e a mixagem surgiam como novos elementos no esquema desconstrutivo e reconstrutivo que reunia produção e consumo, os lançamentos em doze polegadas passaram a incluir uma série de mixes diferentes da mesma canção, supostamente para diferentes locações ou propósitos. Um *dance mix*, *radio mix*, *a capella mix*, *dub mix*, *jazz mix*, *bass mix* e assim por diante. No nível mais elementar, essas formas plurais transformam o conceito abstrato de um mesmo mutável numa realidade viva e familiar. As gravadoras gostam desse sistema porque é mais barato para elas continuarem lidando com a mesma velha canção do que gravar material adicional, mas diferentes possibilidades criativas se abrem a partir disso. A relação do ouvinte com o texto é alterada pela proliferação de diferentes versões. Qual é a original? Como a memória de uma versão transforma o modo pelo qual as versões subsequentes são ouvidas e entendidas? Os componentes de um *mix* separados e divididos podem ser mais facilmente emprestados e mesclados para criar permutações adicionais do significado. O lançamento do *single* de doze polegadas do *hit* híbrido entre *rhythm* *and blues* e *hip-hop* de LL Cool J "Round the Way Girl" surgiu em cinco versões diferentes: a faixa do LP, montada em torno de um *sample* do sucesso *soul-pop* "All Night Long", das Mary Jane Girls em gravação da Motown de 1982, e vários remixes que estendiam e transformavam o significado do rap original e este primeiro *sample* anexando a assinatura rítmica de "Funky Sensation", de Gwen McCrae. Esta gravação *soul funky* sulista de 1981 era uma faixa original de B. Boy,* utilizada pelos DJs da velha guarda e rappers que criaram *hip-hop* para fazer breaks. Esses empréstimos são particularmente dignos de nota pois têm sido orquestrados na busca de um meio para significar a definição de Cool J da feminilidade negra autêntica. O apelo de massa do disco reside no fato de que sua definição de autenticidade era medida pelo estilo vernacular rejeitado, por um lado, pelos africentristas como pré-consciente, porque não se conformava às posturas imponentes esperadas da rainha africana e, por outro lado, pela indústria de entretenimento, na qual padrões de beleza feminina bizarros, de identificação com os brancos, têm se tornado dominantes. Ser inautêntico é, pelo menos neste caso, ser real:

> *I want a girl with extensions in her hair*
> *bamboo earrings at least two pair*
> *a Fendi bag and a bad attitude*
> *that's what it takes to put me in a good mood.*\*\*[70]

A hibridez formalmente intrínseca ao *hip-hop* não tem conseguido evitar que o estilo seja utilizado como signo e símbolo

---

\* B. Boy é o nome genérico dos primeiros *hip-hoppers* do Bronx. (N. do R.)

\*\* Eu quero uma garota com apliques no cabelo/ brincos de bambu, dois pares pelo menos/ uma bolsa Fendi e um mau comportamento/ é disso que eu preciso para ficar de bom humor.

[70] LL Cool J, *Round the Way Girl*, Def Jam 4473610 12".

particularmente potentes da autenticidade racial. É significativo que quando isto acontece o termo "*hip-hop*" seja muitas vezes abandonado em favor do termo alternativo "rap", preferido exatamente porque é mais etnicamente marcado por influências africano-americanas do que o outro. Essas questões podem ser mais bem examinadas pelo exemplo de Quincy Jones, cuja narrativa pessoal de superação racial recentemente se tornou algo emblemático para a criatividade negra em geral e o gênio musical negro em particular. A identificação do gênio musical negro constitui uma importante narrativa cultural. Ela conta e reconta não tanto a história da vitória dos fracos sobre os fortes, mas dos poderes relativos desfrutados por diferentes tipos de força. A história do desenvolvimento criativo negro intuitivo é personalizado nas narrativas de figuras como Jones.[71] Ela demonstra os frutos estéticos e comerciais da dor e do sofrimento e tem um significado especial porque os músicos têm desempenhado um papel desproporcional na longa luta para representar a criatividade, inovação e excelência negras. Jones, um empreendedor, preeminente produtor musical, executivo de gravadora, arranjador de muito talento, bebopper ocasional, levantador de fundos para as campanhas de Jesse Jackson e magnata emergente da televisão, é o mais recente modelo em uma longa sequência que descende da escravidão e do heroísmo representativo de homens como Frederick Douglass.

Jones é atípico porque recentemente foi tema de um filme biográfico, *Listen Up: The Many Lives of Quincy Jones* [Escute: As Muitas Vidas de Quincy Jones], apoiado por um livro e trilha sonora em CD, vídeo e um *single*. Em todos esses formatos interligados, *Listen Up* celebra sua vida, resistência e criatividade.[72] Acima de tudo, afirma a participação negra na indústria do entre-

---

[71] Raymond Horricks, *Quincy Jones*. Londres: Spellmount/Hippocrene Books, 1985.

[72] Quincy Jones, *Listen Up*, Qwest 926322-2 compact disc.

tenimento, um envolvimento que Jones tem sintetizado por meio da surpreendente invocação do código empresarial distintivo da BBC: os três Es, "Esclarecimento, Educação, Entretenimento".[73] O processo que culminou neste novo pacote comemorativo foi claramente encorajado pelo crescente envolvimento de Jones com a televisão como produtor de *The Fresh Prince of Bel Air* e *The Jesse Jackson Show*. Mas este processo começou mais cedo com o lançamento do LP de 1990 *Back on the Block*.[74] Este conjunto de canções utiliza o rap como meio para fechar o círculo da própria odisseia de Jones da pobreza na zona sul [*southside*] de Chicago, passando por Seattle, Nova York, Paris, Estocolmo e daí para Los Angeles e a condição de magnata. O valor positivo de *Back on the Block* é seu argumento poderoso e necessário em favor das costuras de continuidade que residem abaixo das divisões de gerações na cultura musical africano-americana. Entretanto, também havia no disco outros elementos gerais mais problemáticos. Uma faixa, versão da composição "Birdland", de Joe Zawinul, exemplifica o espírito do projeto como um todo, unindo os talentos de rappers da velha e da nova escola como Melle Mel, Kool Moe D, Ice T e Big Daddy Kane a cantores e instrumentistas extraídos de gerações anteriores. George Benson, Dizzy Gillespie, Sarah Vaughan, Miles Davis e o próprio Zawinul estavam entre aqueles cuja contribuição vocal e instrumental foi sintetizada por Jones em uma estimulante declaração épica da visão de que o *hip-hop* e o bebop compartilhavam o mesmo espírito fundamental. Jones dizia isto da seguinte forma:

> O *hip-hop* é, em diversos sentidos, a mesma coisa que o bebop, porque era uma música renegada. Ele veio de uma

---

[73] Jones fez esses comentários em uma entrevista para o programa *Black Prime Time* (Horário Nobre Negro) do Channel 4 britânico, dirigido por Mandy Rose e apresentado em outubro de 1990.

[74] Quincy Jones, *Back on The Block*, Qwest LP 26020-1.

subcultura privada de direitos políticos, que fora excluída do sistema. Eles disseram: "Vamos recuperar nossa própria vida. Teremos nossa própria língua".[75]

O rap forneceu essa montagem (é tentador dizer *mélange*) com seu princípio de articulação e invenção. O rap foi o meio cultural e político pelo qual Jones completou seu retorno à pedra de toque da autêntica criatividade negra americana. Ele mesmo, ao fazer rap no disco através da persona improvável de "The Dude" ["O Cara"], explicava que queria que o projeto "incorporasse a família inteira da música americana negra... tudo, desde o gospel até o jazz, que fazia parte de minha cultura". Padrões musicais brasileiros e africanos eram anexados e se tornavam contínuos à sua versão da herança musical negra americana. Eles são vinculados, diz Jones, pelas "tradições comuns do contador de história africano, que são continuadas hoje pelos rappers". A delicada relação entre unidade e diferenciação se perde neste ponto. Velho e novo, Oriente e Ocidente simplesmente se dissolvem um no outro, ou melhor, no receptáculo fornecido para sua interação pela grandiosa narrativa da força e durabilidade cultural africano-americana. Por mais convincentes que sejam, as apropriações do ritmo brasileiro e da língua africana por Jones tornam-se inteiramente subservientes à necessidade de se legitimar a particularidade africano-americana. A promessa de uma diáspora realmente composta, ou mesmo de uma cultura global, que poderia desviar o entendimento da produção cultural para longe das preocupações estreitas do excepcionalismo e absolutismo étnico, rapidamente reflui. O potencial significado na hibridez interna do *hip-hop* e o sincretismo externo das formas musicais que torna plausível a síntese de Jones chega a um fim abrupto e prematuro. Ela acaba por ser um retrato de adolescentes que, de volta ao seu

---

[75] Quincy Jones, *Listen Up: The Many Lives of Quincy Jones*. Nova York: Warner Books, 1990, p. 167.

quarteirão, resistem aos processos genocidas do centro da cidade por meio do poder redentor de sua arte racial autêntica.

## OS JOVENS ADOLESCENTES NEGROS DE ANTES E DE AGORA

Quincy Jones nos conta que "os tempos estão sempre contidos no ritmo". Supondo por um momento que a maioria dos críticos culturais negros não deseja simplesmente festejar o fim de noções inocentes sobre o sujeito negro — quer sejam elas festas paroquiais ou batismos —, tentamos especificar algumas novas concepções dessa subjetividade que são menos inocentes e menos obviamente abertas à suposta traição representada pelo essencialismo? Ou nos apartamos do mundo onde as identidades negras são construídas — até exigidas — pela mecânica brutal da subordinação racial e as variedades de atuação política que se empenham em responder a elas?

Quando eu era criança e adolescente, sendo criado em Londres, a música negra me fornecia um meio de ganhar proximidade com as fontes de sentimento a partir das quais nossas concepções locais de negritude eram montadas. O Caribe, a África, a América Latina e sobretudo a América negra contribuíam para nosso sentido vivo de eu racial. O contexto urbano no qual essas formas eram encontradas cimentavam seu apelo estilístico e facilitavam seu estímulo à nossa identificação. Eram importantes também como fonte para os discursos da negritude com os quais balizávamos nossas lutas e experiências.

Vinte anos depois, com as trilhas sonoras de minha adolescência recirculando na forma propositalmente danificada do *hip--hop*, eu estava caminhando por uma rua de New Haven, Connecticut — uma cidade negra —, procurando uma loja de discos especializada em música negra. A desolação, a pobreza e a miséria encontradas nesta busca infrutífera obrigaram-me a encarar o fato de que eu viera para a América em busca de uma cultura musical que já não existe mais. Meu ceticismo com a narrativa da família, raça, cultura e nação, que remonta aos anos dos comentários arrepiantes de Crummel, significa que não posso compartilhar do luto sentido por Quincy Jones sobre o cadáver dessa cultura ou do seu desejo de resgatar alguma possibilidade democrática na esteira de seu desaparecimento. Rememorando as horas de adolescente que eu passava tentando dominar as complexidades técnicas de Albert King e Jimi Hendrix, sondar as sutilezas de James Jamerson, Larry Graham ou Chuck Rainey e compreender como os gritos de Sly Stone, James Brown e Aretha Franklin puderam pontuar e estender seus modos metafísicos de tratamento do sujeito negro, percebo que a lição mais importante que a música ainda tem a nos ensinar é que seus segredos íntimos e suas regras étnicas podem ser ensinadas e aprendidas. As figuras espectrais de músicos semiconhecidos ou semilembrados como Bobby Eli, Duck Dunn, Tim Drummond, Andy Newmark, Carol Kaye, John Robinson e Rod Temperton faziam aparições por sobre meu ombro para dar seu mudo consentimento a este veredicto. Em seguida, desapareciam no crepúsculo da avenida Dixwell. Suas contribuições exemplares ao *rhythm and blues* deixaram para trás um aviso sussurrado de que a música negra não pode ser reduzida a um diálogo fixo entre um eu racial pensante e uma comunidade racial estável. Afora tudo o mais, a globalização das formas vernaculares significa que nossa compreensão das antífonas terá de mudar. Os cantos e as respostas não mais convergem nos padrões regulares do diálogo secreto e etnicamente codificado. O chamado original está se tornando mais difícil de localizar. Se o privilegiarmos em detrimento dos sons subsequentes que competem entre si para dar a resposta mais apropriada, teremos de lembrar que esses gestos comunicativos não são expressivos de uma essência que existe fora dos atos que os desempenham e, por isso, transmitem as estruturas do sentimento racial para mundos mais amplos, até agora não mapeados.

# 4.
## "ANIME O VIAJANTE CANSADO":
## W. E. B. DU BOIS, A ALEMANHA
## E A POLÍTICA DA (DES)TERRITORIALIZAÇÃO

> "A raça parece ser uma concepção dinâmica e não uma concepção estática, e as raças típicas estão em contínua mudança e desenvolvimento, mistura e diferenciação... estamos estudando a história da parte mais escura da família humana, que não é apartada do resto da humanidade por nenhuma linha física absoluta e nenhum traço mental definido, mas que, não obstante, forma, como massa, uma série de grupos sociais mais ou menos distintos na história, na aparência e em dotes e realizações culturais."
>
> *W. E. B. Du Bois*

> "Não é a cultura que vincula os povos com origens parcialmente africanas agora dispersos pelo mundo inteiro, mas uma identidade de paixões. Nós compartilhamos um ódio pela alienação imposta a nós pelos europeus durante o processo colonial e imperial e somos vinculados mais por nosso sofrimento comum do que por nossa pigmentação. Mas mesmo que esta identificação seja compartilhada pela maioria das populações não brancas, e embora ela tenha valor político de grande potência, seu valor cultural é quase nulo."
>
> *Ralph Ellison*

No espaço e tempo que separam o "Hellhound on My Trail" de Robert Johnson, da exortação do "Keep On Moving" do grupo The Wailers, e mais recentemente a composição do Soul II Soul com o mesmo nome, as culturas expressivas do mundo atlântico negro têm sido dominadas por um clima especial de inquietude. Essas canções, como tantas outras na mesma linha intertextual, evocam e afirmam a condição na qual são de algum modo transpostos os sentidos negativos dados ao movimento fortalecido dos negros. O que era inicialmente sentido como maldição — a ausência de lar ou exílio forçado — é reapropriado. Torna-se afirmado e é reconstruído como base de um ponto de vista privilegiado a partir do qual certas percepções úteis e críticas sobre o mundo moderno se tornam mais prováveis. Deve ser óbvio que essa perspectiva incomum foi forjada a partir das experiências de subordinação racial. Desejo sugerir que ela representa também uma resposta aos sucessivos deslocamentos, migrações e viagens (forçadas ou não) que passaram a constituir as condições de existência específicas dessas culturas negras.

Conforme foi sugerido no capítulo introdutório, o apelo às raízes e em favor das razões e do enraizamento, que é outro traço mais óbvio dessas formas culturais, necessita ser compreendido nesse contexto. É possível afirmar que a aquisição de raízes tornou-se uma questão urgente apenas quando os negros da diáspora procuraram montar uma agenda política na qual o ideal de enraizamento era identificado como pré-requisito para as formas de integridade cultural, que poderiam garantir a nação e o estado aos quais aspiravam. A necessidade de fixar raízes culturais ou étnicas e depois utilizar a ideia de estar em contato com elas como meio de reconfigurar a cartografia da dispersão e do exílio talvez seja melhor entendida como uma resposta simples e direta às modalidades de racismo que têm negado o caráter histórico da experiência negra e a integridade das culturas negras.

Este capítulo procura explorar essas questões concentrando-se sobre a vida de W. E. B. Du Bois e parte de seus copiosos escritos. Isto é proveitoso porque, no pensamento de Du Bois, a relação entre a moderna teoria política negra com o nacionalismo romântico europeu em geral e com o nacionalismo alemão em particular torna-se ainda mais explícita do que na obra de seus antecessores — Crummel, Blyden, Delany e Douglass.

Além do exame desta relação central, desejo interpretar alguns textos de Du Bois no contexto fornecido pela consideração histórica do movimento dos negros fora da África, que Du Bois ajudou a criar e moldar nos primeiros anos do século XX. Isso implica necessariamente a análise das formas organizacionais, de política cultural e as culturas políticas criadas pelas populações da diáspora africana em um processo tripartite de engajamento político: primeiro, na busca ativa de autoemancipação da escravidão e seus respectivos horrores; segundo, rumo à aquisição da cidadania substantiva negada pela escravidão e, finalmente, na busca de um espaço autônomo no sistema de relações políticas formais que caracteriza a modernidade ocidental. O texto a seguir tentará mapear um pouco o desenvolvimento dessas formas distintivas de ação política em sua oscilação entre duas tendências ou opções básicas. A primeira envolve a decisão de ser um movimento social, orientado para a busca racional de uma vida saudável, ao passo que a segunda pode ser melhor definida como aceitação do fato de que, na sociedade racialmente estruturada, este movimento será de caráter um tanto antissocial e provavelmente defensivo. A tensão entre uma política de realização e uma política de transfiguração sugerida no capítulo 1 ressurge aqui nesta nova roupagem inteiramente congruente com a teoria da dupla consciência de Du Bois. Os movimentos pan-africanos, fundados sobre as sequelas da escravidão, levaram essas duas abordagens diferentes da política negra moderna a se juntarem em uma síntese entre interesses nacionais e transnacionais.[1] Esses movimentos nos permitem perceber manifestações da inquieta sensibilidade política negra, que era obrigada a se mover para lá e para cá pelo Atlântico e ziguezaguear pelas fronteiras de estados-nações se pretendesse ter alguma eficácia. Esses movimentos frequentemente foram dominados por este último projeto, a transfiguração, e sua concomitante dissociação das lutas negras do progresso supostamente teleológico da civilização ocidental. Os

---

[1] Immanuel Geiss, *The Pan-African Movement*. Londres: Methuen, 1974.

escritos de Du Bois foram fundamentais no desenvolvimento desses movimentos em diversos estágios de seu desenrolar. Eles podem ser utilizados para ilustrar uma postura ambivalente diante dos frutos da modernidade, que pode ser delineada entre essas duas respostas contrastantes.

Sua teoria da modernidade adota a indagação permanente e irredutível do conceito de progresso a partir da perspectiva do escravo, que foi o tema do capítulo 2. Ela possui aspectos tanto espaciais como temporais, mas é dominada pelos últimos, expressos na forte consciência da novidade que representa o século XIX e em sua apreensão das forças sociais únicas em atuação em um mundo transformado e constituindo concepções simbióticas inéditas sobre o eu e a sociedade, seu potencial democrático desfigurado pela supremacia branca:

> O século XIX foi o primeiro século da simpatia humana — a era em que, meio encantados, começamos a discernir nos outros aquele brilho transfigurado da divindade a que chamamos Eu-mesmo; quando lavradores e camponeses, vagabundos e ladrões e milionários e-às-vezes-negros, tornaram-se almas palpitantes cuja generosa vitalidade nos tocou tão de perto que engasgamos surpresos, exclamando "Tu também! Viste a tristeza e as águas sombrias da desesperança? Tu também conheceste a vida?" E então, todos desamparados, perscrutamos aqueles Outros-mundos e lamentamos: "Ó Mundo de Mundos, como poderá o homem fazer de vós um só?".[2]

Esta análise estava tão fundamente enraizada na história pós-escrava do Novo Mundo que se tornava difícil ao entendimento da modernidade de Du Bois incorporar a África contemporânea.

---

[2] W. E. B. Du Bois, *The Souls of Black Folk*. Nova York: Bantam, 1989, p. 154.

Em vez disso, a África emergia como uma contraparte mítica da modernidade nas Américas — um símbolo moral transmitido por delicados objetos vistos transitoriamente no acervo africano da Universidade Fisk, mas em grande parte desaparecendo do relato de Du Bois, deixando um espaço vazio e doloroso entre suas manifestações locais e globais de injustiça racial. Entretanto, após responder ao incentivo de Franz Boas de estudar seriamente a África na primeira década do século XX, Du Bois começou a recontar a narrativa da civilização ocidental de um modo sistemático que enfatizava suas origens africanas e expressava um desengajamento mais intenso das formas modernas de pensamento, que eram desacreditadas por sua associação com a continuidade da prática da supremacia branca. A análise da modernidade de Du Bois também expressava seu afastamento dos Estados Unidos. Este país deixara de ser o *locus* de suas aspirações políticas, uma vez que ficara claro que os compromissos com a retidão privada e a razão pública, em favor dos quais ele havia argumentado com tanto vigor, não seriam suficientes para precipitar as reformas abrangentes demandadas pelo sofrimento negro tanto no Norte como no Sul. Seu uso fragmentário da história africana para respaldar suas críticas da América e do Ocidente, bem como para marcar os momentos em seu próprio discurso, onde a transcendência de verdades ocidentais, racializadas, parecia necessária, podem remontar a *The Souls of Black Folk* [As Almas do Povo Negro], o livro que o converteu em líder dos negros americanos.

As coletividades políticas excepcionalmente fluidas que emergem sob a égide do pan-africanismo inicial são captadas apenas pela metade no insatisfatório termo "movimento". Explorá-las levanta suas próprias dificuldades. É necessário, por exemplo, considerar que essas histórias de organização política subversiva não podem ser mapeadas satisfatoriamente, seja em termos convencionais de partido, classe, grupo étnico ou através de conceitos mais convincentes mas, também, mais evasivos, como raça e nação. Os fenômenos que nos empenhamos em nomear como pan-africanismo, etiopianismo, emigracionismo, washingtonismo e garveyismo coexistem com esses termos, mas também registram profunda insatisfação com aquilo que os conceitos mais ortodoxos derivados de disciplinas respeitáveis podem oferecer ao pensamento político negro postulado em sua inadequação. As sucessivas fases de luta dos negros no — mas não completamente do — Ocidente têm alargado os limites mesmo daquilo que a modernidade euro-americana delineou como espaço autorizado para a política no interior de suas formações sociais. Ideias convencionais de cidadania moderna às vezes têm sido esticadas de forma a poderem acomodar as esperanças negras. Outras vezes, têm sido comprimidas até o ponto de implosão pelo peso morto do sofrimento negro. Isto é uma outra maneira de dizer que as formas específicas de democracia e mutualidade inerentes às estruturas opositoras dinâmicas que os negros criaram para fazer avançar seus interesses exigem um vocabulário político e filosófico diferente daquele endossado pelas convenções científicas sociais passadas e presentes. A obra de Du Bois tem muito a oferecer neste sentido. Um sentido de necessidade de novos jargões e procedimentos analíticos foi o que o arrastou para longe de seus estudos iniciais em história rumo à psicologia e à sociologia. Seu *status* eminente como primeiro sociólogo negro e pioneiro da disciplina na América oferece outra importante razão para utilizar sua vida e obra no enfoque dos argumentos neste capítulo, pois sua sociologia também traz a marca de sua ambivalência. Ele discutia a atração da nova disciplina em um comentário sobre a obra de Herbert Spencer que abre o capítulo "Science and Empire" [Ciência e Império] em *Dusk of Dawn* [Crepúsculo da Alvorada], um de seus diversos trabalhos autobiográficos:

> A analogia biológica, as enormes generalizações eram impressionantes, mas a realização científica efetiva se retardava. Para mim, uma oportunidade parecia apresentar-se por si mesma. Eu não poderia aplacar meu espírito com a hipnose considerando uma expressão como "consciência de raça" como lei científica. Mas desviando meu olhar da infrutí-

fera flexão de palavras e encarando os fatos de minha própria situação social e experiência racial, decidi colocar ciência na sociologia por meio do estudo da condição e dos problemas de meu próprio grupo. Eu iria estudar os fatos, todos e quaisquer fatos, concernentes ao negro americano e sua situação, e por mensuração, comparação e pesquisa, avançar gradualmente para qualquer generalização válida que eu conseguisse.[3]

De Frederick Douglass[4] em diante, os escritores negros que se confrontaram com as antinomias da modernidade recorreram às ferramentas conceituais das ciências sociais e disciplinas afins em suas tentativas de interpretar as relações sociais de subordinação racial e de legitimar as estratégias para sua superação. O movimento rumo a esse tipo de escrita — equidistante do jargão político residual do antiescravismo e da retórica moralmente carregada da igreja negra — é um meio adicional de avaliar a complexidade de seu posicionamento no interior das convenções sociais e morais da modernidade ocidental e às vezes contra elas. Embora plenamente treinado nos afazeres da pesquisa e teorização sociológicas, Du Bois manejava essas ferramentas de modo seletivo e intermitente. O gênero de literatura modernista que ele inaugurou em *The Souls of Black Folk* e refinou mais em sua obra posterior, particularmente em *Darkwater*, complementa a escrita reconhecidamente sociológica com a história pessoal e pública, ficção, autobiografia, etnografia e poesia. Esses livros produzem uma forma assumidamente polifônica que nasceu dos dilemas intelectuais que haviam crescido ao lado da insatisfação de Du Bois com todos os jargões eruditos disponíveis. Esta inova-

---

[3] W. E. B. Dubois, *Dusk of Dawn*. Nova York: Library of America, 1986, p. 590.

[4] Frederick Douglass, "The Negro Exodus from the Gulf States", *Journal of Social Science* 11, maio de 1880, pp. 1-21.

ção estilística não é redutível, como sugeriu um de seus biógrafos, a uma afeição duradoura pela forma do ensaio, conforme praticada por Emerson e Carlyle, Hazlitt e Lamb.[5] Prefiro ver sua combinação de tons e modos de interpelar o leitor como um experimento deliberado, produzido a partir da descoberta de que nenhum desses diferentes registros do discurso poderia, por si mesmo, transmitir a intensidade de sensibilidade que Du Bois acreditava ser demandada pela escrita da história negra e pela exploração da experiência racializada. Essa mistura característica também foi uma influência importante no desenvolvimento do modernismo literário negro.

Existe uma série de razões para utilizar a vida e os escritos de Du Bois como meio para desenvolver minha discussão sobre a modernidade e para elaborar um relato intercultural e antietnocêntrico da história e da cultura política negra moderna. Ele também era um negro americano, mas, ao contrário de Richard Wright, que é o objeto central do próximo capítulo, foi criado em uma minúscula comunidade negra da Nova Inglaterra, Great Barrington, Massachusetts. Comparado com o Sul, onde Du Bois iria descobrir e internalizar um novo sentido de ser negro, seu local de nascimento em uma cidade do norte foi visto por alguns comentadores de sua vida como inautêntico e não suficientemente negro por causa de sua distância da instituição da escravidão. Os problemas da ontologia e da identidade racializadas — a tensão entre ser e tornar-se negro — estão, portanto, profundamente gravados na própria vida de Du Bois. Ele era franco sobre o modo pelo qual teve de aprender por si mesmo os códigos, ritmos e estilos de existência racializada quando deixou o ambiente protegido, mas mesmo assim segregado, no qual crescera e assumiu seu lugar na Fisk, a *alma mater* dos Jubilee Singers, em Nashville, Tennessee. Foi na Fisk que Du Bois primeiro encon-

---

[5] Arnold Rampersad, *The Art and Imagination of W. E. B. Du Bois*. Nova York: Schocken Books, 1990.

trou a música, que tão importante papel iria desempenhar em sua análise da cultura negra.

> Uma coisa inesquecível que a Universidade Fisk fez por mim foi orientar e alargar minha apreciação da música. Em Great Barrington, a única música que ouvíamos era a dos velhos hinos ingleses, alguns deles com música alemã. A música geralmente era boa, mas as palavras eram ilógicas ou estúpidas... A Fisk tinha a tradição de seus Jubilee Singers, que outrora se escondiam em uma galeria de órgão no Brooklyn, para que os devotos congregados não vissem seus rostos negros antes de ouvirem suas vozes celestiais... depois, a nação ouviu e o mundo abriu seus braços para os Jubilee Singers da Fisk literalmente cantarem diante dos Reis... Lá conheci alguns desses cantores e ouvi sua música.[6]

Ele incorporou à sua obra essas experiências de aprendizagem e utilizou os *insights* que elas proporcionavam sobre a construção social da identidade negra como meio para inaugurar a constituição de todas as identidades raciais. Alguns dos seus escritos mais franca e consistentemente autobiográficos deixam claro que Du Bois havia reconstruído conscientemente o sentido de seu próprio eu e seu entendimento da comunidade em meio à cultura racialmente afirmativa da Fisk:

> Eu vinha, assim, para uma região onde o mundo estava dividido em metades branca e negra, e onde a metade mais escura era contida pelo preconceito de raça e por limites legais, bem como pela grave ignorância e tenebrosa pobreza. No entanto, diante disso não estava um grupo perdido mas, na Fisk, um microcosmo de um mundo e uma civilização em

---

[6] W. E. B. Du Bois, *The Autobiography of W. E. B. Du Bois*. Nova York: International Publishers, 1968, p. 122.

potencial. Para dentro deste mundo saltei com entusiasmo. Uma nova lealdade e fidelidade tomaram o lugar de meu americanismo: dali em diante eu era um negro.[7]

Este processo de reconstrução e autodescoberta era possível apenas no posicionamento protegido propiciado por uma cultura etnicamente absoluta e racialmente homogênea. Du Bois reconheceu isto como algo que o inclinava para a forma altamente pessoal de segregacionismo que se casava bem com sua inépcia social:

> Então, é claro que, quando fui para a Fisk, no Sul, tornei-me membro de um grupo racial fechado, com ritos e lealdades, uma história e um futuro corporativo, uma arte e filosofia. Recebi tudo isso avidamente e o expandi tanto que, quando cheguei a Harvard, a teoria da separação de raças estava inteiramente em meu sangue.[8]

Embora sua perspectiva ideológica mudasse durante sua longa vida, do darwinismo ao elitismo e ao socialismo, do pan-africanismo para a autossegregação voluntária e, por fim, ao comunismo oficial, Du Bois foi um ativista político que conseguiu combinar esses compromissos opostos com o rigor da erudição, mesmo quando as universidades o repeliam e ignoravam sua extraordinária produtividade. Talvez possam ser tiradas lições para a cultura política contemporânea a partir do tipo de intelectual militante, extra-acadêmico, que ele era. Entretanto, o produto mais aparente de suas visões mutáveis parece ser uma disputa amarga em torno da compleição política de seu legado, que é visto em termos essencialmente conservadores por alguns comentadores

---

[7] *Ibid.*, p. 108.

[8] Dubois, *Dusk of Dawn*, p. 627.

e como esposando uma forma radical de socialismo democrático por outros.[9]

Du Bois também é interessante e importante do ponto de vista deste livro por causa de sua falta de raízes e da proliferação de rotas em sua longa vida nômade. Ele viajou muito e sua vida se encerrou no exílio africano, após ter fixado residência em Gana e renunciado à cidadania americana aos 95 anos de idade. Os relatos de suas visitas à África apresentam a relação entre negros americanos e sua terra natal alienada, utilizando parte da mesma aridez encontrada na viagem de Martin Delany ao vale do Nilo. Outras questões ainda sobre a identidade e a não identidade das culturas negras são levantadas pela extensão e pela complexidade das relações de Du Bois com a Europa. Para Du Bois, Douglass e a constelação de outros pensadores cuja obra constitui um diálogo antifônico com seus escritos, a ansiedade irritante em torno das contradições internas da modernidade e um ceticismo radical quanto à ideologia do progresso com a qual esta é associada são complicados por essas experiências de viagem tanto dentro como para fora da América. As questões de viagem, movimento, deslocamento e relocação, que emergem da obra de Du Bois, são, portanto, uma preocupação imediata deste capítulo.

MODERNIDADE,
TERROR E MOVIMENTOS

Em vários aspectos, o texto a seguir tentará tomar as lutas sociais e políticas dos negros da diáspora em seu próprios termos problemáticos e determinar a origem de seu ímpeto cultural dis-

---

[9] Rampersad descobre as "afinidades jacksonianas" no pensamento de Du Bois em *The Art and Imagination of W. E. B. Dubois*, p. 217. Em sua biografia, *W. E. B. Dubois: Black Radical Democrat* (Boston: G. K. Hall, 1986), Manning Marable vê Du Bois em termos bem mais radicais.

tintivo. Em particular, tomando exemplos do conceito de dupla consciência de Du Bois, estenderei seu argumento implícito de que as culturas dos negros da diáspora podem ser proveitosamente interpretadas como expressões das — e comentários sobre as — ambivalências geradas pela modernidade e seus posicionamentos [*locations*] dentro dela.

Uma percepção profunda do modo pelo qual a modernidade estrutura a cumplicidade entre a racionalidade e a prática do terror supremacista branco é o veículo inicial para escrever esta história da ambivalência. Ela se manifesta no cerne da interpretação de modernidade de Du Bois, em sua contextualização da escravidão em relação à civilização moderna e em sua ênfase no papel constitutivo desse terror na configuração das culturas políticas negras modernas:

> [...] a característica de nossa era é o contato da civilização europeia com os povos não desenvolvidos... Guerra, assassinato, escravidão, extermínio e devassidão: este tem sido reiteradamente o resultado de se levar a civilização e o abençoado evangelho às ilhas do mar e aos pagãos sem lei.[10]

Sua ênfase no terror como traço definidor dos regimes escravos santificados tanto por Deus como pela razão é um tema recorrente. Sua discussão do lugar da educação na libertação dos negros é aberta, por exemplo, pelo estabelecimento do navio negreiro como posicionamento [*location*] inaugural tanto para o seu próprio ceticismo como para "o emaranhado de pensamento e reflexão" no qual a ética crítica e as questões políticas do século devem ser decididas.[11] A mesma ideia é novamente reformulada, em formas ainda mais complexas, quando os ganhos temporários

---

[10] Du Bois, *The Souls*, p. 114.

[11] *Ibid*., pp. 62-3.

da Reconstrução são rechaçados na orgia contrarrevolucionária do linchamento e seu correlato espetáculo público de barbárie no final do século XIX. Esses resíduos odiosos do sistema escravista converteram o Sul em um "território armado para intimidar o povo negro". O significado e a funcionalidade do terror racial, portanto, se tornam uma preocupação central nas denúncias e afirmações de modernidade de Du Bois. Sua importância é transmitida no elo que o terror racial estabelece entre *The Souls* e *Dusk of Dawn*, um livro produzido cerca de trinta e sete anos mais tarde e que faz menção constante ao linchamento como ritual social e instrumento de administração política. Neste último livro, Du Bois fez um relato vigoroso do efeito que teve sobre ele o assassinato e a mutilação de Sam Hose, um trabalhador da Geórgia, linchado após uma briga por dinheiro com um fazendeiro.[12] Os nós dos dedos de Hose haviam sido exibidos publicamente na vitrina de uma mercearia da rua Mitchell próxima à Universidade de Atlanta onde Du Bois estava trabalhando como professor de sociologia. Ele sintetizava a transformação interior operada por esta descoberta: "Ninguém poderia ser um cientista, calmo, frio e distanciado enquanto os negros eram linchados, assassinados e sub-

---

[12] Sobre as lutas políticas contra o linchamento neste período ver Ida B. Wells, "Southern Horrors: Lynch Law in All Its Phases", em Trudier Harris (org.), *The Selected Works of Ida B. Wells Barnett* (Nova York e Oxford: Oxford University Press, 1991). Para um panorama mais geral ver Herbert Shapiro, *White Violence and Black Response: From Reconstruction to Montgomery* (Amherst: University of Massachusetts Press, 1988). A importância deste episódio para Du Bois é discutida de maneira interessantíssima, apesar de detalhes imprecisos, por Allison Davis em seu estudo psicológico *Leadership, Love, and Aggression* (Nova York: Harcourt Brace Jovanovich, 1983). Os relatos de Du Bois sobre a importância deste evento são expostos em *Autobiography*, p. 222, e *Dusk of Dawn*, pp. 602-3. Consta que Du Bois disse a Herbert Aptheker, editor de suas obras reunidas, que "alguma coisa dentro de mim morreu naquele dia"; ver a introdução de Aptheker à reimpressão de Kraus Thompson para *Dark Princess* (Millwood, Nova York: Kraus Thomson, 1974), p. 17.

metidos à morte pela fome...". A fim de avaliar esse comentário, é essencial considerar a escala e o significado público do linchamento como espetáculo durante este período. O caso de Hose revela parte disto, mas Du Bois enfatizou seu lugar como teatro popular do poder em um segundo caso discutido mais adiante no mesmo livro:

> Um negro foi queimado vivo publicamente no Tennessee em circunstâncias invulgarmente atrozes. O evento foi publicamente anunciado de antemão na imprensa. Três mil automóveis trouxeram o público, incluindo mães com crianças. Dez galões de gasolina foram despejados sobre o infeliz e ele foi queimado vivo, enquanto centenas disputavam pedaços de seu corpo, das suas roupas e da corda.[13]

A percepção de Du Bois da importância da brutalidade ritual na estruturação da vida moderna e civilizada no Sul foi desenvolvida tanto em seus argumentos sobre sua continuidade com padrões de brutalidade estabelecidos durante a escravidão, como em seus comentários fragmentados sobre o genocídio de índios americanos. Ele articula essas histórias de terror etnocida, entrelaçadas ao relato irônico das promessas fracassadas da modernidade, que ele constrói a partir da perspectiva móvel propiciada pela janela de um vagão de trem para negros:

> [...] tivemos de apressar nossa viagem. O lugar por que passamos ao nos aproximar de Atlanta é a antiga terra dos Cherokees — essa brava nação índia que por tanto tempo lutou por sua terra, até que o Destino e o governo dos Estados Unidos os expulsaram para além do Mississippi.[14]

---

[13] Du Bois, *Dusk of Dawn*, p. 738.

[14] Du Bois, *The Souls*, p. 79.

Mesmo com a história da conquista restaurada ao seu devido lugar e um grau cruel e incomum de brutalidade rotineiramente vista em operação como mecanismo de administração política, a experiência de subordinação racial é insuficiente para explicar a riqueza e a consistência das lutas de defesa e transformação dos negros no Ocidente. O reconhecimento disso obriga o leitor a acompanhar Du Bois no levantamento de algumas questões simples, mas incômodas, sobre exatamente o que distinguia essas formas políticas particulares de outras talvez mais familiares. Isso significa, por exemplo, indagar sobre onde exatamente estava a identidade desses movimentos internacionais contra a escravidão, pela cidadania e autonomia política. Isto exige que mergulhemos em sua história oculta e não tomemos nada como pressuposto quanto aos meios de sua reprodução e transmissão em palavra e em som. Essas investigações se tornam ainda mais complexas porque as respostas a tais perguntas nem sempre podem ser encontradas nos registros convenientes, porém enganosos, que caracterizam a organização das lutas políticas conduzidas de acordo com os princípios da racionalidade burocrática. Particularmente no período escravista, mas também depois dele, existem poucas atas de comitês, manifestos ou outros documentos programáticos que visem a definir de forma transparente os objetivos e a estratégia desses movimentos. Sua autoconsciência reflexiva deve ser buscada em outra parte. Embora se possa encontrar seus vestígios escritos, ela tende quase sempre a ser compilada em fontes que são mais imaginativas e também mais efêmeras. Du Bois sugere que ela é mais comumente expressa nas práticas culturais do que em práticas formalmente políticas que são, por razões ligadas às variedades extremamente díspares de subordinação social praticadas em nome da raça, particularmente densas e até opacas para observadores de fora. Essa densidade, tão necessária à manutenção da integridade da comunidade interpretativa dos escravos e seus descendentes, não é constante. Ela flutua à medida que a química do sincretismo cultural reage a mudanças na pressão política e na atmosfera econômica. Mais uma vez, pode-se evidenciar que *The Souls of Black Folk* é um texto particularmente importante devido ao modo como sensibilizou os negros para o significado das culturas vernaculares que brotaram para mediar os efeitos duradouros do terror. O livro endossava essa sugestão por meio de seu uso da música negra como símbolo para os elementos sublimes, pré-discursivos e antidiscursivos na cultura expressiva negra. Conforme mostrei no capítulo anterior, a música tem sido regularmente empregada desde *The Souls* para fornecer um símbolo para várias concepções diferentes da comunidade [*commonality*] negra. A obra de Du Bois inicia esta estratégia.

As versões mais místicas do comunitarismo [*communitarianism*] negro são frequentemente ouvidas como parte do argumento de que se pode encontrar uma unidade inata ou fundamental sob a superfície da pluralidade irredutível dos estilos negros do Novo Mundo. Entretanto, o motivo essencial para esta visão da identidade racial tem sido o signo "África" e seus nacionalismos negros correspondentes, que têm sido extremamente importantes na condução da cultura política negra na era do poder imperial. A história e as origens dessas ideias geralmente românticas e necessariamente exclusivistas de identidade nacional, cultura nacional e filiação nacional, terão de ser tratadas em maior detalhe em outro trabalho. Como alternativa a essas posições conhecidas, meu objetivo aqui é apresentar e defender outra concepção mais modesta de conexão regida pelo conceito de diáspora e sua lógica de unidade e diferenciação. Du Bois dá uma importante contribuição a esta tarefa geralmente desprezada por críticos africano-americanos que, com seu gosto provinciano, não apreciam este aspecto de sua obra. Seu texto às vezes opera em um tom mais geral, menos particularista e seu empenho em validar o conceito de uma diáspora africana como abstração não deve ser interpretado como sinal de que mudanças menores, mais imediatas ou locais são insignificantes para ele. Du Bois parece sugerir que prestar atenção mais cuidadosa à assimetria interna e à diferenciação das culturas negras é a única maneira de abordar o nível de conexão que as grandes teorias retóricas da comunidade racial ora invocam, ora pressupõem. É óbvio, porém, que a atenção a esses componentes locais da negritude, muitas vezes contraditórios, podem tornar tendenciosa a consideração das modalidades especiais que conectam a vida e as experiências dos negros no hemisfério ocidental, quer eles estejam ou não diretamente conscientes disso. Em outras palavras, é importante, mesmo tendo em mente diferenças importantes, tentar especificar algumas das similaridades a serem encontradas em diversas experiências negras no Ocidente moderno. Veremos mais adiante que é isto que demandam as próprias aspirações políticas do pan-africanismo. A validade do conceito de diáspora está em sua tentativa de especificar a diferenciação e a identidade de um modo que possibilite pensar a questão da comunidade racial fora de referenciais binários restritivos — particularmente aqueles que contrapõem essencialismo e pluralismo. *The Souls* foi o primeiro lugar onde uma perspectiva diaspórica, mundial, sobre a política do racismo e sua superação interrompeu o fluxo uniforme dos excepcionalismos africano-americanos. Os impulsos nacionalistas de Du Bois coexistiam nesse livro com a transcendência dos mesmos. Eles lentamente passaram a entrar em atrito à medida que ele avançou para além do simples uso da história europeia para gerar exemplos comparativos de nacionalidade negada e identidade étnica subordinada, tal como o haviam feito Delany e Crummel. Em lugar desse tráfego de mão única, um relato sistemático das interconexões entre África, Europa e as Américas emergiu lentamente para complicar a narrativa excepcionalista do sofrimento negro e da autoemancipação nos Estados Unidos. A escravidão internacional fornecia a justificativa para essa perspectiva, mas estava associada ao desejo de Du Bois de demonstrar a situação interna dos negros, firmemente aprisionados no mundo moderno, algo que seu trabalho forçado havia possibilitado. Com esse fim, ele demonstrou cuidadosamente uma familiaridade completa com o legado cultural da civilização ocidental. Ele reivindicou o acesso a este legado como direito para a raça como um todo, e produziu um texto que demonstrou como ele considerava esse legado como sua propriedade pessoal. Havia estratégia e, ao mesmo tempo, pura bravata no modo como ele ostentava uma erudição aparentemente fácil e espontânea diante de seus leitores brancos, usando-a simultaneamente como uma polêmica contra aqueles dentre seu público leitor negro que aderiam à rejeição de Booker T. Washington da relação fundamental entre liberdade e educação, ou concordavam com a visão deste de que o ensino superior era uma distração absurda das tarefas práticas essenciais para garantir a sobrevivência e a prosperidade racial.

> Sento-me com Shakespeare e ele não se encolhe. Cruzo a linha da cor de braços dados com Balzac e Dumas, onde homens sorridentes e mulheres receptivas deslizam em salões dourados. Das cavernas da noite que oscilam entre os braços da terra e a poesia das estrelas, convoco Aristóteles e Marco Aurélio e toda alma que desejo encontrar e todos eles chegam corteses, sem escárnio ou condescendência. Assim, apegado à Verdade, resido acima do véu. É esta a vida que você nos concede... Vocês estão com medo de que espreitando deste alto Nebo, entre o filisteu e o amalecita, avistemos a Terra Prometida?[15]

A imagem de Du Bois da universidade negra é fundamental para esta discussão. Em oposição à ênfase antiacadêmica de Washington no aspecto técnico, vocacional e prático, ele defendia o ideal do ensino superior como uma meta em si mesma e também como fundamento sobre o qual um novo sistema educacional deve ser erigido:

> [...] onde, em verdade, devemos fundar o conhecimento senão sobre o conhecimento mais amplo e profundo? São mais as raízes da árvore do que as folhas as fontes de sua

---

[15] *Ibid.*, p. 76.

vida; e desde a alvorada da história, de Academus a Cambridge, a cultura da universidade tem sido a ampla pedra de fundação sobre a qual é construído o ABC do jardim da infância.[16]

Esta discussão sobre a educação é uma das diversas maneiras pelas quais se pode mostrar que aquilo que se tem chamado de "tradição radical negra",[17] um termo sugerido por Cedric Robinson, possui interessantes correspondentes culturais nas experiências de vida dos sujeitos negros e na estética fundamentada que anima suas aspirações sociais de serem livres e serem eles mesmos. Embora a força do termo de Robinson seja óbvia, ele ora é esclarecedor, ora enganoso. Isto porque pode sugerir que os elementos radicais dessa tradição é que são os traços dominantes (algo que as posições complexas e mutáveis de Du Bois podem ser utilizadas para contestar) e porque a ideia de tradição pode soar demasiado fechada, final e antitética à experiência subalterna da modernidade que tem condicionado em parte o desenvolvimento dessas formas culturais. Onde as comunidades de interpretação, necessidades e solidariedade sobre as quais se assentam as culturas do Atlântico negro se tornam uma multiplicidade intelectual e política, elas assumem uma forma fractal na qual a relação entre comunidade e diferença se torna tão complexa que pode continuamente enganar os sentidos. Nossa capacidade de generalizar e comparar as culturas negras é circunscrita, portanto, pela escala da análise que está sendo realizada. Os contornos que são percebidos desses movimentos variam de acordo com a posição precisa do observador. No capítulo anterior, sugeri que esta multiplicidade da diáspora é uma formação caótica, viva e inorgânica. Se ela pode ser chamada de tradição, é uma tradição em movi-

---

[16] *Ibid.*, p. 59.

[17] Cedric Robinson, *Black Marxism*. Londres: Zed Press, 1981.

mento incessante — um mesmo mutável que se empenha continuamente rumo a um estado de autorrealização, que continuamente foge ao seu alcance. Existem, contudo, três fases em sua evolução desordenada que podem ser heuristicamente identificadas e que são úteis pois correspondem grosso modo à estrutura tripartite do livro de Du Bois, *The Souls of Black Folk*. A primeira pode ser definida pelas lutas contra a instituição da escravidão conduzidas em todo o Novo Mundo. Eram lutas pela emancipação do trabalho coagido, produzindo mercadorias para venda em um mercado mundial, e do sistema distintamente moderno de opressão codificada em cor a ele associado. A segunda é identificável através das lutas prolongadas para conquistar *status* humano e os consequentes direitos e liberdades burgueses para as populações negras libertas dos países modernizados e industrializados, nos quais liberdade, justiça e direito ficam marcados como "Apenas para Brancos".[18] Essas lutas, acima de tudo, eram uma busca pela cidadania, quer conduzidas no contexto de sistemas de mão de obra migrante administrados pelo estado, quer nas estruturas menos formais e menos centralizadas da subordinação racial. Essa dinâmica está ligada tanto às formas políticas que a sucedem como à escravidão que a antecedeu. Ela extrai grande parte de sua força e de sua potência simbólica dos padrões distintivos e vibrantes da ação política coletiva possibilitada pela escravidão. O terceiro conjunto de lutas políticas pode ser definido pela busca de um espaço independente no qual comunidade e autonomia negras podem desenvolver-se em seu próprio ritmo e direção. Este componente final abrangia o desejo dos negros da América e do Caribe de garantir uma terra natal africana independente na Libéria e em outras áreas. Ele diz respeito também ao imbricamento dos colonizadores europeus no continente africano e aos complexos conflitos políticos que cresciam em torno da necessidade de se libertar a África. Embora vitalmente importante por si mesma, a li-

---

[18] Du Bois, *The Souls*, p. 145.

bertação da África também opera como um paralelo para a aquisição da autonomia negra em geral. Ela é normalmente apresentada como ponto homológico de referência por meio do qual o progresso local ou mesmo individual rumo a várias formas de autodeterminação poderia ser avaliado em relação à dinâmica mundial envolvida.[19]

A heterogeneidade com que as batalhas contra o racismo se manifestam em todas essas etapas é um lembrete de que as três dimensões não obedecem a uma sequência linear clara. Os traços de cada uma passam a ser inscritos no imaginário político e cultural das outras. As lutas orientadas para determinadas metas táticas muitas vezes coexistiam e até se contradiziam ativamente entre si por gerarem conjuntos radicalmente diferentes de prioridades políticas, alianças e agendas conceituais. Na obra de Du Bois, uma relação cambiante com a ideia de nacionalidade pode ser utilizada como um instrumento tosco para demarcar a passagem de uma etapa ou disposição para outra. A primeira é expressa na necessidade de obter admissão à comunidade nacional e à sociedade civil e política americana, a segunda, na necessidade de fazer com que essa comunidade nacional corresponda às promessas inerentes à sua retórica política e judicial, e a terceira, na necessidade ora de se integrar a essa comunidade, ora de se dissociar dela mesma, uma vez que seu caráter essencialmente ilusório havia sido reconhecido. Neste ponto, outros tipos de associação racial, de caráter local, urbano ou mesmo internacional, podem se evidenciar mais significativos do que a velha opção de ser americano.

Existem outras maneiras pelas quais se pode periodizar o padrão não linear e autorreferente [*self-similar*] desses conflitos políticos. São batalhas, por exemplo, em torno dos meios de representação cultural de populações racialmente subordinadas, às quais é negado acesso a determinadas formas culturais (como a

---

[19] Afinal de contas, é por isto que os jovens usam pingentes no formato da África em volta de seus pescoços.

alfabetização), ao passo que outras (como o canto) são desenvolvidas tanto como meio de transcendência quanto como uma espécie de compensação para experiências muito específicas de não liberdade. Na primeira fase, a população é coagida ao analfabetismo e aí mantida pelo terror. Na segunda, onde a porta para a alfabetização não está fechada por sanções legais, a sobrevivência pode exigir o domínio de expressões linguísticas e verbais especialmente codificadas fora do comando da palavra escrita.[20] A batalha entre Du Bois e Washington mostra como a educação emergiu como um foco maior para a atividade política. A terceira fase envolve tipicamente um movimento deliberado e consciente para além da linguagem em sentidos, que são informados pela memória social de experiências anteriores de separação forçada do mundo da comunicação escrita. Uma percepção contracultural da incapacidade das meras palavras de transmitir certas verdades inaugura uma denúncia especial da separação forçada pela modernidade entre a arte e a vida, bem como um ponto de vista estético (ou antiestético) distinto. A música é a melhor maneira de examinar este aspecto final.

Encarando a questão de outra maneira ainda, pode ser possível periodizar esses mesmos três momentos na cultura política negra por meio da diferente configuração que cada um dá ao projeto de libertação e do lugar da cultura dentro dele. Neste caso, a primeira fase seria identificada pela tentativa de liberar o corpo do escravo de uma experiência um tanto mais profunda de reificação do que qualquer coisa que possa ser mapeada pelo conceito do fetichismo da mercadoria, e a segunda fase, pela libertação da cultura, particularmente da língua, como meio de autocriação social. Embora a música desempenhe um papel significativo em ambas as etapas anteriores, a terceira pode ser definida pelo projeto de libertar a música de seu *status* de mera mercadoria e, asso-

---

[20] Houston A. Baker Jr., *Modernism and the Harlem Renaissance*. Chicago: University of Chicago Press, 1987.

ciado a isto, pelo desejo de utilizá-la para demonstrar a reconciliação entre arte e vida, ou seja, pela exploração da busca de experiência artística e mesmo estética não só como uma forma de compensação, paga como preço de um exílio interno em relação à modernidade, mas como o veículo preferido para o autodesenvolvimento comunal.

## DISSECANDO
## THE SOULS OF BLACK FOLK

Esses três aspectos da cultura política negra moderna inter-relacionados são convincentemente expressos em *The Souls*. Esta obra canônica, clássica, foi publicada inicialmente em 1903, quando o autor estava com 35 anos e trabalhava como professor de economia e história na Universidade de Atlanta. Era uma coletânea cuidadosamente orquestrada de seus velhos e novos escritos. Nove ensaios publicados anteriormente e ligeiramente reformulados receberam uma introdução e foram complementados por cinco novos ensaios. Os capítulos desafiam um simples sumário. Eles abrangem a própria vida de Du Bois no Norte e no Sul e incluem análises detalhadas das relações sociais e econômicas no Sul pós-Reconstrução; existem reflexões sobre a cidade de Atlanta, o Freedmen's Bureau [Comitê de Homens Libertos], o Black Belt [Cinturão Negro], o algodão e Alexander Crummell, bem como uma vigorosa polêmica contra as ideias de Booker T. Washington acerca do valor e da qualidade da educação para os negros. O volume inclui um conto e um relato elegíaco da morte do filho de Du Bois. A coletânea é encerrada com um ensaio sobre a música dos escravos e sua importância para a cultura política negra.

A abordagem de Du Bois, na análise das histórias e experiências particulares e locais dos negros americanos como parte dos processos mais gerais, descontínuos e claramente diferenciados que contribuem para uma diáspora, retirou sua inspiração de fontes um tanto diversas. Foi condicionada por um sentido bastante apurado de história, produto óbvio de seu encontro com o materialismo histórico. Foi também marcada pelas refinadas sensibilidades sociológicas que caracterizam seu texto e por um entendimento complexo da relação entre raça, nação e cultura, em si mesmo moldado pela familiaridade de Du Bois com o idealismo alemão. Dessas influências, o marxismo foi a mais maltratada em sua tradução para o idioma negro. Ele tropeçava em diversos outros atributos da história distintiva, que Du Bois se via obrigado a tentar reconstruir como parte de sua crítica da teoria da modernidade endossada pelo pensamento marxiano. A história da escravidão era reiteradamente utilizada como ferramenta para questionar as premissas do progresso ocidental compartilhadas pelo marxismo. Conforme já sugeri, o lugar central do terror racializado e racializante no período da escravidão e posterior era utilizado para questionar a legitimidade da cultura política da América e suas pretensões de racionalidade. A relação entre os modos de produção e as estruturas do estado-nação era similarmente complicada pela demonstração da diferenciação interna dos Estados Unidos e do caráter transnacional do tráfico escravo. A atenção de Du Bois à dinâmica específica da subordinação racial e de identidade racial produziu uma teoria da ação política na qual era rejeitada a prioridade das relações de classe e era demonstrada a autonomia dos fatores culturais e ideológicos em relação à determinação econômica concebida em termos crus. Esses pontos eram esclarecidos em seu ensaio sobre as viagens dos Jubilee Singers da Fisk.

A inovação estilística representada por *The Souls of Black Folk* é expressa no modo como o poder da música era invocado e as citações musicais utilizadas para estruturar e qualificar o que o texto escrito poderia transmitir. Cada capítulo era prefaciado por duas epígrafes. A primeira era geralmente[21] tirada dos câno-

---

[21] Existe uma única citação da *Bíblia*. O ensaio final, sobre as "canções de tristeza", utiliza um fragmento de uma das canções discutidas.

nes da literatura europeia, ao passo que a outra era um fragmento extraído de uma das "canções de tristeza" [*sorrow songs*] às quais o capítulo final era inteiramente dedicado.

Sejam quais forem os termos que utilizem para descrevê-las, a maioria dos críticos concorda que o livro se divide em três seções bem distintas.[22] Os capítulos de 1 a 3 são principalmente históricos, os capítulos de 4 a 9 têm um foco basicamente sociológico, e os capítulos que vão do 10 ao 14 deixam para trás essas perspectivas fixas para explorar os terrenos da arte, religião e expressão cultural negras com uma pluralidade de vozes, entre as quais a biografia, a autobiografia e a ficção. O livro se dirige à experiência dos negros na América e, ao mesmo tempo a expressa — um povo envolto nas dobras do véu da cor. Entretanto, ele também se dirige até certo ponto aos mundos para além dessa plateia. Ele fala diretamente aos brancos americanos, desafiando seu sentido de civilização e de cultura nacional, codificadas pela cor, e também está voltado a uma comunidade transnacional mais ampla de leitores, tanto no presente como no futuro. Ele aspirava dar às experiências pós-escravidão, particulares dos negros ocidentais, uma significação mundial. Desejo me concentrar nesta tensão da obra por meio das diferentes formas pelas quais ela projeta ou espacializa as concepções contrastantes de raça, nação, cultura e comunidade, invocadas por Du Bois. Meu ponto de partida é o conceito de dupla consciência com o qual *The Souls of Black Folk* começava e que forneceu a sólida estrutura de sua fundamentação organizacional. A dupla cons-

---

[22] H. L. Gates Jr., ressalta isto em sua valiosa introdução à edição Bantam; Houston Baker vê o texto desta maneira em *Long Black Song* (Charlottesville: University Press of Virginia, 1990); tal como o faz Robert Stepto em *From Behind the Veil* (Urbana e Chicago: University of Illinois Press, 1979), em que ele identifica as três partes como estase, imersão e ascensão. Arnold Rampersad, cujo entendimento da estrutura do livro se aproxima mais do meu próprio entendimento, diverge quando vê o bloco final da obra como definido e unificado por sua preocupação com a espiritualidade negra.

ciência foi inicialmente utilizada para transmitir as dificuldades especiais advindas da internalização negra de uma identidade americana:

> Todos sentem alguma vez sua dualidade — um lado americano, um lado negro; duas almas, dois pensamentos, dois esforços inconciliáveis; dois ideais em guerra em um só corpo escuro, cuja força tenaz é apenas o que a impede de se dilacerar.

Entretanto, desejo sugerir que Du Bois produziu este conceito no ponto de junção de seus interesses filosóficos e psicológicos não só para expressar o ponto de vista distintivo dos negros americanos, mas também para esclarecer a experiência das populações pós-escravas em geral. Além disso, ele o utiliza como meio para animar um sonho de cooperação global entre as populações de cor, que apenas passou à fruição plena em suas obras posteriores. Essa perspectiva acabou encontrando sua expressão mais acabada no romance *Dark Princess*, mas periodicamente aflorava nas preocupações mais etnocêntricas de Du Bois, aparecendo estranhamente, por exemplo, no meio deste devaneio pan-africano de *Dusk of Dawn*:

> Quando diante da África, pergunto a mim mesmo: o que existe entre nós que constitui um laço que consigo mais sentir do que explicar? A África é, naturalmente, minha pátria. Entretanto, nem meu pai nem o pai de meu pai jamais viram a África ou conheceram o seu significado ou se importaram demais com ela. O pessoal da minha mãe estava mais perto e, no entanto, sua conexão direta, em cultura e em raça, passou a ser tênue; ainda assim, meu laço com a África é forte... uma coisa é certa: o fato de que desde o século XV esses meus ancestrais tiveram uma história comum, sofreram um desastre comum e possuíam uma única e longa memória... o emblema da cor [é] relativamente insignificante sal-

vo como emblema; a essência real deste parentesco é herança social da escravidão; a discriminação e o insulto; e esta herança não reúne apenas os filhos da África, mas se estende pela Ásia amarela e pelos mares do Sul. É esta unidade que me atrai para a África.[23]

A dualidade que Du Bois colocava no cerne intelectual e poético do livro foi particularmente significativa para a ampliação do impacto de *The Souls*. Sua influência se espalhou pelo mundo atlântico negro, inspirando diretamente figuras tão diferentes como Jean Price Mars, Samuel Coleridge Taylor e Léopold Sédar Senghor* e indiretamente influenciar muitos outros. Seu poder ainda é sentido na ressonância especial que o termo *"soul"* continua a desfrutar no discurso político moderno e na axiologia cultural dos negros.

A dupla consciência emerge da simbiose infeliz entre três modos de pensar, ser e ver. O primeiro é racialmente particularista, o segundo, nacionalista, porque deriva mais do estado-nação, no qual se encontram os ex-escravos, mas ainda não cidadãos, do que de sua aspiração por um estado-nação próprio. O terceiro é diaspórico ou hemisférico, às vezes global e ocasionalmente universalista. Este trio foi tecido em alguns padrões improváveis mas requintados no pensamento de Du Bois. As coisas se complicam ainda mais porque ele incorporava conscientemente sua própria jornada, tanto dentro como fora do mundo velado da América negra, à estrutura narrativa do texto e à crítica política e cultural do Ocidente que ele elaborou por meio de uma

---

[23] Du Bois, *Dusk of Dawn*, pp. 639-70.

* Jean Price Mars (1877-1969), professor e ativista haitiano com presença em vários campos do conhecimento; Samuel Coleridge Taylor (1875-1912), importante compositor negro de música erudita, que viveu na Inglaterra; Léopold Sédar Senghor (1906), poeta e político, primeiro presidente da República do Senegal, após sua independência (1960). (N. do R.)

extensa investigação na história do pós-Guerra Civil no Sul dos Estados Unidos.

Guiado pelo aparato de seu pan-africanismo e em oposição explícita a um estilo de análise baseado na fixidez do estado-nação moderno como receptáculo para as culturas negras, Du Bois desenvolveu uma abordagem para compreender a história política e cultural dos negros no Ocidente capaz de se concentrar tanto em suas diferenças recíprocas evidentes como destes em relação aos negros na África — passadas e presentes. Ele sofisticou essa perspectiva em uma série de trabalhos,[24] mas uma de suas manifestações iniciais surgiu em *The Souls of Black Folk*, em que ela coexistia incomodamente com uma concepção um tanto idealizada e populista do excepcionalismo africano-americano que encontra alguns equivalentes contemporâneos no pensamento africológico.

O livro permanece importante por sua elegante e moderada insistência em que o problema do século XX era o problema da "linha da cor" [*color line*]. Isto levanta também a relação entre nacionalidade e solidariedade política transnacional. Quando esta afirmação é feita na introdução e repetida no início e novamente no final do segundo capítulo, o racismo local — que deforma a experiência dos africano-americanos e que estava articulando a violenta contrarrevolução em oposição à justiça racial no Sul que estruturava e animava o projeto de Du Bois — é descrito como não mais do que uma fase no conflito *global* maior que se estende dos Estados Unidos para a Ásia, África e para as ilhas oceânicas. Era uma "fase" nesse conflito mais amplo entre as raças mais escuras e mais claras de homens nesses locais que "provocava a guerra civil". O desafio para os negros americanos no início do novo século, portanto, era captar as continuidades que vinculavam

---

[24] *The Negro* (Nova York: Henry Holt, 1915); *Black Folk: Then and Now* (Nova York: Henry Holt, 1939); *The World and Africa* (Nova York: International Publishers, 1965).

seu presente infortúnio aos horrores específicos de seu passado e conectar seus sofrimentos contemporâneos à subordinação infligida a outras populações de cor por um inimigo comum:

> Avistei uma terra enamorada do sol, onde as crianças cantam, colinas ondulantes se estendem como mulheres apaixonadas que brincam com a colheita. E lá nas Estradas do Rei sentava-se e senta-se uma figura velada e reverente, diante da qual os passos do viajante andem mais rápido. No ar maculado surge o medo. O pensamento de três séculos tem sido o surgimento e revelação desse coração humano reverente; e agora contemplamos um século novo, em sua ideia de dever e de contrato [*for the duty and the deed*]. O problema do século XX é o problema da linha da cor.[25]

Alertando contra o engodo do excepcionalismo racial, Du Bois advertia suas irmãs e irmãos africano-americanos de que a escravidão vivenciada pelos negros nos Estados Unidos, embora terrível, "não [era] a pior escravidão do mundo, não [era] uma escravidão que tornava tudo na vida intolerável, mas sim uma escravidão que tinha aqui e acolá algo de suavidade, fidelidade, felicidade...".[26] *The Souls of Black Folk* é particularmente valioso precisamente porque cristaliza essas tensões recorrentes entre o desejo compreensível de Du Bois de abarcar a particularidade africano-americana e uma ordem mais vaga e mais geral da experiência subalterna que ele descreveu sugestivamente como o "significado estranho de ser negro no alvorescer do século XX". Em vista disso, é significativo que o trocadilho no título de seu livro não fosse etnicamente restrito ou encerrado por uma referência às condições americanas específicas nas quais se originara. Há um sentido no qual a negritude nele invocada está em uma relação

---

[25] Du Bois, *The Souls*, p. 29.

[26] *Ibid.*, p. 21.

complexa e dissonante com a palavra "folk" [povo] que a acompanha, estreitando o sentido do título e vinculando-o firmemente a uma concepção altamente específica, mas também altamente mística e orgânica da comunidade, que não é diretamente endossada pelo texto.

Já argumentei que as perspicazes afirmações de Du Bois sobre sua ambivalência para com a modernidade aparecem inicialmente em seu ataque ferino a Booker T. Washington. Elas são elaboradas em seu ensaio seguinte: uma reflexão sobre os sentidos que o conceito de progresso pode ter quando abordado do ponto de vista do escravo. Nesse ensaio, Du Bois narra suas experiências felizes como professor primário na zona rural do Tennessee durante as férias da Fisk. Ele encontra os negros do campo e deseja celebrar e confirmar seu ritmo de vida "lânguido e monótono", tão diferente do de sua própria criação na Nova Inglaterra. Sua indiferença para com a educação que ele lhes oferecia surgia como um problema fundamental que ele apenas poderia resolver provisoriamente:

> Eu sabia que as dúvidas dos velhos sobre o ensino pelo livro haviam vencido novamente e por isto, avançando a custo e entrando o máximo possível na cabana, colocava o "pro Archia Poeta" de Cícero no inglês mais simples com entonações locais e normalmente os convencia — por uma semana mais ou menos.[27]

A fé religiosa que eles tinham também os dividia em relação a Du Bois, fragmentando a unidade frágil de pregador e professor que, segundo ele nos conta, em conjunto "corporificou outrora os ideais dessa gente".[28] Ele considera o papel da igreja em um nível geral como o de fornecer "centro social da vida do ne-

---

[27] *Ibid.*, p. 47.

[28] *Ibid.*, p. 57.

gro nos Estados Unidos, e a expressão mais típica do caráter africano".[29] Mas quando ele mesmo se vê no meio do povo, suas respostas se tornam mais contraditórias. Isso se devia precisamente ao conservadorismo antimoderno que essas importantes instituições sociais reproduziam, mesmo enquanto consolidavam a "consciência comum semidesperta" produzida naquela "minúscula comunidade" pelos efeitos da privação e do racismo, as consequências da escravidão e as experiências comuns de "alegria e pesar no enterro, nascimento ou casamento". A questão do terror ressurge mais uma vez em seu capítulo mais detalhado sobre os atributos sociais e políticos do cristianismo negro sulista, como fator importante que moldava seus rituais de cura e fornecia a Du Bois a chave para interpretá-los. Era nas práticas religiosas que a memória social soterrada daquele terror original havia sido preservada. Ela era frequentemente revisitada por meios rituais:

> Quando me aproximava da aldeia e da singela igrejinha [...] Uma espécie de terror suprimido pairava no ar e parecia se apoderar de nós — uma loucura venenosa, uma possessão demoníaca, que conferiam uma terrível realidade ao canto e à palavra.[30]

Du Bois situava seus relatos matizados da contínua labuta quase escrava dessas comunidades rurais no referencial mais amplo da história da Reconstrução e do desenvolvimento capitalista global. A oportunidade que a Reconstrução oferecia não levou em conta essas comunidades. Em vez disso, novas tragédias foram criadas enquanto a nação tropeçava rumo ao futuro "exatamente como se Deus realmente estivesse morto". Retornando alguns anos depois ao núcleo rural onde havia lecionado quando jovem, Du Bois foi obrigado a se defrontar com o modo como seus ha-

---

[29] *Ibid.*, p. 136.
[30] *Ibid.*, p. 134.

bitantes não haviam sido envolvidos pelo ímpeto teleológico do desenvolvimento histórico. O progresso, diz ele, falando do novo prédio que havia substituído a velha escola de madeira de que ele se lembrava com tanto carinho, "é necessariamente feio". O tom irônico no qual ele aceita que o progresso tocou e transformou as vidas miseráveis dos usuários do prédio e suas famílias é menos significativo do que sua visão de que as vidas desses negros haviam sido vividas de acordo com um padrão especial que tornava impossível avaliar o progresso:

> Como o homem deve medir o progresso ali onde está deitada Josie da cara triste? Quantos corações cheios de tristeza compensam um alqueire de trigo? Que difícil é a vida para os de baixo e entretanto como é humana e real! E toda esta vida, amor, labuta e fracasso — será ela o crepúsculo do anoitecer ou o resplendor de uma frágil aurora? Assim, nessa triste meditação, segui para Nashville no vagão dos negros [*Jim Crow car*].[31]

Alguma indicação da importância deste tema é fornecida pelo modo como Du Bois retornou a ele novamente nas páginas de conclusão do livro, nos quais, no contexto de sua famosa discussão das "canções de tristeza" e sua importância para a cultura mundial como o dom precioso, redentor de séculos de sofrimento negro, ele avançou rumo a um entendimento mais relativista da cultura e da etnia que poderia desafiar a lógica da eugenia racial por ele identificada como "a crescente e silenciosa premissa do século".

> Tão lamentavelmente desorganizado está o conhecimento sociológico que o significado de progresso, o significado de "ligeiro" e "lento" na atividade humana, e os limi-

---

[31] *Ibid.*, p. 52.

tes do aperfeiçoamento humano, são esfinges veladas e sem resposta nas praias da ciência. Por que Ésquilo cantou dois mil anos antes de Shakespeare nascer? Por que a civilização floresceu na Europa e bruxuleou, chamejou e morreu na África? Enquanto o mundo permanece pacientemente mudo diante dessas questões, esta nação deve proclamar sua ignorância e seus profanos preconceitos negando a liberdade de oportunidade para aqueles que trazem as Canções de Tristeza diante dos tronos dos Poderosos?[32]

Deve ser óbvio que *The Souls* ocupa um lugar especial na literatura do pensamento político negro moderno, tanto dentro como fora dos Estados Unidos. De dentro da América negra, James Weldon Johnson ajudou a situá-lo na cultura política americana descrevendo o livro como

uma obra que [...] tem produzido um efeito maior sobre e no interior da raça negra na América do que qualquer outro livro isolado publicado neste país desde a *Cabana do Pai Tomás*.[33]

Os próprios textos de Johnson são testemunho da importância do livro. Seu extraordinário romance de 1912, *The Autobiography of An Ex-Coloured Man*, seguia as pistas das respostas reticentes de Du Bois à modernidade americana e procurava traduzir essa postura distintiva na iniciativa literária de um modernismo negro que, "empenhando-se em romper os estreitos limites das tradições",[34] capacitaria "o futuro romancista e poeta ne-

---

[32] *Ibid.*, p. 186.

[33] James Weldon Johnson, *Along This Way: The Autobiography of James Weldon Johnson*. Harmondsworth: Penguin, 1990, p. 203.

[34] *The Autobiography of an Ex-Coloured Man*. Nova York: Vintage Press, 1989, p. 168.

gro a dar ao país alguma coisa nova e desconhecida". As dívidas de Johnson para com Du Bois são muitas para serem exploradas aqui em detalhe. Ele reconheceu a "força concentrada" das ideias de Du Bois em sua própria autobiografia, *Along This Way*. Em seu romance, Johnson respondia as perguntas de Du Bois e também estendia seus argumentos de um modo que pode ser interpretado como sendo uma manifestação geracional de uma tradição dialógica fechada e internamente coerente da literatura racial, uma leitura da relação entre os dois autores que foi proposta por Robert Stepto.[35] Existem muitas correspondências entre os dois livros. Johnson compartilhava o interesse de Du Bois pelas diferenças intrarraciais, frequentemente baseadas em diferenças de classe, e seu interesse antropológico pelos rituais religiosos das populações negras rurais. Ele reiteradamente destacou que as raízes da civilização europeia residiam nas fontes africanas e defendeu argumentos similares aos de Du Bois sobre a construção e plasticidade social das identidades negras:

> É notável, afinal de contas, a criatura adaptável que é o negro. Eu vi o cavalheiro negro das Índias Ocidentais em Londres e, em discurso e comportamento, ele é um inglês perfeito. Eu vi os nativos do Haiti e da Martinica em Paris e eles são mais franceses do que um francês. Tenho certeza de que o negro daria um bom chinês, a não ser pelo rabo de cavalo.[36]

Johnson também colocava a ideia da dupla consciência no centro de sua narrativa. Ele a rebatizou como "personalidade dual" e tornou sua contradição interna ainda mais aguda, abordando-a por meio das experiências de um protagonista que gos-

---

[35] Stepto, *From Behind the Veil*, pp. 52-127.

[36] Johnson, *Ex-Coloured Man*, p. 153.

tava do livro de Du Bois como "um começo", mas que conseguia atravessar a linha da cor e passar por homem branco sempre que o desejasse. Sua dualidade é simbolizada pela duplicação literal envolvida em ser, até certo ponto, negro e branco. Este homem também era um músico talentoso cuja capacidade como intérprete excedia "o mero brilhantismo da técnica" e era formado pelo imponente conhecimento de que as canções sublimes por meio das quais ele ganhava a vida entretendo os brancos "contêm mais do que a mera melodia; nelas soa essa subtonalidade elusiva, a nota na música que não é ouvida pelos ouvidos".[37] Foi em total acordo com a orientação temática de Du Bois que um linchamento forneceu ao herói anônimo e picaresco de Johnson um meio de refletir sobre sua própria condição, sobre a centralidade do terror no estímulo à criatividade e à produção cultural negra, e sobre os fracassos da modernidade no Sul. Sensível ao poder do fático e do inefável conjugados na potência duradoura do que eu chamo de sublime escravo, o infeliz protagonista de Johnson encontra a trilha sonora para essa barbaridade ritual particularmente perturbadora:

> Antes do meio-dia eles o trouxeram. Dois cavaleiros cavalgavam lado a lado; entre eles, meio arrastado, o pobre coitado caminhava pela poeira. Suas mãos estavam amarradas às suas costas e as cordas em volta de seu corpo firmemente presas às selas de sua dupla guarda. Os homens que à meia-noite estavam carrancudos e calados agora estavam emitindo aquele som aterrorizante conhecido como "brado rebelde". Rapidamente um espaço se abriu na multidão e uma corda foi colocada em volta de seu pescoço, quando de algum lugar veio a sugestão: "Queimem ele!"... *Ele dava gritos e gemidos que eu sempre ouvirei.* Os gritos e gemidos

---

[37] *Ibid.*, p. 181.

foram sufocados pelo fogo e pela fumaça... Alguns na multidão gritavam e aplaudiam.[38] [itálicos adicionados]

Ele observa este drama passivamente, incapaz de desviar os olhos. As palavras amargas ditas após ter testemunhado esta cena fazem eco ao diagnóstico de Frederick Douglass dos males do sistema de *plantation* proferido meio século antes e citado no capítulo 2 deste livro:

> Os brancos sulistas ainda não estão vivendo inteiramente na era presente; muitas de suas ideias gerais remontam a um século antes, algumas à Idade Média. À luz de outros tempos elas são, às vezes, magníficas. Hoje, geralmente são cruéis e absurdas.[39]

O herói de Johnson viajava para a Europa tal como Du Bois e Douglass haviam feito antes dele. Como eles, sua consciência de "raça", seu eu e sua sociabilidade foram profundamente alterados pela experiência de estar fora da América. Essas mudanças são simbolizadas de diversas maneiras interessantes, que podem ser referidas à discussão sobre autenticidade feita no capítulo anterior. Johnson questionava as estratégias mais óbvias para especificar a essência do ser racializado fazendo da Alemanha o lugar onde eram plenamente articulados os impulsos de seu protagonista de mesclar e fundir a música "clássica" europeia com a música vernácula negra. É apenas por estar de fora, muito afastado do enraizamento que mais tarde aparecerá como condição *sine qua non* da produção cultural negra, que o ex-homem de cor pode imaginar concluir o projeto criativo especial que ele apenas havia vis-

---

[38] *Ibid.*, p. 186. Sobre o significado desses rituais brutais ver Mick Taussig, *Shamanism, Colonialism and The Wildman: A Study in Terror and Healing* (Chicago: University of Chicago Press, 1987), parte 1, "Terror".

[39] Johnson, *Ex-Coloured Man*, pp. 189-90.

lumbrado nos Estados Unidos. O estímulo é fornecido por um encontro criativo com um branco encontrado nas condições europeias como um igual:

> Fui até o piano e toquei a mais intricada peça de *rag-time* que eu conhecia. Antes que houvesse tempo para alguém expressar opinião sobre o que eu havia feito, um grandalhão de óculos, uma vasta cabeleira desgrenhada, se aproximou correndo e empurrando-me da cadeira, exclamou: "Levanta! Levanta!". E se sentou ao piano e, pegando o tema de meu *rag-time*, tocou-o primeiro nos acordes corretos; em seguida, desenvolveu-o por todas as formas musicais conhecidas. Eu me sentei, pasmo. Eu estivera convertendo música clássica em *rag-time*, uma tarefa relativamente fácil; e esse sujeito havia pegado o *rag-time* e o tornara clássico. O pensamento me ocorreu como um *flash* — Isto pode ser feito, por que não posso fazê-lo? A partir daquele momento, minha decisão estava tomada. Percebi claramente a maneira de realizar a ambição que eu havia formado quando menino.[40]

O *tropo* da raça como família, que fornece o outro meio principal de simbolizar a autenticidade racial, também é reconhecido de uma maneira complexa e ambígua no livro. Como Clotelle, a heroína de William Wells Brown, que encontrou seu pai havia muito perdido na cidade onde morou Voltaire, Ferney, às margens do lago Leman, aquele que em breve se tornaria um ex-homem de cor também encontrou um pai e uma irmã na Europa. Ele os observou por acaso na ópera em Paris, para onde casualmente os três haviam se dirigido para ouvir *Fausto* na mesma noite. Sentiu-se incapaz de se identificar para eles e, em meio a esta genuína tragédia familiar, somos informados de que "o amor de Valentine parecia uma zombaria". Localizar o desfecho parcial des-

---

[40] *Ibid.*, p. 142.

sa rede familiar desejável mas impossível na Europa enfatiza os perigos do cosmopolitismo sem raízes, bem como o absurdo dos códigos raciais da América. A falta de filiação do personagem central a todo e qualquer lugar parece mais maldição do que oportunidade nesse ponto do livro.

Essas viagens fora dos Estados Unidos são complementadas por planos de viagem pela América. Se a memória da escravidão e a *Middle Passage* representam uma forma de deslocamento geográfico e cultural e essas viagens turísticas para a Europa representam uma segunda modalidade, livremente escolhida, a figura do cabineiro de trem e o próprio cronótopo do trem, que constituem um outro elo entre Du Bois e Johnson, exemplificam um terceiro tipo mais complexo de experiência de viagem. Muito se escreveu recentemente sobre a viagem e a política do posicionamento.[41] Esses temas são importantes no estudo das identidades e culturas políticas porque os limites das abordagens fundadas na fixidez já foram alcançados algum tempo atrás. Eles são particularmente importantes na história do Atlântico negro, onde movimento, reterritorialização, deslocamento e inquietação constituem mais normas do que exceções, onde, como já vimos, existem longas histórias da associação entre a autoexploração e a exploração de novos territórios e as diferenças culturais existentes entre e intragrupos que passam a ser chamados raças. As obras de Du Bois e Johnson apontam para maneiras mais frutíferas de entender a tensão entre raízes e rotas. Sua obra pode ser utilizada para iden-

---

[41] Adrienne Rich, "Notes towards a Politics of Location", em *Bread, Blood, and Poetry* (Londres: Virago, 1987); James Clifford, "Travelling Cultures", em Lawrence Grossberg *et al.* (orgs.), *Cultural Studies* (Nova York e Londres: Routledge, 1992), e "Notes on Theory and Travel", *Inscriptions* 5, 1989, pp. 177-85; bell hooks, "Whiteness in the Black Imagination", também em *Cultural Studies* e reimpresso em *Black Looks* (Boston: South End Press, 1992); Dennis Porter, *Haunted Journeys: Desire and Transgression in European Travel Writing* (Princeton: Princeton University Press, 1991); Mary Louise Pratt, *Imperial Eyes* (Londres e Nova York: Routledge, 1992).

tificar a insensatez de atribuir experiências de viagem voluntárias e turísticas apenas aos brancos, encarando as experiências de deslocamento e reterritorialização de populações negras exclusivamente por meio dos tipos muito diferentes de viagem experimentados por refugiados, migrantes e escravos. O cabineiro que desfruta da mobilidade ampliada fornecida pelas tecnologias modernas, mas o faz em um papel subordinado, gerenciando as experiências de viagem dos outros e atendendo a suas necessidades à custa das necessidades de sua própria família, é reconhecido por ambos os autores como símbolo importante das novas oportunidades e novas restrições que recaem sobre os negros no final do século XIX.[42] Os cabineiros trabalhavam de modos que continuavam os modelos de exploração estabelecidos durante a escravidão e antecipavam as novas formas de degradação e humilhação associadas ao trabalho contemporâneo de prestação de serviços. Eles trabalhavam nos — e em volta dos — corpos dos brancos e isto exigia códigos e disciplinas especiais. Em troca de seus salários eram obrigados a vender algo mais do que sua força de trabalho para clientes cujas expectativas incluíam a simulação do cuidado com o outro, atos íntimos que se manifestam nos limites mesmo da racionalidade econômica.[43]

Já vimos que os traços definitivos desse modernismo negro inicial estão inevitavelmente casados com a história do Novo Mundo em geral e da América em particular. É profundamente irônico, portanto, que a obsessão com o excepcionalismo negro, que confere a *The Souls* grande parte de sua motivação intelectual, seja, em si mesma, produto óbvio da jornada de seu autor fora dos Estados Unidos. O livro verbaliza um entendimento da relação

---

[42] Ver Brailsford R Brazeal, *The Brotherhood of Sleeping Car Porters*. Nova York: Harper, 1946. O capítulo 1 inclui uma discussão dos antecedentes para a decisão de George Pullman de empregar negros neste papel.

[43] André Gorz, *The Critique of Economic Reason*. Londres: Verso, 1990, cap. 11.

entre raça, nacionalidade e cultura que, mesmo que Du Bois o tenha adquirido nos Estados Unidos (o que é discutível), foi consideravelmente refinado na Alemanha por meio de uma influência de Hegel e do pensamento neo-hegeliano,[44] popular em Berlim quando ele estudava naquela cidade. Nem sempre este foi um ambiente confortável para Du Bois. Ele descreveu a mistura de sentimentos que experimentava ouvindo o chauvinismo prussiano de Heinrich von Treitschke, um elo vivo com a figura de Bismarck e um importante arquiteto do nacionalismo alemão do século XIX:

> A África foi deixada sem cultura e sem história. Mesmo quando a questão da mistura de raças era tocada, mencionava-se sua evidente e consciente inferioridade. Jamais esquecerei daquela manhã na aula do grande Heinrich von Treitschke em Berlim... suas palavras jorraram em uma enxurrada: "Mulatos", trovejou ele, "são inferiores". Eu quase senti seus olhos me perfurando, embora provavelmente ele não tivesse me notado. "Sie fuhlen sich niedriger!" "Suas ações o demonstram", assegurou. Que contradição poderia haver nesta declaração oficial?[45]

A despeito de suas objeções a tal afirmação, a influência desses modos europeus de vincular raça, nação, cultura e história produziram uma grande impressão em Du Bois. Suas próprias teorias da história, particularidade racial, cultura e civilização se alimentavam seletivamente de temas hegelianos, amalgamando-os com uma genealogia afro-asiática da trajetória de desenvolvimento da civilização. Ao nível mais básico, essas influências são visíveis

---

[44] Joel Williamson, *The Crucible of Race* (Nova York e Oxford: Oxford University Press, 1984), pp. 399-409; Francis Broderick, "German Influence on the Scholarship of W. E. B. Dubois", *Phylon* 11, inverno de 1958, pp. 367-71.

[45] Du Bois, *Dusk of Dawn*, p. 626.

na tentativa de Du Bois de apresentar os negros americanos como o sétimo povo da história do mundo, estendendo a lista de Hegel com um estilo retórico que também trai sua inspiração:

> Depois dos egípcios e indianos, dos gregos e romanos, teutônicos e mongólicos, o negro é uma espécie de sétimo filho, nascido com um véu e dotado de uma segunda visão neste mundo americano — um mundo que não lhe concede nenhuma consciência real de si, mas apenas o deixa que veja a si mesmo por meio da revelação do mundo do outro. É uma sensação peculiar, esta dupla consciência, este sentido de sempre olhar para o próprio eu por meio dos olhos de outros, de medir a própria alma pela fita métrica de um mundo que o olha com divertido desdém e pena.[46]

Pouco importa, neste ponto, se esta "segunda visão" é mais um privilégio real do que algum tipo de deficiência. Ambas as opções são sinalizadas em diferentes pontos nesta passagem. O que é mais importante para os objetivos deste capítulo é que a lista de Du Bois é derivada de uma leitura dos textos de Hegel sobre a filosofia da história e é extraída de um texto que também é a ocasião para a expulsão da África do teatro oficial do movimento histórico.[47] Esta variedade altamente contraditória de hegelianismo é, em si mesma, o local de uma disputa entre os biógrafos de Du Bois em torno da direção política e das implicações ideológicas de seus primeiros escritos. Du Bois se sentia claramente mais à vontade com a visão da história do mundo de Hegel como "nada mais do que o progresso da consciência da Liberdade" do que com seu eurocentrismo e identificação do teatro da história

---

[46] Du Bois, *The Souls*, p. 3.

[47] G. W. F. Hegel, *The Philosophy of History*. Londres: Dover Publications, 1956, p. 99 [ed. brasileira: *A filosofia da história*. Brasília: UnB, 1995].

como "a zona temperada", para não falar de sua concepção do colapso do progresso histórico nas realizações práticas da máquina do estado prussiano. É significativo que as autobiografias de Du Bois sejam francas sobre a extensão na qual sua admiração pelo nacionalismo alemão e as realizações do estado prussiano em particular antecederam sua visita à Alemanha. Vale a pena especular se esses sonhos de ordem o atraíam precisamente porque ele era americano. Certamente a concepção de liberdade que o guiava era marcadamente influenciada por essas obras. Os negros são continuamente convidados a descobrir formas de liberdade depois de se renderem ao poder orgânico de uma coletividade racial resoluta e convencida da historicidade [*Geschichtlichkeit*] de suas aspirações políticas e filosóficas.

Esta cultura racial integral é algo que Du Bois consistentemente identificava com o gênero feminino. Nesse ponto, ele rompe claramente com a postura de pensadores anteriores que haviam tornado a integridade da cultura racial acessível mediante uma masculinidade idealizada e heroica. Em lugar disso, imagens sucessivas da forma feminina corporificam a harmonia, a mutualidade e a liberdade que podem ser obtidas pela dissolução da individualidade nas marés da identidade racial. A primeira dessas imagens femininas é o "corpo negro, pequeno e flexível" de sua bisavó Violet. Era ela quem "cantava em acalanto uma melodia pagã para a criança entre seus joelhos". Essa herança era passada de geração em geração, até que alcançou Du Bois e lhe deu sua "única conexão cultural direta" com a África. A segunda figura feminina é a inacreditavelmente bela Lena Calhoun, avó de Lena Horne, que era colega de sala de Du Bois na Fisk e seu primeiro amor na academia. A beleza de Lena, vislumbrada em seu primeiro fim de tarde na Fisk, transmitia a promessa e o prazer do renascimento cultural de Du Bois como "negro" em meio aos códigos raciais desconhecidos do Sul racista.[48] A terceira mu-

---

[48] *The Autobiography of W. E. B. Du Bois*, pp. 108-9.

lher negra é a falecida mãe de Du Bois, para quem ele dedicou sua biblioteca em uma estranha cerimônia ritual por ocasião de seu aniversário de 25 anos, que ele celebrou em seus alojamentos em Berlim. A quarta é a imagem da própria África, assim personificada após a primeira viagem de Du Bois para lá no início dos anos de 1920:

> Acredito que a forma da africana em termos de cor e de curvas é a coisa mais linda na face da terra; o rosto não é tão adorável, embora geralmente atraente, com dentes perfeitos e olhos brilhantes — mas os membros esguios, o tronco musculoso, os seios firmes e fartos![49]

Uma quinta imagem de feminilidade negra na cosmologia cultural de Du Bois é o corpo de mulher que ele utilizou para personificar a criatividade cultural negra em seu livro de 1938, *Black Reconstruction in America*. Ela aparecia no estranho retrato da música negra como uma mulher, "violentada e conspurcada" pela atenção incompreensiva dos brancos que a escutam. A feminilidade dessa cultura complementava a masculinidade de sua culta cidadania masculina para compor uma totalidade familiar:

> Havia alegria no Sul. Ela se elevava como perfume — como uma prece. Os homens ficavam trêmulos. Garotas esguias, escuras, agrestes e belas, o cabelo encaracolado, choravam em silêncio; jovens negras, ocre, brancas e douradas, erguiam mãos trêmulas, e velhas mães negras, alquebradas e grisalhas, elevavam vozeirões e bradavam a Deus pelos campos, subindo as rochas e as montanhas. Uma grande canção se elevava, as coisas mais adoráveis deste lado dos mares. Era uma nova canção. Ela não vinha da África, embora o pulsar e o ritmo escuros daqueles tempos antigos

---

[49] *The Crisis* 27, n° 6, abril de 1924, p. 273.

estivessem nela e a perpassassem. Ela não vinha da América branca — jamais de uma coisa tão pálida e magra, por mais fundo que aqueles sons crus, circundantes, tivessem alcançado. Nem as Índias nem o quente Sul, o frio Oriente ou o pesado Ocidente fazia aquela música. Era um novo canto e sua beleza grave e plangente, suas excelentes cadências e seu apelo espontâneo choravam, pulsavam e troavam no ouvido do mundo com uma mensagem raramente verbalizada pelo homem. Ela se avolumava e florescia como incenso, improvisada e renascida de uma era há muito passada, entrelaçando em sua textura as velhas e novas melodias em palavra e pensamento.

Zombavam dela — os sulistas brancos que a ouviam e nunca entendiam. Eles a violentavam e conspurcavam — os sulistas brancos que escutavam sem ouvidos. No entanto, ela vivia e crescia; sempre crescia, inflava e vivia, e sua beleza senta-se hoje à mão direita de Deus, como presente único da América à beleza; como redenção ímpar da escravidão, destilada do refugo de seu estrume.[50]

A figuração idealizada da cultura e da comunidade racial por meio dos corpos das mulheres negras na obra não ficcional de Du Bois precisa ser confrontada com as imagens bem menos celebratórias da feminilidade africano-americana que se manifestavam em seus romances. As ambiguidades que brotavam em torno de sua apresentação da cultura, do parentesco, da nacionalidade e da comunidade raciais em forma sexuada são um grande problema que jaz adormecido na literatura crítica sobre sua obra.

A despeito de seus *insights*, grande parte dessa crítica soçobra exatamente no problema de como Du Bois compreende e fixa as fronteiras culturais e geográficas da comunidade racial. O efeito

---

[50] W. E. B. Du Bois, *Black Reconstruction in America* (1938). Nova York: Atheneum, 1977, pp. 124-5.

da dupla consciência tem produzido extensas consequências nas análises africano-americanas da obra de Du Bois. Escrevendo a partir de um ponto de vista francamente radical, Cornel West situa Du Bois na paisagem tipicamente americana fornecida por uma genealogia do pragmatismo. Para West, a obra de Du Bois se torna uma resposta à crise da virada do século no pragmatismo americano. Seu afastamento da filosofia escolástica centrada na epistemologia é lida como uma manifestação da rude e prática cultura americana na obra intelectual que caracteriza Du Bois como cria autêntica de Emerson, Dewey e William James. West vê o tempo que Du Bois passou na Europa principalmente como um período no qual se desenvolveu seu anti-imperialismo e antiamericanismo. Ele atenua o impacto de Hegel sobre Du Bois mas enfatiza que *The Souls* foi produzido em uma época em que seu autor ainda estava ressaltando o "reacionarismo" dos negros americanos. Segundo West, Du Bois achava que esse reacionarismo poderia ser remediado por uma agenda política elitista e paternalista que encarava o racismo como uma expressão de estupidez e implicava que o progresso, a ordem política social racional e as virtudes morais vitorianas advogadas por aqueles dez por cento acima da média poderiam promover as massas negras. Existem muitos méritos nesta concepção. Por certo Du Bois não "fornece ao pragmatismo americano aquilo de que ele carece".[51] Não pretendo minimizar esses elementos em Du Bois, nem menosprezar a proximidade de seu pensamento com o de Emerson e outros representantes do pragmatismo americano. Entretanto, desejo sugerir que essa maneira de posicionar a obra de Du Bois pode resultar na desconsideração da novidade e do vigor de sua crítica da modernidade. Os sentidos em que *The Souls*, por exemplo, esclarece as premissas do progresso e desenvolve uma crítica do lugar que este ocupa na estratégia pelo melhoramento racial passam in-

---

[51] Cornel West, *The American Evasion of Philosophy*. Londres: Macmillan, 1989, p. 147.

teiramente desapercebidos. Pior do que isto, a projeção da duplicidade meticulosamente construída por Du Bois perde-se como insight. Ela se dilui em uma afirmação desnecessária do etnocentrismo intelectual americano.[52]

Escrevendo a partir de uma posição mais conservadora do ponto de vista cultural e político, que presta fidelidade à crítica literária no mesmo sentido em que West assinala sua lealdade disciplinar à filosofia, Robert Stepto[53] utiliza a ideia da antífona como meio de delimitar as relações culturais que facilitam o surgimento da comunidade racial. Stepto oferece um comentário sutil e perspicaz sobre *The Souls* e, de forma brilhante, situa o livro no que ele vê como projeção geográfica simbólica de uma particularidade mais africano-americana do que americana. Ele associa este entendimento da essência racial à obra em si mesma e a uma concepção frustrantemente orgânica e sem fissuras dos vínculos culturalmente específicos e espacialmente mediados que ela estabelece entre corpo, lugar, parentesco e comunidade.[54] Para Stepto, *The Souls* é uma poética de raça e lugar. Ela se torna um "ritual de imersão cultural" no qual Du Bois, o negro da Nova Inglaterra, descobre e reconstrói a si mesmo de outra forma no cinturão negro sulista. O livro de Du Bois é visto como uma performance que precisa ser apreciada no contexto intertextual e intracultural fornecido por Douglass, Weldon Johnson, Washington e outros. Stepto também tem razão ao enfatizar a acentuada guinada espacial no livro. Seu entendimento do ritual de canto

---

[52] Este ponto, tão pertinente à discussão de Du Bois por West, é reconhecido por Richard Rorty em uma resenha perspicaz sobre o livro de West, onde ele descreve seu autor como "patriota, religioso e romântico". *Transition* 52, 1991, pp. 70-80.

[53] Stepto, *From Behind the Veil*.

[54] Uma resposta crítica a esta posição poderia começar pela análise desenvolvida em um contexto histórico diferente por Marilyn Strathern em *After Nature: English Kinship in the Late Twentieth Century* (Cambridge: Cambridge University Press, 1992).

e resposta no qual se situa *The Souls* é respaldado teoricamente pelas noções de topografia ritual de Victor Turner.[55] Com este apoio, ele identifica uma paisagem vernácula que seus autores atravessam com graus variados de dificuldade. Stepto aprecia o interesse de Du Bois pelo valor do movimento, reterritorialização e deslocamento, um tema sublinhado pelo aparecimento do trem, o vagão dos negros e o cabineiro como *tropos* fundamentais. Entretanto, penso que ele se equivoca ao interpretar o livro primordialmente como um processo de imersão em uma cultura étnica fechada. Seu culturalismo racialmente conservador o leva a deturpar o significado do interesse de Du Bois pelos prazeres e perigos do deslocamento. Ele superpõe as fronteiras da paisagem de Du Bois às fronteiras internas da América e com isso fecha o lado de Du Bois que não está preocupado em inspecionar as entranhas da particularidade africano-americana. Desta perspectiva, também é mais difícil dar conta da qualidade transcendente do terço final do livro — os últimos cinco capítulos, que Stepto identifica como uma fase de ascensão —, o componente final em seu tríptico Norte/Sul/Norte, que, em minha opinião, oferece uma meio para lê-lo mais como uma narrativa de emersão da particularidade racial do que de imersão na mesma.

Considerar esta seção final do livro de modo menos etnocêntrico requer prestar atenção a uma série de temas abordados antes e que alcançam um crescendo nessas últimas páginas. Os últimos capítulos confirmam a transformação e fragmentação do eu racial integral — que são acompanhadas e ao mesmo tempo expressas pelos relatos das viagens de Du Bois pelo Sul. O mais importante é que esta parte do livro pode ser interpretada como um convite à fuga não apenas do Sul ou mesmo da América, mas dos códigos fechados de *todo* entendimento restritivo ou absolutista da etnia. Isso é transmitido de forma mais vigorosa no rela-

---

[55] Victor Turner, *Dramas, Fields and Metaphors: Symbolic Action in Human Society*. Ithaca: Cornell University Press, 1974.

to de Du Bois sobre a morte precoce de seu filho — um capítulo habitualmente desprezado pelos críticos. Neste comovente ensaio, ele articula a particularidade racial como tática deliberada para assumir o controle da tragédia universal envolvida no pesar parental. Em parte isto é feito para demonstrar a extensão da humanidade negra, por toda parte indeferida pelos absurdos da dominação racial. Mas Du Bois se volta mais uma vez para a fissura experiencial que separava a elite negra dos negros comuns. Seu lamento surge embelezado por uma exploração da tensão vivenciada pelos intelectuais negros, que se esforçam por corresponder às demandas colocadas por uma contracultura racial que exige que eles cultivem a capacidade de conviver com a morte e encará-la como uma libertação — uma oportunidade bem-vinda de adquirir as liberdades substantivas não conspurcadas pela hostilidade branca e a indiferença mundial ao sofrimento negro: "Não morto, não morto, mas fugido; não preso, mas livre".[56]

A discussão sincera de Du Bois em torno de seus sentimentos confusos sobre a paternidade e sua ausência de afeto espontâneo pela criança, que ele aprende a amar por meio de seus sentimentos pela mãe da criança, poderia ser utilizada para instituir um discurso sobre a masculinidade negra muito diferente do que normalmente se evidencia na cultura política nacionalista. A organicidade e a homologia de raça, nação, família patriarcal e identidade masculina integral são subitamente interrompidas por uma tragédia que poderia lhes ter fornecido seu momento mais glorioso. Este sofrimento não possui nenhum momento redentor. A apresentação que Du Bois faz de Alexander Crummell como um pai substituto, no capítulo seguinte, aponta para o poder manifesto de um parentesco não biológico e comunica algo do mesmo espírito amargo. Crummell foi ainda outro nômade atlântico, mas o que Du Bois chama de sua "esquisita peregrinação" terminou em um regresso e reconciliação com a América após anos passa-

---

[56] Du Bois, *The Souls*, p. 150.

dos na Inglaterra e na África.[57] Esse destino também lança em questão os limites da família/nação racial. "Of the Coming of John" [Sobre a Vinda de John], a negra história que antecede o capítulo final de Du Bois sobre as canções de tristeza, é notável por sua perturbadora insistência na ideia de que, nas condições extremas em que vivem os negros americanos, a educação necessária ao seu avanço traz infelicidade para aqueles que experimentam seus benefícios. É uma infelicidade, contudo, que eles não rejeitarão, por que ela ao mesmo tempo ilumina pessoal e socialmente. Este exemplar isolado de ficção também aborda as diferenças de classe e cultura que poderiam ser encontradas dentro do grupo racial. Apresenta um alerta aos membros da elite intelectual para que sejam cautelosos e respeitadores das diferentes sensibilidades e prioridades dessas pessoas em suas próprias comunidades a quem eles esperam, por sua vez, promover.

Essas comunidades fazem um investimento especial e, às vezes, despropositado no *status* privilegiado dos poucos escolhidos que representam a elite, mas tal superioridade simbólica pode ser mais significativa como símbolo da possibilidade de mudança do que como meio concreto de suscitar reformas. O conservadorismo dos negros do meio rural se torna inteiramente compreensível quando percebemos a incapacidade de John de falar sua língua e a sua falta de jeito no mundo que ele deixou sete anos antes para ir estudar no Norte. Ele volta para cuidar da escola local, mas esse retorno às raízes não gera nada além de miséria e caos para todos os envolvidos. John encontra a morte nas mãos de uma turba de linchamento, após intervir para proteger a honra de sua irmã mais nova contra as ações lascivas de outro John, um companheiro branco de infância, que também é filho do juiz que controla com

---

[57] Wilson J. Moses, *Alexander Crummell: A Study of Civilization and Discontent* (Nova York e Oxford: Oxford University Press, 1989); Gregory Rigsby, *Alexander Crummelk Pioneer in Nineteenth Century Pan-African Thought* (Westport, Connecticut: Greenwood Press, 1987).

férrea autoridade a comunidade segregacionista. De modo inverossímil, o conto transpõe algumas experiências próprias de Du Bois em Berlim, como a descoberta da música de Wagner por seu protagonista em uma sala de concertos de Nova York, onde ele também havia encontrado seu xará branco. O negro John volta "seus olhos fechados para o mar", antes de aceitar as atenções da turba que chegara para tirar sua vida. Suavemente ele murmura em alemão a canção do noivo de *Lohengrin* em uma cena que deveria constituir um poderoso obstáculo às apropriações mais etnocêntricas do legado de Du Bois. Tomados em conjunto, esses capítulos constituem um catálogo de ambivalência e de frustração com o véu da consciência racial. Eles abrangem uma declaração inicial da rejeição transgressora de ambos os nacionalismos, americano e africano-americano, que se completou no segundo romance de Du Bois, *Dark Princess*. O valor desta leitura de *The Souls* é sublinhado na forma como termina o livro — em uma nota deliberadamente inquieta com uma apropriação muda da canção de tristeza: "Cheer the Weary Traveller" [Anime o Viajante Cansado]. "E o viajante coloca suas roupas, volta o rosto para a Manhã e segue seu caminho".[58] A direção desta jornada, como deixam claro essas palavras, não é nem para o Norte, nem para o Sul, mas para Leste.

Quero concluir este capítulo explorando a forma que esses argumentos sobre identidade e particularidade assumem em *Dark Princess*, o "romance" de 1928 que Du Bois descrevia como seu livro favorito. *Dark Princess* foi tema de uma longa crítica, há muito esquecida, de Wyndham Lewis, que a utilizou em *Paleface*, ao lado da consideração da obra por outros autores africano-americanos, para iniciar seu exame das questões éticas derivadas da interação racial, da brancura e da filosofia da mistura de raças.[59]

---

[58] Du Bois, *The Souls*, p. 188.

[59] Wyndham Lewis, *Paleface; or, The Philosophy of the Melting Pot*. Londres: Chatto and Windus, 1929, pp. 28-51. Esta troca tem sido totalmen-

Entretanto, isso não foi suficiente para garantir seu lugar no cânone do modernismo negro. O livro vendeu pouco e geralmente é deixado de lado em silêncio ou condenado por críticos africano-americanos. Francis Broderick define as coordenadas de uma ortodoxia geralmente desdenhosa: "O tratamento do material por Du Bois ia do realismo fotográfico preciso a ponto de um resenhista do *Chicago Defender* obsequiosamente identificar um dos personagens, a uma fantasia pessoal tão obtusa que era significativa apenas para o autor".[60] Arnold Rampersad dificilmente é mais compassivo: "Esta bizarra combinação de propaganda direta e história das *Mil e uma noites*, de realismo social e romance antiquado, é um desafio ao leitor despreocupado".[61]

O livro é dividido em quatro partes: *The Exile* [O Exílio], *The Pullman Porter* [O Cabineiro do Trem], *The Chicago Politician* [O Político de Chicago] e *The Maharajah of Bwodpur* [O Marajá de Bwodpur], expressando diferentes fases na vida de Mathew Towns, seu herói estudante de medicina. A narrativa começa com uma viagem transatlântica. Mathew está partindo para a Europa, tendo sido impossibilitado, como Martin Delany, o antecessor de Du Bois em Harvard, de concluir sua formação em medicina em uma instituição branca. Não demora muito até que ele se torna o protótipo do *flâneur* negro bebericando seu chá em Unter den Linden. Levado à ação pela necessidade de proteger uma linda mulher "de cor" do assédio rude de um inculto americano branco, Mathew conhece a Princesa Kautilya de Bwodpur e se apaixona por ela. A princesa o convida para um jantar com um comitê de representantes dos "povos mais escuros" do

---

te desconsiderada na literatura acadêmica e crítica sobre Lewis. Sarat Maharaj a discute brevemente em seu "The Congo Is Flooding the Acropolis", *Third Text* 15, verão de 1991.

[60] Francis L. Broderick, *W. E. B. Du Bois: Negro Leader in a Time of Crisis*. Stanford: Stanford University Press, 1959, p. 154.

[61] Rampersad, *The Art and Imagination of W. E. B. Dubois*, p. 204.

mundo. Eles estão planejando um realinhamento anti-imperialista no poder mundial e vêm discutindo se os negros americanos são realmente capazes de se juntarem a eles nessa iniciativa. O único representante africano na mesa é um egípcio cético quanto ao direito de associação. Ele repudia os negros americanos por terem sangue misturado, e logo é contestado pela princesa, que lhe explica a derivação da civilização indiana a partir de fontes africanas "como o testemunha, em centenas de lugares, nosso Senhor Buda, negro e de cabelo encaracolado".[62] Depois de uma discussão urbana sobre Kandinsky, Picasso, Matisse, Schönberg, Proust, Croce e, para grande surpresa de Wyndham Lewis, vorticismo, Mathew silencia os incrédulos com uma interpretação extasiante de "Go Down Moses"; mais adiante somos informados de que este é o momento em que a princesa começa a corresponder ao seu amor.

> *Go Down Moses!*
> *Way down into Egypts land,*
> *Tell Old Pharaoh*
> *To let my people go!**
>
> Ele parou tão depressa quanto havia começado, envergonhado, e gotas de suor se juntaram em sua fronte. Ainda havia silêncio — um silêncio quase mortal. A voz de uma mulher chinesa o quebrou. "Era um canto escravo americano! Eu conheço isto. Como... Como é maravilhoso!" Um coro de aprovação irrompeu, liderado pelo egípcio.[63]

O comportamento moderno e democrático de Mathew não lhe granjeou a simpatia dos membros mais aristocratas dessa coalizão internacional anti-imperialista. O ódio dessas pessoas com

---

[62] Du Bois, *Dark Princess*, p. 19.

* Vá, Moisés!/ Desça até a terra dos egípcios,/ Diga ao velho faraó/ Para deixar meu povo ir!

[63] *Ibid.*, p. 26.

relação ao Ocidente muitas vezes está estreitamente associado à defesa de tradições ameaçadas pela modernidade, e eles não aceitam de bom grado nem o protofeminismo nem as inclinações bolchevistas da princesa. Embora tentem impedir, ela dá a Mathew uma missão em nome do comitê. Ele deve regressar à América e lá estabelecer ligações com um movimento político negro clandestino que está articulando um levante cuidadosamente planejado. Ele também deve enviar boletins regulares de suas impressões e recomendações com relação à conveniência de os negros americanos se juntarem a seus mais caros irmãos e irmãs na subordinação racial. Ele regressa aos Estados Unidos como clandestino, pagando sua passagem com o trabalho em uma tripulação multiétnica mas racialmente estratificada. Em Nova York torna-se cabineiro de trem porque isto oferece "a melhor oportunidade para ver e conhecer os negros desta terra", e depois faz contato com Manuel Perigua, o líder garveyniano de uma organização negra encarregada de responder à supremacia branca com sua própria forma de contraterror racializado:

"Sabe como deter um linchamento?", sussurrou ele.
"Bem... não, só se..."
"Nós sabemos. Dinamite. Dinamite para cada turba de linchamento".[64]

Mathew não concorda com essas estratégias, mas, após ser apanhado em um incidente à Richard Wright, com uma mulher branca despida que o acusa de assédio sexual em sua cabina no vagão-dormitório, um colega cabineiro é linchado em seu lugar. Ele sucumbe ao rancor e concorda em cooperar na destruição de um trem cheio de homens da Ku Klux Klan a caminho de uma convenção, quando, para sua surpresa, descobre que sua amada princesa é passageira no mesmo trem. A matança é evitada, mas

---

[64] *Ibid.*, p. 46.

Mathew, cujo papel no plano permanece misterioso e indefinido, recebe uma sentença de dez anos por conspiração. Ele é perdoado após três anos, quando seu caso passa a interessar à máquina política de Chicago, dirigida por Sara Andrews, a beldade errante, elegante e quase branca para quem "este emaranhado mundial de raças é uma competição desbragada por lugar, poder e espetáculo". Ele se casa com Sara, e ela organiza uma carreira política brilhante para ele. Pouco a pouco, ele se cansa da corrupção deste mundo, e isso ocorre de uma maneira que fornece pistas importantes para as próprias batalhas de Du Bois para diferenciar o bom do belo:

> [...] dentro dele brotou a revolta contra este jogo político que ele estava jogando. Não era revolta moral. Era inquietação estética. Não, a revolta que lentamente se acumulava na alma de Mathew contra o jogo político não era moral; não era porque ele não divisasse nada de prático para ele em termos de ascensão ou melhoria, ou sentisse alguma nova aversão pelos métodos políticos em si mesmos, na medida em que poder era poder e fatos, fatos. Sua revolta era contra coisas inadequadas, mal ajustadas ou de mau gosto; a ilógica ausência da harmonia fundamental; a sujeira e o desperdício desnecessários — a feiura de tudo aquilo — que o revoltavam.[65]

Em vão, Mathew procura alguma autenticidade cultural e emocional em seu mundo vazio e rasteiro. Ele encontra refúgio na arte e na música, algo que sua esposa inculta, ávida de poder e avara, não consegue compreender. Seu afastamento da busca de dinheiro e de poder é confirmado quando a princesa faz um reaparecimento redentor em sua vida. Ela ampliara sua educação de rainha, trabalhando como uma criada que sofria assédio sexual,

---

[65] *Ibid.*, p. 147.

como garçonete e enroladora de cigarros na Virgínia. Agora ela é diretora do sindicato dos montadores de caixas. Ela vinha organizando os trabalhadores braçais no baixo East Side. Os dois montam um lar idílico em um sótão. Mathew descobre que a dignidade da dura labuta física que tanto havia feito por Kautilya podia operar maravilhas também nele, particularmente quando combinada com visitas regulares à galeria de arte. Kautilya vinha se encontrando com a mãe de Mathew. É por meio da relação entre elas que são projetados os primeiros sinais de uma reconciliação americana entre a África e a Ásia: "Oh, Mathew, você tem uma mãe maravilhosa. Você viu as mãos dela? Você reparou na glória retorcida e nodosa das mãos dela?... Sua mãe é Kali, a Negra; esposa de Shiva, Mãe do Mundo!".[66] O amor entre eles floresce. Encontram prazer no corpo um do outro. Ele vai trabalhar. Ela faz curry. Seu amor transgressor não tem a aprovação das crianças do local, que expressam com pedras e zombarias seu descontentamento com a mistura de raças na vizinhança. Os pombinhos ouvem Beethoven, Dvorak. "Eles foram abençoados pela música — a abertura Guilherme Tell, que parecia retratar suas vidas. Juntos, cantarolavam o ritmo doce da música após a tempestade." Kautilya conta a Mathew sobre sua vida privilegiada no mundo colonial, a babá inglesa que ela amava e a proposta de casamento do honorável Capitão Malcolm-Fortescue Dodd. Ela explica suas obrigações e seus deveres reais e conta a seu amado a história de seu pequeno reino de um modo que estabelece uma continuidade entre suas batalhas e as lutas dos negros americanos com as quais ela agora tem contribuído. Eles são felizes até que "a longa e reta estrada da renúncia" os leva para direções diferentes. Kautilya insiste que Mathew tem obrigações para com Sara. Ele deve dar a ela outra chance de amá-lo em sua nova condição de trabalhador manual. A princesa deve regressar a seu reino, onde decisões duras a aguardam nas batalhas de descolonização, jun-

---

[66] *Ibid.*, p. 220.

tamente com o dever de encontrar um marido adequado. Eles se separam e continuam sua intimidade por cartas. A vida ascética de Mathew continua até que ele é convocado para comparecer à sua corte, reconstituída sem efeitos nocivos em solo americano no condado de Prince James, na Virgínia.

Mathew chega de avião para assistir àquilo que até o último instante ele não consegue perceber que é seu próprio casamento. Os representantes das raças de cor do mundo inteiro estão presentes, embora a cerimônia seja dominada pela presença da criança messiânica que vincula as histórias de todos e, por isso, os pode conduzir na próxima geração de conflitos contra as forças mundiais da supremacia branca. Ao amanhecer, eles estão casados. A mãe de Mathew assiste à cerimônia, e um pastor negro, em estilo americano sulista, lê um trecho do capítulo sétimo do Apocalipse.

> Ele a viu a distância; parada no portão ao fim da longa trilha até a casa, ao lado da velha árvore negra — sua figura alta e esguia como um salgueiro que ondulava. Ela estava vestida em estilo oriental, nas cores da realeza, sem nenhuma concessão à Europa. Enquanto se aproximava, sentiu o fulgor de lindas joias aninhadas em seu pescoço e braços; uma fortuna jazia entre a beleza nua de seus seios; rubis cor de sangue pendiam de suas orelhas e o tênue ouro marrom de sua cintura era cingido por uma faixa pela qual imperadores combatem. Lentamente toda a riqueza de seda, ouro e joias se revelavam à medida que ele se aproximava e hesitava em busca de palavras; então, subitamente, ele percebeu uma pequena trouxa nos braços estendidos da princesa. Desviou do rosto dela os olhos arregalados e viu uma criança — um bebê nu que jazia em suas mãos como um bibelô de ouro palpitante, adormecido.[67]

---

[67] *Ibid.*, p. 307.

Existem diversos pontos importantes a serem examinados nesta extravagância. A conclusão de *Dark Princess* é importante, em vários sentidos, para a política do Atlântico negro. Lida mais como preâmbulo do que como final, ela oferece uma imagem de hibridez e mistura particularmente valiosa porque não deixa margem nenhuma para a sugestão de que a fusão cultural envolve traição, perda, corrupção ou diluição. O retrato surpreendente da procriação — formação e transformação cultural — é construído de tal modo que a integridade de ambos os seus tributários não seja comprometida por sua confluência. Não se trata da fusão de duas essências purificadas, mas de um encontro de duas multiplicidades heterogêneas que, ao se renderem uma à outra, criam algo durável e inteiramente apropriado para conturbados tempos anticoloniais. De um lado, com a bênção do pastor, o intelectual e a velha mulher que o criou tornam-se parceiros étnicos representando uma América negra que pode se fundir com a Ásia sem trair suas origens africanas. Do outro lado, uma Índia compósita, igualmente heterocultural, surge da montagem de grupos étnicos e religiosos feita por Du Bois. É a diferenciação interna dessas multiplicidades, sua irredutível complexidade, que sanciona a nova associação concretizada na aparição do menino messiânico. Isso é interessante também porque antecipa e afirma uma relação política global que floresceria na apropriação feita por Martin Luther King dos conceitos e métodos de Gandhi na elaboração de seu populismo de massa, não violento, nos anos após a morte de Du Bois. Este elo entre a política anticolonial e o desenvolvimento da cultura política africano-americana é um elo importante que remonta aos primeiros anos do século XX, quando Du Bois e Gandhi (na época advogado na África do Sul) assumiram seus lugares ao lado de Annie Besant, Georg Simmel, Werner Sombart e Ferdinand Tönnies no Congresso Universal das Raças realizado em Londres em 1911. Esta é uma história que valeria a pena recuperar e reavaliar hoje, quando o apelo dominante da igualdade "étnica" passa a ser um obstáculo à convivência com a diferença. Embora possamos hesitar diante do entusiasmo ingênuo de Kautilya com a aristocracia japonesa como veículo para as esperanças democráticas das massas não brancas do mundo, esta aliança anti-imperialista intercultural e transnacional não era algo que Du Bois captasse do nada. O livro expressa a escalada das lutas anti-imperiais durante a década de 1920. Em 1928, Mary White Ovington sugeriu que foi na mesma conferência em Londres que Du Bois vislumbrou a mulher que forneceria o modelo para a fictícia Kautilya.[68] Esses vínculos políticos transnacionais e as respostas aos mesmos, dos críticos que se ressentem da intrusão de preocupações mundiais em suas operações etnicamente purificadas de formação de cânones, serão explorados novamente em um contexto diferente no próximo capítulo.

---

[68] *Chicago Bee*, 4 de agosto de 1928.

# 5.
# "SEM O CONSOLO DAS LÁGRIMAS": RICHARD WRIGHT, A FRANÇA E A AMBIVALÊNCIA DA COMUNIDADE

"Não tenho raça nenhuma, exceto a que me é imposta. Não tenho país nenhum, exceto aquele ao qual sou obrigado a pertencer. Não tenho tradições. Sou livre. Tenho apenas o futuro."

*Richard Wright*

"Alguém, algum dia, deveria realizar um estudo em profundidade sobre o papel do negro americano no pensamento e na vida da Europa, e os extraordinários perigos, diferentes dos da América mas não menos graves, encontrados pelo negro americano no Velho Mundo."

*James Baldwin*

"[...] cada uma das obras de Wright contém o que Baudelaire teria chamado de 'uma dupla postulação simultânea'; cada palavra se refere a dois contextos; duas forças são aplicadas simultaneamente a cada frase e determinam a tensão incomparável de sua narrativa. Se ele tivesse falado apenas aos brancos, poderia ter se revelado mais prolixo, mais didático e mais ofensivo; apenas aos negros, ainda mais elíptico, mais como um confederado, e mais elegíaco. No primeiro caso, sua obra poderia ter se aproximado da sátira; no segundo, das lamentações proféticas. Jeremias falava apenas para os judeus. Mas Wright, um escritor para um público dividido, foi capaz de manter e ir além dessa divisão. Ele fez disso pretexto para uma obra de arte."

*Jean-Paul Sartre*

Richard Wright foi o primeiro escritor negro a ser apresentado como uma personalidade importante na literatura mundial.

Ele recebeu uma bolsa da Guggenheim em 1939 e, após a publicação de *Native Son* [Filho Nativo], em 1940, e *Black Boy* [Menino Negro], cinco anos depois, ele era certamente o mais famoso autor negro no mundo. Sua obra desfrutou de um público leitor mundial em proporções inéditas para um autor negro. Foi traduzido em diversas línguas[1] e levou a experiência de subordinação racial no sul dos Estados Unidos a um número massivo de leitores negros dentro e fora da América.[2] Esses feitos são ainda mais extraordinários porque ocorreram durante um período em que as injustiças e a administração política pelo terror racial exploradas em sua obra foram seriamente embaraçosas para o governo americano, tanto pela postura antinazista de sua obra como por suas relações posteriores com a política emergente da libertação anticolonial.

O sucesso de Wright também pode ser evidenciado na sinalização de mudanças importantes na política cultural e na economia política da publicação de autores negros. Por um lado, sua relação com o Clube do Livro do Mês, que publicou *Native Son*, foi um fenômeno inteiramente novo para um autor negro, que se aproximava assim do padrão cultural dominante da sociedade americana. Por outro, sua obra ocupou um lugar central na cultura política radical do movimento comunista internacional. Foi este último fator o responsável por sua introdução na Europa, por meio de organizações clandestinas antifascistas que resistiam à ultradireita na França e na Itália.[3]

---

[1] Um de seus biógrafos menciona que Wright mantinha volumes encadernados em couro de seus livros que haviam sido traduzidos em Braille e para o hebraico, japonês e bengali, assim como para uma grande variedade de línguas europeias. Constance Webb, *Richard Wright: A Biography*. Nova York: G. P. Putnam's Sons, 1968, p. 386.

[2] *Uncle Tom's Children* era vendido ao baixo preço de 49 centavos.

[3] Richard Wright, "The American Problem: Its Negro Phase", em D. Ray, R. M. Farnsworth e C. T. Davis (orgs.), *Richard Wright: Impressions and Perspectives*. Ann Arbor: University of Michigan Press, 1974, pp. 11-2.

A importância histórica de Wright também está ligada ao seu papel em estimular, direta e indiretamente, os talentos de um quadro de jovens escritores que encontraram sucesso por méritos próprios.[4] Em certo sentido, ele foi uma nova espécie de autor negro, um autor cujas filiações e reivindicações políticas explícitas e corajosa projeção de raiva liberou novas possibilidades criativas e alterou as condições nas quais se articulava a política racial de expressão literária. Por essas e muitas outras razões, a obra de Wright oferece uma oportunidade valiosa para ampliar nossa abordagem de questões derivadas da relação dos negros com a modernidade ocidental. Por meio dele podemos explorar, na frase memorável de George Kent, "a negritude e a aventura da cultura ocidental".[5] O texto de Wright em si mesmo, sua carreira internacional como personalidade pública, sua trajetória política e os intensos debates que tudo isso gerou levantam uma série de temas que já foram examinados na obra de outros autores e em diferentes circunstâncias históricas: o problema da identidade étnica e racial e seus limites, o significado da dissidência negra no Ocidente, o desenvolvimento da política negra e o caráter político e filosófico da cultura negra.

O legado intelectual de Wright é particularmente interessante porque tem sido, via de regra, muito mal-entendido. A amplitude de seus interesses filosóficos ou tem sido desconsiderada ou mal concebida pelas investigações quase exclusivamente literárias que têm dominado a análise de seus textos. A relação entre "O Ne-

---

[4] "Em *Uncle Tom's Children*, em *Native Son* e, sobretudo, em *Black Boy*, descobri expressa, pela primeira vez em minha vida, a tristeza, a raiva e o rancor assassino que estava devorando minha vida e as vidas dos que estavam à minha volta". James Baldwin, "Alas Poor Richard", em *Nobody Knows My Name*. Londres: Corgi, 1969, p. 152.

[5] O absorvente livro de Kent com este título foi publicado em 1972 e desde então tem sido plagiado nos debates sobre a cultura afro-americana. *Blackness and the Adventure of Western Culture*. Chicago: Third World Press, 1972.

gro" e a civilização ocidental foi algo com que ele lidou muito, particularmente durante os últimos anos de sua vida. E Wright é fascinante sobretudo porque, em sua vida e obra, a tensão entre as afirmações de particularidade racial, de um lado, e o apelo aos universais modernos que aparecem para transcender a raça, de outro, manifestam-se da forma mais aguda possível. A percepção de Wright desta oposição e das formas conflitantes de identidade geradas por ela adicionam mais um grau de complexidade e amargura às formulações da dupla consciência.

Seu entendimento das formas de consciência negra que cresciam invisíveis *dentro* do mundo ocidental se desenvolveu ao lado de uma mudança gradual em seu pensamento por meio da qual um sentido de urgência da luta política anticolonial deslocou um interesse exclusivo anterior na libertação dos africano-americanos de sua particular exploração econômica e opressão política. Esse entusiasmo por uma política anti-imperialista e antirracista[6] emergente e mundial não precisa ser visto como um simples substituto para o envolvimento de Wright com as lutas dos negros na América. Ele se empenha em vinculá-la, em diversos sentidos, com o vernáculo americano negro. Essa conexão é estabelecida, por exemplo, na discussão bem-humorada da cor dos viajantes interplanetários, que aparece no início de *The Outsider*. Um debate sobre se os visitantes vindos de Marte são negros leva um dos personagens de Chicago de Wright a um comentário convincente sobre o racismo moderno, que é inseparável de uma proposição decididamente antietnocêntrica da unidade potencial das populações de cor no planeta:

> Durante quatrocentos anos esses brancos fizeram todos na Terra se sentirem como se não fossem humanos, co-

---

[6] Wright emprega este termo tanto em *Pagan Spain* (Nova York: Harper and Brothers, 1957) como em *The Colour Curtain* (Londres: Dobson, 1956).

mo se fossem estrangeiros. Eles os expulsavam e xingavam... O que é um chinês para um branco? Um china com rabo de cavalo nas costas e que não serve para nada além de cozinhar e lavar roupas. O que é um hindu para um branco? Um negro que se apaixona por fantasmas e beija vacas. O que é um negro para um branco? Um macaco feito por Deus para cortar madeira e tirar água do poço, e sempre com uma inclinação para estuprar meninas brancas. Um mexicano? Um malandro ensebado e fedorento que deve ser obrigado a se matar de trabalhar e depois ser baleado. Um judeu? Um assassino de Cristo, uma trapaceiro, um rato. Um japonês? Um macaco de pele amarela... Agora nossos irmãos de cor estão nos visitando de Marte e Júpiter e os brancos estão suando de pânico.[7]

O mesmo ponto básico foi novamente transmitido, desta vez em um tom mais distante do comunismo residual de Wright, em uma carta que ele enviou a Pandit Nehru em 1950:

> A estrutura física mutável do mundo, bem como o desenvolvimento histórico da sociedade moderna exigem que as populações do mundo tomem consciência de sua identidade e interesses comuns. A situação das populações oprimidas do mundo inteiro é universalmente a mesma e sua solidariedade é essencial, não só na oposição à opressão mas também no combate pelo progresso humano.[8]

Descobriremos adiante que o entendimento de Wright do progresso humano era um tanto diferente daquele a que Du Bois havia aderido. Suas inclinações nietzscheanas céticas contrastam

---

[7] *The Outsider*. Nova York: Harper and Row, 1965, p. 27.

[8] Michel Fabre, *The Unfinished Quest of Richard Wright*. Nova York: Morrow, 1973, p. 387.

claramente com o apego marxiano de seu antecessor à busca da perfeição social por meios transparentes e escrupulosamente racionalistas. Essas visões utópicas de um mundo que escapa às distinções baseadas na cor são recorrentes e fornecem um indicador para avaliar o que poderia ser um progresso substantivo. Wright veria esse mundo de solidariedade racial e identidade comum anti-imperialista convincentemente prefigurado na conferência de 29 nações asiáticas e africanas realizada em Bandung, em 1955.

> Durante séculos vivendo sob domínio ocidental, [os delegados] haviam sido formados por um senso profundo do grande grau de diferença que tinham entre si. Mas agora, face a face, suas defesas ideológicas caíam... Começaram a perceber sua força conjunta; começaram a provar o sangue... Agora podiam sentir que seu inimigo branco estava longe, muito longe... Dia após dia, trotskistas de cor parda se associavam com muçulmanos escuros, indochineses amarelos se confraternizavam com indonésios morenos, negros africanos se mesclavam com árabes acastanhados, birmaneses bronzeados se associavam com hindus morenos escuros, nacionalistas escuros comiam junto com comunistas amarelos e socialistas conversavam com budistas. Mas todos eles tinham a mesma experiência de um pano de fundo colonial de sujeição, consciência de cor e descobriam que a ideologia não era necessária para definir suas relações... As realidades raciais possuem uma estranha lógica própria.[9]

Jamais seduzido pelo engodo das análises políticas fáceis, mesmo no estilo nacionalista reconfigurado que amortecia a crítica diplomática do comunismo oficial, que ele produzia quando ainda membro do partido, Wright via o negro como "metáfora

---

[9] Wright, *Colour Curtain*, p. 150.

da América",[10] uma construção histórica e social intimamente associada à instituição da escravidão racial e que não correspondia a nenhum atributo cultural ou biológico comum aos negros: "Realmente, é preciso saber que a palavra negro na América não significa algo racial ou biológico, mas algo *puramente social*, algo produzido nos Estados Unidos"[11] [itálico adicionado]. Este simples *insight*, diversas vezes expresso no que hoje poderíamos identificar como uma concepção antiessencialista da identidade racial, é algo que tem confundido e intrigado muitos críticos americanos de Wright. A distinção que ele traça entre "o social" e "o racial" mostrou ser embaraçosa para alguns comentadores, particularmente aqueles que procuram posicioná-lo no cume do panteão oficial das letras africano-americanas do século XX. O antiessencialismo deliberadamente provocador de Wright, que mais tarde foi refinado durante suas viagens pela África, desencadearia um debate áspero em torno da identidade racial e suas fronteiras na primeira conferência de artistas e escritores negros promovida pela revista *Présence Africaine* em Paris, em 1956. Entretanto, esses temas remontam ao seu primeiro trabalho não ficcional:

> A palavra "negro", termo pelo qual, oralmente ou na imprensa, nós, negros, nos Estados Unidos costumamos ser designados, não é realmente um nome nem uma descrição, mas uma ilha psicológica cuja forma objetiva é a ordem mais unânime em toda a história americana; uma ordem apoiada pela tradição popular e nacional... Esta ilha, em cujos limites vivemos, está ancorada nos sentimentos de milhões de pessoas, e fica bem no meio do mar de faces brancas que encontramos diariamente; e, em geral, embora faça trezentos anos que nossa nação foi levada o século XX, suas frontei-

---

[10] Richard Wright, *White Man Listen!* Nova York: Anchor Books, 1964, p. 72.

[11] *Ibid.*, p. 80.

ras de pedra permaneceram inquebráveis diante das ondas de nossa esperança, que investem contra ela.[12]

Wright deixou a América em 1947 e se instalou na Europa durante os últimos anos de sua vida. Afora essa transferência completa, ele foi também um viajante. Três livros de escritos de viagem constituem outra parte importante, ainda que regularmente ignorada, de sua herança intelectual para a crítica cultural contemporânea. Esses livros, contudo, não se saíram bem, seja entre o público leitor negro americano, que em vão procurava um reflexo de suas experiências em obras que devem ter parecido esotéricas, seja entre os críticos, cujo interesse em Wright é definido primeiramente por sua ficção e, secundariamente, por seus trabalhos autobiográficos. Sua guinada para um estilo de escrita que formalizava sua autoinvestigação e seu estranhamento do mundo pelo desenvolvimento do hábito de viajante foi desconsiderada até por seu principal biógrafo como "apenas um bom jornalismo", ainda que "uma boa leitura".[13] Mesmo George Kent, um comentarista perspicaz e muitas vezes brilhante de Wright, ridicularizou esses livros dizendo que "a personalidade por trás das letras varia desde a de um turista ocidental arguto, mas um tanto presunçoso, até à de uma professora ocidental puritana".[14] Tentarei demonstrar que, ao contrário, a vida de Wright testemunha o valor de percepções críticas, que apenas poderiam ter sido obtidas por meio do desassossego, e até do desabrigo, que ele às vezes consegue converter em oportunidade analítica.

Considerando o endosso de Ralph Ellison ao axioma de Heráclito, "a geografia é destino",[15] bem como sua revelação do que

---

[12] Richard Wright, *Twelve Million Black Voices*. Londres: Lindsay Drummond Ltd., 1947, p. 30.

[13] Fabre, *Unfinished Quest*, p. 415.

[14] Kent, *The Adventure*, p. 83.

[15] Ralph Ellison, *Going to the Territory*. Nova York: Random House, 1986, p. 198.

Wright lhe havia dito em 1956: "Realmente, Ralph, após eu romper com o Partido Comunista, eu não tinha mais para onde ir".[16] desejo fazer algumas colocações em favor do valor desses livros de viagem, que oferecem muito mais do que uma série de tentativas fracassadas de tornar habitável a condição de desenraizamento crônico. Sem aceitar necessariamente nenhuma das conclusões de Wright, parece possível encarar o corpo de sua obra como um exercício extenso de hermenêutica intercultural que tem efeitos importantes sobre as teorias de Wright sobre "raça", modernidade, identidade e sua inter-relação. No caso do volume mais controvertido, *Black Power* [Poder Negro], ele produziu uma tentativa deliberada, ainda que, em última análise, infrutífera, de articular seu autoentendimento crítico com o difícil trabalho de análise política, sociológica e histórica acessível.

Como Du Bois, Douglass, Wells Barnett e o restante de seus antecessores africano-americanos, Wright começou suas viagens dentro das fronteiras dos Estados Unidos. Passou períodos na África, Espanha, Ásia e América Central e do Sul antes de sua morte prematura em 1960, em Paris. Três de suas principais viagens, para a revolucionária Gana, a Espanha de Franco e a Indonésia, são extensamente "teorizadas" em relatos que publicou sobre seu desenvolvimento intelectual e político. Escrever no momento dessas viagens e sobre as mesmas proporcionou-lhe amplas oportunidades para reflexão sobre vários problemas históricos, estratégicos e filosóficos, e isso ficou incorporado em seu metacomentário sobre o valor da civilização ocidental, a relação entre a tradição e a modernidade e as divisões de classe impostas às populações coloniais pelos processos sangrentos e terroristas do domínio imperial.

Wright é importante para a discussão geral deste livro, pois sua vida constitui uma outra parte fragmentária da história do movimento social e político internacional, conhecido vaga e ina-

---

[16] *Ibid.*, p. 212.

dequadamente pelo rótulo de pan-africanismo. Esse movimento, como a organização antiescravidão sobre a qual era erigido, desafia nosso entendimento da política moderna exatamente porque transborda as estruturas confinantes do estado-nação e investiga de modo abrangente a prioridade habitualmente atribuída a essas estruturas nas explicações históricas e sociológicas da mudança social e cultural. Já mencionei que Wright estava ativamente envolvido na *Présence Africaine*, a revista que tentava juntar o pensamento de africanos e africanistas com o dos negros americanos, caribenhos e europeus, pelo menos para que suas similaridades e diferenças pudessem ser sistematicamente exploradas.

Wright é uma figura exemplar na ponderação das respostas negras à modernidade porque foi um crítico sofisticado e perspicaz do marxismo e do movimento comunista de seu tempo. Sua crítica foi inicialmente conduzida de dentro do partido e desenvolvida posteriormente fora da organização. Sua apropriação seletiva das ferramentas analíticas marxistas combinada com uma denúncia inflexível do partido leninista como estrutura organizacional animada pela vontade de poder[17] contribuíram muito para a sua avaliação cética da possibilidade de aperfeiçoamento e progresso social — pelo menos nos países superdesenvolvidos. As ambiguidades que brotam da posição incômoda de Wright — dentro mas não ligado organicamente ao Ocidente — tornaram-se insustentáveis em *Black Power*, seu estudo sobre Gana durante o governo revolucionário de Nkrumah, e nas outras obras onde ele explicava detalhadamente seu entendimento da relação entre sociedades tradicionais pré-capitalistas e as estruturas dinâmicas e imperiais da modernidade tecnológica e filosófica.

Essa parte da obra de Wright vendeu pouco, mesmo enquanto ele estava vivo, e raramente é lida hoje em dia. Os trabalhos que lhe trouxeram fama como escritor foram comercializados principalmente como exposições literárias do racismo americano. Elas

---

[17] Wright, *The Outsider*, p. 198.

revelavam sua inscrição totalmente imprevista nas profundezas de uma vida íntima negra até então inimaginada pela América branca. Embora principalmente ficcionais, esses trabalhos — *Uncle Tom's Children* [Os Filhos do Pai Tomás], *Native Son* e *Black Boy*, bem como muitos contos — derivavam parte de sua autoridade cultural especial e uma boa dose de seu *status* literário no mundo branco daquilo que era percebido como a autenticidade racial indiscutível de seu autor mississippiano.[18] Em seu retrato psicológico dos líderes africano-americanos, Allison Davis destaca que Wright, filho de meeiros, não conseguira passar um ano inteiro na escola até a idade de 13 anos.[19] Em grande parte um autodidata, ele foi um beneficiário das estruturas educacionais informais que sustentavam o Partido Comunista e, mais tarde, da orientação fornecida por acadêmicos como Louis Wirth e Horace Cayton, que se tornaram seus amigos quando ele estava morando em Chicago. Wright mais tarde forneceria um memorável prefácio ao estudo sociológico clássico de Cayton e St. Clair Drake sobre o gueto do Southside, *Black Metropolis*.[20]

A celebridade literária de Wright imediatamente o identificou como um representante de sua raça e, por isso, um advogado dos negros miseráveis, de cujo convívio ele mesmo havia parcialmente fugido. A riqueza literária de seus primeiros escritos deve ter sido ainda mais desconcertante para os críticos literários quando se considerava que seu autor era um refugiado do campesinato negro sulista que havia desfrutado de pouca educação formal. O

---

[18] Na capa da primeira edição de *Native Son*, Edward Weeks, editor do *Atlantic Monthly*, descrevia o impacto do livro: "Ele caiu nas boas graças de todos nós. É certamente o desempenho de um grande talento — convincente, perturbador, indiscutivelmente autêntico".

[19] Allison Davis, *Leadership, Love and Aggression*. Nova York: Harcourt Brace Jovanovich, 1983, p. 155.

[20] St. Clair Drake e Horace Cayton, *Black Metropolis: A Study of Negro Life in a Northern City*, com prefácio de Richard Wright. Nova York: Harcourt, Brace, 1945.

sucesso de Wright certamente levantava novos problemas de valor cultural e juízo estético para as letras americanas modernas. Sua investigação da consciência negra demandava a elevação da raça ao *status* de dispositivo interpretativo até para que sua obra fosse denunciada de maneira crível. As promessas ocas de um americanismo inclusivo estavam expostas e, o mais importante, o abismo experiencial, cognitivo, moral e cultural que dividiam a América branca da América negra era continuamente evocado. Dois problemas se conjugam aqui: a questão da tipicidade racial de Wright, como meio de situar e interpretar sua obra — o que era proposto tanto pelos que compartilhavam de sua comunidade racial como pelos que não o faziam — e, secundariamente, as mudanças na concepção da raça que devem ter se seguido à aceitação de semelhante pessoa inesperada e desqualificada como fonte deste tipo de literatura modernista cuidadosamente elaborada. O choque com a instituição literária americana não deve ter sido menor do que o sentido pelos admirados inquiridores de Phillis Wheatley* naquele dia famigerado em Boston,[21] quando o poder da escrita imaginativa foi inicialmente convocado a fim de demonstrar e validar a humanidade dos autores negros. De fato, se o livro de Wheatley representava o início de um processo em que os atributos da humanidade universal, para os quais a produção de literatura imaginativa era emblemática, eram vistos como ao alcance dos negros, então *Native Son* era um sinal de que essa fase estava no final. O *Book-of-the-Month Club News* anunciava que

---

\* Phillis Wheatley é considerada a primeira poetisa africano-americana. Nascida em 1753, na África Ocidental, foi vendida como escrava aos oito anos a uma família de Boston. Em 1773, é publicado em Londres seu único livro, *Poems on Various Subjects, Religious and Moral*. Em 1778, recebeu liberdade e casou-se com um negro liberto. Morreu em completa pobreza em 1784. (N. do R.)

[21] H. L. Gates Jr., "Writing, 'Race', and the Difference It Makes", em *Loose Canons*. Nova York e Oxford: Oxford University Press, 1992, pp. 51-55.

o livro de Wright era "exatamente tão humano como é negro" e explicava que o autor de *Native Son* havia ampliado "um relato de violência crua" e o transformado em uma "tragédia humana".

Wright discutiu pela primeira vez a posição histórica e social de sua própria obra no contexto de uma análise mais ampla do papel e da direção da literatura negra em seu famoso ensaio de 1937, "Blueprint for Negro Writing" [Esboço para a Literatura Negra]. Ele voltou a este tópico a partir de uma perspectiva ligeiramente diferente alguns anos depois em uma aula sobre a posição da literatura negra nos Estados Unidos, que acabou se tornando um capítulo de *White Man Listen!* [Escuta, Homem Branco!], o livro de ensaios montado a partir de suas aulas e publicado em 1957. No texto anterior, o autor explorava sua relação com a ideia de sua própria tipicidade racial e evitava a polarização demasiado simples entre particularidade racial e universalidade humana por meio de uma versão criteriosa e não redutiva do materialismo histórico. Essa versão identificava as condições sociais e econômicas nas quais se desenvolveram determinados estilos de literatura negra e, em seguida, adotava uma discussão das diferenças entre eles para esclarecer a ordem dos conflitos políticos e estratégicos a ser encontrada *dentro* da comunidade "nacional" dos negros americanos. Neste ponto, Wright apenas sugere aquilo que mais tarde se tornaria um de seus temas favoritos, a saber, que as diferenças entre os grupos que conhecemos como raças estão associadas à repressão das diferenças dentro dessas raças. As formas literárias e outras formas culturais, portanto, propiciam a ele uma oportunidade para compreender como a raça pode diferir de si mesma. Noções de tipicidade e representatividade racial no juízo estético e político são rejeitadas porque interrompem a atuação dessas diferenças.

Esses problemas abstratos rapidamente se tornaram obstáculos concretos para Wright. A capa da primeira edição de *Native Son* anunciava que seu romance era "o melhor até agora escrito por um negro americano... um romance que apenas um negro poderia ter escrito; cujo tema é a mentalidade do negro que vemos no dia a dia". O frágil elogio destaca como o problema da avaliação da qualidade do livro de um autor negro, segundo os degradados padrões preconceituosos de qualidade literária, passou a ser conectado no pensamento de Wright com a autonomia dos leitores e críticos brancos e sua liberdade para deturpar um texto racialmente codificado, consciente e inconscientemente confundindo seus argumentos e interpretando mal as consequências do texto para as suas vidas. Ele ficava particularmente horrorizado com a possibilidade de que a massa de seus leitores brancos pudesse encontrar intensos prazeres na imagem de negros como vítimas do racismo ou, mais simplesmente, que pudessem ficar inteiramente à vontade com as representações da dor e do sofrimento dos negros, que inevitavelmente fluíam das tentativas de lidar seriamente com a operação sistemática do racismo na sociedade americana. Wright discutia este problema em outro ensaio, que hoje serve regularmente de introdução a *Native Son*. Neste ensaio, "How Bigger Was Born" [Como Bigger Nasceu], ele apresentava parte de sua motivação para escrever *Native Son* como o desejo de encontrar uma resposta para os efeitos perniciosos do retrato dos negros como vítimas, que haviam emergido inadvertidamente de seu primeiro livro publicado, *Uncle Tom's Children*:

> Quando começaram a sair as resenhas desse livro, percebi que havia cometido um erro terrivelmente ingênuo. Descobri que eu havia escrito um livro que até as filhas de banqueiros poderiam ler e chorar e sentir-se bem. Jurei a mim mesmo que se alguma vez escrevesse outro livro, ninguém iria chorar por causa dele; pois ele seria tão duro e sério que teriam de encará-lo sem o consolo das lágrimas. Foi isto que me fez passar a trabalhar com total seriedade.[22]

---

[22] "How Bigger Was Born" publicado como introdução à edição Penguin de *Native Son*. Harmondsworth, 1979, p. 31.

A imagem de Wright deste mau leitor ideal como uma mulher branca levanta a complicada questão de sua misoginia, à qual voltarei mais adiante. O desejo de apresentar os negros em um papel que não o da vítima é algo que vincula a produção de Wright tanto a seus desvios ideológicos como às mudanças profundas em sua perspectiva filosófica. Mesmo quando explora as profundezas desse "niilismo" espontâneo, que ele sentia como a mais importante contribuição do racismo americano moderno à cultura negra, seu foco permanecia centrado na liberdade de ação que os negros desfrutavam mesmo nas condições mais restritas. Como mostra sua colaboração elegíaca com o fotógrafo Edwin Rosskam, *Twelve Million Black Voices* [Doze Milhões de Vozes Negras], às vezes isto entrava em conflito com o seu marxismo e com a psicologia social igualmente determinista que se desenvolve a partir de seu interesse pela psiquiatria e pela psicanálise.

Como aconteceu com muitos autores negros americanos que seguiram em sua esteira, o desenvolvimento criativo de Richard Wright foi fomentado e transformado pela decisão de se transferir para longe dos Estados Unidos. Essa transferência contribui muito para a apresentação dos laços entre as lutas contra a subordinação racial no interior da América e as dimensões mais amplas e mundiais do antagonismo político: antifascismo, anti-imperialismo e emancipação política e econômica da dominação colonial. Essa é uma parte extremamente complicada do pensamento de Wright e não é, como sugeriram alguns críticos, uma situação na qual, sob a renitente influência de sua formação marxista, a vida dos negros americanos torna-se emblemática das lutas dos seres humanos explorados e oprimidos em geral. A obra de Wright em ficção, crítica cultural, autobiografia e seus estilos mais ecléticos de escrita, apresenta um conjunto elaborado de reflexão filosoficamente informada sobre o caráter da civilização ocidental e o lugar do racismo dentro dela. Essa investigação é mediada por seus interesses políticos e por sua compreensão da história da subordinação negra no Novo Mundo. Ela gera e põe à prova uma teoria matizada e sofisticada da modernidade, na qual algumas afirmações da particularidade africano-americana, mas não todas, são publicamente rejeitadas. Vale repetir que a perspectiva distintiva de Wright foi decisivamente moldada por um extenso envolvimento no movimento comunista oficial, pelos interesses na sociologia e na psicanálise desenvolvidos quando ele morava em Chicago e Nova York, e pelo ambiente intelectual da vida em Paris, onde ele estabeleceu um novo lar para os últimos treze anos de sua vida. Este conjunto de reflexões sobre a modernidade e suas antinomias raciais era filtrado pela peneira fornecida por sua combinação de um ardoroso anticomunismo e um apaixonado anticapitalismo. Essa mistura confundia os agentes do estado americano encarregados de monitorar as atividades políticas de Wright na Europa e ainda hoje confunde alguns de seus leitores.[23]

## ESCRITA RACIAL E CRÍTICA RACIAL

Wright nasceu no Mississippi em 1908. Abandonou a escola em 1925 e mudou-se para o Norte, primeiro para Memphis e depois para Chicago, onde trabalhou, entre outras coisas, como agente postal, lavador de pratos e cobrador de sociedade funerária. Sua carreira como escritor desenvolveu-se inicialmente dentro dos clubes John Reed, organizações culturais do Partido Comunista,[24] ao qual ele permaneceu leal por mais uma década. Acabou abandonando seu comunismo após uma série de ácidos desentendimentos que terminaram por denunciá-lo como trotskista

---

[23] Addison Gayle, *Ordeal of a Native Son*. Garden City, Nova York: Anchor Press, 1980.

[24] Outros membros do clube de Chicago no tempo de Wright eram Nelson Algren, Jackson Pollock e Ben Shahn. Wright se tornou editor do *Left Front*, o periódico dos clubes no meio-oeste.

e intelectual.[25] Sua mudança para a Europa após a guerra de 1939-45 deu-se por insistência de Gertrude Stein, que recebeu Wright e sua família em sua chegada a Paris na Gare du Nord.

A amplitude e a diversidade da obra de Wright são obscurecidas pelas barricadas que os críticos colocaram entre a obra que ele produziu na América e os produtos supostamente inferiores de seu exílio europeu. Ele escreveu, ao todo, treze livros, dos quais quatro foram publicados enquanto ele residia nos Estados Unidos; um quinto, *Lawd Today*, escrito ali durante os anos 1930, não foi publicado senão vários anos depois de sua morte. Ele escreveu mais três romances, *Savage Holiday*, *The Outsider* e *The Long Dream*; três livros de viagem, *Pagan Spain*, *Black Power* e *The Color Curtain*; *White Man Listen!*, um livro de ensaios originalmente apresentados como palestras; e *Eight Men*, uma coletânea diversificada de trabalhos curtos vinculados apenas por uma tentativa de exploração da masculinidade negra. Todos esses foram escritos ou reunidos para publicação na Europa. A literatura crítica sobre Wright tem sido dominada por trabalhos sobre os primeiros quatro livros: *Uncle Tom's Children*, *Native Son*, *Twelve Million Black Voices* e *Black Boy*. Desses, *Twelve Million Black Voices* tem recebido o tratamento mais superficial.[26] *Lawd Today*, o interessante primeiro romance de Wright, que foi recentemente reeditado e reabilitado por Arnold Rampersad, que o proclama superior à ficção posterior e defeituosa produzida na Europa, lidava erroneamente com a experiência de personagens brancos e sucumbia às influências estranhas do freudismo e do existencialismo:

---

[25] O relato de Wright sobre esses acontecimentos encontra-se na segunda parte de sua autobiografia, que foi separada da primeira parte, *Black Boy*, pelo editor, e publicada anos depois como *American Hunger* (Londres: Gollancz, 1978), e na antologia de Anthony Crosland, *The God That Failed* (Nova York: Harper, 1949) como "I Tried to Be a Communist".

[26] A discussão deste texto em Houston Baker, *Workings of the Spirit* (Chicago: University of Chicago Press, 1991) é uma notável exceção.

Embora certamente defeituosa, a narrativa muito provavelmente é também o segundo romance mais importante escrito por Wright, e é claramente inferior apenas ao marco de *Native Son* (1940) entre seus romances. Com um tema bem menos importante do que *The Outsider* (1953), é também menos árido e didático do que aquela história existencialista. Certamente convence mais do que *Savage Holiday* (1954), a narrativa um tanto estreita e improvável de Wright, seguindo o esquema freudiano, de um homem branco solitário (não há negros no romance) levado a um assassinato psicopata. E embora visivelmente menos rico em caracterização e enredo, pelo menos em um sentido convencional, do que *The Long Dream* (1957), *Lawd Today* é, contudo, um exemplar de ficção mais exuberante e espontâneo, além de mais decisivamente vibrante do que o último romance publicado durante a vida de Wright.[27]

Os comentários de Rampersad caracterizam o consenso crítico estabelecido em torno dos livros de Wright. O consenso estipula que, no que diz respeito à sua arte, a mudança para a Europa foi desastrosa. Este argumento assume várias formas e precisa ser cuidadosamente considerado. Ele desqualifica o direito de Wright de sustentar uma concepção de modernidade e tem sérias implicações com relação ao modo como situamos sua obra nos debates sobre o(s) modernismo(s) negro(s). Afirma-se que depois de se mudar para a França, a obra de Wright foi corrompida por seu amadorismo nos estilos filosóficos de pensamento inteiramente alheios a sua história africano-americana e a seu estilo vernáculo. Secundariamente, argumenta-se que o interesse pela psiquiatria e pela psicanálise, que em todo caso havia precedido sua passagem transatlântica, fugira ao seu controle no ambiente europeu.

---

[27] Arnold Rampersad, Prefácio a *Lawd Today*. Boston: Northeastern University Press, 1986.

Em terceiro lugar, sugere-se que, uma vez residindo na Europa, Wright simplesmente estava distante demais das fontes populares vitais que conferiam à sua obra inicial um vigor tão singular. Wright pode ser condenado com base nesses motivos e ainda ser aplaudido por ter produzido os relatos mais vívidos do Sul racista e por oferecer *insights* literários sobre a existência abjeta da nova população negra de Chicago. Sua traição final ao vernáculo africano-americano é, depois, ainda mais profunda e abrangente por causa de sua anterior proximidade com o povo, cuja representação sentimental fornece o padrão segundo o qual é avaliada a cultura racial autêntica. Esta reverência pelo povo traz a marca clara do romantismo europeu, absorvido na vida intelectual negra por diversos caminhos.[28] Em um estudo influente sobre as raízes populares da poesia africano-americana, Bernard Bell mostrou como as noções organicistas de Herder, sobre o valor da arte popular e sua relação com outros tipos de produção cultural, passaram a dominar a crítica da arte e literatura negra e a ser um elemento importante dentro dos princípios do nacionalismo negro dos séculos XIX e XX.[29] Wright tem sido vítima dessa abordagem da axiologia e da estética. Ele sempre foi profundamente ambivalente, tanto com relação ao povo como com relação a todas as formas de cultura popular, na qual ele observava os efeitos do racismo, bem como a capacidade surpreendente para a improvisação criativa em face da adversidade. Essa ambivalência é

---

[28] "Em sua forma secular, o chauvinismo negro deriva, com muita ironia, da teoria racial europeia. Como o conceito de civilização, o chauvinismo racial pode ser remontado aos escritos de Hegel, Guizot, Gobineau e outros teóricos raciais do continente do século XIX. De fato, foi o alemão Herder que, no século XVIII, desenvolveu teorias de coletivismo orgânico, a partir das quais Blyden e Crummell mais tarde elaboraram sua própria variedade de chauvinismo étnico." Wilson Moses, *The Golden Age of Black Nationalism, 1850-1925*. Nova York e Oxford: Oxford University Press, 1988, p. 25.

[29] Bernard W. Bell, *The Folk Roots of Contemporary Afro-American Poetry*. Detroit: Broadside Press, 1974.

evidente em sua abordagem da música, da igreja e das formas de jogo verbal que ele identificava como tipicamente negras. Ellison questiona as credenciais étnicas de Wright, revelando que ele "sabia muito pouco sobre jazz e nem sabia dançar".[30] Entretanto, Wright escreveria letras de blues[31] e faria uma gravação com Paul Robeson, Count Basie, Jimmy Rushing e outros sob a direção de John Hammond. Também escreveu comentários de capa para LPs de artistas como Quincy Jones, Louis Jordan e Big Bill Broonzy e chegou a tentar uma breve interpretação psicanalítica das "canções do diabo", que ele considerava como "uma forma de canção popular efusivamente melancólica que deu a volta ao mundo", em uma introdução perturbadora escrita por ele em 1959 para o livro *The Meaning of the Blues*,[32] de Paul Oliver.

As ações afirmativas de Wright em favor dos blues e da cultura vernácula, a partir da qual aqueles brotavam, foram explicitadas mais claramente na discussão dos blues que surgia a partir de seu ensaio "The Literature of The Negro in The United States" [A Literatura do Negro nos Estados Unidos]. Neste, Wright vinculava o blues e a poesia oral improvisada que ele chamava de *Dirty Dozens*, ou troca de insultos verbais. Ele os apresentava como "o ápice do desespero sensual" e ponderava "a alegria estranha e emocional encontrada na contemplação dos aspectos mais negros da vida". Esse jogo de palavras em torno do termo "mais negros" introduzia outro exemplar típico do humor de Wright: "o que os psicanalistas chamam de ambivalência é formulado por negros analfabetos em termos que teriam chocado o Dr. Freud". Refutando interpretações dos *Dozens* que se concentravam em sua

---

[30] Ellison, *Going to the Territory*, p. 208.

[31] "Red Clay Blues", uma colaboração com Langston Hughes, foi publicado no *New Masses*, 1º de agosto de 1939. A colaboração com Basie e Robeson foi gravada em 1941 e lançada pela Okeh (6475); ver Fabre, *Unfinished Quest*, p. 236.

[32] Londres: Collier Books, 1963, pp. 7-12.

qualidade maliciosa, Wright os defendia como um ataque coerente a Deus e à racionalidade, que havia sido produzido diretamente da experiência tipicamente moderna da escravidão na *plantation*:

> Os *Dirty Dozens* aplaudem o incesto, celebram o homossexualismo; até a habilidade de Deus para criar um mundo racional é ingênua mas desdenhosamente questionada... Não se trata de ateísmo; está além do ateísmo; as pessoas não andam e falam com Deus, elas andam e falam sobre Ele. A sedução das virgens é celebrada com prazer amoral... Pois os brancos que afirmavam que seguiam os preceitos de Cristo devem ter sido culpados de tanta crueldade [que] obrigaram algum bardo negro anônimo a proferir:
> *Our father, who art in heaven*
> *White man owe me 'leven and pay me seven,*
> *Thy kingdom come thy will be done*
> *And ef I hadn't tuck that, I wouldn't got none.*\*[33]

Em outros momentos, Wright era muito mais cruel em seu julgamento desse modo de expressão cultural. Ele o denunciava por sua afirmação de "uma incapacidade dilatada de agir... um medo de agir"[34] e identificava sua motivação primária na culpa. Quando Wright estava nesse clima, a música não era nada mais do que uma projeção da mágoa na qual os negros tentavam preparar algum "alimento compensatório para si mesmos".[35] Falan-

---

\* Pai nosso que estais no céu/ O branco me deve onze e me paga sete,/ Venha a nós o vosso reino, seja feita a vossa vontade/ E se eu não escondesse um, ficava sem nada.

[33] *White Man Listen!*, pp. 90-1.

[34] Paul Oliver, *The Meaning of the Blues*. Nova York: Collier Books, 1963, p. 9.

[35] Wright, "How Bigger Was Born", p. 15.

do claramente em favor desse lado da resposta de seu criador sobre a música, um dos personagens de Wright descrevia a arte rebelde do blue-jazz como "o gesto zombeteiro de homens extasiados em seu estado de rejeição; ... uma linguagem musical dos prazenteiramente amorais, os regozijos dos alegremente criminosos".[36] Este jazz era dotado do "êxtase assustado do impenitente".[37] Ele oferecia um abrigo emocional para aqueles que obtinham prazer de suas "ostentações rítmicas de sentimentos de culpa, os transbordamentos sincopados da alegria assustada existente em roupagens proibidas e desdenhadas pelos demais".[38]

Wright pode ter sido demasiado rude com essa cultura profana, mas era ainda mais inflexível quando se voltava para os elementos sagrados na tradição expressiva negra. Aí, os elos com sua própria vida pregressa como Adventista do Sétimo Dia podem ser mais fáceis de contemplar. Ele afirmava que o poder da igreja era um fator fortemente específico ao gênero feminino, e irreversivelmente conservador, que mantinha o mecanismo social e psicológico da subordinação racial:

> Uma canção terminava e uma jovem negra lançou a cabeça para trás e fechou os olhos, desatando lamentosamente outro hino:
> *Glad glad, glad, oh, so glad*
> *I got Jesus in my soul...*\*
> Essas poucas palavras foram tudo o que ela cantou, mas o que suas palavras não diziam, suas emoções o faziam enquanto ela repetia os versos, variando o clima e o andamento, fazendo seu tom expressar significados que sua men-

---

[36] Wright, *The Outsider*, p. 140.

[37] *Ibid.*, p. 88.

[38] *Ibid.*, p. 140.

\* Alegre alegre, alegre, ah, tão alegre/ Trago Jesus em minha alma...

te consciente não conhecia. Outra mulher fundiu sua voz com a da jovem e, em seguida, a voz de um velho fundiu-se com a das duas mulheres. Logo, toda a congregação estava cantando... Estão errados, murmurou ele na lírica escuridão. Ele sentia que a busca por uma felicidade que jamais poderiam encontrar fazia com que sentissem haver praticado alguma horrível ofensa da qual não conseguiriam se lembrar ou compreender... Por que este sentido de culpa era tão aparentemente inato, tão fácil de evocar, pensar e sentir de modo tão verdadeiramente físico?[39]

Essas observações não devem ser interpretadas, como às vezes se tem sugerido, simplesmente como um ódio de si ou de outros negros. O sentimento dominante que elas transmitem é um sentido vigoroso do tributo que o racismo cobrou dos atributos psicológicos e sociais dos negros obrigados a viver sob as relações sociais coercitivas, às vezes terroristas, que são autorizadas pela noção de diferença racial. Os padrões de repressão interna, culpa, miséria e desespero estabelecidos sob a disciplina social da escravidão perduram mesmo que a ordem política e econômica que os criou tenha sido parcialmente transformada. Wright estava defendendo o argumento ainda herético de que os efeitos do racismo sobre o povo negro não eram isoladamente gerados pela máquina do leviatã da supremacia branca. Estava sugerindo que os negros deveriam arcar com alguma parcela de responsabilidade pelas coisas malignas e destrutivas que nós fazemos uns aos outros, que o racismo não deve fornecer um álibi para os aspectos antissociais de nossa vida civil.

---

[39] "The Man Who Lived Underground", em *Eight Men*. Nova York: Pyramid Books, 1969, pp. 54-5.

# A TEORIA DA MODERNIDADE DE WRIGHT

Em um ensaio sobre o desenvolvimento dos estudos negros como projeto acadêmico coerente, C. L. R. James conta um caso bastante revelador a partir de sua amizade com Wright. Tendo partido para o interior da França para passar o fim de semana com a família Wright, James foi levado a conhecer a casa e lhe foram mostrados numerosos livros de Kierkegaard em uma estante. Wright apontou para a estante, dizendo: "Olha aqui, Nello, você vê aqueles livros ali?... Tudo o que ele escreve nesses livros eu sabia antes de possuí-los". James sugere que o conhecimento prévio aparentemente intuitivo de Wright sobre as questões levantadas por Kierkegaard não era nada intuitivo. Era um produto elementar de suas experiências históricas como negro criado nos Estados Unidos entre as guerras: "O que [Dick] estava me dizendo era que ele era um negro dos Estados Unidos e isso lhe deu um *insight* sobre o que hoje é a opinião e a atitude universal da personalidade *moderna*" [itálico adicionado]. James conclui judiciosamente que "o que havia na vida de Dick, o que havia na experiência de um negro nos Estados Unidos dos anos 1930 que o fazia compreender tudo o que Kierkegaard havia escrito antes de lê-lo... é algo que... precisa ser estudado".[40] Nesta observação, James propõe exatamente o que *The Outsider* exige e inicia em forma ficcional, ou seja, a análise do lugar e da experiência dos negros no mundo moderno. Na posição madura de Wright, o negro não é mais apenas metáfora da América, mas, um símbolo central nos sistemas psicológicos, culturais e políticos do Ocidente como um todo. A imagem do negro e a ideia de "raça" que ela ajuda a fundar são componentes vivos de uma sensibilidade ocidental que se estende para além das fronteiras nacionais, vinculando a América à Eu-

---

[40] C. L. R. James, "Black Studies and the Contemporary Student", em *At the Rendezvous of Victory*. Londres: Allison and Busby, 1984, p. 196.

ropa e seus impérios. A transmutação do africano no negro é mostrada como central à civilização ocidental, particularmente aos elementos primitivos, irracionais e místicos na cultura europeia que Wright procuraria explorar em *Pagan Spain*, seu estudo sobre Franco e o fascismo espanhol.

Sören Kierkegaard não foi o único filósofo europeu cuja obra Wright reconheceria como ligada de certo modo ao ponto de vista do deslocamento associado às experiências negras da modernidade. Não é aqui o lugar para especular sobre por que Wright poderia ter achado atraente a teoria da subjetividade de Husserl. Entretanto, o fervor quase baconiano do último pela singularidade da Europa e sua civilização é algo que influenciou Wright, que chegou ao ponto de mandar reencadernar seus exemplares de *Fenomenologia* e *Ideias*[41] em capa dura de couro negro para que pudesse levá-los consigo nos bolsos enquanto concluía *The Outsider* durante o ano de 1947, em Paris. Mais do que qualquer outro livro de Wright, *The Outsider* elabora uma visão da negritude e das ideologias afins de raça e racismo que a sustentam, não como identidades históricas fixas e estáveis a serem celebradas, superadas ou mesmo desconstruídas, mas como condições metafísicas da existência do mundo moderno que surgem com a — ou talvez a partir da — superação da moralidade religiosa. O livro representa a primeira tentativa de Wright de explicar as correspondências e conexões que ligavam a experiência de vida cotidiana dos africanoamericanos com as ansiedades viscerais precipitadas na filosofia e nas letras europeias modernas pelo colapso da sensibilidade religiosa em geral e pela experiência da vida no século XX em particular.

Para Wright, a ruptura decisiva na consciência ocidental que a modernidade representa era definida pelo colapso da compreensão religiosa do mundo. Ele constantemente defendia essa concepção. Ela perpassa sua ficção, seu jornalismo e suas obras de teo-

---

[41] Fabre, *Unfinished Quest*, p. 333; Webb, *A Biography*, p. 326.

ria e crítica cultural e em parte explica seu grande interesse em Nietzsche — outra ilustração óbvia das correspondências significativas que ele percebia entre a cultura vernácula do povo negro nos Estados Unidos e os produtos por vezes esotéricos da prática filosófica europeia. Ele utilizava Nietzsche principalmente para promover sua percepção do poder afirmativo de formas culturais niilistas, como os *Dirty Dozens*, e substituir uma teoria de subordinação racial centrada na ideologia por uma teoria enraizada na psicologia histórica, ou pelo menos em uma abordagem mais psicológica da consciência e do poder do que sua formação marxiana poderia ter sustentado:

> A situação do negro é uma situação estranha; é uma perspectiva, um ângulo de visão possuído pelos oprimidos; é uma perspectiva de pessoas que olham de baixo para cima. É o que Nietzsche chamou uma vez de "perspectiva do sapo". A opressão oprime e esta é a consciência de negros que durante séculos têm sido oprimidos — há tanto tempo oprimidos que sua opressão se tornou uma tradição, de fato uma espécie de cultura.[42]

Wright lapidou o conceito-chave "perspectiva do sapo" e o utilizou para dar à noção de dupla consciência uma dimensão explicitamente psicanalítica:

> "Perspectivas do sapo". Esta é uma expressão que tomei emprestada de Nietzsche para descrever alguém que olha de baixo para cima, a percepção de alguém que se sente inferior aos outros. O conceito de distância envolvido aqui não é físico; é psicológico. Envolve uma situação na qual, por razões morais ou sociais, uma pessoa ou um grupo sente que

---

[42] Richard Wright, Prefácio a George Padmore, *Pan-Africanism or Communism*. Londres: Dobson, 1956, pp. 11-4.

há outra pessoa ou grupo acima dele. Fisicamente, porém, todos vivem no mesmo plano geral material. Um certo grau de ódio conjugado com amor (ambivalência) está sempre envolvido nesse olhar de baixo para cima, e o objeto contra o qual o sujeito está medindo a si mesmo passa por constante mudança. Ele ama o objeto porque gostaria de se parecer com ele; odeia o objeto porque suas chances de parecer com ele são remotas, pequenas.[43]

O sujeito negro de Wright está internamente dividido por filiação cultural, cidadania e as demandas de identidade nacional e racial. No entanto, o processo de conflito interno que Du Bois descrevia como a junção de "duas almas em guerra em um só corpo negro" é levado mais adiante de forma que seus aspectos inconscientes se tornem mais significativos. Ele adquire um tempero etnopsiquiátrico específico da vida social colonial e semicolonial. A compreensão de Wright do ponto de vista distintivo dos negros no mundo moderno, contudo, correspondia de fato à descrição de Du Bois de uma dupla consciência constitutiva em outros sentidos. Tendo assumido a ideia nietzscheana de modos perspectivos de conhecer, Wright se referia a ela normalmente como "dupla visão" [*double vision*][44] em lugar de dupla consciência [*double consciousness*]. Como Du Bois, ele tinha clareza de que

---

[43] Wright, *White Man Listen!*, p. 6.

[44] Ver Wright, *The Outsider*, p. 129: "Os negros, à medida que entrarem em nossa cultura, passarão a herdar os problemas que temos mas com uma diferença. Eles são forasteiros e irão *saber* que têm esses problemas. Passarão a ser autoconscientes; passarão a ser dotados de uma dupla visão, pois, sendo negros, estarão tanto *dentro* como *fora* de nossa cultura ao mesmo tempo. Toda convulsão emocional e cultural que já abalou o coração e a alma do homem ocidental os abalará também. Os negros desenvolverão tipos psicológicos únicos e especialmente definidos. Eles se tornarão homens psicológicos, como os judeus... Eles não serão americanos ou negros; serão centros de *saber*, por assim dizer...".

esta condição especial não é simplesmente uma deficiência nem um privilégio constante. Ele regressou a suas ambivalências internas tanto em sua ficção como em seus escritos teóricos. Sua opinião sobre esse estado sensitivo se alterou constantemente à medida que argumentava contra diferentes posições sustentadas por pensadores ainda emaranhados na lógica maniqueísta da consciência de cor ocidental e que seu foco político se transferia da preocupação exclusiva com a política racial americana para um interesse na geopolítica do (anti)imperialismo e para o lugar de vários racismos diferentes no interior das estruturas do domínio imperial. Como acontece com a situação da elite ocidentalizada nos países submetidos à dominação colonial, Wright encarava esta dupla visão como algo interno ao Ocidente. Ela o dotava de uma chance de observar e descrever "uma luta do Ocidente consigo mesmo, uma luta que o Ocidente cegamente começou, e o Ocidente até hoje não percebe que é o único agente responsável, o único instigador".[45]

Em outro ensaio, onde o efeito duplicador da dupla consciência também era referido como um processo de cisão, Wright situava suas origens em duas condições históricas interligadas, mas ainda independentes: ser produto da civilização ocidental e possuir uma identidade racial "profundamente condicionada" e "organicamente gerada" por essa civilização. É interessante que ele tenha expressado esta consciência dissidente do Ocidente em termos temporais. Afirma, com efeito, que mesmo a subjetividade cindida levava algumas vantagens significativas:

> Tentei levar vocês lentamente de volta ao meu ângulo de visão... Meu ponto de vista é ocidental, mas um ponto de vista ocidental que conflita em diversos pontos vitais com a perspectiva presente e dominante do Ocidente. Estarei à frente ou atrás do Ocidente? Minha avaliação pessoal

---

[45] *White Man Listen!*, p. 2.

é que estou à frente. E não digo isto como fanfarronice; esta avaliação é implicada pela própria natureza desses valores ocidentais que prezo.[46]

Em diversos ensaios e praticamente em todos os seus livros, Wright voltou ao problema de sua própria identidade híbrida como homem moderno. Em *Pagan Spain*, livro dedicado a uma investigação sobre os componentes residualmente pré-racionais, pagãos ou tradicionais da experiência europeia, Wright era confrontado pela influência permanente da fé religiosa na sociedade e cultura espanhola. Ele tentava demonstrar como esta retenção da religião era articulada à prática do fascismo que periodicamente interrompia seu próprio texto na forma de passagens extensas citadas de um catecismo falangista destinado a mulheres jovens. Enfrentando essa disjunção entre o tradicional e o moderno, o autor subitamente obtinha um *insight* importante sobre seu próprio lugar capturado em algum ponto entre as promessas e as maldições da modernidade ocidental. Ele percebia pela primeira vez que a distância percorrida da tradição para a modernidade não se comparava com a distinção entre primitivo e civilizado ou mesmo com a oposição entre negro e branco:

> Ser um componente funcional e orgânico de alguma coisa é estar quase inconsciente dela. Eu era uma parte, íntima e inseparável, do mundo ocidental, mas raramente tivera de explicar minha ocidentalidade, raramente me encontrara em situações que haviam me desafiado a fazer isto. (Mesmo na Ásia e na África eu sempre soubera onde terminava o meu mundo e começava o deles. Mas a Espanha era desconcertante; ela se mostrava e parecia ocidental, mas não agia ou se sentia como ocidental)... o que significava ser ocidental?... Ser ocidental era algo tão absolutamente diferente da vida e

---

[46] *Ibid.*, p. 53.

da civilização espanhola como ser de outra espécie? Ou essa diferença era um mero matiz, um ângulo de visão, um ponto de vista? Não era tarefa minha definir a totalidade do conteúdo da civilização ocidental: eu estava interessado apenas nesse aspecto dela que envolvia minha atenção em relação à Espanha... A Espanha era uma nação santa, um estado sagrado — um estado tão sagrado e irracional como o estado sagrado dos Akan na selva africana.[47]

Esta é uma oportunidade para enfocar duas questões correlatas destacadas pela exploração de Wright da experiência distintamente moderna. A primeira é sua reação e análise do fluxo cultural e político da modernidade. Em meio a essa turbulência, o racismo pode fornecer uma força estabilizante momentânea para os governantes brancos que o utilizam para garantir sua posição precária. A subordinação racial é essencial aos processos de desenvolvimento e progresso social e tecnológico conhecidos como modernização. Dessa forma, ela pode impelir para a modernidade parte da mesma população que ela ajuda a dominar. Em segundo lugar, essa discussão fornece uma chave para o estilo no qual as formas e os temas da estética e política modernistas são também adaptados e transformados pela próprio estilo de escrita racial politicamente engajado de Wright. Essas duas preocupações são sintetizadas da maneira mais elegante em seu último romance publicado, *The Long Dream* [O Longo Sonho], que continua a ser sua tentativa mais completa de produzir um romance filosófico no jargão negro e será discutida mais adiante. Mas, primeiramente, devemos examinar *The Outsider*, um livro anterior que partilhava de várias das mesmas aspirações e temas. Ele foi publicado em 1953, sete anos depois que Wright iniciara seu exílio em Paris. Como sugere seu título, *The Outsider* foi moldado por um interesse filosófico em desenvolvimento no existencialis-

---

[47] *Pagan Spain*, p. 192.

mo, que ele afirmara já ser componente sistemático de sua perspectiva racializada da vida como negro do Mississippi. É equivocado aceitar a acusação feita por alguns críticos africano-americanos de que o livro apresenta apenas um desejo pseudoeuropeu de fugir das restrições da escritura [*writing*] racial e lidar com temas mais amplos, grandiosos e menos particularistas. Suas densas preocupações intelectuais não eram, afinal de contas, um novo ponto de partida para Wright, cujas tentativas de ir além das forças restritivas do marxismo economicista e das convenções artísticas da "literatura negra" haviam antecedido em vários anos sua mudança para a Europa. Ambas as intenções haviam sido claramente sinalizadas quando *Native Son* foi inicialmente publicado. Nesse texto, mediante a personalidade e as ações assassinas de Bigger Thomas, Wright havia tentado esclarecer a formação de um novo tipo de homem da classe trabalhadora urbana, igualmente maduro tanto para o apelo da política comunista como da política fascista. Bigger, fruto de uma sociedade entrópica — "um produto americano, um filho nativo desta terra [que] carregava dentro de si as potencialidades seja do comunismo ou do fascismo" —, fornecia uma imagem do proletariado marcadamente diferente da imagem consagrada pela ortodoxia stalinista do Partido Comunista Americano, ao qual Wright havia se filiado no início dos anos 1930 e que havia atacado de modo intermitente. O mesmo ponto era defendido de modo menos cifrado em seu prefácio a *Black Metropolis*:

> Não sustente uma atitude moderada em relação às favelas do Southside de Chicago. Lembre-se que Hitler saiu de uma favela. Lembre-se que Chicago poderia ser a Viena do fascismo americano! Dessas favelas lamacentas podem sair ideias que impulsionam a vida ou precipitam a morte, dando-nos paz ou nos conduzindo para outra guerra.[48]

---

[48] Wright, Prefácio a Drake e Cayton, *Black Metropolis*, p. xx.

Na violência assertiva, porém desesperada, por meio da qual Bigger criou efetivamente a si mesmo como sujeito, é possível detectar o primeiro ímpeto do protagonista principal de *The Outsider*, Cross Damon, um homem que, segundo Wright, age "individualmente tal como um homem moderno, vive diariamente na massa",[49] e que insolentemente lembra a outro personagem que os "negros também podem ser fascistas".[50] Bigger Thomas, o protagonista de *Native Son*, havia sido inconscientemente atraído para a dimensão existencial de seus atos bárbaros. Entretanto, em Cross, Wright criava um personagem que, liberado da obrigação do livro anterior de tentar tornar o stalinismo inteligível, poderia optar por abraçar as implicações morais e políticas de suas inclinações antissociais, um homem que, em uma surpreendente antevisão de temas hoje habitualmente chamados de pós-modernos, "não tinha nenhum partido, nenhum mito, nenhuma tradição, nenhuma raça, nenhum solo, nenhuma cultura e nenhuma ideia — exceto talvez a ideia de que as ideias em si mesmas eram, na melhor das hipóteses, dúbias".[51]

Outro dos heróis cuidadosamente deslocados de Wright, Freddie Daniels, em seu romance não publicado *The Man Who Lived Underground* [O Homem que Vivia no Subterrâneo], enfrentava dilemas similares aos de Bigger e Cross em circunstâncias igualmente austeras. Injustamente acusado de um assassinato, ele escapa da detenção da polícia e se esconde nas profundezas sombrias dos esgotos municipais, onde as dimensões existenciais de sua vida metropolitana miserável o colocam diante de uma nova clareza que não havia sido possível quando morava na superfície. Como *Native Son*, *The Outsider* e *The Long Dream*, esta história situa os problemas filosóficos e políticos da América negra na pro-

---

[49] *The Outsider*, p. 423.

[50] *Ibid.*, p. 384.

[51] *Ibid.*, p. 377.

vocadora evolução de um estilo de realismo literário definido pela raça em direção a uma metafísica da modernidade na qual noções de particularidade racial se mostram triviais e inconsequentes.

As ações violentas que impelem todas essas narrativas misantrópicas até suas tristes conclusões são um motivo unificador adicional que é mais do que o simples produto da raiva demoníaca de Wright ou de sua suposta perturbação psicológica. *The Outsider* é marcado de ponta a ponta por sua resolução de escrever uma prosa vigorosa, inimitável, que apenas pudesse ser lida "sem o consolo das lágrimas". Essa meta irradia de cada imagem e exemplo incômodo de interação aparentemente niilista. É a estudada resposta política e intelectual de Wright aos problemas colocados ao artista negro pela mercantilização e venda de seu trabalho para grandes públicos brancos e para as necessidades e demandas concorrentes de um público leitor plural, fraturado ao longo das linhas interrompidas de gênero, raça e classe.

As significativas continuidades de *The Outsider* com a obra anterior de Wright não devem retirar seu *status* de sua tentativa literária mais ambiciosa para derrotar a cultura que o formou. O livro foi o último lugar onde seus compromissos políticos em torno da raça e seu desejo de revelar a profundidade filosófica da experiência negra jazem irreconciliados. Essas duas marcantes obrigações convivem lado a lado no texto. O livro é também notável porque contém suas palavras finais e mais ponderadas sobre a relação atormentada entre a opressão dos negros e os projetos libertadores conduzidos sob a bandeira do marxismo. Dessa forma, é particularmente significativo que o livro tenha crescido *pari passu* com a expansão da percepção de Wright de que a subordinação racial que qualificava as asserções da civilização americana era apenas uma parte do processo histórico que o havia formado. Segundo seus biógrafos, o livro tomou forma coerente apenas depois que ele deixou os Estados Unidos, uma mudança que ele descreveu como da mais profunda importância para o seu desenvolvimento como escritor de ficção e filósofo político:

O rompimento com os Estados Unidos foi mais do que uma mudança geográfica. Foi um rompimento com minhas atitudes anteriores como negro e comunista — uma tentativa de repensar e redefinir minhas atitudes e meu pensamento. Eu estava tentando me engalfinhar com o grande problema — o problema e o significado da civilização ocidental como um todo e a relação dos negros e outros grupos de minoria com ela.[52]

Apesar da clareza com que esta importante declaração é formulada, muito pouco foi escrito sobre o caráter e o desenvolvimento da perspectiva modernista negra implícita nessas palavras. A investigação crítica do problema e significado da civilização ocidental como um todo, a que Wright aspirava, tem sido inteiramente desconsiderada em favor de uma preocupação dúbia com o "realismo e naturalismo fálicos brutos", que supostamente definem sua obra. A fim de avaliar melhor as complexidades de *The Outsider* e as ambições políticas e filosóficas de seu autor, talvez valha a pena especificar algumas características que contribuem para suas visões distintivas de modernidade, modernização e modernismo. Todas são mediadas pela memória histórica da escravidão e pela ordem do terror racial que a sucedeu no Sul. Como em outros pontos da obra de Wright, *The Outsider* define a modernidade como um período e uma região caracterizada pelo colapso de velhos mitos. Esse *insight* fornece o contexto para Wright discutir tanto o fascismo como o comunismo, equivalentes porque são "expressões políticas do modo de vida ateu do século XX":[53]

"Admito que são diferentes", concedia Cross. "Mas o grau da diferença não justifica sua discussão. Os fascistas

---

[52] Wright entrevistado por William Gardner Smith, *Ebony* 8, julho de 1953, p. 40.

[53] *The Outsider*, p. 366.

operam a partir de uma base estreita e limitada: pregam a nacionalidade, a raça, o solo e o sangue, o sentimento popular e outras baboseiras para capturar os corações humanos. O que torna um homem fascista e o outro comunista pode ser o grau em que estão integrados em sua cultura. Quanto mais alienado um homem, mais ele se inclina para o comunismo..."[54]

Uma contestação inflexível às pretensões universais e positivistas do materialismo dialético de Stalin é entrelaçada a uma acusação ao partido de vanguarda. Isso é integrado a uma discussão crítica mais geral do materialismo histórico, como método sociológico e orientação filosófica. Essa troca alcança um crescendo no longo confronto entre Cross e a liderança do partido, que ocorre por volta do final da quarta parte de *The Outsider*. Este debate acirrado merece um estudo cuidadoso. Nele, Wright vai além do simples ataque aos métodos e procedimentos do partido. A substância de sua ira era dirigida não só aos "Rebeldes Ciumentos", que procuravam usar esta ideologia particular para seus próprios objetivos cínicos, mas à ficção total da representação democrática e à ideia de partidos políticos *per se*. Esta crítica é alimentada adicionalmente pela crença de Wright na natureza efêmera das formas abertas e democráticas da moderna cultura política. Ele receava que essas instituições não passassem de um interlúdio sentimental precedendo o estabelecimento de regimes ainda mais bárbaros, absolutistas e pós-políticos:

> O comunismo e o fascismo não passam de expressões políticas do modo de vida ateu do século XX... o futuro mostrará mais, muito mais desses sistemas absolutistas, cuja brutalidade e rigor farão os sistemas de hoje parecerem excursões de veraneio.[55]

---

[54] *Ibid.*, p. 364.

[55] *Ibid.*, pp. 366-7.

O diálogo de Cross com os comunistas que ele abomina transmite a ideia de que o marxismo é um ponto de partida útil, mas pouca coisa além disso. Os surtos polêmicos de Cross derivam sua força da sugestão de que, no século XX, a vida política ocidental, que havia sido alterada uma vez pelo advento da modernidade, passava por uma transformação adicional. Ela não era mais dominada pelo desejo "de tornar as ideias de Mill, Hume e Locke boas para todas as pessoas, em todos os tempos, em toda parte".[56] O marxismo não estava preparado para responder às mudanças profundas prenunciadas pela ascensão do fascismo e consolidadas por outros acontecimentos culturais e tecnológicos:

> A comunicação, as invenções, o rádio, a televisão, o cinema, a energia atômica, aniquilando a distância e o espaço e a atmosfera de mistério e romance, geram as condições para a criação de organizações que refletem o total e o absoluto na vida moderna. A propaganda comercial, barateando e desvalorizando nossas noções da personalidade humana, desenvolve e aperfeiçoa técnicas que podem ser utilizadas por líderes políticos que desejam entronizar o total e o absoluto na vida moderna.[57]

Em outro trabalho, Wright iria chamar a doutrina de Marx de "nada mais que um substituto transitório aguardando um diagnóstico mais acurado" e, ao mesmo tempo, identificava o comunismo como nada além de "um doloroso compromisso contendo uma definição de homem pela pura falta".[58] A intensidade com que este debate se inflama subitamente dentro de *The Outsider* é mais do que suficiente para provas que o tempestuoso envolvi-

---

[56] *White Man Listen!*, p. 73.

[57] *The Outsider*, p. 366.

[58] Wright, "The Voiceless Ones", *Saturday Review*, 16 de abril de 1960, p. 22.

mento de Wright com o partido e suas organizações do *front* literário era mais longo e complexo do que admitem seus escritos confessadamente autobiográficos. Embora desde o começo sua independência de espírito atraísse suspeitas e acusações de intelectualismo e trotskismo, ele havia sido saudado como o mais destacado autor proletário da organização. Partes de sua literatura, mas de modo nenhum a sua totalidade, haviam sido identificadas como a materialização perfeita do estilo duro de ficção com consciência de classe exigido sob a liderança de Earl Browder e os ditames culturais de Mike Gold. O permanente desencanto de Wright com a organização que ele apoiou entre 1934 e 1942 evoluiu em um período[59] no qual importantes questões políticas e teóricas eram pensadas como estando à espera da habilidade dos americanos negros de avançarem das formas raciais para as formas de base classista de solidariedade social e organização política. A tarefa de desenvolver um sentimento de classe puro levantava uma série de questões complexas sobre a relação entre raça e classe e da literatura com a política, que Wright havia tentado responder em "Blueprint for Negro Writing".[60] Examinando a questão das diferenças de classe dentro da raça, ele havia afirmado naquela ocasião que as estratégias estéticas retrógradas e narcisistas da classe média negra poderiam ser superadas por uma nova perspectiva que buscasse sua inspiração no vernáculo negro e derivasse seu ímpeto político das lutas dos negros pobres das cidades. Em contraste com o que ele via como literatura ornamental, produzida a partir da intimidade entre "gênios negros com complexo de inferioridade e estéreis boêmios brancos endinhei-

---

[59] Wilson Record, *The Negro and the Communist Party* (Nova York: Atheneum, 1971); Mark Naison, *Communists in Harlem during the Depression* (Urbana e Londres: University of Illinois Press, 1983).

[60] Wright, "Blueprint for Negro Writing", *New Challenge*, outono de 1937, reimpresso em *Race and Class* 21, n° 4, primavera de 1980, pp. 403-12.

rados", e a literatura que se contentava em ser "a voz do negro educado implorando por justiça à América branca", Wright definia um modo de produção cultural que não só extraía sua inspiração da consciência e da ação política de populações negras comuns mas também as identificava como um importante público leitor:

> Uma ênfase na tendência e no experimento, uma visão de sociedade como algo em processo, em lugar de algo fixo e admirado, é aquela que aponta o caminho para os escritores negros somarem forças com os trabalhadores negros em termos de disposição e perspectiva.[61]

O modelo de modernismo literário que este texto constrói é sustentado por outra narrativa esquemática da modernidade e das presenças negras dissidentes dentro dela. Wright descrevia um "todo" autônomo, uma cultura negra irredutível aos efeitos da escravidão e subordinação racial, que havia "mal ou bem" esclarecido a consciência dos negros e criado atitudes emocionais e traços psicológicos associados a noções particulares de liberdade e um entendimento característico da subjetividade. Essa "sabedoria racial" foi produzida a partir e durante a escravidão. Ela é em grande parte reproduzida pela igreja negra, mas também no folclore profano que responde a seu poder autoritário. Nas mãos de Wright, a postura niilista profana exemplificada nos *Dozens* testava até o limite a elevação herderiana das formas culturais populares. Embora definida em comparação com o mundo da política formal do qual os negros foram (e no tempo de Wright continuaram) excluídos, esta cultura promovia formas específicas de identidade, estratégias de sobrevivência e concepções distintas de mudança social.

---

[61] *Ibid.*, pp. 404-5.

Era [...] em um folclore moldado a partir de condições de vida rigorosas e desumanas que o negro obtinha sua expressão mais inata e completa. Os blues, os *spirituals* e os contos populares passados de boca em boca; as palavras sussurradas de uma mãe negra para sua filha sobre os modos dos homens; a sabedoria confidencial de um pai negro para seu filho; a troca de experiências sexuais nas esquinas de garoto para garoto no mais amplo dialeto; os cantos de trabalho entoados sob o sol abrasador — tudo isto formava os canais por meio dos quais fluía a sabedoria racial.[62]

O privilégio atribuído à música e à conversa sobre sexo neste balanço da cultura racial autêntica deve reforçar a discussão sobre o discurso de autenticidade racial abordado no capítulo 3. Wright via a cultura não escrita e não reconhecida das "massas negras" em oposição frontal aos "transbordamentos parasíticos e afetados" que brotam das penas dos filhos e filhas de uma burguesia negra em ascensão. Neste conflito, ele tomava o partido do vernáculo e tentava em seguida reinventar uma concepção de nacionalismo negro que pudesse ser adequada à defesa dessa lealdade controvertida e necessariamente niilista. Era um nacionalismo que poderia corrigir a fratura manifesta da unidade nacional, revelada pela transformação de trabalhadores rurais em algo parecido com um proletariado urbano. Era um nacionalismo popular que retinha um caráter específico de classe. Dessa forma, aspirava ser mais do que uma imagem invertida ou "expressão reflexa" do poder excludente da supremacia branca institucionalizada. O nacionalismo popular de Wright era o repositório de uma política revolucionária anticapitalista potencialmente capaz de transformar a sociedade americana. Ele o descrevia como "um nacionalismo cuja razão de ser reside no simples fato do autocontrole

---

[62] *Ibid.*, p. 405.

e na consciência da interdependência das pessoas na sociedade moderna", e identificava a oportunidade que os escritores negros haviam agora adquirido como sua chance para criar valores pelos quais sua raça "deve lutar, viver e morrer".

Embora o débito residual de Wright para com a arquitetura intelectual do marxismo economicista ainda seja por vezes visível, ele confirmava o caráter anti-ideológico da operação que ele privilegiava em referências significativas, porém oblíquas, à "teoria" e à "perspectiva". Esses conceitos eram introduzidos em contraste com a potência trivial de meros "ismos":

> Que visão os escritores negros devem ter diante de seus olhos... Que ângulo de visão pode lhes revelar todos os fatores da sociedade moderna em processo... Devem acreditar em algum "ismo"? Eles podem achar que apenas idiotas acreditam em ismos; acham com certo grau de justificação que mais um compromisso significa apenas mais uma desilusão. Mas quem quer que esteja destituído de uma teoria sobre o significado, a estrutura e a direção da sociedade moderna é uma vítima perdida em um mundo que ele não consegue entender ou controlar.[63]

No cuidado com que Wright emprega as palavras, "teoria" e ideologia política poderiam se sobrepor, mas não eram a mesma coisa. Após seu doloroso rompimento com o partido, ele explicaria como a primeira poderia ser prejudicada e até destruída por um excesso da segunda. Em uma discussão do ofício de escritor que acompanhava a passagem acima, tornou sua crítica ainda mais aberta quando rejeitou a demanda de que uma arte negra politizada deveria portar uma grande carga de material didático. Advertia que um excesso de ideologia política vulgar ou demasiado

---

[63] *Ibid.*, p. 409.

simples produzia efeitos desastrosos sobre o senso artístico: "A relação entre a realidade e a imagem artística nem sempre é simples e direta... Imagem e emoção possuem sua lógica própria".

Quando Wright retornou a esses problemas, vinte anos depois, em *White Man Listen!*, ele estaria ainda mais remotamente ligado ao pensamento marxiano que era uma cicatriz deixada por seus anos como comunista. Este texto posterior oferece uma síntese mais satisfatória e mais elegante de temas destilados da obra de Marx, Freud e Nietzsche, mas completamente filtrados e reconstituídos por seus compromissos políticos e filosóficos com a história dos negros no Ocidente. O mais significativo é que nesse estágio ele renomeou as duas correntes contraditórias que havia observado em coexistência dentro da expressão cultural negra. Embora seu caráter de classe estivesse essencialmente inalterado, não seriam mais descritas simplesmente como burguesas e proletárias, mas, antes, como "O nível narcisista" e "As formas das coisas desconhecidas". O interesse de Wright permanecia concentrado no dialeto urbano africano-americano e ele apresentava uma exploração complexa e simpática de seu significado que contesta a sugestão de que ele estivesse distante ou mesmo desdenhoso da cultura negra. Conforme já vimos, os exemplos padrão da música e da sexualidade eram os meios pelos quais se desenrolaria sua discussão sobre a divisão intrarracial.

*The Outsider* foi certamente o mais auspicioso dentre os vários textos de Wright no tratamento desses temas. O livro repetia sua constante sugestão de que o caráter secular da modernidade era o que a distinguia e a desligava de sua pré-história. Esta observação era feita ao notar que este estado de coisas coloca uma série de problemas específicos para as pessoas que entravam no santuário da cultura ocidental pelos portais de suas igrejas e que se apropriavam de sua ideologia religiosa como um baluarte para a defesa de sua autonomia política e cultural durante a escravidão e depois dela.

A percepção ampliada de Wright sobre a importância da psicologia permitiu-lhe refinar consideravelmente esse argumento. Ele insistia, contra as suposições do marxismo economicista ritualmente arengado por seus personagens comunistas, que para os "ocidentais do século XX que sobreviveram à fé de seus pais" a essência da vida não é mais diretamente material. Ela havia se tornado essencialmente psicológica: "os homens podem tomar o poder pelas armas, mas conservar este poder se dá por outros meios". Esta visão da crescente importância dos aspectos psicológicos da dominação e da psicologia e psicanálise como ferramentas analíticas e políticas a serviço da libertação negra, está associada com o alarme e o fascínio simultâneos de Wright diante do desenvolvimento da sociedade de massa e das formas político-culturais que a acompanham. Ela também era moldada por seu envolvimento prático na luta para fornecer recursos psiquiátricos independentes para a comunidade negra no Harlem e por sua estreita associação com o Dr. Frederic Wertham, um psiquiatra de origem bávara que lecionava na Universidade Johns Hopkins.[64] Wright utilizou a psicologia e a psicanálise de diversas maneiras, mas elas são mais evidentes em sua adaptação característica das análises de sociedades coloniais às experiências dos negros americanos. Inspirado sobretudo pela obra de Octave Mannoni,[65] que ele reconheceu mais tarde em uma epígrafe à segunda parte de

---

[64] "Psychiatry Comes to Harlem", *Freeworld*, nº 12, setembro de 1946, pp. 49-51.

[65] Octave Mannoni, *Prospero and Caliban: The Psychology of Colonization* (Ann Arbor: Ann Arbor Paperbacks, 1990); Jock McCulloch, *Black Soul, White Artifact: Fanon's Clinical Psychology and Social Theory* (Cambridge: Cambridge University Press, 1983), p. 17. McCulloch está certo ao enfatizar que a relação de Fanon com Mannoni era complexa e mudou entre suas primeiras e últimas obras. A crítica de Mannoni em *Black Skin, White Masks* (Londres: Pluto, 1986), pp. 83-108, é enganosa por esta razão e Fanon se aproxima mais de seus argumentos em *Wretched of the Earth* (Harmondsworth: Penguin, 1977), pp. 200-50. Sobre a relação de Wright e Fanon, ver a carta de 1953 de Fanon para Wright reproduzida em Ray, Farnsworth e Davis, *Richard Wright: Impressions and Perspectives*, p. 150.

*The Long Dream*, Wright tentou demonstrar que em ambas as posições [*location*] a relação entre opressor e oprimido poderia gerar formas específicas de doença mental em ambos os grupos. Ele parece ter achado particularmente sugestiva a insistência residualmente hegeliana de Mannoni na interdependência de colonizador e colonizado. Sua extensão desse argumento e a transferência do mesmo para a análise da experiência africano-americana é uma característica notável de toda a sua ficção posterior. Em *The Outsider*, Cross se torna um veículo importante para o urgente questionamento freudiano de seu autor: "Não são todas as culturas e civilizações apenas biombos que os homens têm usado para se dividirem, para serem colocados entre aquela parte de si mesmos que eles receiam e aquela parte de si mesmos que eles desejam preservar?".[66]

As tentativas de Wright de incorporar elementos da teoria freudiana à crítica da modernidade expressa por *The Outsider* fornecem outras chaves para o personagem de Cross, cujo niilismo acaba sendo condenado por sua crença equivocada de que o "demônio inquieto e flutuante" do desejo é em si mesmo o cerne autêntico da realidade. É isto que permite ao promotor Eli Houston decifrar os crimes de Cross: "foi o desejo que o atrapalhou, meu rapaz. Você achava que aquilo que obstruísse o desejo poderia ser morto; o que incomodasse, poderia ser jogado fora...".[67]

O conteúdo filosófico do romance atraiu comentários críticos adversos dos resenhistas. A relação de Wright com a obra de Heidegger, Husserl, Kierkegaard e Nietzsche era mais complexa do que muitos críticos parecem considerar. Vale a pena repetir que ele não estava se esfalfando para validar a experiência africano-americana em seus termos europeus, mas demonstrando como a experiência cotidiana dos negros nos Estados Unidos lhes

---

[66] *The Outsider*, p. 135.

[67] *Ibid.*, p. 425.

permitia ver com particular clareza — uma espantosa objetividade — a mesma constelação de problemas que esses autores existencialistas haviam identificado em contextos mais sublimes. Em um livro incômodo pelas tentativas de seu editor de convertê-lo em um romance policial, a obra desses autores também se tornava uma pista cuidadosamente manipulada para os crimes de Cross.[68] Isto sugere outro aspecto da relação ambígua de Wright com o modernismo literário, ou seja, o impulso populista inerente à sua adaptação do gênero ficção policial. O efeito desta manobra é desmistificar alguns dos temas e preocupações do alto modernismo, transpondo-os para um registro acessível que confunde a distinção europeia entre formas culturais elevadas e vernáculas, ainda que demonstre novamente a correspondência entre a experiência cotidiana de vida dos negros americanos urbanos e as ansiedades existenciais do sábio europeu.

Wright enfatizava que seu protagonista neste livro poderia ter vindo de qualquer grupo racial. A perspectiva distintiva sinalizada em seu nome híbrido — que combina uma aceitação da moralidade judaico-cristã com sua superação nietzscheana — marca Cross Damon, muito mais do que, antes dele, Bigger Thomas ou Freddie Daniels, como uma figura representativa. Suas sensações divinas podem existir fora da órbita da identidade racial, mas, apesar dessas inclinações, Cross permanecia algemado à condição muda e bestial dos negros urbanos da América. Por meio de suas ações desesperadas, ele era obrigado a articular alguns dos sentimentos que eles experimentavam sem conseguir expressar.

> Ele percebia como os negros haviam sido obrigados a viver na, mas não da, terra onde nasceram, como as in-

---

[68] "Seu Nietzsche, seu Hegel, seu Jaspers, seu Heidegger, seu Husserl, seu Kierkegaard e seu Dostoiévski eram as pistas... Eu disse a mim mesmo que estávamos lidando com um homem que havia chafurdado no pensamento culposo". *Ibid.*, p. 421.

junções de um cristianismo estranho e as censuras das leis brancas haviam evocado neles os mesmos anseios e desejos que aquela religião e lei aquela haviam sido destinadas a sufocar.[69]

Ele caminhou sombrio passando pelas imponentes igrejas negras de cujos portais ecoavam, quase apologeticamente, os *spirituals* lamentosos de seu povo. Como eles eram afortunados, esses adoradores negros, por conseguirem se sentir solitários juntos! Que bênçãos fantásticas possuíam por serem capazes de expressar seu senso de abandono de uma maneira que os ligava em uníssono![70]

Essas passagens são importantes porque algumas vezes se tem esquecido, no fascínio com suas pretensões filosóficas, que *The Outsider* consegue permanecer um livro sobre a experiência e os efeitos da subordinação racial. A narrativa se desenvolve explicitamente ao longo da história e da cultura da América negra, mesmo onde estas são dispensadas ou, como a igreja negra, minoradas como um bálsamo com o qual os oprimidos têm tentado remediar a miséria de suas vidas nas poças de degradação humana que se tornaram os centros metropolitanos da América. Wright identificava o crescimento da vida urbana com o processo de desenvolvimento industrial que ele descrevia como uma espécie de guerra contra toda a humanidade. As grandes cidades industriais criavam um ambiente cultural que alimentava uma casta inteira de homens como Cross. Era o anonimato propiciado pela metrópole que lhe dava a oportunidade de se recriar em uma nova persona e sair em sua jornada picaresca. Encontros casuais nos novos espaços públicos criados pelas redes de transporte se mostram decisivos, não só por lhe permitirem simular sua própria morte,

---

[69] *Ibid.*, p. 140.

[70] *Ibid.*, p. 372.

mas, também, por colocá-lo em contato com sua *nêmesis*, o promotor Eli Houston.

Cabe repetir que Wright não vê este modelo destrutivo da experiência moderna como exclusivo dos negros, embora, por várias razões, ele sentisse que os negros deparassem com seus efeitos de modo particularmente intenso. Cross era fruto da própria obrigação urgente de Wright de tentar falar pelas massas negras destituídas de voz pública, "ser uma testemunha de sua existência". As palavras que ele proferia com veemência no vazio, que era o horror da vida moderna, sua crítica da ideologia e da cultura europeias em sua forma religiosa e em sua forma crítica comunista são uma crítica que brotava da história particular daquelas massas no mundo moderno. Ela se originava na escravidão e permanecia no centro de um espaço irregularmente triangulado pela industrialização, pelo capitalismo e pela instituição do governo democrático. Como a dupla visão, esta crítica tem sido o resultado da jornada peculiar dos negros da escravidão racial à cidadania segregada, da choupana sulista ao cortiço metropolitano. Cross expressava seu apuro e seus desejos e Wright compartilhava muitos deles. Mas Cross não é a única voz de Wright no romance e, no final, sua postura niilista é tratada impiedosamente. Ela é rejeitada por sua desumanidade, uma falha que é identificada por Eli Houston, o oficial de justiça que deslinda os crimes sangrentos de Cross:

> Você era tão desumano que eu não teria acreditado nisso, a menos que o tivesse visto. Muitos sociólogos dizem que o negro americano não teve tempo para se ajustar inteiramente aos nossos costumes, que a vida da família no mundo ocidental não teve tempo de ser absorvida. Mas no seu caso, você é ajustado e muito mais. Você cresceu para cima e para além de nossos rituais.[71]

---

[71] *Ibid.*, p. 422.

O desejo de Wright de criticar e experimentar a filosofia europeia pode ser lido em si mesmo como uma violação modernista dos códigos e das expectativas literárias em torno da literatura negra, que sua própria obra havia ajudado a estabelecer. *The Outsider* era condenado por essas ambições transgressivas. Alguns críticos atacaram a equivocada experimentação de Wright com tradições intelectuais alheias à sua experiência real e citaram o texto como prova de que suas faculdades criativas estavam em declínio. Outros afirmaram que seu dom de contador de histórias havia sido efetivamente esmagado por sua erudição filosófica. Esses argumentos foram repetidos por opiniões críticas mais recentes. Michel Fabre, cuja biografia simpática a Wright contém um resumo detalhado de todas as resenhas do livro na época, criticou seus aspectos didáticos e professorais e sugeriu que ele carecia de um "simbolismo coerente". Charles Davis desqualificou o livro como "em essência, um intrigante exercício filosófico" e, de um ângulo político deferente, Amiri Baraka descreveu o "intelectualismo aspirante" de Wright como sua "diluição" e sua perspectiva política no exílio como "individualismo pequeno-burguês".[72] Em graus variáveis, esses veredictos equivocados sobre o livro endossam uma visão de Wright em Paris como um escritor distante e desenraizado. Segundo essa argumentação, ele foi desviado dos estilos realista e naturalista de ficção, originados de suas experiências no Sul segregacionista pelas influências obstinadas de amigos como Sartre e outros como Blanchot, Mannoni e Bataille,[73] cujas perspectivas inadequadamente cosmopolitas verteram suas influências corrosivas sobre sua sensibilidade negra preciosa e autêntica. Para muitos críticos africano-ameri-

---

[72] Fabre, *Unfinished Quest*; Amiri Baraka, *Daggers and Javelins* (Nova York: Quill, 1984), pp. 145-7 e p. 181; Charles T. Davis, *Black Is the Color of the Cosmos* (Nova York e Londres: Garland, 1982), p. 275.

[73] O relato da tourada em *Pagan Spain* parece trazer a marca da influência de Bataille.

canos, parece que a face mais atraente de Wright era aquela que James Baldwin imediatamente identificara como a de um "negrinho do Mississippi".[74] A pergunta de por que este lado de Wright deveria ser o mais atraente merece ser respondida em detalhes. Existe uma outra sugestão, partilhada tanto por aqueles que exaltam como por aqueles que têm execrado Wright como escritor de protesto, de que ele deveria ter se contentado em confinar-se ao gueto intelectual ao qual a expressão literária negra ainda é muito frequentemente consignada. Seus desejos — escapar aos legados ideológicos e culturais do americanismo; aprender os jargões filosóficos do modernismo literário e filosófico, mesmo que apenas para demonstrar a natureza corriqueira de suas verdades; e procurar respostas complexas para as questões que as identidades raciais e nacionais poderiam apenas obscurecer — tudo aponta para o valor duradouro que tem sua visão radical da modernidade para o analista contemporâneo da diáspora negra.

## MASCULINIDADE, MISOGINIA E OS LIMITES DA COMUNIDADE RACIAL

A literatura crítica contemporânea sobre as tradições estéticas e políticas da literatura africano-americana tem sido dominada por uma abordagem simplista e superpolarizada das representações ficcionais do conflito entre homens e mulheres. Essas discussões têm se disseminado com particular ferocidade em torno do legado literário de Richard Wright. Isso porque a verdadeira qualidade da autenticidade racial apreciada em seus primeiros escritos era pensada como inseparável de um ódio com relação às mulheres que alguns críticos julgaram transmitida pela violência e desdém

---

[74] Baldwin, "Alas Poor Richard", p. 148.

dos personagens masculinos de Wright.[75] Uma das maneiras pelas quais *The Outsider* produz o efeito de autenticidade racial, que Wright era tão ávido por desconstruir, é mediante a visão árida das relações entre mulheres e homens negros que o livro apresenta, particularmente na primeira parte, *Pavor* [*Dread*]. Se Sarah Hunter, a sensata esposa de Bob, o cabineiro de trem, fornece algo como uma exceção a essas tendências, as relações desoladoras de Cross com sua esposa, sua mãe, namorada e filhos são representações detalhadas da incapacidade de um negro de formar laços emocionais com aqueles que lhes são mais próximos. Esses fracassos podem ou não refletir aspectos da própria vida do autor, embora seja provavelmente significativo que Cross seja atraído para a artista branca que se torna um canal para a discussão de Wright sobre os problemas da forma artística. Nas formas "aparentemente dissociadas" de sua pintura não objetiva, Cross descobre uma resposta semiarticulada às crises da existência moderna que é quase coincidente com a sua própria resposta. A intimidade entre eles a leva ao suicídio.

É importante considerar que a violência dos personagens de Wright não é um produto simples de sua masculinidade. A violência articula a negritude a um estilo distinto de masculinidade vivida, mas é também um fator na distinção entre negros e brancos. Ela medeia as diferenças raciais e mantém a fronteira entre

---

[75] Miriam DeCosta-Willis, "Avenging Angels and Mute Mothers: Black Southern Women in Wright's Fictional World", *Callaloo* 28, vol. 9, nº 3, verão de 1986, pp. 540-51; Maria K. Mootry; "Bitches, Whores and Woman Haters: Archetypes and Topologies in the Art of Richard Wright", em R. Macksey e E. E. Moorer (orgs.), *Richard Wright: A Collection of Critical Essays* (Englewood Cliffs, Nova Jersey: Prentice Hall, 1984); Sylvia H. Keady, "Richard Wright's Women Characters and Inequality", *Black American Literature Forum*, inverno de 1976, pp. 124-8; Diane Long Hoeveler, "Oedipus Agonistes: Mothers and Sons in Richard Wright's Fiction", *Black American Literature Forum*, verão de 1978, pp. 65-8.

comunidades racialmente segregadas e não sincrônicas. Isto permitia a Wright perceber uma conexão entre a vida no Sul e as situações coloniais conflituosas, nas quais os universos sociais do colonizador e do colonizado se entrecruzam apenas na delegacia de polícia. Para Wright, a violência coloria a vida social negra como um todo. Ela era internalizada e reproduzida nas relações mais íntimas. Isto significava que as mulheres negras também podiam ser violentas e que outros tipos de brutalidade eram inerentes à visão de Wright da relação entre os pais negros e seus filhos. Ralph Ellison é convincente quando, em sua leitura de *Black Boy*, o primeiro segmento da história de vida de Wright, afirma que ele vinculava a reprodução desta violência a práticas educativas culturalmente específicas que poderiam, por sua vez, ser remontadas ao impacto do terror racial sobre a instituição da família negra no Sul:

> Um dos métodos da família negra do Sul de proteger a criança é a surra severa — uma dose homeopática da violência gerada pelas relações entre negros e brancos. Essas surras, como as de Wright, eram administradas para o próprio bem da criança; um bem a que a criança resistia, dando assim às relações familiares uma tendência aculta ao medo e à hostilidade, que difere qualitativamente daquela encontrada nas famílias patriarcais de classe média, porque aqui a surra severa é administrada pela mãe, o que deixa a criança sem nenhum amparo dos pais. Ele deve sempre abraçar a violência juntamente com a ternura maternal, ou rejeitar, em seu modo desamparado, a mãe.[76]

Este *insight* é valioso para o entendimento da obra de Wright, quer contribua ou não com algo para o entendimento do próprio

---

[76] Ellison, *Shadow and Act*, pp. 85-6.

Wright ou para construir uma teoria materialista do nascimento psicológico e das escolhas de objeto do sujeito negro. Ele não é citado aqui nem para desculpar a atitude sexista de Wright diante das mulheres, nem para legitimar os padrões abusivos de educação a que as famílias negras — como as famílias em geral — normalmente dão origem. O ponto chave é que Wright ligava a violência encontrada na esfera privada, doméstica, à brutalidade pública, ritual, que era um instrumento de administração política no Sul. Este terror público fazia mais do que ajudar a criar condições nas quais poderia medrar a violência privada. Ele era obscurecido pelo autoritarismo e violência domésticos que ele também exigia para que a ordem social coercitiva pudesse funcionar sem problemas. Ambos os tipos de brutalidade eram moldados pelos resíduos ativos da sociedade escrava, na qual se tornava difícil traçar linhas divisórias entre o público e o privado. Wright tratou tão extensivamente da violência rotineira entre negros e brancos, bem como no interior da comunidade negra, que James Baldwin utilizou uma discussão de sua obra para ilustrar uma observação mais geral sobre o lugar da violência na literatura negra: "Em muitos romances escritos por negros... existe um grande espaço onde deveria estar o sexo; e o que normalmente preenche este espaço é a violência".[77] Isso se tornou, durante muitos anos, uma linha crítica ortodoxa nas discussões da ficção de Wright.

De modo bastante análogo à apresentação contraditória da música negra e da cultura vernácula examinada anteriormente, a percepção de Wright da importância da violência na vida social negra era uma sede de sua irredutível ambivalência para com a ideia de uma comunidade racial fechada e a ideologia da família que ajudava a reproduzi-la. Isto pode ser perdido quando o tema da violência é muito rapidamente monopolizado pela discussão dos sentimentos complexos e contraditórios que podemos chamar

---

[77] Baldwin, "Alas Poor Richard", p. 151.

de misoginia de Wright. O complicado termo "misoginia" reúne uma série de questões que devem ser claramente diferenciadas antes de podermos compreender sua associação. Ele tem sido utilizado para esclarecer a crítica influente da família, que emerge tanto da ficção de Wright como de suas obras autobiográficas, particularmente de *Black Boy*. Ele é necessário para interpretar eventos como o terrível assassinato cometido por Bigger de sua namorada Bessie em *Native Son*, que fornece um exemplo notório de como Wright via seus personagens femininos e seus destinos. O termo também tem sido utilizado para vincular essas representações com relatos das próprias relações ruins de Wright com as mulheres negras que eram suas colaboradoras e parentes.[78] Deixando em aberto, porém, a questão das visões de Wright sobre as mulheres, eu gostaria de sugerir que as tentativas de entender a complexa misoginia em sua obra devem incluir questões menos diretas como o reconhecimento das importantes diferenças em sua apresentação de mulheres negras e brancas. Essas tentativas também devem ser capazes de conectar essa misoginia irregular à inauguração pioneira por Wright de um discurso crítico sobre a construção da masculinidade negra, bem como às poucas declarações feministas ou protofeministas perturbadoras, que pontuam sua obra.[79] Wright, por exemplo, começava seu discurso ao primeiro congresso da *Présence Africaine* lamentando a ausência de mulheres naquele evento:

> Não sei quantos de vocês o notaram [mas] não tem havido mulheres atuando de modo vital e responsável a partir deste palanque [e] ajudando a moldar e mobilizar nossos pen-

---

[78] Margaret Walker, *Richard Wright: Daemonic Genius*. Nova York: Warner Books, 1988.

[79] Por exemplo, a antecipação, em *Pagan Spain*, das experiências das mulheres sob o fascismo pareceria ser uma anomalia a necessitar de alguma explicação.

samentos. Isto não é uma crítica da conferência, não é uma crítica de ninguém, é uma crítica que jogo sobre nós mesmos coletivamente. Quando e se realizarmos outra conferência — e espero que o façamos — espero que haja uma utilização efetiva da feminilidade negra no mundo para nos ajudar a mobilizar e congregar nossas forças. Talvez algum resquício de influência do passado tenha distorcido nossa atitude, ou talvez isto fosse uma omissão. Em nossa luta pela liberdade, contra grandes adversidades, não podemos nos permitir ignorar metade de nossa força, ou seja, a força das mulheres e sua colaboração ativa. Os homens negros não estarão livres até que suas mulheres sejam livres.[80]

Essas palavras por si só sugerem que Wright pode ter sido denunciado de modo simplista demais como machista, cujo ódio profundo das mulheres também expressava sua profunda repulsa, embora às vezes reprimida, por todos os outros negros. Esta explicação grosseira e inadequada da misoginia de Wright tem um segundo aspecto. Ele é repetidamente desqualificado[81] como fornecedor de uma ficção rudimentar, voltada para o protesto, que não só se recusa a validar as qualidades dinâmicas e vitais da cultura negra, mas nega legitimidade artística e política às iniciativas literárias afirmativas que são hoje dotadas de qualidades femininas. Wright é então posicionado em uma das alas da grande família das letras africano-americanas, ao passo que Zora Neale Hurston, a mulher identificada como seu oposto cultural e político, é colocada na outra. A perspectiva simplória e assertivamente

---

[80] *Présence Africaine*, nos 8, 9 e 10, junho-novembro de 1956, p. 348.

[81] Henry Louis Gates Jr., "A Negro Way of Saying", *New York Times Book Review*, 21 de abril de 1985; Barbara Johnson, *A World of Difference* (Baltimore: Johns Hopkins University Press, 1987). June Jordan foge a essa polarização em seu ensaio clássico "Towards a Black Balancing of Love and Hate", em *Civil Wars* (Boston: Beacon Press, 1981).

feminina dessa autora é considerada como indicadora da direção de uma contraparte mais positiva à masculinidade superpolitizada e rude da obra mais pessimista e mais presunçosamente modernista de Wright. O conservadorismo dela corresponde ao bolchevismo desorientado dele, o respeito exagerado dela pela voz autêntica da população negra rural é interpretado como um antídoto bem-vindo à apresentação desdenhosa de Wright das experiências bestiais e desesperadas envolvidas em ser negro em algum galpão metropolitano. A famosa resenha feita por Wright do livro de Hurston, *Their Eyes Were Watching God*[82] tornou-se um documento chave na sustentação deste conflito. Nela, Wright atacava o que ele via como falta de seriedade e o vazio da ficção insossa, contente em existir na "órbita segura e estreita na qual a América gosta de ver o negro morar: entre risos e lágrimas". Seu veredicto desfavorável sobre Hurston tem sido frequentemente citado como garantia para a polarização corrente mas inócua de hoje, que inibe a análise adequada de qualquer dos autores. Entretanto, a justificativa intelectual para identificar Wright pessoalmente com as manipulações assassinas de mulheres dos protagonistas de *Native Son* e de *Savage Holiday* simplesmente não se fundamenta.

Os que assumem essa perspectiva sobre Wright têm pouco a dizer sobre *Eight Men* [Oito Homens], sua antologia de peças fragilmente vinculadas pelo tema da masculinidade negra. Eles não discutem a possibilidade de que este valioso livrinho possa revelar alguma coisa das ideias de Wright sobre as relações de gênero, em geral, e sobre a virilidade e a masculinidade negra, em particular. Mas há em *Eight Men* um discurso sobre a masculinidade negra, e a sexualidade masculina que deve, no mínimo, complicar a narrativa convencional desses temas provocadores na obra de

---

[82] Richard Wright, "Between Laughter and Tears", *New Masses*, 5 de outubro de 1937.

Wright. O material reunido na antologia é vinculado por sua compreensão emergente do ponto de junção da negritude com a masculinidade. Das oito peças, "Man of All Work" [Homem Para Toda Obra] e "Man, God Ain't Like That" [Homem, Deus Não É Assim] foram originalmente escritas como peças para o rádio, ao passo que "The Man Who Went to Chicago" [O Homem que Foi para Chicago] é mais diretamente autobiográfica, continuando a narrativa de *Black Boy*. Várias das outras histórias são versões truncadas de trabalhos mais longos inicialmente concebidos bem antes de *Eight Men* ser finalmente publicado em 1961. "The Man Who Saw a Flood" [O Homem que Viu uma Enchente], por exemplo, remonta a uma história chamada "Silt" [Sedimento], publicada em *New Masses* por Wright já em 1937, e "The Man Who Was Almost a Man" [O Homem que Era Quase um Homem] lembra uma história, de título parecido publicada na *Harper's Bazaar* em janeiro de 1940. Esta encontra origens ainda mais remotas em *Tarbaby's Dawn* [Alvorada do Impasse], um romance que Wright havia iniciado no começo dos anos 1930. "The Man Who Lived Underground" [O Homem que Vivia no Subterrâneo], que se pode considerar o mais acabado exemplar de ficção curta do autor, é apenas uma seção de um romance completo que foi rejeitado pela Harper and Brother em 1942 por ser curto demais. Esta diversidade de formas apresenta um desafio ao leitor que entenderia a coletânea como um todo unificado, ligado por mais do que a mera força da personalidade de seu autor. Ela exige que se dedique muita atenção às origens de cada trabalho e à história do plano de Wright de reuni-las desta maneira. Algumas das histórias haviam sido publicadas em um volume italiano anterior chamado *Five Men* [Cinco Homens]. Entretanto, o ímpeto imediato para o projeto mais amplo, que finalmente passaria a ser *Eight Men*, surgiu mais tarde, numa época em que, de acordo com a biografia escrita por Constance Webb, Wright estava passando por certo grau de dificuldade financeira e suas relações com seus editores e seu agente não eram tão harmoniosas como antes. Após a publicação de *The Long Dream* em revistas muito heterogêneas, também se dizia que o *status* de Wright como mercadoria no mercado literário internacional havia sofrido. O tributo que esse período difícil cobrou de Wright levou um analista mais recente[83] a questionar o compromisso do autor com o projeto de *Eight Men* e a perguntar se, "deixado a si mesmo", ele teria selecionado esta combinação de textos. O fracasso de Wright em concluir uma introdução ao volume, que poderia ter articulado a sua concepção da unidade temática, é visto como sinal importante de que os trabalhos eram, de fato, divergentes entre si, se não fundamentalmente incongruentes. O livro é então totalmente desqualificado como uma desesperada manobra comercial destinada a ressuscitar sua carreira cambaleante. O fato de que Wright pareça ter eliminado duas histórias, "Man and Boy" [Homem e Menino] e "Leader Man" [Homem Líder], da antologia original contendo dez histórias, por insistência de seu agente Paul Reynolds é interpretado como mais um comentário sinistro sobre o *status* rebaixado de um produto final nascido do cinismo e do desespero financeiro. Quaisquer que sejam as razões para a não inclusão da introdução de Wright, o estado atual da literatura negra e da crítica literária exige que investiguemos mais profundamente a coerência de *Eight Men*. Desejo sugerir que o livro não possui unidade e que, como sugere seu título, seu conteúdo é unificado por meio do laço da masculinidade que conecta os oito protagonistas.

A primeira história da coletânea oferece um comentário irônico sobre a relação entre a virilidade e a aquisição de uma arma. Que tipo de masculinidade exige uma arma de fogo como confirmação?, pergunta Wright, vinculando o desejo desesperado de Dave de possuir um revólver ao contexto psicológico peculiar no qual ele adquire a consciência de si mesmo como homem negro distinto das mulheres negras à sua volta e dos homens brancos

---

[83] David Bradley, Prefácio à reedição americana de *Eight Men*. Nova York: Thunder's Mouth Press, 1987.

que administram as relações sociais e políticas do Sul segregacionista. Em nenhum momento Wright procura celebrar a afirmação da associação feita por Dave de sua virilidade com o poder de tirar a vida. O tom da história é decididamente crítico, procurando problematizar o feixe de associações a partir do qual se processa a malfadada busca de Dave por uma arma.

"The Man Who Lived Underground" é uma história muito mais complexa, originalmente concebida no período entre *Twelve Million Black Voices* e *Black Boy*. Wright identificou sua importância para o seu próprio desenvolvimento, descrevendo-a como a primeira vez em que tentou ir além das histórias em preto e branco. O conto é particularmente notável por sua apresentação dos temas e suas preocupações com o modernismo estético — audaciosamente refundidos em um molde populista. Produto de uma cultura marcada pela violência bruta e pela arbitrariedade do racismo, o protagonista, Freddie Daniels, obtém uma medida do niilismo intuitivo que tanto fascinava Wright. Entretanto, apesar de seu isolamento radical e da natureza sitiada de seu dilema, ele é conhecido por ser um homem de família preocupado com o bem-estar de seus parentes imediatos, se não pela condição da comunidade racial mais ampla da qual se encontra profundamente apartado. De acordo com Michel Fabre, a relação de Daniels com sua família recebe proeminência ainda maior na longa seção de abertura do conto original, que continua inédito e inacessível. Nesta seção introdutória, a esposa de Daniels aparentemente está prestes a dar à luz quando ele é detido pela polícia e obrigado a uma confissão. Ele escapa do hospital-maternidade e foge para o esgoto. Sua preocupação excessiva com a mulher e a criança serve para enfatizar sua distância dos outros negros ao seu redor. Este estranhamento, visível mais adiante na narrativa na secreta observação de Daniels da igreja negra e seus rituais, também tem sido descrito como mais uma ilustração da repulsa fundamental de Wright pela visão de mundo de seus semelhantes raciais. É possível construir uma interpretação mais profunda dessa cena, na qual a memória impossível da própria escravidão é o que condicionou a culpa coletiva da congregação e sua busca infrutífera da felicidade.

"Big Black Good Man" [O Grande e Bom Negro] é uma das várias histórias na coletânea que estão saturadas de uma variedade de humor que contradiz a reputação posterior de Wright como escritor abstrato e extremamente acadêmico. A história, ambientada em Copenhague em uma chuvosa noite de agosto, explora o modo como as ideologias racistas distorcem a interação social e geram mal-entendidos interculturais. Sua brincadeira central é fornecida pela evidente descontinuidade que as diferenças culturais introduzem entre os estilos contrastantes de masculinidade, desfrutados pelos dois personagens centrais da história. O homem branco, Olaf Jenson, acha que o gigante negro anônimo que chega ao hotel onde ele trabalha como porteiro da noite está prestes a estrangulá-lo. O marinheiro negro, na verdade, está apenas medindo o tamanho de colarinho de Olaf para as camisas que ele traz de presente em sua próxima visita. Tom, o homem no centro de "The Man Who Saw a Flood", é outro marido e pai consciencioso bloqueado em um sistema de subordinação racial e exploração econômica que ele não consegue controlar e que qualifica estritamente o tipo de homem que ele é capaz de ser. Este tema é explorado ainda em "Man of All Work", onde o humor novamente desempenha um papel importante e bastante inesperado na demonstração das maneiras pelas quais o racismo determina em parte o conteúdo dos papéis sexuais negros e a inter-relação entre exploração sexual e exploração do trabalho. Carl, o herói, é mais outro homem de família responsável, dando a seu bebê as mamadeiras da noite e cuidando de sua mulher doente. Ele não precisa tirar a vida de outra pessoa a fim de descobrir as coordenadas emocionais que lhe permitirão orientar a sua própria vida. Sob a pressão da pobreza, ele decide se vestir com as roupas de sua mulher e assumir o posto de cozinheira, arrumadeira e babá na abastada residência da família branca Fairchild. Ele é sexualmente assediado pelo marido e depois baleado pela esposa, que está com raiva de seu lascivo esposo. A crise na qual Carl travestido enfrenta uma mulher branca nua levanta uma série de temas conhecidos na obra de Wright, embora neste caso sejam resolvidos sem a catástrofe habitual. "Man, God Ain't like That" não trata do assassinato de um branco, mas de uma mulher branca e não diz respeito à diferenciação ao longo das fronteiras de gênero mas à capacidade do colonizado de distinguir o colonizador da divindade. Dessa vez, o assassino de Wright escapa à punição e o autor está claramente menos preocupado com a violência intrínseca às relações neocoloniais do que com a condição psicológica do neoproletariado africano de Paris, desgarrado naquela metrópole sem o equipamento cultural necessário para interpretar corretamente a experiência.

A capacidade dos grupos raciais de conviverem lado a lado, ainda que não sincronicamente e com concepções antagônicas do que constitui a realidade social, vincula esta história à que a sucede. Ambas se concentram nos "milhões de quilômetros psicológicos" que subdividem o mundo em componentes negros e brancos superpostos. Este conto apresenta outra tentativa de Wright de compreender a perspectiva dos africanos cuja cultura ele havia achado tão opaca ao escrever *Black Power*. A confluência entre raça, sexualidade e gênero também emerge novamente com força renovada na penúltima história, "The Man Who Killed a Shadow" [O Homem que Matou uma Sombra], um conto escrito no início do exílio de Wright em Paris. É um texto difícil para aqueles que procurariam defender Wright das acusações simplistas demais de ódio às mulheres. Como "The Man Who Lived Underground" e de fato como o romance *Native Son*, a história é baseada claramente em registros de testemunhos de tribunais escrupulosamente cotejados com um caso criminal concreto — o processo de Julius Fisher, um zelador negro da Catedral Nacional de Washington, sentenciado à cadeira elétrica em 1944 pelo assassinato de uma bibliotecária, Catherine Cooper Reardon. A criativa apropriação de sua história trágica por Wright é notável por sua marcante inversão da mitologia racista que designa o negro como predador e agressor sexual, pois é a mulher branca que assume este papel agressivo na ocasião. A história é mais uma tentativa enviesada de retratar a dinâmica distintamente psicossexual do antagonismo racial.

A história final em *Eight Men*, "The Man Who Went to Chicago", é uma pequena fração da autobiografia de Wright. A decisão um tanto arbitrária de seu editor de terminar a narrativa de *Black Boy* com a viagem para o Norte deixou inédita uma grande quantidade de material. Wright utilizou parte desse material em "I Tried to Be a Communist" [Eu Tentei Ser um Comunista], sua contribuição a *The God That Failed* [O Deus que Falhou]. O texto integral da segunda parte acabou sendo publicado separadamente como *American Hunger* [Fome Americana]. A inclusão de uma declaração autobiográfica de Wright ao final de uma antologia de ficção é uma estratégia que precisa ser explicada. A continuidade entre ficção e autobiografia e a articulação de história pessoal com ficção são importantes motivos culturais e estéticos nas letras africano-americanas. Mas a história de encerramento de Wright serve não só para posicionar o autor em relação ao texto como um todo, mas para acentuar sua visão de uma comunidade racial mais marcada por seus conflitos e hostilidades internas do que por ideias de mutualidade ou companheirismo. O relato deprimente de relações de exploração e abuso entre os agentes masculinos da sociedade funerária negra e as mulheres pobres das quais eles coletam taxas fornece um bom exemplo da fria disposição de Wright de lavar em público a roupa suja da raça. O fato de que ele revela sua própria participação neste terrível sistema o condena aos olhos daqueles que anseiam por representações bucólicas da vida social negra. Entretanto, seu próprio comportamento é discutido num tom de perplexidade e vergonha. As insinuações protofeministas neste relato não devem ser tomadas como ainda outro transbordamento de sua autoaversão racial:

> Alguns agentes eram depravados; se eles tinham seguros a pagar para uma mulher negra doente e se a mulher estivesse apta a ter relações sexuais com eles, eles insistiriam

nisto, utilizando o dinheiro do seguro como suborno. Se a mulher se recusava, informariam ao escritório que a mulher simulava doença. A mulher negra mediana se submeteria porque precisava muito do dinheiro.[84]

Se a relação entre mulheres e homens negros eram ruins, a interação entre os homens negros entre si dificilmente era melhor. A história é concluída com a narrativa fria e entorpecente de suas experiências trabalhando com três outros negros como oficial de dia em um instituto de pesquisas médicas ligado a um dos maiores e mais ricos hospitais de Chicago. Dois novos temas relevantes ao comentário de Wright sobre a modernidade emergem deste episódio. O primeiro é a exclusão dos negros das práticas desta instituição científica moderna e seu regime de conhecimento. O segundo é a crescente percepção de Wright de que os trabalhadores negros neste templo secular estão, em muitos sentidos, mais próximos dos animais submetidos a experiências no laboratório do que dos médicos brancos que supervisionam a pesquisa:

> Meu interesse no que estava acontecendo no instituto intrigava os outros três negros com quem eu trabalhava. Eles não sentiam nenhuma curiosidade pelas "coisas dos brancos", ao passo que eu desejava saber se os cães que estavam sendo tratados de diabetes estavam melhorando; se os ratos e camundongos nos quais se havia induzido câncer mostravam algum sinal de resposta ao tratamento. Eu desejava saber qual princípio estava por trás dos testes de Ascheim-Zondek que estavam sendo feitos em coelhos, os testes de Wasserman que eram realizados em preás. Mas quando fiz uma pergunta tímida, descobri que até os médicos judeus haviam aprendido a imitar o método sádico de humilhar o negro que os outros haviam cultivado.

---

[84] *Eight Men*, p. 189.

"Se você souber muita coisa, rapaz, o seu cérebro pode explodir", disse um médico certo dia.[85]

Neste contexto, Wright descreve uma briga entre dois de seus colegas de trabalho, Brand e Cooke. Ele apresenta o conflito crônico entre esses homens como símbolo comovente das dificuldades envolvidas em se manter intimidade autêntica entre negros:

> Talvez Brand e Cooke, carecendo de interesses que pudessem absorvê-los, indispondo-se como crianças em torno de ninharias, simplesmente inventassem seu ódio recíproco a fim de ter alguma coisa com que se ressentirem profundamente. Ou talvez houvesse neles uma vaga tensão que brotava de seu modo de vida cronicamente frustrante, uma dor cuja causa não conhecessem e, como aqueles cães sem cordas vocais, rodopiavam e tentavam morder o ar quando a antiga dor os abatia.[86]

Um confronto físico explosivo entre esses dois coloca em risco esta pequena comunidade racial, pois resulta na quase destruição do laboratório onde trabalham. Em outra demonstração do senso de humor supostamente ausente em Wright, ele avalia as consequências para o conhecimento científico provocadas pela redistribuição aleatória dos animais que os homens haviam previamente classificados em categorias específicas para fins da pesquisa médica. O estado semiconsciente no qual a ordem da dominação racial passou a recorrer se mostra produzindo graves efeitos, tanto sobre os participantes dominantes como sobre os subordinados quando os médicos engajados na pesquisa não conseguem notar que os animais foram trocados de lugar.

---

[85] *Ibid.*, p. 194.

[86] *Ibid.*, p. 198.

Talvez os artistas negros experimentem a comunidade por meio de um paradoxo especial. Ela lhes fornece certas proteções e compensações, embora também seja uma fonte de constrangimento. Ela os dota de um direito imaginativo de elaborar a consciência da adversidade racial ao mesmo tempo que os limita como artistas à exploração dessa adversidade. As imagens marcantes do antagonismo intrarracial em "The Man Who Went to Chicago" apresentam a conclusão inevitável de que, nas condições de extrema privação e tensão, que definem os limites do mundo moderno para os negros, a identidade racial não garante nada em termos de solidariedade ou associação fraternal. Esta ainda é uma mensagem a que se deve dar séria consideração.

De todos os textos de Wright, é *Pagan Spain* que está mais diretamente voltado às questões de subordinação social das mulheres. Mas seu tratamento mais desenvolvido e sistemático da questão da masculinidade negra aparece em seu último romance publicado,[87] *The Long Dream*, um livro que tem sido negligenciado e que pode ser considerado sua tentativa mais acabada e bem-sucedida de escrever um romance filosófico no jargão negro.

Wright foi atacado por sua aparente incapacidade para apresentar em sua obra uma comunidade negra viva e em funcionamento. *Native Son*, *The Outsider* e até *Lawd Today* desapontam a demanda ilegítima de imagens positivas da sociabilidade negra que ele se compraz em repudiar. Onde aparece a comunidade, ela é normalmente movida por conflitos, como no laboratório do hospital. As pessoas estão presas entre si em virtude dos profundos desacordos que constantemente embaraçam as asserções de uma cultura racial comum. Entretanto, *The Long Dream* apresentava o retrato de uma comunidade negra total e dinâmica para Wright. O preço dessa breve imagem orgânica e sistemática foi caro em função do profundo fascínio de Wright por sua estratificação eco-

---

[87] Um romance final inédito, "Island of Hallucination", é mantido no Beinecke Archive na Yale University.

nômica, sexual e cultural. O livro é um romance de formação, centrado na vida de Rex "Fishbelly" Tucker. Nós o vemos crescendo em virilidade por meio de uma série de interações com seus parentes, colegas e diferentes adultos e instituições, tanto negros como brancos. Wright apresentava a comunidade sulista de Fishbelly sem fazer nenhuma concessão às pressões para produzir uma visão bucólica. A homofobia, misoginia e outros atributos antissociais da vida negra eram mais uma vez revelados de um modo que deve ter conquistado poucos amigos para Wright e atraído a acusação de traição, bem como a sugestão de que ele estava fora de contato com os padrões mutáveis da vida no Sul. Nem todos esses traços sociais negativos eram diretamente explicáveis como efeitos do racismo. Não há nada de automático nas escolhas que seus personagens fazem para reproduzir arranjos sociais que funcionam contra os seus próprios interesses. Existe sempre margem para reflexão e oportunidades para a ação política negra. Várias cenas nas quais Fishbelly e seus amigos adolescentes atormentam Aggie West, um rapaz efeminado que é pianista da igreja e que eles acreditam ser homossexual, tipificam a determinação de Wright de desmontar os códigos e as convenções da literatura positiva, que sugere que os sentimentos de comunidade e identidade racial são espontaneamente produzidos:

> "Anda, crioulo esquisito!" gritou Zeke. "Cai fora!"
> Os lábios de Aggie se apartaram, mas ele não se moveu nem falou. A histeria fez Sam avançar e arrancar o taco de beisebol da mão de Fishbelly. Erguendo o taco, Sam golpeou o peito de Aggie. Tony, Zeke e Fishbelly chutaram, estapearam e socaram Aggie...
> "*Eu tentei matar ele*", disse Tony com os dentes cerrados...
> "*Droga, talvez a gente não devesse ter feito isso*". Tony estava arrependido...
> "*Nós tratamos ele como os brancos tratam a gente*", murmurou Zeke com uma risada de autoacusação.

"*Nunca pensei nisso*", admitiu Sam, franzindo o cenho.[88]

Grande parte do livro é ocupada com uma exploração da relação entre Fishbelly e seu pai, o agente funerário Tyree. Tyree é um dos dois cidadãos negros notáveis que exercem controle sobre o gueto em colaboração formal com um grupo de brancos corruptos locais, que repartem os lucros de seus esquemas ilícitos e manipulam o sistema local da justiça criminal para manter esse arranjo. A dinâmica filosófica e psicológica central do livro é constituída pelo interesse de Wright na luta entre senhor e escravo que explorei no capítulo 2 por meio dos escritos de Frederick Douglass. Na perspectiva de Wright, essa relação é ampliada e socializada. Sua dialética de dependência e reconhecimento é apresentada como a base contínua da vida social e econômica no Sul segregacionista. Tyree desempenha os rituais de dependência que os brancos foram treinados para esperar dele e de outros como ele, mas ele o faz a fim de manipulá-los. A margem de que ele desfruta para dominá-los não pode ser comparada ao poder da ordem institucional que eles controlam, mas é certamente significativa. Ele é um ator excepcional nos papéis requeridos pela subserviência, na verdade tão habilitado que seu filho inicialmente interpreta mal esses desempenhos de subalternidade racial:

> Fishbelly agora compreendia; seu pai estava prestando humilde deferência ao homem branco e sua "encenação" era tão perfeita, tão aparentemente espontânea, que Fishbelly estava estupefato. Este era um pai que ele jamais conhecera, um pai a quem abominava e não desejava conhecer. Tyree entrou na sala e olhou para ele com os olhos de um estranho e depois se virou para observar o homem branco que se afas-

---

[88] Wright, *The Long Dream*. Nova York: Harper, 1987, p. 36; ver também pp. 204-5.

tava. Quando o homem branco entrou por um canto do corredor, Fishbelly viu uma mudança engolfar a face e o corpo de seu pai: os joelhos de Tyree perderam sua postura curvada, suas costas se endireitaram, seus braços penderam normalmente para os lados e aquela expressão distraída, tola, neutra, desapareceu e ele agarrou e esmagou Fishbelly de encontro a si.[89]

A relação paterna no centro do livro é reproduzida em todos os demais níveis da hierarquia racial que governa sua cidade. Equipado de uma teoria psicológica derivada de sua leitura de Mannoni, além de seu entendimento de Hegel via Kojève, Wright enfatiza os aspectos filiais da relação de Tyree com as figuras de autoridade brancas, que são seus parceiros no bar e bordel por ele tocados. Essa relação não é apenas uma relação na qual os negros são infantilizados por aqueles que os dominam, mas uma relação na qual interpretam o papel de criança como meio de atrair certas respostas úteis de seus dominadores brancos. O desempenho de Tyree funciona porque ele é capaz de manipular o eu cindido, que tem estado no cerne de nossa investigação sobre a abordagem da modernidade por Wright. O papel de subserviência racial desempenhado torna-se uma arma nas mãos de Tyree; "o arpão de suas afirmações emocionais" cravado "no coração do homem branco".[90] A capacidade de atrair esta compaixão volátil dos brancos é algo que Wright atribui explicitamente à relação senhor/escravo que sobrevivia como traço estruturador central da vida social no Mississippi:

> Com toda a força de seu ser, o escravo estava combatendo o senhor. Fishbelly viu que o olhar terrível nos olhos do chefe estava tão igualmente dividido entre o ódio e a pie-

---

[89] *Ibid.*, p. 131.

[90] *Ibid.*, p. 264.

dade que ele não sabia o que o chefe faria; o chefe poderia apenas ter sacado sua arma e atirado em Tyree assim como poderia tê-lo abraçado... Tyree começou a escolher o momento de seus passos; deixou pender a cabeça, os olhos baixos observando o homem branco emocionalmente esgotado, como um gato seguindo as corridinhas de um rato encurralado. O chefe se virou, sem olhar para nada ou ninguém. Fishbelly sabia que Tyree estava ponderando se encenava mais; em seguida, ele suspirou e ficou em silêncio.[91]

Essas encenações induzem uma ambivalência nos brancos a que estão dirigidas e podem ser comparadas à atração e repulsa que os negros sentem por brancos e brancura e culmina em uma simbiose peculiar. Wright não estava sugerindo que os negros eram igualmente responsáveis com os brancos por este estado de coisas, mas sublinhava a medida na qual seus destinos, como suas histórias, eram interligados. Isso é explorado ainda por meio de um episódio crucial, quando Tyree apresenta seu filho aos ritmos distintivos da idade adulta dos homens negros. Chris, um jovem negro de quem Tyree havia cuidado, é linchado em decorrência de seu envolvimento aparentemente consensual com uma mulher branca. Tyree, em seu papel de agente funerário da cidade, discute o sentido desse terror ritual com seu parceiro de corrupção, o médico local. Juntos, os dois velhos tentam impelir o rapaz para a maioridade emocional e psicológica por meio de um confronto pavoroso com o cadáver mutilado. Este é o primeiro dos diversos encontros formadores de Fishbelly com a morte:

"A genitália se foi", entoou o médico.
Fishbelly viu um borrão escuro coagulado em um buraco escancarado entre as coxas e, num reflexo defensivo, baixou nervosamente as mãos para sua própria virilha...

---

[91] *Ibid.*, pp. 264-5.

"Não bastava matá-lo. Tinham de mutilá-lo. Você pensaria que o nojo os teria levado a deixar em paz essa parte do rapaz negro... Não! Ter a chance de mutilá-lo fazia parte do motivo pelo qual o mataram. E você pode apostar que muitas mulheres brancas estavam observando com avidez quando eles fizeram isto..."

"Você precisa estar terrivelmente atraído por uma pessoa, quase apaixonado por ela para mutilá-la dessa maneira. Eles nos odeiam, Tyree, mas eles também nos amam; de uma maneira meio pervertida, eles nos amam..."[92]

A análise do legado de Wright tem sido empobrecida em decorrência de ser ele por demais identificado com as mesmas definições estreitas da expressão cultural racializada que ele lutava para subverter. A parte de sua obra que resiste à assimilação ao grande cânone etnocêntrico da literatura africano-americana não tem sido lida e grande parte dela está agora fora de catálogo. Em ambos os lados do Atlântico, os historiadores da literatura e filosofia europeias têm manifestado pouco interesse por sua obra ou por sua relação com os escritores e as escolas de expressão daquele continente, com os quais ele interagiu. Simone de Beauvoir, por exemplo, pode ter creditado ao impacto do entendimento de Wright da raça e do racismo sua capacidade para conceber *O segundo sexo*, mas as implicações desta ligação para a política contemporânea permanecem inexploradas e negligenciadas.[93] Os historiadores das ideias e dos movimentos geralmente têm preferido permanecer nos limites da nacionalidade e da etnia e têm demonstrado pouco entusiasmo para conectar a vida de um movimento com a de outro. O que significaria ler Wright inter-

---

[92] *Ibid.*, pp. 78-9.

[93] Deidre Bair, *Simone de Beauvoir* (Londres: Cape, 1990), pp. 388-9; A. Madsen, *Hearts and Minds* (Nova York: Morrow, 1977), p. 134.

textualmente com Genet, Beauvoir, Sartre e os outros parisienses com quem ele manteve diálogo?

Examinar sua rota do particular para o geral, da América para a Europa e a África, certamente nos tiraria de uma posição em que temos de escolher entre as alternativas insatisfatórias do eurocentrismo e do nacionalismo negro. A primeira ignora Wright, a segunda diz que tudo o que aconteceu com ele após ele ter deixado a América não tem valor para a libertação negra. Wright não era um adepto da metafísica ocidental que, por acaso, era negro, nem um africano-americano étnico cuja identidade africana essencial se afirmou para animar sua crítica abrangente do radicalismo ocidental. Talvez mais do que qualquer outro escritor ele tenha demonstrado como a modernidade era o período e também a região em que cresceu a política negra. Sua obra articula simultaneamente uma afirmação e uma negação da civilização ocidental que o formou. Ela continua a ser a mais influente expressão da dualidade vernáculo/forasteiro cujas origens traçamos a partir da escravidão.

# 6.
# "UMA HISTÓRIA PARA NÃO SE PASSAR ADIANTE": A MEMÓRIA VIVA E O SUBLIME ESCRAVO

> "A escravidão foi uma coisa terrível, mas quando os negros na América finalmente saíram do jugo daquele sistema massacrante, estavam mais fortes. Sabiam o que era ter o espírito aleijado por pessoas que estavam controlando sua vida. Jamais deixariam que isto acontecesse novamente. Eu admiro esse tipo de resistência. As pessoas que a possuem, assumem posição e colocam seu sangue e sua alma naquilo em que acreditam."
>
> *Michael Jackson*

> "Articular historicamente o passado não significa aceitá-lo 'do jeito que ele realmente era'. Significa apropriar-se de uma memória quando ela eclode em um momento de perigo. O materialismo histórico deseja reter essa imagem do passo que inesperadamente se manifesta ao homem, destacado pela história em um momento de perigo. O perigo afeta tanto o conteúdo da tradição como os seus receptáculos. A mesma ameaça paira sobre ambos: a de tornar-se uma ferramenta das classes dominantes. Cada era deve fazer novamente a tentativa de arrancar a tradição do conformismo que está prestes a engolfá-la. O Messias chega não apenas como redentor, mas como subjugador do Anticristo. Somente terá o dom de avivar a fagulha da esperança no passado o historiador que estiver firmemente convencido de que nem mesmo os mortos estarão a salvo do inimigo se este vencer. E este inimigo não tem deixado de ser vitorioso."
>
> *Walter Benjamin*

A ideia de tradição possui um estranho poder hipnótico no discurso político negro. Considerar sua força e seu uso especiais parece uma operação apropriada para iniciar a conclusão de um livro sobre os negros e a modernidade. A tradição frequentemente viceja na crítica cultural, que tem cultivado um diálogo com o discurso político negro. Ela opera como um meio de asseverar o parentesco estreito das formas e práticas culturais geradas a partir da diversidade incontida da experiência negra. Isto sugere que, pelo menos nas mãos de alguns intelectuais e artistas negros, a busca de autonomia social e política tem se afastado da promessa da modernidade e encontrado expressão nova em um termo complexo que muitas vezes é entendido como antítese da modernidade. Isto é em parte explicável pela ameaça que o turbilhão da modernidade representa para a estabilidade e coerência do eu racial [*racial self*]. Esse eu pode ser cultivado em segurança e assim permanecer por trás dos biombos cerrados da particularidade negra enquanto as tempestades se abatem lá fora. Já examinamos a obra de diversos escritores negros que se afirmaram contra essa forma de retiro e, em vez disso, optaram por aderir à fragmentação do eu (duplicação e cisão) que a modernidade parece promover. Entretanto, essa opção está menos em moda hoje em dia. Apelos à noção de pureza como base da solidariedade racial são mais populares. Esses apelos estão muitas vezes ancorados em ideias de tradição invariante e não igualmente fornecidos pela certeza positivista e uma noção de política como atividade terapêutica. O primeiro objetivo deste capítulo é repensar o conceito de tradição, de forma que ele não possa mais funcionar como polo oposto da modernidade. Isso depende de uma breve discussão da ideia de afrocentricidade,[1] que

---

[1] "A africologia é definida, portanto, como o estudo afrocêntrico de fenômenos, eventos, ideias e personalidades relacionadas com a África. O mero estudo de fenômenos da África não é africologia mas alguma outra iniciativa intelectual. O estudioso que gera questões acadêmicas baseadas na centralidade da África está engajado em uma investigação muito diferente da de alguém que impõe critérios ocidentais aos fenômenos... Afrocêntrico talvez seja a palavra mais importante na definição de africologia dada acima. Caso contrário, pode-se facilmente pensar que qualquer estu-

pode ser útil no desenvolvimento da disciplina coletiva e do amor-próprio individual e até na galvanização das comunidades negras para resistirem às invasões do crack, mas que fornece uma base deficiente para a escrita da história cultural e o cálculo das escolhas políticas. O projeto afrocêntrico possui uma confiança absoluta e perversa em um modelo do sujeito racial pensante e inteligente, que está muito distante da dupla consciência que fascinava os modernistas negros. Suas perspectivas cartesianas europeias permanecem visíveis sob uma nova camada de tinta *Kemetic*:*

> A afrocentricidade é o gênio africano e os valores africanos criados, recriados, reconstruídos e derivados de nossa história e experiências em nossos melhores interesses... É um descobrimento do eu verdadeiro da pessoa, é a identificação do seu centro e é a clareza e o foco por meio dos quais os negros *devem* ver o mundo a fim de ascender.[2] [itálico adicionado]

A ideia de tradição é compreensivelmente invocada para sublinhar as continuidades históricas, conversações subculturais, fertilizações cruzadas intertextuais e interculturais, que fazem parecer plausível a noção de uma cultura negra distinta e autoconsciente. Este emprego é importante e inevitável porque os ra-

---

do de fenômenos ou povos africanos constitui africologia". Molefi Kete Asante, *Kemet, Afrocentricity and Knowledge*. Trenton, Nova Jersey: Africa World Press, 1990, p. 14.

\* O autor se refere à nova forma de ortodoxia surgida em Chicago no final dos anos 1980, inspirada em tradições religiosas do Antigo Egito, cuja divindade era conhecida como *Kemet*. (N. do T.)

[2] Asante, *Afrocentricity*. Trenton, Nova Jersey: Africa World Press, 1989, edição revista, p. viii. Asante sugere que as teorias psicológicas afrocêntricas possuem estreitas afinidades com a obra de Jung; ver *Kemet*, pp. 180-3.

cismos operam de forma insidiosa e consistente para negar historicidade e integridade cultural aos frutos artísticos e culturais da vida negra. O discurso da tradição é, por isso, frequentemente articulado no interior das críticas da modernidade produzidas pelos negros no Ocidente. Ele é certamente audível dentro das contraculturas racializadas originadas pela modernidade. Entretanto, a ideia de tradição também é muitas vezes a culminância, ou peça central, de um gesto retórico que assevera a legitimação de uma cultura política negra paralisada em uma postura defensiva contra os poderes injustos da supremacia branca. Esse gesto contrapõe tradição e modernidade entre si como alternativas polares simples tão rigidamente diferenciadas e opostas como os signos preto e branco. Nessas condições, onde as obsessões com a origem e o mito podem governar as preocupações políticas contemporâneas e a granulação fina da história, a ideia de tradição pode constituir um refúgio. Ela fornece um lar temporário no qual se pode encontrar abrigo e consolo diante das forças viciosas que ameaçam a comunidade racial (quer de forma imaginada ou de outra forma). É interessante que neste entendimento da posição dos negros no mundo moderno, ocidental, a porta para a tradição permaneça fixamente aberta não pela memória da escravidão racial moderna, mas a despeito dela. A escravidão é a sede da vitimação negra e, portanto, do pretendido apagamento da tradição. Quando a ênfase se volta para os elementos da tradição invariante, que heroicamente sobrevivem à escravidão, todo desejo de se lembrar da escravidão em si torna-se algo como um obstáculo. É como se a complexidade da escravidão e sua posição dentro da modernidade tenha de ser ativamente esquecida para que se possa adquirir uma orientação clara para a tradição e, com ela, para as circunstâncias presentes dos negros. A comovente afirmação do grupo Rebel MC's em sua faixa "Soul Rebel" de que "existe mais do que apenas escravidão na história, temos dignidade"[3] tipifica o

---

[3] Rebel MC, "Soul Rebel", Desire Records, Londres, 1991.

melhor desses impulsos revisionistas. Entretanto, existe o perigo de que, afora a arqueologia das sobrevivências tradicionais, a escravidão torne-se um feixe de associações negativas, que é melhor deixar para trás. A história das fazendas e usinas de açúcar supostamente oferece pouca coisa de valor quando comparada às concepções elaboradas da antiguidade africana contra as quais são desfavoravelmente comparadas. Os negros são instados quando não a esquecer a experiência escrava que surge como aberração a partir do relato de grandeza na história africana, então a substituí-la no centro de nosso pensamento por uma noção mística e impiedosamente positiva da África que é indiferente à variação intrarracial e é congelada no ponto em que os negros embarcaram nos navios que os levariam para os inimigos e horrores da *Middle Passage*. Asante desqualifica a ideia de identidade racial como uma construção social e histórica localmente específica, associando-a com o termo antiquado e pejorativo "crioulo" [*nigger*]:

> Não se pode estudar os africanos nos Estados Unidos, no Brasil ou na Jamaica sem alguma consideração pelo significado histórico e cultural da África como fonte e origem. Uma postura reacionária que postula a Africologia como "Estudos dos Escravos Africanos" é incondicionalmente rejeitada porque desconecta o africano na América de milhares de anos de história e tradição. Dessa forma, se nos concentramos em estudar os africanos nas cidades do interior do Nordeste dos Estados Unidos, o que é razoável, isto deve ser feito com a vaga lembrança de que se está estudando o povo africano, não "crioulos produzidos na América" sem profundidade histórica.[4]

Pior do que isto, os negros são instados a encontrar alimento psicológico e filosófico na narrativa da África expressa em re-

---

[4] Asante, *Kemet*, p. 15.

latos reescritos sobre o desenvolvimento da civilização a partir de suas origens africanas ou a acharem uma segurança espúria em saber que nossa melanina nos dota de uma medida de superioridade biológica.[5]

A escravidão, tão profundamente imersa na modernidade, fica esquecida e a duração da civilização negra anterior à modernidade é invocada em seu lugar:

> Nossa anterioridade é apenas significativa porque ela reafirma para nós que se outrora organizamos civilizações complexas por todo o continente africano, podemos tomar essas tradições e gerar ideias mais avançadas.[6]

Esta proposição, também tirada da edição revista de *Afrocentricity*, é surpreendente tanto por sua aceitação tácita da ideia de progresso como pela relação fácil, instrumental, com a tradição que ela sugere. Esse gesto minimiza as dificuldades envolvidas em situar a tradição, para não falar em transformá-la. Ela é habitualmente complementada pelo argumento de que a civilização única à qual o Ocidente se arroga o direito de posse é em si produto da civilização africana. Cheik Anta Diop, George James e outros têm demonstrado o poder dessas afirmações que, mesmo em sua forma mais crua, possuem a virtude de desmistificar e rejeitar o "particularismo europeu" fantasiado de "universal".[7] Uma discussão da medida na qual essas afirmações historiográficas e linguísticas podem ser substanciadas seria aqui uma digressão.

---

[5] Frances Cress Welsing, *The Isis Papers: The Keys to the Colors* (Chicago: Third World Press, 1990); Richard King, *African Origin of Biological Psychiatry* (Nova York: Seymour Smith, 1990); Michael Eric Dyson, "A Struggle for the Black Mind: Melanin Madness", *Emerge* 3, nº 4, fevereiro de 1992.

[6] Asante, *Afrocentricity*, pp. 106-7.

[7] *Ibid.*, p. 104.

As dificuldades envolvidas em projetar as tipologias do racismo moderno de volta a um passado onde são inteiramente irrelevantes podem ser ilustradas por meio dos problemas que surgem em tentativas de chamar os egípcios de negros, de acordo com definições contemporâneas, em lugar de vê-los como um povo africano entre muitos outros. A detalhada reconstrução feita por Martin Bernal dos cultos helênicos, que articulavam o racismo e o antissemitismo na erudição do século XIX, é uma exceção rara em uma literatura em que alguns pensadores afrocêntricos passaram a compartilhar premissas e técnicas históricas da metafísica racial do século XVIII com seus oponentes.

Atribuir igual importância a raízes e rotas, como propus no capítulo 1, deveria destruir o apelo purificado do afrocentrismo ou dos eurocentrismos a que ele se empenha em responder. Este livro se preocupa mais com os fluxos, as trocas e os elementos intermediários que podem colocar em questão o próprio desejo de ser centrado. Procurando problematizar a relação entre tradição e modernidade, este capítulo volta sua atenção para as concepções particulares de tempo, que emergem na cultura política negra de Delany em diante. O desejo de introduzir uma nova historicidade na cultura política negra é mais importante do que os veículos que têm sido escolhidos para alcançar este fim.

O movimento afrocêntrico parece se basear em uma ideia linear do tempo[8] encerrado em cada uma de suas extremidades pela narrativa grandiosa do avanço africano. Este é momentaneamente interrompido pela escravidão e pelo colonialismo, que não produzem nenhum impacto substancial sobre a tradição africana ou a capacidade dos intelectuais negros de se alinharem com

---

[8] Achei os comentários de Julia Kristeva sobre as diferentes temporalidades no "tempo das mulheres" muito úteis na estruturação desta discussão. Seu ensaio figura em Nannerl O. Keohane *et al.* (orgs.), *Feminist Theory: A Critique of Ideology* (Brighton: Harvester Press, 1981), pp. 31-54. Ver também a adaptação de Homi K. Bhabha da obra de Kristeva para a situação pós-colonial em *Nation and Narration* (Londres: Routledge, 1990).

ela. A anterioridade da civilização africana à civilização ocidental é asseverada, não a fim de fugir a este tempo linear, mas a fim de reivindicá-la e, com isto, subordinar sua narrativa da civilização a um conjunto diferente de interesses políticos sem mesmo tentar mudar os termos em si mesmos. A lógica e as categorias da metafísica racial não são perturbadas, mas a relação entre os termos é invertida. Os negros se tornam dominantes em virtude da biologia ou da cultura; atribui-se aos brancos um papel subordinado. A maneira desesperada como esta inversão é realizada a revela como meramente mais um sintoma do poder duradouro da supremacia branca.

A noção de pronto acesso e comando da tradição — às vezes antiga, sempre antimoderna — tornou-se essencial aos mecanismos disciplinares que os austeros tradicionalistas de hoje procuram exercer sobre diversos processos da produção cultural negra. A tradição fornece o laço crítico entre os atributos locais das formas e os estilos culturais e suas origens africanas. A história interveniente na qual tradição e modernidade se juntam, interagem e se confrontam é posta de lado juntamente com as consequentes implicações deste processo para a mediação da pureza africana. A tradição torna-se, assim, o meio de demonstrar a contiguidade de fenômenos contemporâneos selecionados com um passado africano que os moldou mas que eles não mais reconhecem e a eles apenas ligeiramente se parecem. A África é retida como uma medida especial de sua autenticidade. O entusiasmo pela tradição, dessa forma, não expressa tanto a ambivalência dos negros para com a modernidade, mas o esboroamento da ambivalência prolongada da modernidade em relação aos negros que assombra seus sonhos de civilização ordeira.

Essas características no uso do termo "tradição" a retiram dos fluxos erráticos da história. Na obra de alguns escritores africano-americanos, elas por vezes sancionam um deslize crucial e lamentável do vernáculo e popular para o provinciano e local. Nesse sentido, o que é conhecido como afrocentricidade poderia ser mais propriamente chamado americocentricidade. Seus proponentes frequentemente se empenham em colocar suas histórias em uma rede diaspórica maior,[9] mas não possuem nenhuma inibição em afirmar um *status* especial para sua versão particular de cultura africana.[10] Pode ser possível demonstrar que o *tropo* da família, que é um traço tão recorrente de seu discurso, é em si mesmo um meio tipicamente americano de compreender os limites e a dinâmica da comunidade racial.[11]

À luz desses problemas, este capítulo conclusivo tenta integrar o foco *espacial* na ideia de diáspora que dominou as seções anteriores deste livro com a temporalidade e a historicidade da diáspora, da memória e da narratividade, os princípios articuladores das contraculturas políticas negras que crescem dentro da modernidade em uma relação distintiva de endividamento antagônico. Ele procede pela indagação da importância que passou a ser anexada à ideia de tradição nesta área de crítica cultural, história e política. Ao passar para uma formulação diferente e mais modesta de tradição, pergunta-se inicialmente se o valor colocado na duração e geração pode, em si mesmo, ser lido como uma resposta aos padrões turbulentos da vida social moderna, que têm levado os negros da África, via escravidão, a uma democracia incompletamente realizada que racializa e com isso muitas vezes se afasta dos benefícios altamente proclamados da cidadania moderna.

No capítulo anterior, vimos como Richard Wright enfatizava que a tradição "não é mais um guia" para as aspirações cria-

---

[9] A afirmação de Asante de que Fanon escreveu "na tradição estabelecida por Garvey e Du Bois" é um exemplo disto; *Kemet*, p. 179. Ele também confunde o fato de que os americanos negros são apenas 47% dos negros do Novo Mundo. Todas as "bases essenciais" de sua teoria da afrocentricidade são extraídas da história africano-americana; ver *Afrocentricity*, pp. 1-30.

[10] Kwame Anthony Appiah, *In My Father's House*. Londres: Methuen, 1992.

[11] Tentei isto em "It's a Family Affair", em Gina C. Dent (org.), *Black Popular Culture*. Seattle: Bay Press, 1992.

tivas dos artistas negros. A ideia de que pode haver um caminho único e direto da tradição para a modernidade foi a um só tempo repudiada e reabilitada por Wright. Sua confusão não é sintomática apenas de sua ambivalência diante da modernidade e do sentido preciso das aporias da modernidade, que já vimos governando os movimentos políticos radicais nos quais ele também se situava. Para ele, na América ou na Europa, a modernidade emergia, na melhor das hipóteses, como uma pausa temporária na barbaridade endêmica à civilização humana. Esta barbaridade é sublinhada não só pela escravidão, mas pela ordem social brutal e injusta do Sul racista onde ele cresceu. Entretanto, à medida que sua compreensão da cumplicidade fatal entre tecnologia e imperialismo evoluía em conjunto com seu envolvimento com a África e as lutas anticoloniais, a posição de Wright mudou pelo fato de que ele passou a identificar as forças da tradição explicitamente como um inimigo. Elas bloqueavam o progresso negro rumo a uma democracia limitada, injusta e incompleta, mas que pode ser o melhor resultado atualmente disponível. O Ocidente está limitado a buscar novos modos de não liberdade e, reconhecendo os perigos envolvidos, Wright instava os "países em desenvolvimento" a experimentarem sua história e autonomia e empreenderem uma aposta contra cometer os mesmos erros catastróficos que haviam emergido da modernização em outros países. A carta aberta a Kwame Nkrumah, que conclui *Black Power*, um livro importante e negligenciado, é um trabalho literário que parece se reengajar nas questões da tradição e da modernidade que despertaram seus antecessores do século XIX. Entretanto, as observações de Wright são feitas a partir de um ponto de vista irreversivelmente pós-colonial:

> Acima de tudo, sintam-se livres para improvisar! A questão política pode ser resolvida de muitas maneiras; a construção daquela ponte entre o homem tribal e o século XX pode ser feita de muitas maneiras... A VIDA AFRICANA PRECISA SER MILITARIZADA!

[...] não para a guerra, mas para a paz; não para a destruição, mas para o serviço; não para a agressão, mas para a produção; não para o despotismo, mas para libertar os espíritos da idolatria.[12]

Visões similarmente céticas do valor do pré-moderno podem ser periodicamente vislumbradas na obra dos outros escritores, artistas e ativistas culturais cuja obra este livro citou ou examinou. Mas sua repulsa pela "idolatria" das sociedades tradicionais é complexa e contraditória. Alguns pensadores do século XIX perceberam um meio de redimir a África por meio da colonização. Seu amor pelos ingleses era profundo e sua ambivalência diante da capacidade dos africanos para a civilização merece extensa consideração. Alguns romantizavam a África como terra natal e fonte da sensibilidade negra, outros não o faziam. Todo ceticismo nascido de suas reflexões sobre o barbarismo africano pode ser equiparado, ponto por ponto, com os entusiasmos que outros negros do "Novo Mundo" demonstraram pelas formas estáveis de vida social que são identificadas com a imagem da epopeia africana pré-moderna. Essas respostas à África transcodificam um debate sobre o valor da modernidade ocidental, que se estende dos anos dos planos de construção ferroviária de Delany, passando pelas atividades de Crummell e Blyden na Libéria via Du Bois e Wright em Gana, até as discussões contemporâneas em torno dos valores opostos das culturas tradicionais e universais.

Em anos recentes, o lado afirmativo, pró-tradicional desta disputa tem se estendido à reinvenção ativa dos rituais e ritos de tradições africanas perdidas. Nomes africanos são assumidos e roupas africanas são usadas. Em apoio a essas práticas, é possível argumentar que os frutos corporais da sensibilidade africana imaginada podem fornecer uma barreira contra os efeitos corro-

---

[12] Richard Wright, *Black Power: A Record of Reactions in a Land of Pathos*. Nova York: Harper and Brothers, 1954, pp. 346-7.

sivos do racismo, da pobreza e da pauperização nos indivíduos e comunidades. Mas é profundamente significativo que ideias sobre masculinidade, feminilidade e sexualidade sejam tão proeminentes nesta jornada redentora de volta à África. Em uma discussão sobre o Kwanzaa, o substituto ritual tradicional inventado para o Natal, o Dr. Maulana Karenga, um importante articulador desta posição política, apresenta seu valor por meio das ideias de resgate e reconstrução:

> Como nacionalistas culturais, acreditamos que você deve resgatar e reconstruir a história e a cultura africanas para revitalizar a cultura africana hoje... O Kwanzaa se tornou uma maneira de fazer exatamente isto. Eu desejei enfatizar a necessidade de uma reorientação de valores, pegar emprestado de nosso passado os valores coletivos afirmativos da vida e utilizá-los para enriquecer nosso presente.[13]

Essa consciência recuperadora e reconstrutiva alcança seu ponto mais alto de expressão até agora no *best-seller* de Shahrazad Ali, *The Blackman's Guide to Understanding the Blackwoman*, onde a reconstrução de um eu devidamente sexuado torna-se condição *sine qua non* da reabilitação da coletividade:

> Quando a mulher negra aceitar seu devido lugar como rainha do universo e mãe da civilização, o homem negro regenerará os poderes que ele tem perdido diretamente durante quatrocentos anos. A mulher negra não deve imitar as ideias e atitudes da civilização ocidental. O homem branco entende claramente que a preservação da ordem familiar é o que lhe permite governar o mundo. Este fato não é de conhecimento oculto. Quando os padrões que preservam a ci-

---

[13] "A Dialogue with Karenga", *Emerge* 3, nº 3, janeiro de 1992, p. 11.

vilização são desrespeitados, o resultado é a existência descuidada e desorganizada de cada um por si.[14]

Ideias similares sobre a inter-relação entre tempo, geração, autenticidade e autoridade política animam a crença de que as crises políticas e econômicas contemporâneas dos negros no Ocidente são basicamente crises de autoconvicção e identidade racial. Elas podem ser retificadas por estratégias terapêuticas que encontram seu equivalente imediato nas propostas de Delany de elevação racial. Essas crises são vividas mais intensamente na área das relações de gênero, onde a reconstrução simbólica da comunidade é projetada sobre uma imagem do casal heterossexual ideal. A família patriarcal é a instituição preferida, capaz de reproduzir os papéis, as culturas e as sensibilidades tradicionais que podem solucionar este estado de coisas.[15] Entretanto, onde ela não é pensada como passível de ser reconstruída, as mesmas ideias sustentam propostas políticas controversas, como a demanda por escolas especiais nas quais os rapazes negros, sob a orientação de "modelos de papel masculino positivo",[16] possam receber as formas de educação culturalmente apropriadas que os equiparão para a vida como espécimes excelentes e decentes de virilidade negra, "a verdadeira espinha dorsal do povo", capazes de liderar a comunidade até sua devida posição. Dessa forma, a integridade da raça é tornada intercambiável com a integridade da masculinidade negra, que deve ser a todo custo regenerada. Isto resulta em uma situação na qual as crises sociais e econômicas de comunidades

---

[14] Shahrazad Ali, *The Blackmans Guide to Understanding the Blackwoman*. Filadélfia: Civilized Publications, 1989, p. 40.

[15] Esta possibilidade evasiva foi recentemente representada por sua ausência nas narrativas de Clarence Thomas e Anita Hill, Mike Tyson e Desiree Washington.

[16] "How Black Men Are Responding to the Black Male Crisis", *Ebony Man*, setembro de 1991, p. 36.

inteiras tornam-se mais facilmente inteligíveis para seus membros como uma crise prolongada de masculinidade.[17] Sem desejar prejudicar as lutas em torno do significado da masculinidade negra e suas consequências por vezes destrutivas e anticomunitárias, parece importante acertar contas com as limitações de uma perspectiva que busca restabelecer a masculinidade em lugar de trabalhar cuidadosamente por algo como sua transcendência. Existe uma tensão notável, embora muitas vezes inarticulada, entre táticas terapêuticas como as de Ali, que se baseiam na regeneração ou na recuperação da tradição e sua circulação mundial pelos meios mais sofisticados que a pós-modernidade tecnológica pode fornecer. Isto é particularmente óbvio onde as empresas transnacionais de diversão inadvertidamente fornecem o veículo para a circulação dessas ideias na forma de música popular negra. Esses meios de distribuição são capazes de dissolver a distância e criar formas novas e imprevisíveis de identificação e afinidade cultural entre grupos que residem muito afastados entre si. A transformação do espaço cultural e a subordinação da distância são apenas dois fatores que contribuem para uma mudança paralela na importância dos apelos à tradição, tempo e história. Em particular, a invocação da tradição torna-se desesperada e, ao mesmo tempo, mais carregada politicamente à medida que a pura heterologia irreprimível das culturas negras torna-se mais difícil de evitar.

Para aqueles de nós que nos empenhamos em compreender essas questões mais a partir do Atlântico negro do que de perspectivas africano-americanas, é particularmente importante considerar que este problema de tradição, modernidade e suas respectivas temporalidades tenha sido diretamente enfrentado nas ati-

---

[17] "A América, nos anos 1980 dizia respeito essencialmente a roubar empregos, vidas — e almas — dos negros. De fato, era realmente uma guerra em torno do dinheiro e do modo como ele era utilizado, uma guerra sobre mentiras e como essas mentiras eram manipuladas para cobrir a estratégia e a tática dos beligerantes". William Strickland, "Taking Our Souls", *Essence* 22, nº 7, 10th Annual Men's Issue, novembro de 1991, p. 48.

vidades políticas em torno do periódico *Présence Africaine*. Sua formação em 1947 foi um momento importante no desenvolvimento da consciência da diáspora africana como multiplicidade transnacional e intercultural. O periódico procurava sincronizar as atividades de africanistas e africanos com negros do hemisfério ocidental em uma nova e poderosa configuração anti-imperialista. Isto foi particularmente central no seu segundo Congresso dos Escritores e Artistas Negros, realizado em Roma, em 1959, mas planejado e organizado em Paris.[18] Os temas centrais desta conferência eram a unidade da "Cultura Negra" e as responsabilidades políticas criativas que recaíam sobre a nata de intelectuais negros responsáveis pela demonstração e reprodução dessa unidade. O plano proposto para o evento (que traz a marca característica de Richard Wright) e seus anais[19] demonstram que a unidade da cultura não era pensada como estando garantida pela força duradoura de uma herança africana comum. Essa herança seria reconhecida onde quer que pudesse ser identificada e é explorada nos anais da conferência por uma série de disciplinas diferentes — da paleontologia à teologia —, mas outras dimensões descontínuas e contemporâneas da procurada unidade "racial" também eram especificadas. A "experiência colonial", por exemplo, era identificada como fonte adicional de síntese e convergência cultural. Este termo chave era empregado genericamente de modo a incluir escravidão, colonialismo, discriminação racial e a ascensão de consciência(s) nacional(is) ou nacionalista(s) impregnada(s) de negação do colonialismo. Por último, a dinâmica tecnológico-econômica, política e cultural da modernização era identificada pelos organizadores da conferência como um fator que estava fomentando a unidade das culturas negras por obrigá-las a se conformarem com um ritmo particular de vida.

---

[18] O primeiro congresso havia sido realizado no Anfiteatro Descartes na Sorbonne em 1956.

[19] *Présence Africaine*, nos 24-25, fevereiro-maio de 1959.

Por grosseiro que seja, este modelo tripartite me parece significativamente antecipador de algumas das abordagens contemporâneas para os mesmos problemas de avaliar a unidade e diversidade das culturas negras. Atualmente, o poder da herança africana é frequentemente afirmado como se a interpretação fosse desnecessária e a tradução, redundante. O tempero diferente do evento em Roma foi transmitido nos comentários feitos em sua sessão de abertura por Alioune Diop, o senegalês que é geralmente identificado como o iniciador do projeto da *Présence Africaine*. Ele começava explorando a importância do local do congresso para o significado do evento:

> Se for verdade que podemos expor os traços de nossa personalidade apenas mediante um diálogo com o Ocidente, que melhor porta-voz representativo para o Ocidente poderíamos encontrar do que Paris ou Roma?... Essas cidades são responsáveis por essa imagem de homem que presidiu a construção do mundo; não necessariamente o homem como ele deve ser, mas tal como ele é, retratado nas crenças daqueles que governam o mundo. É de acordo com definições, princípios e objetivos da cultura ocidental que nossas vidas são avaliadas e controladas. Temos todos os motivos para prestar atenção à evolução da cultura ocidental e suas leis internas. Não deveríamos então buscar, diante dos olhos dessas autoridades culturais, revelar e liberar a perspectiva original e a força motriz inerente a nossa personalidade?
>
> Estamos dispersos pelos quatro cantos do mundo, segundo os ditames da hegemonia ocidental... O efeito de uma presença africana no mundo será o de aumentar a riqueza da consciência humana e... alimentar a sensibilidade do homem com valores, ritmos e temas mais ricos e mais humanos...[20]

---

[20] *Ibid.*, pp. 45-54.

A ambivalência em relação ao Ocidente transmitida por essas palavras é mais fácil de visualizar do que o modo como elas comunicam uma tensão em torno da teleologia da experiência negra e o registro do tempo em si. O tempo da diáspora não é, ao que pareceria, tempo africano. As palavras "originais" e "inerentes" pertencem a um campo cultural, ao passo que "evolução" e "dispersos" operam em um plano diferente. Juntá-las exige uma sensibilidade estereoscópica adequada a construir um diálogo com o Ocidente: a partir de dentro e de fora.

## QUE HORAS SÃO? É A HORA DA NAÇÃO!

Habermas é sugestivo ao iniciar suas investigações do discurso filosófico da modernidade com um exame da consciência específica do tempo.[21] É claro que os conceitos de modernização e modernidade levantam diretamente o problema do tempo e da consciência do tempo, no mínimo porque a questão de onde poderia ser possível identificar uma linha entre o presente e o passado que o constitui se torna parte integrante do entendimento iluminista do progresso e do desenvolvimento social. Fredric Jameson complica produtivamente a questão com sua observação de que um fascínio com as operações do tempo existencial e memória profunda são um traço decisivo da Alta Modernidade.[22] Talvez, um dia, as teorias do modernismo literário negro tenham de acertar contas com as questões da sincronicidade urbana, da memória e da identidade transcodificadas desde a Dublin de Joyce à Chica-

---

[21] Jürgen Habermas, *The Philosophical Discourse of Modernity*, Cambridge: Polity Press, 1987, pp. 1-22 [Ed. brasileira: *Discurso filosófico da modernidade*, Coleção Tópicos. São Paulo: Martins Fontes, 2000].

[22] *Postmodernism; or, The Cultural Logic of Late Capitalism*. Durham: Duke University Press, 1991, p. 154 [Ed. brasileira: *Pós-modernismo: a lógica cultural do capitalismo tardio*. São Paulo: Ática, 1996].

go de Wright no romance *Lawd Today*. Embora a ênfase recaia na modernidade como contexto para a elaboração da cultura política negra, é mais importante acertar contas com a tensão entre temporalidades, que leva os intelectuais a tentarem obrigar o tempo africano original a servir a suas tentativas de chegar a um acordo com o espaço da diáspora e sua dinâmica de diferenciação.

Esta genealogia das tentativas de intelectuais negros de reescrever a modernidade exigiu que eu operasse com um entendimento mais ambicioso da modernidade do que a definição minimalista que identifica o termo simplesmente com a consciência da novidade do presente. Vale a pena enfatizar que parte da discussão total deste livro é que muito do material discutido aqui não se encaixa inequivocamente em uma consciência de tempo derivada de, e pontuada exclusivamente por, mudanças nas esferas públicas urbanas de Londres, Berlim e Paris. Os escritores, particularmente os mais próximos da experiência escrava, repudiavam a narrativa heroica da civilização ocidental e adotavam uma abordagem filosófica da escravidão a fim de minar o tempo monumental que a sustenta. Quaisquer que sejam seus desacordos sobre a teleologia da emancipação negra, Du Bois, Douglass, Wright e os demais compartilhavam a percepção de que o mundo moderno estava fragmentado ao longo de eixos constituídos pelo conflito racial e poderia acomodar modos de vida social assíncronos e heterogêneos em estreita proximidade. Suas concepções de modernidade eram diferentemente periodizadas. Eram mais fundadas na ruptura catastrófica da *Middle Passage* do que no sonho de transformação revolucionária. Eram pontuadas pelos processos de aculturação e terror que acompanharam essa catástrofe e pelas aspirações contraculturais rumo à liberdade, cidadania e autonomia, que se desenvolviam depois dela entre os escravos e seus descendentes.

Na obra daqueles pensadores e no vernáculo negro que a circunda e por vezes ameaça engolfá-la, a temporalidade e a história são publicamente demarcadas em maneiras ritualizadas, que constituem comunidades de sentimento e interpretação. A maneira pela qual diferentes conjuntos de ideias sobre a relação entre passado e presente, vivos e mortos, tradicional e moderno, coexistem e conflitam é outro indicador dos problemas com a modernidade que tentei suspender ao utilizar heuristicamente o conceito e testá--lo contra o conteúdo de suas contraculturas negras. Provavelmente cheguei a um ponto no qual este conflito em torno da modernidade não pode mais ser mantido fora de meu texto. A redefinição da tradição rumo à qual este capítulo se dirige também exige uma mudança no entendimento da modernidade. Em outras palavras, é muito importante que a escravidão racial moderna seja identificada como um repositório no qual a consciência da cultura tradicional possa ser derivada e condensada em formas ainda mais potentes ou vista alternativamente como sede do apagamento mais abrangente da tradição pré-moderna. De modo similar, é importante saber se a racionalidade moderna sanciona ou subverte as não liberdades do sistema escravo que ela ajudou a instituir. Esses problemas são ainda mais pronunciados porque as discussões sobre onde pode ser traçada a linha entre passado e presente continuam a ser uma fonte de tensões fundamentais e valiosas dentro das culturas negras. A ideia de diáspora poderia ser em si entendida como uma resposta a essas incitações — uma erupção utópica do espaço na ordem temporal linear da política negra moderna, que reforça a obrigação de que espaço e tempo devam ser considerados em relação, na sua interarticulação com o ser racializado. Isso pode ser esclarecido pelo retorno momentâneo ao que descrevi no final do capítulo 2 como a guinada em direção à morte, que aparecia novamente na exploração de Du Bois em *The Souls of Black Folk*. Essa virada introduz as questões vitais do que é e não é viável, onde se têm identificado novos começos e, consequentemente, onde se consideram necessários novos modos de rememoração. A relação entre tradição, modernidade, temporalidade e memória social é o tema que organiza o restante deste capítulo.

A guinada em direção à morte também aponta para as maneiras pelas quais as formas culturais negras têm abrigado e até cultivado um contato dinâmico com a presença da morte e do sofrimento. Isto tem gerado modos específicos de expressão e algumas preocupações filosóficas vernáculas absolutamente antagônicas às premissas iluministas, com as quais as formas culturais negras têm precisado competir pela atenção do público negro. Mais adiante exploraremos alguns exemplos adicionais de como esse contato com a morte emerge continuamente na literatura e nas culturas expressivas do Atlântico negro. Ele é inerente, por exemplo, às narrativas de perda, exílio e viagens que, como determinados elementos da interpretação musical, cumprem uma função mnemônica: dirigir a consciência do grupo de volta a pontos nodais importantes em sua história comum e sua memória social. O contar e o recontar dessas histórias desempenha um papel especial, organizando socialmente a consciência do grupo "racial" e afetando o importante equilíbrio entre atividade interna e externa — as diferentes práticas, cognitivas, habituais e performativas, necessárias para inventar, manter e renovar a identidade. Essas práticas constituíram o Atlântico negro como uma tradição não tradicional, um conjunto cultural irredutivelmente moderno, excêntrico, instável e assimétrico, que não pode ser apreendido mediante a lógica maniqueísta da codificação binária. Mesmo quando a rede utilizada para comunicar seu conteúdo volátil tem sido um coadjuvante na venda da música popular negra, há uma relação direta entre a comunidade de ouvintes construída no curso da utilização dessa cultura musical e da constituição de uma tradição que é redefinida aqui como a memória viva de um mesmo que é mutável.[23]

O termo "tradição" não está agora sendo usado nem para identificar um passado perdido nem para nomear uma cultura de

---

[23] Freud demonstra isto ao discutir o significado dos discos de vitrola para a memória em *Civilisation and Its Discontents* (Londres: Hogarth Press, 1975), p. 28: "Na câmera fotográfica ele [o homem] criou um instrumento que retém as impressões visuais passageiras, tal como um disco de vitrola retém as impressões auditivas igualmente passageiras; ambas são, no fundo, materializações do poder que ele possui de relembrar, sua memória".

compensação que restabeleceria acesso a ele. Ele não se encontra em oposição à modernidade, nem deve conjurar imagens íntegras da África que possam ser contrastadas com o poder corrosivo, afásico, da história pós-escravidão das Américas e do Caribe ampliado. Já vimos no capítulo 3 que a circulação e a mutação da música pelo Atlântico negro explode a estrutura dualista que coloca a África, a autenticidade, a pureza e a origem em crua oposição às Américas, à hibridez, à crioulização e ao desenraizamento. Durante um longo período, tem havido (pelo menos) um tráfego bilateral entre as formas culturais africanas e as culturas políticas dos negros da diáspora. Poderíamos aqui passar do cronótopo da estrada para o cronótopo da encruzilhada, a fim de melhor apreciar detalhes interculturais como os revelados pela descrição de James Brown dos elementos que ele reconhecia como seus na música dos músicos da África Ocidental durante os anos 1960:

> Enquanto estávamos em Lagos, visitamos o clube de Fela Ransome Kuti, o Afro Spot, para ouvi-lo e à sua banda. Ele viera nos ouvir e nós passamos para ouvi-lo. Acho que quando ele começou como músico estava tocando um tipo de música que chamavam de *highlife*, mas dessa vez ele estava desenvolvendo o *afro-beat* a partir da música africana e do funk. Ele era uma espécie de James Brown africano. Sua banda tinha ritmo forte; acho que Clyde transava isto em sua percussão e Bootsy também curtia. Algumas ideias que minha banda estava tirando daquela banda haviam se originado primeiro em mim, mas para mim estava tudo bem. Deixava a música bem mais forte.[24]

A mutação do jazz e do estilo cultural africano-americano nos distritos da África do Sul e a evolução sincretizada da músi-

---

[24] James Brown com Bruce Tucker, *James Brown: The Godfather of Soul*. Nova York: Macmillan, 1986, p. 221.

ca reggae caribenha e britânica e da cultura rastafari no Zimbábue poderiam ser usadas para fornecer evidência adicional.[25] Tendo em mente a importância dos Jubilee Singers e sua odisseia, também é importante lembrar as aventuras da carreira de Orpheus Myron McAdoo, derivada do grupo original: seus Jubilee Singers da Virgínia fizeram longas turnês pela África do Sul durante cinco anos entre 1890 e 1898.[26] Exemplos adicionais podem ser fornecidos pelo impacto, no que se considera como cultura africana autêntica, da música executada pelos escravos que retornaram do Brasil para a Nigéria nos anos de 1840.[27] Todos eles são elementos desordenados em uma história de hibridação e mesclagem que inevitavelmente desaponta o desejo de pureza cultural e, portanto, de pureza racial, qualquer que seja sua origem. Com esses e outros casos em mente, pode fazer sentido tentar reservar a ideia de tradição para as qualidades anônimas, evasivas e minimalistas que possibilitam esses discursos da diáspora. Isso implicaria manter o termo como maneira de falar sobre os processos aparentemente mágicos de conexão que derivam tanto da transformação da África pelas culturas da diáspora como da filiação das culturas da diáspora à África e dos traços africanos encerrados nessas culturas da diáspora.

É muito apropriado que a música forneça os melhores exemplos dessa dinâmica complexa porque, neste vernáculo, ouvir música não está associado à passividade. O mais duradouro de todos os africanismos não é, portanto, especificável como o conteúdo das culturas do Atlântico negro. Ele pode ser mais bem-visto não

---

[25] Fred Zindi, *Roots: Rocking in Zimbabwe*. Gweru: Mambo Press, 1985.

[26] Veit Erlmann, *African Stars: Studies in Black South African Performance*. Chicago: University of Chicago Press, 1991, cap. 2.

[27] P. D. Cole, "Lagos Society in the Nineteenth Century", em A. B. Aderibigbe (org.), *Lagos: The Development of an African City* (Lagos: Longman, 1975); e M. Echeruo, *Victorian Lagos* (Londres: Macmillan, 1976).

só no lugar central que todas essas culturas destinam ao uso e à produção de música, mas na ubiquidade das formas sociais antifônicas,[28] que sustentam e encerram a pluralidade de culturas negras no hemisfério ocidental. Uma relação de identidade é instituída no modo como o executante se dissolve na multidão. Juntos, colaboram em um processo criativo presidido por regras democráticas formais e informais. O executante assume um papel comunicativo comparável ao papel do contador de histórias que Walter Benjamin pranteia porque deixou de existir em uma ordem social que organiza sua rememoração em sentidos novos, pressupostos no fato de que o dom de ouvir está perdido e a comunidade dos ouvintes desapareceu.[29]

Essas intervenções de resgate na cultura vernácula são orquestradas em processos ativos, dinâmicos. Quer sagrado ou profano, o uso da música fornece as situações mais importantes nas quais ocorrem esses rituais. A igreja e seus equivalentes seculares alimentavam uma casta de executantes capaz de dramatizá-las e o modelo democracia/comunidade, doador de identidade, se tornou o recurso intersubjetivo valioso que chamo de ética da antifonia.

As histórias são contadas, com ou sem música. Mais importante que o seu conteúdo é o fato de que durante o processo de interpretação a força dramática da narrativa é celebrada como forma. O *conteúdo* simples das histórias é dominado pelo ato ritual da narrativa em si mesma. Isso envolve um emprego muito

---

[28] Estou pensando aqui no trabalho de Sterling Stuckey sobre os rituais de repiques de sinos [*ring rituals*], *Slave Culture: Nationalist Theory and the Foundations of Black America* (Nova York e Oxford: Oxford University Press, 1987), cap. 1.

[29] Walter Benjamin, "The Storyteller", *Illuminations*. Londres: Fontana, 1973, p. 91 [Ed. brasileira: *Obras escolhidas, vol. I: Magia e técnica, arte e política*. "O narrador: considerações sobre a obra de Nikolai Leskov". São Paulo: Brasiliense, 1985].

particular da linguagem e uma dinâmica cultural específica. Precisamos abordar aqui a dramaturgia da apresentação dessas histórias e os rituais que estruturam sua recepção. É claro que elas são inicialmente histórias tiradas da *Bíblia*. Histórias de escravidão e fuga do cativeiro, arrancadas de seu lugar original no *continuum* da história pelos escravos e depois reacentuadas como parte integrante de suas lutas no Ocidente. Tanto contar histórias como produzir música contribuíram para a criação de uma esfera pública alternativa, e isto, por sua vez, forneceu o contexto no qual os estilos particulares de autodramatização autobiográfica e autoconstrução pública têm sido formados e circulados como um componente essencial das contraculturas raciais insubordinadas. Pode ser secundário aos rituais antifônicos, que constituem a comunidade e fazem parecer plausíveis as reivindicações de tradição fechada, mas o conteúdo das histórias ainda é significativo precisamente porque se afasta com muita clareza da celebração da escravidão em si mesma. O *status* dessa atividade social de contar histórias tem se modificado à medida que o romance passa a ser um gênero mais importante, reduzindo o poder da autobiografia e alterando a ideia de tradição, do mesmo modo que a relação entre oralidade e cultura letrada também tem se transformado.

As histórias de fuga do cativeiro, o poder redentor do sofrimento e os triunfos dos fracos sobre os fortes, que dominavam a respeitável produção cultural negra durante o século XIX, pouco a pouco, deram lugar a uma variedade inteiramente diferente de história. A compreensão dessa mudança exige mais do que uma explicação da ascensão do romance e do uso desta forma literária pelos escritores negros, cujo domínio da mesma exigia que reconhecessem sua humanidade imaginativa. O poder do texto era qualificado e contextualizado pelo surgimento de um contrapoder mais significativo no ambiente da cultura popular negra, o que podemos chamar, na linha de Houston A. Baker Jr., de tática sonora desenvolvida como forma de metacomunicação negra em um repertório cultural cada vez mais dominado pela música, pela dança e pela apresentação.

## AS GUERRAS DE AMOR E A CURA SEXUAL: UMA POÉTICA DESLOCADA DE SUBORDINAÇÃO

A história dessas culturas expressivas no Atlântico negro é enorme demais para ser capturada aqui em poucas frases — inevitavelmente gerais. Em vez disso, desejo explorar o fato de que as histórias que constituem essas comunidades de interpretação e sentimento não são normalmente comentários sobre a experiência de subordinação social. Desejo sair da análise do discurso reconhecivelmente político enunciado por esta cultura vernácula[30] e abordar, em seu lugar, o fato de que as histórias que dominam a cultura popular negra são normalmente histórias de amor ou, mais apropriadamente, histórias de amor e perda. O fato de assumirem esta forma é ainda mais notável porque o novo gênero parece expressar uma decisão cultural de não transmitir abertamente detalhes da provação do cativeiro na história e na canção. No entanto, essas narrativas de amor e de perda transcodificam sistematicamente outras formas de anseio e lamentação associadas a histórias de dispersão e exílio e à rememoração do terror indizível.

Observar e tirar prazer do modo como os cantores africano-americanos e caribenhos conseguiam conquistar multidões em Londres e, por meio da representação mimética de uma sexualidade negra essencial que não conhecia fronteiras, dissolver a distância e a diferença produzidas pela diáspora levou-me ao enigma sucintamente introduzido no capítulo 3. No contexto de uma discussão sobre a autenticidade racial, sugeri que alguns dos mais poderosos componentes daquilo que experimentamos como iden-

---

[30] Ver meu livro *There Ain't No Black in the Union Jack* (Londres: Hutchinson, 1987), cap. 5, em que sugiro que uma postura política anticapitalista é construída a partir de três elementos discerníveis: uma política em torno do trabalho e sua superação, uma política em torno da lei e sua dissociação da dominação racial e um historicismo popular que estabelecer reserva especial pela recuperação da sensibilidade histórica.

tidade racial são regular e frequentemente extraídos de identidades de gênero profundamente assumidas, ideias particulares sobre sexualidade e uma convicção tenaz de que experimentar o conflito entre homens e mulheres num tom específico é em si mesmo expressivo de diferença racial. Essa não é a única fonte de ideias sobre a subjetividade negra, mas muitas vezes é a mais poderosa. Por mais tendencioso que possa parecer, acredito que isso normalmente contrabalança a importância do racismo e seus efeitos centrípetos sobre a constituição de comunidades raciais. Em sua discussão do blues, Charles Keil cita a definição de Al Hibbler dos atributos experienciais da criatividade masculina negra neste meio musical. A lista de Hibbler contém três itens, apresentados, segundo somos informados, em sua ordem de importância: "ter sido magoado por uma mulher, ser criado na religião antiga e saber o que toda essa droga de escravidão significa".[31] Keil se empenha em explicar a prioridade atribuída às injúrias vencidas nas guerras de amor entre negros e negras nessa exposição da capacidade para interpretar *rhythm and blues*. O vigor com que esta arte combativamente profana aborda os temas da culpa, sofrimento e reconciliação fornece pistas adicionais que confirmam ser ela mais do que uma teodiceia. Ela pode ser mais bem interpretada como um processo de construção de identidade e como uma afirmação do ser racializado em seu ponto mais intensamente sentido. Ela especifica os limites não da comunidade mas da igualdade, introduzindo uma temporalidade sincopada — um ritmo diferente de vida e existência no qual "o tempo noturno é o tempo certo" e, como afirmou George Clinton e também James Brown, "tudo está no Um".[32] Ralph Ellison descreve os efeitos dessa disjunção temporal da seguinte forma:

---

[31] Charles Keil, *Urban Blues*. Chicago: University of Chicago Press, 1970, p. 152.

[32] "Eu acho que Bootsy aprendeu muito comigo. Quando o conheci ele estava tocando um bocado de baixo — os ses [*ifs*], os es [*ands*] e os mas

A invisibilidade, explico, dá a uma pessoa um sentido ligeiramente diferente do tempo, você jamais está inteiramente na batida. Às vezes você está à frente, às vezes você está atrás. Em vez do fluxo rápido e imperceptível do tempo, você está consciente de seus nodos, os pontos em que o tempo para ou a partir dos quais ele salta adiante. E você escorrega nas pausas e olha em volta.[33]

Um sentido precioso da particularidade negra é construído a partir de vários temas entrelaçados que culminam nesta inesperada assinatura do tempo. Eles fornecem os acentos, repousos, pausas *e* tons que possibilitam o desempenho da identidade racial. O mais óbvio é um discurso sobre o processo de subordinação racial em si mesmo, o que poderia ser chamado de discurso sobre O Outro. Analisei isto em outro trabalho como uma reação ao racismo e também como uma instância do caráter anticapitalista da política negra moderna.[34] Minha discussão aqui, que é mais bem entendida como complemento à discussão anterior, sugere uma ênfase diferente: ela requer atenção ao discurso sobre O Mesmo — uma homologia — que, coexistindo com sua contraparte mais reconhecivelmente política, ajuda a fixar e estabilizar as fronteiras da comunidade racial fechada. Juntas, elas traçam a linha entre passado e presente, que é tão importante nas culturas expressivas negras. Elas fogem à oposição estéril entre tradição e modernidade, afirmando a prioridade irredutível do presente. Essa prioridade é então empregada para cultivar um sentido de atuação

---

[*buts*]. Eu o fiz ver a importância do *um* no funk — o *downbeat* no começo de cada barra de compasso. Eu o fiz afinar [*to key in*] nas partes dinâmicas do um em lugar de tocar tudo ao redor do um [*playing all around it*]. Depois ele poderia fazer todas as outras coisas nos lugares certos — depois do um". Brown com Tucker, *Godfather of Soul*, pp. 218-9.

[33] Ellison, *Invisible Man*. Harmondsworth: Penguin, 1976, p. 11.

[34] Gilroy, *There Ain't No Black in the Union Jack*, cap. 5.

elaborado nos rituais sagrados da igreja negra e seus equivalentes profanos, que brotaram onde uma forma extremamente específica da oposição entre o público e o privado irrompeu pelos aposentos escravos. Os aspectos profanos, alguns diriam niilistas, do vernáculo negro são particularmente valiosos porque têm fornecido um meio de pensar a sociabilidade negra fora dos padrões derivados de formas de parentesco e comunidade baseadas na família ou na igreja. Eles se valem dos velhos modelos de conversa sobre sexo, sexualidade e os antagonismos baseados em gênero que Richard Wright identificava como "as formas das coisas desconhecidas". Esse diálogo profano entre e sobre as mulheres negras e os homens negros[35] opera por regras de gênero estritas. Ele estabelece a prioridade do ritmo da existência cotidiana pessoal, íntima e alheia ao trabalho e utiliza este foco para instituir uma comunidade ou clientela de ouvintes ativos que mal é distinguível em seus efeitos daquela mais sagrada que a igreja fornece. O sagrado e o profano juntam-se em eventos musicais onde suas diferenças se dissolvem no sublime e no inefável. O elo entre essa música e distintas concepções de tempo, dotadas de importância política e filosófica específica, é bem expresso por James Baldwin:

> A música é nossa testemunha e nossa aliada. A batida é a confissão que reconhece, muda e conquista o tempo. Logo, a história se torna um traje que podemos vestir e compartilhar e não um manto no qual nos esconder; e o tempo se torna um amigo.[36]

Parece importante enfatizar que a força da música e do som está recuando não apenas em relação ao poder do texto e do ar-

---

[35] Estou pensando, por exemplo, no livro autobiográfico de Charles Mingus, *Beneath the Underdog*. Harmondsworth: Penguin, 1975.

[36] James Baldwin, "Of the Sorrow Songs: The Cross of Redemption", *Views on Black American Music*, n° 2, 1984-85, p. 12.

tista, mas também à medida que se expande o poder inexorável das culturas visuais. A cultura emergente da imagem negra não oferece nenhuma experiência comparável de execução com a qual enfocar a relação ética crucial entre artista e multidão, participante e comunidade. Mas a música e seu ritmo de vida interrompido são importantes por outra razão. As histórias de amor que elas abrangem são um lugar no qual o vernáculo negro tem sido capaz de preservar e cultivar tanto a relação distintiva com a presença da morte que deriva da escravidão como um estado ontológico correlato que desejo chamar de condição do ser em estado de dor. Ser em estado de dor abrange tanto um registro radical e personalizado do tempo como uma compreensão diacrônica da linguagem cujos efeitos mais permanentes são os jogos que os negros em todas as culturas ocidentais jogam com os nomes e a nomeação. Foi o que Wright se empenhou em descrever quando, em sua aula sobre a literatura negra nos Estados Unidos, ele falava de uma

> tradição de amargura... tão complexa, [que] iria assumir uma forma tão rígida e orgânica que a maioria dos brancos, ao examiná-la, pensaria que a maioria dos negros havia incorporado em sua carne e em seus ossos alguma propensão peculiar para o lamento e a queixa.[37]

Exemplos do ser em estado de dor tirados da música negra são simplesmente numerosos demais para explorar. A música "When You Got a Good Friend" [Quando Você Tem um Bom Amigo], de Robert Johnson e "God Bless the Child" [Deus Abençoe a Criança], de Billie Holiday, acorrem imediatamente ao pensamento juntamente com os códigos estéticos secretos que governam os prazeres de se ouvir Miles Davis tocar ou Donny Ha-

---

[37] Wright, *White Man Listen!* Nova York: Anchor Books, 1964, p. 79.

thaway e Esther Phillips cantar. Para fixar o conceito utilizarei apenas um exemplo, tirado de quando o *rhythm and blues* nasceu, marcando uma nova etapa na mutação e internacionalização da cultura africano-americana. Ele se manifesta na obra de Percy Mayfield, um compositor pouco conhecido e um intérprete de renome, no mínimo, por compor "Hit the Road Jack" [Pé na Estrada, Jack] para Ray Charles em 1960[38] e por escrever os *standards* "Strange Things Are Happening" [Coisas Estranhas Estão Acontecendo] e "Please Send Me Someone to Love" [Por Favor, Mande-me Alguém para Amar]. Mayfield transmitia algo da densidade de sua arte em uma entrevista onde comentou o fato de que "Please Send Me Someone to Love" (sua canção favorita) muitas vezes foi tomada erroneamente como uma canção de amor quando, na verdade, era uma canção sagrada:

> [...] é uma prece. Eu a compus como uma prece pela paz. Deixe-me explicar uma coisa a você. Veja só, uma porção de gente pensou que eu estava dizendo: Por favor, mande-me uma mulher. Quando uma mulher a canta, ela está tentando convencer você de que ela precisa de um homem. Mas eu estava rezando, percebe? Eu estava falando para o mundo. Eu não estava falando sobre uma mera mulher... Eu estava rezando: "Céu, por favor, envie a toda a humanidade...". Martin Luther King Jr., ele entendeu e a rezou. O amor é o senhor do ódio, entende o que eu quero dizer? Mas ele estava andando nas ruas e muito subitamente ele morreu. Era uma prece disfarçada por uma melodia de blues. A qual eu ainda estava rezando, entende o que eu quero dizer? Ele veio aqui disfarçado, não veio? Nascido de uma mulher virgem e tudo aquilo, você sabe. E por isso eu não olhava a canção como uma coisa estranha. Eu coloquei uma melodia nela para al-

---

[38] Ray Charles com David Ritz, *Brother Ray*. Nova York: Dial Press, 1978, p. 190.

cançar a massa. Veja: as pessoas que ficavam nas vitrolas dos bares a noite inteira e as que davam duro, podiam ouvi-la porque soa como se eu estivesse cantando blues.[39]

Mayfield mal é mencionado nas histórias mais ortodoxas do *rhythm and blues*, mas sua obra oferece uma versão particularmente refinada da melancolia que caracteriza a negatividade, dissonância e tensão do ser em estado de dor.[40] Uma canção em particular, "The River's Invitation" [O Convite do Rio], presta-se aqui à discussão por diversos motivos. Ela anuncia seu caráter profano por meio de uma inversão precisa e provocadora do imaginário do batismo e da imersão em água. Ela expressa o que é claramente uma ecologia e cosmologia africana no sentido de que a natureza interage com o protagonista, e a canção também contém ecos dos relatos do suicídio escravo pelo afogamento, que aparece de vez em quando tanto no folclore africano-americano como no caribenho.[41] A busca infrutífera do protagonista por sua amada indiferente transcorre em harmonia com suas interpretações como músico itinerante. Perdido e solitário, ele encontra um rio e o envolve em um diálogo metafísico. O rio o convida a encontrar consolo na morte que suas águas oferecem.

> *I spoke to the river*
> *and the river spoke back to me*
> *and it said*

---

[39] Percy Mayfield entrevistado por Dick Shurman em *Living Blues*, março de 1981, p. 24.

[40] Talvez esclareça dizer que Mayfield foi o mais próximo que o mundo do *rhythm and blues* chegou do pessimismo cósmico de Giacomo Leopardi.

[41] Ver, por exemplo, *Drums and Shadows: Survival Studies among the Georgia Coastal Negroes*, pela unidade Savannah do Projeto dos Escritores da Georgia (Athens: University of Georgia Press, 1940).

> *"you look so lonely,
> you look full of misery
> and if you can't find your baby,
> come and make your home with me".*\*⁴²

Ele recusa a oferta, mas somos informados de que esta rejeição é apenas temporária. Ele voltará a considerá-la quando sua amada indiferente puder ser encontrada e induzida por meios indefinidos a compartilhar seu entusiasmo por um "lar entre a corrente".

## FILHOS DE ISRAEL OU FILHOS DOS FARAÓS?

Muitas vezes se esquece que o termo "diáspora" entra para o vocabulário dos estudos sobre os negros e a prática da política pan-africanista a partir do pensamento judaico. Ele é empregado na *Bíblia*,⁴³ mas começa a adquirir algo como o seu emprego contemporâneo mais livre durante o final do século XIX — o período que assistiu ao nascimento do sionismo moderno e das formas de pensamento nacionalista negro, que comunga diversas de suas aspirações e parte de sua retórica. Os temas de fuga e sofrimento, tradição, temporalidade e organização social da memória possuem um significado especial na história das respostas judaicas à modernidade. A partir dessa origem, esses temas fluem para a obra

---

\* Eu falei com o rio/ e o rio me falou em resposta/ e disse/ "você parece tão só,/ você parece tão triste/ se não consegue encontrar sua garota,/ venha fazer comigo o seu lar".

⁴² Percy Mayfield, "The River's Invitation", em *The Incredible Percy Mayfield*, Specialty Records, SNTF 5010, 1972.

⁴³ Deuteronômio 28: 25.

de várias gerações de historiadores culturais e religiosos, críticos literários e filósofos judeus que mergulham na relação entre a modernidade e o antissemitismo e nos papéis do racionalismo e irracionalismo no desenvolvimento do pensamento racista europeu.[44] Nesses contextos, os mesmos temas são associados às ideias de dispersão, exílio e escravidão. Também ajudam a estruturar o problema da mudança simultaneamente intra e intercultural que tem envolvido os pensadores judeus na Europa do século XVIII em diante.

Algumas dessas discussões, particularmente as contribuições de escritores cuja relação com a lei e o saber judaicos era remota ou ambivalente, foram um rico recurso para mim ao pensar os problemas de identidade e diferença na diáspora do Atlântico negro.[45] Na preparação deste livro, recorri reiteradamente à obra de pensadores judeus, a fim de encontrar inspiração e recursos com os quais mapear as experiências ambivalentes dos negros dentro e fora da modernidade. Desejo reconhecer abertamente essas dívidas na esperança de que, em algum sentido modesto, o laço que revelam possa contribuir para uma melhor relação política entre

---

[44] A. Hertzberg, *The French Enlightenment and the Jews* (Nova York: Columbia University Press, 1990); L. Poliakov, *The History of Anti-Semitism*, vol. 1 (Oxford: Oxford University Press, 1985); Zygmunt Bauman, *Modernity and the Holocaust* (Cambridge: Polity, 1988), e *Intimations of Postmodernity* (Londres: Routledge, 1991); Leon Poliakov, *The Aryan Myth* (Londres: Sussex University Press, 1974); Gershom Scholem, *From Berlin to Jerusalem: Memories of My Youth*, tradução de Harry Zohn (Nova York: Schocken Books, 1980), e *The Messianic Idea in Judaism and Other Essays on Jewish Spirituality* (Nova York: Schocken, 1971); George Mosse, *Nationalism and Sexuality* (Madison: University of Wisconsin Press, 1985); Paul Lawrence Rose, *Revolutionary Anti-Semitism in Germany from Kant to Wagner* (Princeton, Nova Jersey: Princeton University Press, 1990).

[45] Robert Alter, *Necessary Angels: Tradition and Modernity in Kafka, Benjamin, and Scholem*. Cambridge: Harvard University Press, 1991, cap. 2, "On Not Knowing Hebrew".

os judeus e os negros em algum ponto distante no futuro. A muitos autores têm ocorrido algumas das correspondências entre as histórias desses grupos, mas os pensadores de ambas as comunidades nem sempre estão dispostos a admiti-las, para não falar em explorar possíveis conexões de modo declarado. Como recentemente demonstrou Ella Shohat[46] em sua discussão da relação entre os ashkenazi e os sefarditas, existem motivos importantes para se ter cautela ao tentar sugerir ligações simplistas entre tradições em si complexas e internamente heterogêneas. De ambos os lados, por exemplo, as linhas que separam os que estão dispostos a tentar assimilar daqueles que não o estão têm sido zonas de acerbos conflitos intra-étnicos. O apelo desigual do sionismo como projeto político é uma fonte de dificuldades adicionais no uso de um elemento da história como meio analógico ou alegórico para explorar outros. Entretanto, observar a longevidade das conversas abertas e encobertas entre pensadores negros e judeus e enfocar, onde for possível, seu impacto nos intelectuais do mundo atlântico negro continua a ser um projeto válido embora difícil. É necessário também proceder cautelosamente aqui porque o significado do ser judeu [*Jewishness*] para figuras como Lukács, Adorno, Benjamin, Kafka e outros cujas obras influenciaram a produção deste livro é uma questão obscura e acaloradamente debatida que assombra os grandes movimentos radicais do século XX. Fredric Jameson é perspicaz em sua observação de que elos frutíferos entre as experiências de opressão enfrentadas por esses grupos particulares podem ser deduzidas não da ênfase formal e estética na dor e no sofrimento, na dissonância e na negativa, que é o motivo cultural mais óbvio que eles possuem em comum, mas de

> uma experiência mais básica, a saber, a do medo e da vulnerabilidade — o fato primal, para Adorno e Horkheimer, da

---

[46] Ella Shohat, "Sephardim in Israel: Zionism from the Standpoint of Its Jewish Victims", *Social Text* 19/20, outono de 1988.

história humana em si e daquela "dialética do Iluminismo", o domínio científico da natureza e do eu, que constitui a máquina infernal da civilização ocidental. Mas esta experiência de medo em toda a sua radicalidade, que trespassa a classe e o gênero até o ponto em que toca os burgueses no próprio isolamento de suas casas ou apartamentos suntuosos nas cidades, é certamente o próprio "momento da verdade" da vida do gueto em si, como os judeus e tantos outros grupos étnicos o tiveram de viver: o desamparo da comunidade aldeã diante da iminência perpétua e imprevisível do linchamento ou do *pogrom*, o distúrbio racial.[47]

O teólogo James Cone afirma o óbvio quando comenta que "um número significativo de negros tinha certeza que o Deus de Israel estava envolvido em sua história, libertando-os da escravidão e da opressão".[48] Esta consciência que deriva do Velho Testamento era reforçada por outros relatos bíblicos de cooperação entre negros e judeus, bem como pela percepção de que havia estreitos paralelos entre as experiências históricas dos dois grupos durante determinados períodos. A história de Salomão e a Rainha de Sabá, por exemplo, tem sido eternamente comentada pelos escravos e seus descendentes e seus efeitos têm sido constantemente complicados pelo aparecimento de dados etnológicos

---

[47] Fredric Jameson, "History and Class Consciousness as an Unfinished Project", *Rethinking Marxism* 1, nº 1, primavera de 1988, p. 70. Ver também a discussão de Marianna Torgovnick sobre os *Tristes Trópicos* de Lévi-Strauss: "ele é motivado por seu senso de perigo como judeu, e ataca os departamentos de vistos em passaporte... ele vê a si mesmo 'como alimento potencial para o campo de concentração'. Este minúsculo momento privado no texto me comove: ele captura um sentido da duplicação e duplicidade do eu (tão típico da modernidade em geral)". *Savage Intellects, Modern Lives*. Chicago: University of Chicago Press, 1990, p. 211.

[48] James Cone, *The Spirituals and the Blues: An Interpretation*. Westport, Connecticut: Greenwood Press, 1980, p. 108.

e históricos vinculando as populações. Muitos outros relatos bíblicos poderiam ser utilizados para enfocar esta discussão. Mas foi o Êxodo que forneceu o primeiro recurso semântico na elaboração da identidade e historicidade escravas e um sentido distintivo de tempo. Albert Raboteau, o historiador da religião africano-americana, assim descreve:

> A apropriação da história do Êxodo foi para os escravos uma maneira de articular sua consciência de identidade histórica como povo... Os escravos cristãos aplicavam a história do Êxodo, cujo fim eles conheciam, à sua própria experiência da escravidão, que não havia terminado... O Êxodo funcionava como um evento arquetípico para os escravos.[49]

A figura heroica de Moisés se mostrava particularmente vibrante[50] para os escravos e seus descendentes. Martin Luther King Jr. e Marcus Garvey são apenas dois dos líderes modernos mais evidentes que se valeram do poder do patriarcado do Velho Testamento para cimentar sua própria autoridade política. No entanto, esta identificação com a narrativa do Êxodo e com a história do povo eleito e sua partida do Egito parece estar em declínio. Os negros hoje se identificam muito mais prontamente com os glamourosos faraós do que com a situação abjeta daqueles que eles mantinham em servidão. Esta mudança trai uma transformação profunda na base moral da cultura política do Atlântico negro. A reiterada pergunta de Michael Jackson "Você se lembra do tempo?" (das civilizações do vale do Nilo), por exemplo, recentemente

---

[49] Albert Raboteau, *Slave Religion*. Nova York e Oxford: Oxford University Press, 1980, p. 311.

[50] Entre as outras personalidades negras que foram comparadas a Moisés estão Harriet Tubman, condutor da Underground Railroad, e o cantor de *soul* Isaac Hayes, que fez uso elaborado do mito de Moisés durante o início dos anos 1970.

suplantou a terrível indagação de Burning Spear sobre se os tempos da escravidão estavam sendo sequer lembrados.

À sombra dessas mudanças decisivas, desejo sugerir que o conceito de diáspora pode em si fornecer uma imagem subutilizada com a qual explorar a relação fragmentária entre negros e judeus e as difíceis questões políticas para as quais ela desempenha o papel de anfitriã: o *status* da identidade étnica, o poder do nacionalismo cultural e a maneira pela qual as histórias sociais cuidadosamente preservadas do sofrimento etnocida podem funcionar para fornecer legitimação ética e política.[51] Essas questões são inerentes tanto à situação política israelense como às práticas do movimento afrocêntrico. A discussão sobre Delany no capítulo 1 forneceu um exemplo das ambições políticas equivalentes ao sionismo, que eram uma característica regular das ideologias políticas negras nos séculos XVIII e XIX. O objetivo prático de regressar à África não foi meramente discutido, mas implementado em várias ocasiões diferentes. A proposta de construir um estado-nação negro independente em outra parte do mundo também foi extensamente sondada. Esses episódios contribuíram para as fundações sobre as quais, durante as décadas de 1950 e 1960, ocorreria a apropriação do termo "diáspora" por historiadores da África e da escravidão racial no Novo Mundo.

Existem outras ideias mais evasivas e míticas que vinculam as mentalidades desses povos diferentemente dispersados. A noção de um regresso ao ponto de origem é a primeira delas. Os sonhos dos escravos do regresso à África na morte destroem toda organização formal em torno dessa meta e se encaixam com aquilo que chamei, no final do capítulo 2, de sua guinada em dire-

---

[51] Ben Halpern, "Exile: Abstract Condition and Concrete Community", em "Negating the Diaspora: A Symposium", *Jewish Frontier* 47, nº 10, dezembro de 1979, p. 9; Elliott P. Skinner, "The Dialectic between Diasporas and Homelands", em J. E. Harris (org.), *Global Dimensions of the African Diaspora* (Washington, D.C.: Howard University Press, 1982).

ção à morte. A condição do exílio, separação forçada da terra natal, fornece um segundo tema de ligação, embora a cultura política negra não procure distinguir entre suas diferentes formas — desejosas e hesitantes — ou entre a servidão forçada e as formas mais estáveis de comunidade que se desenvolviam fora de uma terra natal ancestral, particularmente quando um povo transplantado perdia seu desejo de retornar para lá. Nessas circunstâncias, a memória da escravidão torna-se um segredo aberto e domina as experiências pós-escravidão que são interpretadas como sua continuação camuflada. É significativo que, para os negros, a volta a um lar africano, que pode ser também uma guinada em direção à morte é mais vividamente figurada nas histórias de suicídio escravo que aparecem intermitentes na literatura negra, desde a associação entre morte e liberdade encontrada em William Wells Brown em diante.[52] O esclarecimento e a interpretação desses temas é um processo importante, que pode ser utilizado para delinear as fronteiras que separam a tradição oriunda do costume e da repetição invariante e a adaptação legítima. A ideia de que o sofrimento de negros e judeus possui um poder redentor especial, não apenas para eles mesmos, mas para a humanidade como um todo, é um terceiro tema comum que tem produzido algumas consequências interessantes para o moderno pensamento político negro.

Existem muitas razões que fazem de Edward Wilmot Blyden uma figura particularmente importante na história do Atlântico negro e de seus intelectuais dissidentes. Seu papel no esclarecimento das conexões — e das diferenças — entre negros e judeus é necessário para apresentar aqui este autor. Nascido em 1832 em St. Thomas, uma possessão dinamarquesa no Caribe, Blyden foi um dos raros pensadores negros "que produziram um impacto signi-

---

[52] Ver, por exemplo, Julius Lester, *Long Journey Home* (Londres: Longman, 1972); é também um bom exemplo do processo de contar histórias como prática política.

ficativo no mundo literário e erudito de fala inglesa no século XIX".[53] Ele foi, por exemplo, um dos primeiros autores negros das Américas a fazer intervenções competentes na história africana primitiva. Ele visitou o Egito em 1866 e defendeu a ideia de que a civilização havia começado na África e também o argumento, ainda controverso, de que as civilizações do vale do Nilo haviam sido produzidas por negros. Sendo-lhe negada a oportunidade de adquirir uma educação nos Estados Unidos, Blyden emigrou para a Libéria em 1850 e passou os cinquenta e cinco anos seguintes envolvido no desenvolvimento do estado liberiano, particularmente em suas instituições educacionais. Seu famoso relato dos sentimentos nele despertados pela visão das pirâmides transmite uma indicação do traço distintivo de suas convicções, que iriam fornecer bases sólidas para as versões ulteriores do pan-africanismo:

> Eu senti que possuía uma estranha "herança na Grande Pirâmide" — construída antes que as tribos humanas se houvessem espalhado tão generalizadamente e, portanto, antes que tivessem adquirido suas diferentes características geográficas, mas construída por aquele ramo dos descendentes de Noé, os filhos empreendedores de Ham, dos quais eu descendia. O sangue parecia fluir mais rápido por minhas veias. Era como se eu ouvisse o eco daqueles africanos ilustres. Eu parecia sentir o impulso daqueles personagens instigantes que enviaram a civilização para a Grécia — os mestres dos pais da poesia, história e matemática — Homero, Heródoto e Euclides... Eu me sentia alçado para fora da grandeza corriqueira dos tempos modernos...[54]

---

[53] Hollis R. Lynch, *Edward Wilmot Blyden, 1832-1912: Pan Negro Patriot*. Oxford e Nova York: Oxford University Press, 1967, p. 54.

[54] Blyden, *From West Africa to Palestine*. Freetown, 1873, p. 112.

Blyden é conhecido atualmente menos por gravar seu nome e a palavra Libéria na pirâmide de Queóps do que por seu interesse nas teorias da personalidade racial e por seu papel como um importante precursor da ideologia pan-africana. Ele também tem sido reconhecido como influência profunda no pensamento nacionalista africano dentro da África.[55] Seu interesse sério, intuitivo e apurado na questão judaica que ele considerava como "a questão das questões",[56] e, em particular, "[n]aquele movimento maravilhoso chamado sionismo"[57] pode ser aqui usado sucintamente para indicar parte da importância dessas histórias para o desenvolvimento do nacionalismo negro do século XIX.[58] Não estou sugerindo nenhuma relação causal simples entre o interesse de Blyden pela história, religião, língua e cultura judaicas e sua perspectiva nacionalista própria, mas o seu biógrafo Hollis Lynch

---

[55] See V. Y. Mudimbe, *The Invention of Africa* (Bloomington e Indianápolis: University of Indiana Press, 1988), cap. 4; e Léopold Senghor, "Edward Wilmot Blyden: Precursor of Negritude", Prefácio a Hollis R. Lynch (org.), *Selected Letters of Edward Wilmot Blyden* (Millwood, Nova Jersey: Kraus Thomson International, 1976), pp. xix-xx.

[56] Edward Wilmot Blyden, *The Jewish Question* (Liverpool: Lionel Hart, 1989), p. 5. "Os judeus, como testemunhas do Ser Supremo, são um elemento indispensável — ainda que, no presente, um elemento suprimido — na cultura e regeneração espiritual da humanidade. Durante muitos anos — na verdade, desde minha infância — fui um estudante sério da história do povo eleito de Deus. Não me refiro meramente ao ensino geral que toda criança criada na religião cristã recebe sobre a história do Velho Testamento... mas também àquele ensino especial fora dos livros que vem do contato com exemplos vivos".

[57] *Ibid.*, p. 7.

[58] Hollis R. Lynch, "A Black Nineteenth-Century Response to Jews and Zionism: The Case of Edward Wilmot Blyden", em Joseph R. Washington Jr. (org.), *Jews in Black Perspectives: A Dialogue* (Lanham, Maryland e Londres: University Press of America, 1989). O panfleto de Blyden, *The Jewish Question*, expõe sua própria versão desta relação.

aponta para uma série de continuidades possíveis, e parece importante considerar como as analogias derivadas do pensamento judaico podem ter afetado sua reflexão sobre a formação e a transmissão do que ele chamava de personalidade racial. Erudito e cosmopolita em seus interesses intelectuais, Blyden também era influenciado pelo nacionalismo cultural de Herder e Fichte, bem como pelo nacionalismo político de personalidades contemporâneas como Mazzini e Dostoiévski.[59] Para a presente discussão, parece particularmente relevante considerar que ele era extremamente preocupado com a questão da pureza racial no projeto de construção nacional na África. Ele afirmava, por exemplo, que "os instintos íntegros da raça", que capacitavam os colonos a suportarem os fardos do processo de colonização, não eram encontrados entre os mulatos, e investigava a lógica que, para começar, incluía esse povo fraco, imoral, decadente e híbrido na raça negra.[60] Esse tom expressa mais do que o conflito entre "negros" e "mulatos" na política liberiana. Ele esclarece as ambiguidades internas do modelo de identidade racial que Blyden construía a partir de uma analogia fornecida pela história bíblica do povo eleito e desenvolvida por sua percepção da utilidade da mesma para o seu pan-africanismo emergente.

Blyden havia nascido em uma comunidade predominantemente judia em Charlotte Amalie, a capital de St. Thomas, numa época em que essa comunidade havia produzido uma safra inédita de figuras de renome internacional, entre as quais o pintor Camille Pissarro. A cultura e as instituições judaicas exerceram um fascínio especial para ele desde uma idade precoce:

---

[59] H. Kohn, *Prophets and Peoples: Studies in Nineteenth-Century Nationalism*. Londres: Macmillan, 1946.

[60] E. W. Blyden, "Africa and the Africans", *Fraser's Magazine* 18, agosto de 1878, p. 188. Ver também seu "Mixed Races in Liberia", *Annual Report of the Board of Regents of the Smithsonian Institution*, Washington, D.C., 1871, pp. 386-8.

> Durante anos, os vizinhos de meus pais foram judeus. Eu brincava com meninos judeus e esperava, com tanta ansiedade quanto eles, as festividades e jejuns anuais de sua igreja. Eu sempre ia para a sinagoga no solene Dia da Expiação — não lá dentro. Eu assumia um posto do lado de fora, a partir do qual poderia testemunhar os procedimentos dos fiéis, ouvir as preces e a leitura, o canto e o sermão. A sinagoga ficava na encosta de uma colina; e, de um terraço imediatamente acima dela, nós, meninos cristãos, que estávamos interessados, podíamos olhar de cima a misteriosa assembleia, o que fazíamos em ofegante silêncio, com um temor e uma reverência que me acompanharam por todos os dias de minha vida.[61]

Blyden se tornou um estreito colaborador de David Cardoze, um jovem intelectual judeu, que se tornaria o rabino dessa comunidade, e começou seu estudo do hebraico sob a orientação de Cardoze. A partir dessa educação, ele começou a desenvolver uma percepção da afinidade entre judeus e negros, com base nos eixos fornecidos pelo sofrimento e pela servidão:

> O negro é encontrado em todas as partes do mundo. Ele atravessou a Arábia, a Pérsia e a Índia até a China. Atravessou o Atlântico até o hemisfério ocidental e aqui tem labutado nos novos e antigos núcleos de colonização da América... Por toda parte, ele é um objeto familiar e em todo lugar fora da África ele é servo dos outros... A África se distingue por ter servido e sofrido. Nisso sua sorte não é diferente da do antigo povo de Deus, os hebreus, que eram conhecidos entre os egípcios como servos de todos; e entre os romanos, tempos depois, eram arrolados por Cícero juntamente

---

[61] *The Jewish Question*, p. 5.

com as nações "nascidas para as servidões", e eram protegidos, no meio de uma população arrogante, apenas "pelo desprezo que inspiravam".[62]

Para Blyden, negros e judeus eram ligados por uma história comum na qual a África havia alimentado o desenvolvimento da civilização entre os judeus e por uma missão contemporânea de agir como "os salvadores ou regeneradores espirituais da humanidade".[63]

A genealogia precisa do conceito de diáspora na história cultural negra permanece obscura, mas George Shepperson,[64] o autor que mais se aproxima de fornecê-la, apontou o impacto fundamental das formulações pan-africanas de Blyden na legitimação da importação do termo e a importância do projeto *Présence Africaine* para torná-lo digno de crédito. O laço entre essas fases da cultura política moderna do Atlântico negro é fornecido pela Negritude, algo que Léopold Sédar Senghor, um de seus fundadores, também relacionou à influência de Blyden:

> Durante os anos 1930, quando lançamos o movimento da Negritude a partir de Paris, tirávamos nossa inspiração particularmente — e paradoxalmente — dos "americanos negros" no sentido geral da palavra: do movimento do Renascimento do Harlem, mas também do movimento "indigenista" no Haiti... todos os temas que seriam desenvolvidos pelo movimento da Negritude já eram abordados por

---

[62] E. W. Blyden, *Christianity, Islam and the Negro Race* (1887). Edimburgo: Edinburgh University Press, 1967, p. 120.

[63] *The Jewish Question*, p. 11.

[64] George Shepperson, "African Diaspora: Concept and Context", em Joseph E. Harris (org.), *Global Dimensions of the African Diaspora*, pp. 46-53.

Blyden na metade do século XIX, tanto as virtudes da Negritude como o modo adequado de ilustrar essas virtudes.[65]

Reconhecer a história intercultural do conceito de diáspora e sua transcodificação pelos historiadores da dispersão negra no hemisfério ocidental continua a ser politicamente importante, não apenas na América do Norte, onde a história de seu empréstimo poderia ser usada para expor a longa e complicada relação entre negros e judeus na política radical, mas também na Europa, onde o etiopianismo e a afrocentricidade têm denotado as mesmas feições sionistas e antissemitas. Já chamei a atenção para o lugar central das metáforas da viagem e do exílio, em ambas as culturas políticas. O acentuado caráter escatológico de diversas modalidades de etiopianismo fortalece o argumento de que essas convergências são significativas. É claro que o comentário espiritual sobre o sofrimento negro e seu equivalente profano, a condição de ser em estado de dor, são nitidamente divididos pela linha que separa aqueles que esperam que a redenção ocorra neste mundo daqueles que se contentam em antecipar seus efeitos no próximo.[66] Aqui também a questão da temporalidade se impõe.

A maneira pela qual o sionismo moderno fornece um modelo organizacional e filosófico para o pan-africanismo do século XX tem sido similarmente negligenciada por historiadores culturais e políticos mais sofisticados. Du Bois, cujo papel na formalização do pan-africanismo no século XX é bem conhecido, residia na Europa na época do processo Dreyfus e escreveu que acompanhar seus desdobramentos foi parte de seu desenvolvimento pessoal.[67] Ele indicava o impacto desse episódio em sua autobiogra-

---

[65] Sénghor, "Blyden: Precursor of Negritude", pp. xix-xx.

[66] Ver Paul Gilroy, "Steppin' out of Babylon: Race, Class and Community", em *The Empire Strikes Back*. Londres: CCCS/Hutchinson, 1982.

[67] W. E. B. Du Bois, *The Autobiography of W. E. B. Du Bois*. Nova York: International Publishers, 1968, p. 122.

fia e, em seguida, cogitava sobre o significado de ser confundido com um judeu ao viajar pela Europa Oriental:

> Chegando certa noite a uma cidade no norte da Eslovênia, o motorista de um táxi capenga sussurrou em meu ouvido: "Unter die Juden?". Arregalei os olhos e, em seguida, disse que sim. Hospedei-me em uma pequena pousada judia. Fiquei um pouco assustado enquanto atravessava, no crepúsculo que caía, as encostas das escuras montanhas Tatras, a pé e sozinho.[68]

As comparações fáceis são minadas por fatores como a falta de unidade religiosa entre os negros do Novo Mundo e as diferentes maneiras pelas quais os diferentes grupos formalizam seus imaginários, retornos rituais à escravidão e seus terrores. Os negros no Ocidente não possuem a ideia de descendência de um ancestral comum, e existem também fatores políticos mais recentes como a identificação dos negros com a luta dos palestinos por justiça e democracia e a relação estreita entre os estados de Israel e a África do Sul, que interferem em quaisquer tentativas de desenvolver um diálogo sobre o significado dessas convergências. Mas apesar desses problemas e diferenças evidentes, parece que é válido investigar um pouco mais a ligação. Isto pode ser justificado tanto pela relação elíptica entre o moderno e o espiritual que essas tradições constroem como, em termos mais pragmáticos, pelos ganhos envolvidos em situar as histórias de negros e judeus na modernidade em algum tipo de relação mútua. As questões da tradição e da memória fornecem uma chave para reuni-los em sentidos que não convidem a uma disputa inútil e extremamente imoral sobre quais comunidades têm experimentado as formas mais indescritíveis de degradação.

---

[68] *Ibid.*, p. 175.

Em vez disso, desejo prosseguir indagando da tradição da cultura expressiva negra uma série de questões derivadas do ponto de vista que Benjamin adotou quando afirmou que a memória social cria a cadeia da tradição "étnica". Como as culturas expressivas negras praticam a recordação? Como sua recordação é organizada socialmente? Como esta recordação ativa está associada a uma temporalidade distintiva e disjuntiva dos subordinados? Como essa temporalidade e historicidade são construídas e publicamente destacadas? Poderíamos também adotar a linha de investigação sugerida pelos comentários de Adorno sobre a capacidade da recordação de "conferir carne e sangue à noção de utopia, sem traí-la para a vida empírica".[69] O conceito de Jubileu[70] surge na cultura do Atlântico negro para marcar uma quebra ou ruptura especial na concepção do tempo definida e aplicada pelos regimes que sancionavam a servidão. Este capítulo agora se volta para a pergunta sobre qual papel a memória dos terrores e da escravidão deixados para trás desempenha, ao assegurar a unidade das comunidades de sentimento e interpretação que a cultura negra ajuda a reproduzir. Como as mudanças nas formas pelas quais esses terrores são evocados esclarecem o caráter inconstante e agitado da cultura política negra?

## CULTURA NEGRA E TERROR INEFÁVEL

É importante enfatizar que quaisquer correspondências que possam ser identificadas entre as histórias dos negros e dos judeus assumem uma importância radicalmente diferente após o holocausto. Pretendo me contrapor à ideia de que o holocausto é ape-

---

[69] T. W. Adorno, *Aesthetic Theory*. Londres: Routledge, 1984, p. 192.

[70] Peter Linebaugh, "Jubilating; or, How the Atlantic Working Class Used the Biblical Jubilee against Capitalism with Some Success", *New Enclosures: Midnight Notes* 10, outono de 1990.

nas mais outra instância de genocídio. Aceito argumentos em favor de seu caráter único. Entretanto, não desejo o reconhecimento dessa singularidade como obstáculo ao melhor entendimento da cumplicidade entre racionalidade e terror etnicida a que este livro se dedica. Trata-se de uma linha na qual é difícil o equilíbrio, mas deve ser possível e enriquecedor discutir essas histórias em conjunto. Isso pode ser feito sem o desenvolvimento de uma competição absurda e perigosa e sem resvalar para um estilo relativizador que inevitavelmente seria percebido como insulto.[71] Existe uma série de questões levantada pela literatura sobre o holocausto que tem me ajudado a concentrar minhas próprias pesquisas na situação incômoda dos negros na modernidade. Entretanto, parece adequado perguntar neste ponto por que muitos negros e judeus têm hesitado em iniciar semelhante diálogo. Desejo argumentar que sua ausência enfraquece todo o nosso entendimento sobre o que é o racismo moderno e prejudica os argumentos em favor de sua força constitutiva como fator de divisão social no mundo moderno. O modo como a história do racismo científico e da eugenia nas Américas tem sido desconsiderada como fator no desenvolvimento da ciência racial alemã fornece um exemplo marcante deste fracasso.[72] Autores negros e judeus têm perdido oportunidades inéditas de desenvolver este diálogo crucial. Zygmunt Bauman, por exemplo, cuja obra oferece uma riqueza de *insights* sobre a cumplicidade entre a racionalidade e o terror racial e as vantagens da marginalidade como ponto de vista hermenêutico, discute a relação entre racismo e antissemitismo sem nem sequer mencionar as Américas e, muito menos, explorar as impor-

---

[71] Esta acusação é feita por Michael Burleigh e Wolfgang Wippermann em *The Racial State: Germany, 1933-1945* (Cambridge: Cambridge University Press, 1991).

[72] O livro de Robert Proctor, *Racial Hygiene: Medicine under the Nazis* (Cambridge, Massachusetts: Harvard University Press, 1988) é uma exceção rara e valiosa a esta regra.

tantes conexões entre o que ele chama de Estado jardinagem com o Estado *plantation* e o Estado colonial. Quer originada da ignorância ou da indiferença, sua visão dos judeus como "a *única* 'nação não nacional'"[73] [itálico adicionado] e o único grupo "preso no mais feroz dos conflitos históricos: o conflito entre o mundo pré-moderno e a modernidade que avança"[74] caracteriza um eurocentrismo que deprecia a riqueza de seu legado intelectual. Os comentários de Emmanuel Levinas sobre a singularidade qualitativa do holocausto sugere que ele sofre de um ponto cego similar[75] e que seu entendimento da base racional desses processos não sobreviveria a um embate sério com a história da escravidão ou da dominação colonial. Esses descuidos talvez sejam menos surpreendentes se considerarmos que as tentativas equivocadas mas extremamente influentes de Stanley Elkins de importar o holocausto para a literatura sobre a personalidade escrava como exemplo comparativo também foram compreensivelmente esquecidas.

A indiferença ou a ignorância de Bauman em relação ao quanto a concepção eurocêntrica de modernidade impede que se faça relação entre o racismo antinegro durante e depois da escravidão e o antissemitismo na Europa fornece uma contraparte deprimente à nulidade e à banalidade do pensamento "afrocêntrico" similarmente indiferente, no qual temas como o envolvimento de judeus no tráfico escravo são invocados como simples fatos elo-

---

[73] Zygmunt Bauman, *Intimations of Postmodernity*. Londres: Routledge, 1991, p. 225.

[74] Zygmunt Bauman, *Modernity and the Holocaust*. Cambridge: Polity Press, 1989, p. 45.

[75] "Sim, não era uma questão do número de pessoas, era o modo, o modo... Bem, o número, havia também abundância de números: mas a carne... das pessoas assassinadas transportadas em vagões abertos... era mencionada em termos neutros — die Scheiss — não eram corpos humanos. Era isto que era excepcional. Era assassinato realizado em desdém, mais do que em ódio..." Raoul Mortley (org.), *French Philosophers in Conversation*. Londres: Routledge, 1991, p. 21.

quentes sem necessidade de interpretação. A discussão um tanto superficial de Bauman sobre o racismo em *Modernity and the Holocaust* se encaixa muito claramente em suas tentativas, em outros trabalhos, de situar a interação dinâmica entre modernidade e particularidade étnica no sobrecarregado encontro entre amigos, inimigos e estranhos e um modelo da política cultural de assimilação derivada de sua interação. Conforme tentei mostrar no capítulo 2, os escravos permaneceram opostos a seus senhores não como simples inimigos nem como estranhos. Suas relações com os que os possuíam eram governadas por modos inconstantes de ambivalência e antipatia, intimidade e aversão, que tanto envolvem Bauman em outros contextos, mas sua análise nem se aproxima de tocar a dinâmica complexa da relação senhor-senhora-escravo. É como se alguns herdeiros de Simmel estivessem menos interessados do que deveriam na via de investigação da modernidade sugerida pela presença de seu inspirador no Primeiro Congresso Universal das Raças realizado em Londres em 1911.[76]

Como em muitas discussões sobre o alcance e *status* do conceito de modernidade, a questão da ciência se torna um assunto central, principalmente porque tem profundas consequências para o veredicto final sobre a racionalidade. Robert Proctor, Richard M. Lerner e Benno Muller Hill[77] têm sido das raras expressões dispostas a especular os laços entre as histórias distribuídas em

---

[76] Gustav Spiller (org.), *Papers on Inter-Racial Problems: Universal Races Congress* (Londres: P. S. King and Son, 1911); E. M. Rudwick, "W. E. B. Dubois and the Universal Races Congress of 1911", *Phylon* 20, n° 4, 1959, pp. 372-8; e "Report of the First Universal Races Congress", *African Times and Orient Review* 1, n° 1, julho de 1912, pp. 27-30.

[77] Richard M. Lerner, *Final Solutions: Biology, Prejudice and Genocide* (University Park: Pennsylvania State University Press, 1992); Benno Muller Hill, *Murderous Science: Elimination by Scientific Selection of Jews, Gypsies and Others, Germany, 1933-1945* (Oxford: Oxford University Press, 1988). Bauman discute esta obra e a de Robert Proctor no cap. 1 de seu *Modernity and Ambivalence* (Ithaca: Cornell University Press, 1991).

diferentes especialidades acadêmicas e comandadas por diferentes clientelas políticas. Suas obras podem ser usadas para montar um poderoso argumento que demonstre que a eugenia europeia se desenvolveu *pari passu* com a ciência racial americana e recebeu substancial incentivo do desenvolvimento das relações sociais coloniais.

Cabe repetir que a investigação dessas relações não precisam, de forma nenhuma, minar a singularidade do holocausto. Dessa forma, é essencial que não se utilize essa invocação de singularidade para fechar a possibilidade de que uma discussão conjugada, se não comparativa, de seus horrores e seus padrões de legitimação poderia ser frutífera no entendimento dos racismos modernos. Esta pode ser uma tarefa particularmente urgente na Europa, onde as linhas de descendência vinculando os racismos contemporâneos com o movimento nazista são difíceis de desconsiderar, mas têm colocado uma série de questões insolúveis para as organizações políticas antirracistas. Talvez em meio às formas de risco étnico e racial resultantes da reativação do fascismo europeu seja possível perguntar se essa singularidade pode ser especificada com mais cuidado. Primo Levi, cujos estudos rigorosos sobre a cinzenta "zona de ambiguidade que irradia em volta de regimes baseados no terror e na subserviência"[78] aprofundaram nosso entendimento do que deve ter significado a escravidão racial, pode ter algo a contribuir aqui. Levi fala a partir de uma posição que exemplifica as vantagens de um entendimento da singularidade do holocausto que não é prescritiva porque existe em uma relação dialética com um sentido da ubiquidade e normalidade de eventos similares. Ele chama a atenção, por exemplo, para o fato de que o sistema de trabalho escravo era um dos três objetivos centrais dos campos de concentração, juntamente com "a eliminação de adversários políticos e o extermínio das chamadas

---

[78] Primo Levi, *The Drowned and the Saved*. Londres: Abacus, 1988, p. 41.

raças inferiores". Ele vincula a questão da escravidão ao que ele chama de violência inútil da experiência dos campos mas também a uma discussão sobre a inserção ambígua dos campos nas estruturas econômicas normais da sociedade alemã.[79] A obra de Levi pode ser usada para especificar outros elementos da experiência dos campos que poderiam ser utilizados de um modo preliminar para situar os parâmetros de uma nova abordagem da história dos terrores modernos que exaurem a capacidade da linguagem. Suas discussões sobre o caráter da viagem para o campo e a condição de anonimato na qual os novos internos eram induzidos encontram os equivalentes mais imediatos na literatura e na história da escravidão racial no Novo Mundo. O valor de se combinar essas histórias ou de, pelo menos, relacioná-las entre si no mesmo esquema conceitual é uma denúncia melhor da ideologia humanista burguesa, claramente implicada no sofrimento de ambos os grupos.[80] Não se trata de nenhuma questão frívola, pois, como demonstrou recentemente Martin Bernal, o antissemitismo e o racismo estão estreitamente associados na historiografia do século XIX e continuam a ser fatores em grande parte negligenciados na história das ciências humanas.

O pequeno mundo da história cultural e intelectual negra é similarmente povoado por aqueles que receiam que a integridade da particularidade negra possa ser comprometida por tentativas de iniciar um diálogo complexo com pessoas que também sofrem. Deixando de lado a urgência política, alguns temas centrais, que possibilitam semelhante diálogo, são as relações entre as racionalidades e os racismos; o repúdio da ideologia do progresso pelos subordinados racialmente, que têm lubrificado suas engrenagens com seu trabalho não livre; os padrões similares de recordação social encontrados entre judeus e negros; e os efeitos

---

[79] *Ibid.*, p. 100.

[80] Jean-François Lyotard, *The Inhuman*. Cambridge: Polity, 1992.

da familiaridade prolongada com o terror inefável e sublime sobre o desenvolvimento de uma (anti)estética política. Existem riscos tanto para negros como para judeus em aceitar essa associação involuntária com a sublimidade. Basta lembrar as tentativas de Nietzsche em *Aurora* de investir nos judeus suas esperanças de regeneração da humanidade para perceber as ambiguidades inerentes a este legado.

Esta ideia de um poder redentor especial produzido pelo sofrimento encontra suas contrapartes imediatas nos escritos de pensadores negros que, em várias épocas, identificaram relações similares entre a história da escravidão racial moderna e a redenção tanto da África como da América. A capacidade dos negros de redimir e transformar o mundo moderno por meio da verdade e da clareza de percepção que emergem de sua dor é, por exemplo, um elemento familiar na teologia de Martin Luther King Jr.,[81] que não só argumenta que o sofrimento negro tem um sentido mas que seu sentido pode ser externalizado e amplificado de tal forma que poderia ser benéfico à situação moral do mundo inteiro. Igualmente ambíguo é o uso que alguns pensadores negros têm feito dos modelos de luta cultural derivados de uma leitura do papel que os intelectuais judeus têm desempenhado no desenvolvimento dos interesses políticos de sua comunidade. Nesta abordagem, os judeus fornecem uma estratégia que alguns intelectuais negros tentam imitar. Eles procuram seguir o precedente estabelecido por pensadores judeus que são considerados como tendo sido capazes de integrar o sofrimento de seu povo na agenda ética do Ocidente como um todo:

---

[81] Keith D. Miller, *Voice of Deliverance: The Language of Martin Luther King and Its Sources* (Nova York: Free Press, 1992); Cornel West, "The Religious Foundations of the Thought of Martin Luther King Jr.", em Peter J. Albert e Ronald Hoffman (orgs.), *We Shall Overcome: Martin Luther King and the Black Freedom Struggle* (Nova York: Pantheon, 1990). Ver também James H. Cone, *For My People: Black Theology and the Black Church* (Braamfontein: Skotaville Publishers, 1985).

O sofrimento do judeu é identificado como parte da história moral do mundo e o judeu é reconhecido como alguém que contribui para a história do mundo: isto não é verdade para os negros. A história judaica, quer se possa ou não dizer que ela é honrada, certamente é conhecida: a história negra tem sido difamada, caluniada e desdenhada. O judeu é um homem branco e quando os brancos se levantam contra a opressão são heróis: quando os negros se revoltam, eles reverteram à sua selvageria natural. O levante no gueto de Varsóvia não foi descrito como um motim, e nem seus participantes caluniados como delinquentes: os rapazes e garotas em Watts e no Harlem estão inteiramente conscientes disso e certamente isto contribui para suas atitudes em relação aos judeus.[82]

Estas palavras são de James Baldwin. Baldwin é importante para esse aspecto da cultura política do Atlântico negro porque foi identificado, tanto por Harold Cruse[83] como por Stanley Crouch, como precursor de uma estratégia para a expressão negra na qual as vítimas primeiro são abençoadas e depois obrigadas a desempenhar um papel especial na iluminação e transformação do mundo. Cruse lida rudemente com Baldwin, mas ambos acabam seduzidos pelo papel que os intelectuais judeus têm desempenhado na consolidação dos interesses e da autoconsciência de suas comunidades por meio da sistemática militância cultural. Cruse vê esse grupo como "propagandista" capaz de dotar a causa sionista de uma "força interior". Ele sugere que suas atividades apontam para um "nacionalismo cultural" negro equivalente à-

---

[82] James Baldwin, "Negroes Are Anti-Semitic Because They Are Anti-White", em *The Price of the Ticket*. Londres: Michael Joseph, 1985, p. 428.

[83] Harold Cruse, "Negroes and Jews: The Two Nationalisms and the Bloc(ked) Plurality", em *The Crisis of the Negro Intellectual*. Nova York: Quill, 1984.

quele que havia feito dos intelectuais judeus uma força com que contar na América. Baldwin, por outro lado, vê "uma comparação genuinamente franca entre negros americanos e judeus americanos" como "de inestimável valor"[84] — uma pré-condição essencial para a emancipação dos negros americanos. A abordagem de Baldwin é duplamente relevante aqui porque ele também foi identificado por Crouch como fonte de uma teoria política da cultura negra que tem desempenhado um papel singularmente destrutivo no desenvolvimento das "letras raciais". Crouch situa o romance *Beloved*, de Toni Morrison, na sombra desta teoria da arte, que é para ele apenas uma teoria do martírio negro no qual os oprimidos eram canonizados antes que seu sofrimento pudesse ser filtrado pela magia moral, especial, desta teoria. Ele critica o romance mais como uma lista de atrocidades do que como explicação do "mistério da motivação e do comportamento humanos".[85] Seu ataque cruel e final contra Morrison é que "*Beloved*, acima de tudo o mais, é um romance de holocausto com a face pintada de negro". É um livro que, segundo ele, "parece ter sido escrito para introduzir a escravidão americana no concurso de martírios mais importantes". Não concordo que esta seja a intenção de Morrison ou o efeito inevitável de sua comovente peregrinação pela relação entre terror e memória, sublimidade e o desejo impossível de esquecer o inesquecível. Entretanto, o argumento que tentei desenvolver neste capítulo suscita uma contraquestão à ácida polêmica de Crouch que utilizarei para direcionar minha páginas de conclusão. Quais seriam as consequências se o livro tivesse tentado colocar o holocausto dos judeus europeus em uma relação provocadora com a história moderna da escravidão e do terror racial no hemisfério ocidental? Crouch desqualifica, sem

---

[84] Baldwin, *The Price*, p. 430.

[85] Stanley Crouch, "Aunt Medea", em *Notes of a Hanging Judge*. Nova York: Oxford University Press, 1990, p. 205.

considerá-la, a possibilidade de que pode haver algo de útil a ser obtido na aproximação dessas histórias entre si, não tanto para compará-las, mas como recursos preciosos a partir dos quais poderíamos aprender algo valioso sobre o modo como opera a modernidade, sobre o alcance e a situação da conduta humana racional, sobre as pretensões da ciência e talvez, o mais importante, sobre as ideologias do humanismo com as quais essas histórias brutais podem evidenciar ter uma cumplicidade.

Essas questões talvez sejam de interesse mais imediato para a Europa do que para a América. Na Europa, os proponentes mais ativos e violentos do racismo voltado para a cor e o fenótipo tiram abertamente sua inspiração das ideologias fascistas. Sem querer ignorar as importantes diferenças entre antifascismo e antirracismo, é crucial explorar também sua articulação prática. Isso se evidenciou como um problema maior para o movimento de massa antirracista da década de 1970 e forneceu novas dificuldades a partir da reativação do fascismo militante no período após a reunificação da Alemanha e o colapso do "socialismo realmente existente", no qual as alianças entre nacionalistas raciais e purificadores étnicos de todos os matizes são uma possibilidade real.

Em conclusão, desejo tentar abordar *Beloved* e alguns outros textos comparáveis que compartilham de seu interesse pela história e memória social em um espírito experimental e expressamente político. Desejo chamar a atenção para os modos pelos quais alguns escritores negros já iniciaram o trabalho decisivo de investigar os terrores que esgotam os recursos da linguagem em meio aos entulhos de uma catástrofe que proíbe a existência de sua arte, ao mesmo tempo que exige sua continuação. Desejo repetir e estender o argumento frequentemente levantado de que, mesmo quando esses escritores são americanos negros, sua obra não deve ser exclusivamente identificada com o projeto de construção de um cânone cultural etnicamente específico ou nacionalista, porque a lógica do grande movimento político no qual esses textos se situam e para o qual contribuem opera em outros níveis que não aqueles demarcados por fronteiras nacionais. Esses textos pertencem também à rede de identidades e interesses da diáspora, que rotulei de Atlântico negro.

Deixando de lado as formas vernáculas antitextuais e aproximando-nos da literatura, é essencial considerar que os diferentes gêneros na cultura expressiva negra têm reagido ao estatuto aporético da arte negra pós-emancipação em sentidos totalmente diferentes. O ceticismo quanto ao valor de tentar revisitar as sedes de terror indizível na imaginação é provavelmente mais válido em relação ao romance — um retardatário precariamente situado nos espaços da cultura vernácula negra, se é que ele pode ser aí situado. A advertência de Benjamin de que "o que atrai o leitor para o romance é a esperança de aquecer sua vida gelada com a morte sobre a qual ele lê"[86] deveria ser definitivamente levada em conta ao avaliar a predileção intermitente pela ficção revelada pelos leitores do Atlântico negro do abolicionismo em diante. Entretanto, esta advertência é principalmente um argumento sobre a forma do romance e os diferentes tipos de memória e recordação que ele solicita de seus leitores. O conjunto de romances africano-americanos recentes que trata explicitamente da história, historiografia, escravidão e recordação denota uma intensa e ambivalente negociação da forma romance que está associada com suas várias críticas da modernidade e do Iluminismo. *Middle Passage*, de Charles Johnson, que aborda essas questões de frente por meio das experiências de Rutherford Calhoun, um tripulante africano-americano em uma viagem de tráfico de escravos, tem uma clara relação intertextual com o *Blake*, de Delany, mas, ao contrário de seu antecessor, apresenta-se no formato de um diário. *Dessa Rose*, de Sherley Anne William, e *The Chaneysville Incident*, de David Bradily, incorporam a relação antagônica entre diferentes tipos de inscrição diretamente em suas próprias estruturas, ao passo que Toni Morrison descreve *Belo-

---

[86] Walter Benjamin, *Illuminations*. Londres: Fontana, 1973, p. 101.

*ved* como "exterior à maioria das amarras do romance".[87] Esses comentários revelam um grau comum de desconforto com o romance e uma angústia comum quanto à sua utilidade como recurso nos processos sociais que governam a reformulação e conservação da memória histórica. A fonte dessas preocupações pode ser igualmente situada na troca entre cultura oral e escrita e uma resposta ao domínio da escrita autobiográfica dentro do estilo vernáculo de produção literária negra. Morrison descreve claramente essas questões:

> Minha percepção do romance é que ele sempre funcionou para a classe ou o grupo que o escrevia. A história do romance como forma começou quando houve uma nova classe, uma classe média, para lê-lo; era uma forma de arte de que necessitavam. As classes inferiores não precisavam de romances naquela época porque já possuíam uma forma de arte: elas possuíam canções e danças, cerimônias, mexericos e celebrações. Os aristocratas não precisavam dela porque possuíam a arte que eles patrocinavam, possuíam a pintura de seus próprios retratos, a construção de suas casas e se certificavam de que sua arte os separava do resto do mundo... Durante muito tempo, a forma de arte purificadora para o povo negro foi a música. Essa música não é mais exclusivamente nossa; não possuímos direitos exclusivos sobre ela. Outros povos a cantam e tocam, por toda parte ela é o modo da música contemporânea. Portanto, outra forma precisa tomar o seu lugar, e a mim me parece que o romance é necessário... agora de um modo que não era necessário antes.[88]

---

[87] Entrevista com Morrison, publicada como "Living Memory: Meeting Toni Morrison", em Paul Gilroy, *Small Acts* (Londres: Serpent's Tail, 1993), pp. 175-82.

[88] Mari Evans (org.), *Black Women Writers: Arguments and Interviews*. Londres: Pluto Press, 1983, p. 340.

*Beloved* estava sendo escrito no momento em que essas palavras foram registradas e é particularmente pertinente à discussão global deste livro porque é, em parte, uma nova narrativa da história de Margaret Garner, discutida no capítulo 2. As experiências das mulheres negras e, em particular, os significados que elas atribuem à maternidade, são temas centrais ao livro, que faz importantes discussões em favor da congruência entre a integridade do grupo racial como um todo e o *status* de seus membros do sexo feminino. Para Morrison, essas questões não podem ser divorciadas de uma contradição diferente, constituída pela tensão entre o eu racial e a comunidade racial. Falando da história de Garner, ela explicou:

> Ocorreu-me que as questões sobre a comunidade e a individualidade certamente eram inerentes àquele incidente como eu o imaginava. Quando você é a comunidade, quando você é seus filhos, quando esta é sua individualidade, não existe divisão... Margaret Garner não fez o que Medeia fez e não matou seus filhos por causa de algum sujeito. Para mim era o exemplo clássico de uma pessoa decidida a ser responsável.[89]

A história de Garner ilustra mais do que apenas o poder indômito dos escravos de afirmar sua iniciativa humana em circunstâncias extremamente restritas. Na versão de Morrison, ela sintetiza o confronto entre dois sistemas culturais e ideológicos, opostos mas interdependentes, e suas respectivas concepções de razão, história, propriedade e parentesco. Um é o produto diluído da África, o outro, uma expressão antinômica da modernidade ocidental. Seu terreno de encontro é o sistema de escravidão da *plantation*. Dessa forma, é a relação entre senhores e escravos

---

[89] Gilroy, "Living Memory".

que fornece a chave para se compreender a posição dos negros no mundo moderno. O desejo de regressar à escravidão e explorá-la na literatura imaginativa ofereceu a Morrison e a muitos outros escritores negros contemporâneos um meio de reencenar confrontos entre o pensamento racional, científico e iluminista euro-americano e a perspectiva supostamente primitiva dos escravos africanos pré-históricos, incultos e bárbaros.

O desejo de contrapor esses sistemas culturais deriva de condições presentes. Em particular, é formado pela necessidade de denunciar as formas de racionalidade que se tornaram implausíveis por seu caráter racialmente exclusivo e também de explorar a história de sua cumplicidade com o terror sistemática e racionalmente praticado como forma de administração política e econômica. Sherley Anne Williams oferece uma notável expressão desses temas em seu romance *Dessa Rose*, onde Dessa, uma escrava grávida condenada por rebelião e esperando a morte que se seguirá ao nascimento de seu filho, é entrevistada de modo impertinente por um homem branco que prepara um manual científico sobre a criação de escravos: "As origens da rebelião na população escrava e alguns meios de erradicá-las".[90] Williams está primordialmente preocupada com as diferenças entre as marcas inscritas no papel pela pena de Nehemiah e as marcas inscritas, ou melhor, incorporadas no corpo de Dessa pelos ferros quentes e cadeias que sua escravidão exigia que ela portasse. Cada uma sustenta um sistema distinto de significados com suas próprias formas características de memória, regras e códigos racializados. Elas se atravessam mutuamente na própria Dessa. Como escritora negra que olha para trás, por sobre o ombro, para a escravidão e a

---

[90] *Dessa Rose*. Londres: Futura, 1988, p. 23. Uma útil exploração da literatura americana do século XIX sobre o manejo de escravos é fornecida por James O. Breeden (org.), *Advice among Masters: The Ideal in Slave Management in the Old South* (Westport, Connecticut: Greenwood Press, 1980).

torna inteligível e legível, mediando o terror por meio da narrativa, Williams se revela como herdeira de ambos.

Essas tentativas imaginativas de revisitar a experiência escrava, e filtrá-la em busca de recursos com que promover aspirações políticas contemporâneas, não apontam para uma dissociação simples (afrocêntrica ou outra) do Ocidente e seus entendimentos distintivos de ser, pensar e pensar sobre o pensar e o ser. Por certo, é rompida a associação equivocada entre escravidão e antiguidade e sistemas pré-capitalistas de produção e dominação, mas a ruptura indica a oportunidade de reconceitualização para que a escravidão racial capitalista torne-se interna à modernidade e intrinsecamente moderna. A mesma ruptura é sublinhada em *Beloved* pela apresentação feita por Morrison do Professor, um dono de escravos cujo racismo racional e científico substitui a versão patrimonial e sentimental da dominação racial praticada em "Sweet Home" [Doce Lar] por seu predecessor:

> O Professor estava parado diante de um deles [seus sobrinhos] com uma das mãos às costas... quando o ouvi dizer: Não, não. Não é desse jeito. Eu lhe disse para colocar suas características humanas à esquerda; suas características animais à direita. E não se esqueça de alinhá-las.[91]

Nos romances de Charles Johnson, a tendência à polarização de duas essências puras, africana e europeia, é complicada pela inserção de protagonistas americanos cuja dupla consciência[92] "crioulizada" distorce a força desse dualismo fundamental

---

[91] Morrison, *Beloved*. Londres: Cape, 1988, p. 193.

[92] "O 'eu' que eu era, era um mosaico de muitos países, uma colcha de retalho dos outros e objetos estendendo-se para trás até, talvez, o início dos tempos. O que senti, vendo isto, era dívida. O que eu sentia, realmente, era uma transmissão para todos aqueles no convés que eu havia roubado, como se eu não passasse de um canal ou janela através da qual passava mi-

que Johnson receia que possa ser "uma estrutura sanguínea da mente".[93] Andrew Hawkins, o herói picaresco de *Oxherding Tale*, é outro ex-homem de cor que consegue passar por branco. Ele foi instruído na metafísica por um transcendentalista. Em *Middle Passage*, seu sucessor, Calhoun, está moralmente comprometido, não só por sua posição como membro da tripulação de um navio negreiro mas, também, por seu afastamento de seus parentes biológicos e por sua evidente não identidade com os povos tribais Allmuseri, que figuram em ambos os livros como símbolos persuasivos de uma África que permanece obstinadamente incompatível com o mundo moderno.

Essas asserções literárias da modernidade enfática da experiência negra ocidental na escravidão e a partir dela são claras evocações dos argumentos de C. L. R. James em *The Black Jacobins*[94] e de W. E. B. Du Bois em *Black Reconstruction*.[95] O que está sen-

---

nha pilhagem e botim de 'experiência'". Charles Johnson, *Middle Passage*. Nova York: Atheneum, 1990, p. 162.

[93] "O dualismo é uma estrutura sangrenta da mente. Sujeito e objeto, o que percebe e o que é percebido, o eu e o outro — esses gêmeos antigos são construídos na mente como a roda de proa de um navio mercante". *Ibid.*, p. 98.

[94] "Três séculos atrás, quando os escravos vieram para as Índias Ocidentais, entraram diretamente na agricultura de larga escala da fazenda de açúcar, que era um sistema moderno. Ela exigia, além disso, que os escravos vivessem juntos em uma relação social bem mais estreita do que a de qualquer proletariado da época. A cana, quando colhida, tinha de ser rapidamente transportada para o que era produção fabril. Mesmo a roupa que os escravos vestiam e a comida que comiam eram importadas. Os negros, portanto, desde o começo levavam uma vida que, em sua essência, era uma vida moderna. Esta é sua história — até onde fui capaz de descobrir, uma história única". James, *The Black Jacobins*. Londres: Allison and Busby, 1980, Apêndice, p. 392.

[95] "Os escravos negros na América representavam as condições piores e mais inferiores entre os trabalhadores *modernos*. Uma estimativa é que a

do sugerido é que a intensidade concentrada da experiência escrava é algo que marcou os negros como o primeiro povo realmente moderno, lidando no século XIX com dilemas e dificuldades que apenas se tornariam a substância da vida cotidiana na Europa um século mais tarde. Morrison expõe este argumento com particular vigor:

> [...] a vida moderna começa com a escravidão... Do ponto de vista das mulheres, em termos de enfrentar os problemas que o mundo enfrenta agora, as mulheres negras tiveram de lidar com problemas pós-modernos no século XIX e antes. Essas coisas tiveram de ser abordadas pelo povo negro muito tempo antes: certos tipos de dissolução, a perda e a necessidade de construir certos tipos de estabilidade. Certos tipos de loucura, enlouquecer deliberadamente, como diz um dos personagens no livro, "para não perder a cabeça". Essas estratégias de sobrevivência constituíam a pessoa verdadeiramente moderna. São uma resposta a fenômenos ocidentais predatórios. Você pode chamar isto de ideologia e de economia, mas trata-se de uma patologia. A escravidão dividiu o mundo ao meio, ela o dividiu em todos os sentidos. Ela dividiu a Europa. Ela fez deles alguma outra coisa, ela fez deles senhores de escravos, ela os enlouqueceu. Não se pode fazer isso durante centenas de anos sem que isto cobre algum tributo. Eles tiveram de desumanizar, não só os escravos, mas a si mesmos. Eles tiveram de reconstruir tudo a fim de fazer este sistema parecer verdadeiro. Isto tornou tudo possível na Segunda Guerra Mundial. Tornou

---

manutenção de um escravo no Sul custava ao senhor 19 dólares por ano, o que significa que eles estavam entre os trabalhadores pagos mais pobres do mundo *moderno*" [itálicos adicionados]. W. E. B. Du Bois, *Black Reconstruction in America*. Nova York: Atheneum, 1977, p. 9.

necessária a Primeira Guerra Mundial. Racismo é a palavra que empregamos para abarcar tudo isto.[96]

Todos esses livros, mas particularmente *Beloved*, lidam com o poder da história em diversos níveis: com as concepções de tempo em disputa que possibilitaram seu registro,[97] com a necessidade da memória histórica socializada e com o desejo de esquecer os terrores da escravidão e a impossibilidade simultânea de esquecer. Morrison é mais uma vez perspicaz: "A luta para esquecer o que era importante a fim de sobreviver é infrutífera e eu desejava torná-la infrutífera".[98] Esses temas interdependentes são apresentados com grande vigor em *The Chaneysville Incident*, de David Bradley,[99] onde a necessidade de recursos hermenêuticos capazes de liberar as escolhas metafísicas dos escravos modernos é colocada por meio de uma investigação do significado do suicídio em massa por escravos encurralados pelos caçadores de escravos. O protagonista aqui é John Washington, um historiador acadêmico que precisa primeiro dominar e depois deixar de lado sua instrução formal na disciplina, de sorte que ele possa compreender o significado da preferência dos escravos pela morte em lugar da permanência na servidão.

Ao buscar explicar por que ela e outros romancistas africano-americanos deram essa guinada decisiva para a história, Morrison sugere uma interessante motivação que acentua a origem deste desejo em um presente que atribui pouco valor à história ou à historicidade:

---

[96] "Living Memory".

[97] Homi Bhabha, "Post-colonial Authority and Post-modern Guilt", em L. Grossberg *et al.* (orgs.), *Cultural Studies*. Nova York: Routledge, 1992.

[98] "Living Memory".

[99] David Bradley, *The Chaneysville Incident*. Londres: Serpent's Tail, 1986.

Era preciso porque somos responsáveis. Fico muito grata pelo fato de que os escritores negros estejam aprendendo a crescer nessa área. Abandonamos muito material valioso. Vivemos em uma terra onde o passado é sempre apagado e a América é o futuro inocente no qual os imigrantes podem chegar e começar de novo, onde a lousa está limpa. O passado está ausente ou é romantizado. Esta cultura não encoraja alongar-se na verdade sobre o passado, muito menos acertar contas com ele. Essa memória está hoje muito mais em perigo do que estava trinta anos atrás.[100]

A ênfase de Morrison na apropriação imaginativa da história e o interesse pelos contornos culturais da experiência marcadamente moderna a tornam rude com aqueles que acreditam que ser um escritor negro exige adesão tenaz a estruturas narrativas ortodoxas e códigos realistas de escrita. Sua obra aponta e celebra algumas estratégias para convocar o passado divisado por escritores negros, cujo modernismo minoritário pode ser definido precisamente por sua proximidade imaginativa com formas de terror que ultrapassam a compreensão e levam de volta, da violência racial contemporânea, passando pelo linchamento, rumo à ruptura temporal e ontológica da *Middle Passage*. Aqui, Morrison e os outros estão aproveitando e reconstruindo os recursos a eles fornecidos por gerações anteriores de escritores negros que permitiram que a confluência de racismo, racionalidade e terror sistemático configurasse tanto o seu desencanto com a modernidade como suas aspirações por sua realização.[101]

---

[100] "Living Memory".

[101] Charles Chesnutt, *The Marrow of Tradition* (Boston e Nova York: Houghton, Mifflin, 1901) e Arna Bontemps, *Black Thunder* (Nova York: Macmillan, 1936) são dois livros mais antigos que acorrem à mente aqui, o primeiro por sua abordagem do linchamento, o segundo por sua reconstrução de uma rebelião escrava.

A obra desses autores aceita que o mundo moderno representa uma ruptura com o passado, não no sentido de que os africanismos pré-modernos, "tradicionais", não sobrevivem a sua instituição, mas porque a importância e o significado dessas sobrevivências se tornam irremediavelmente desligados de suas origens. A história da escravidão e a história de sua recuperação imaginativa por meio das culturas expressivas vernáculas são um desafio para que mergulhemos na dinâmica específica desta cisão.

A conclusão deste livro é que isto deveria ser feito não a fim de recuperar tradições raciais hermeticamente lacradas e culturalmente absolutas que se contentariam eternamente em invocar o pré-moderno como o antimoderno. Isto é proposto aqui, acima de tudo, como meio de representar a inevitabilidade e o valor legítimo da mutação, hibridez e mistura em marcha rumo a memórias do racismo e da cultura política negra melhores do que aquelas até agora oferecidas por absolutistas culturais de vários matizes fenotípicos. As circunstâncias extremas a partir das quais tem crescido esta obrigação apenas aumentam a urgência e a promessa deste trabalho. A história dos negros no Ocidente e os movimentos sociais que têm afirmado e reescrito essa história podem fornecer uma lição que não se restringe aos negros. Eles levantam questões de importância mais geral que foram colocadas na política negra em um momento relativamente precoce. Existe aqui, por exemplo, uma contribuição potencialmente importante rumo à política de um novo século no qual o eixo central do conflito não será mais a linha da cor, mas o desafio do desenvolvimento justo e sustentável e as fronteiras que separarão as áreas super-desenvolvidas do mundo (internamente e no exterior) da pobreza intratável que já as circunda. Nessas circunstâncias, pode ser mais fácil considerar a utilidade de uma resposta ao racismo que não reifique o conceito de raça e premiar a sabedoria gerada pelo desenvolvimento de uma série de respostas ao poder do absolutismo étnico, que não tente fixar absolutamente a etnia mas, sim, a veja como um processo infinito de construção da identidade. Vale a pena repetir que este esforço é válido por si mesmo e para a estratégia geral que ele pode evidenciar para exemplificar. Em seu ponto mais valioso, a história das identidades raciais em disputa propicia uma ilustração específica das lições gerais envolvidas em tentar manter abertas as categorias instáveis e profanas da cultura política negra. Igualmente importante é que ela pode revelar um valor positivo no empenho em incorporar os problemas de como lidar com essa abertura no exercício da política.

## AGRADECIMENTOS

Uma espécie de comunidade frágil pode ser composta de pessoas que discordam entre si, constituída pelo estilo profícuo de desacordo que cresce com a disciplina e o respeito mútuo. Com essa possibilidade em mente, eu gostaria de agradecer as pessoas que discutiram comigo o conteúdo deste livro durante os anos que levei para escrevê-lo. Recebi comentários detalhados sobre partes dele de Stuart Hall, Barnor Hesse, Hedda Ekerwald, Isaac Julien, Dick Hebdige, Iain Chambers, bell hooks, Roland François Lack, Angela McRobbie, Cora Kaplan e Eddie Glaude. O livro é muito melhor do que teria sido graças a essas conversas estimulantes. Embora ele não tenha consultado este original, minhas discussões e desacordos com Kobena Mercer também me ajudaram a esclarecer meus pensamentos.

As seções do livro foram apresentadas como trabalhos acadêmicos e conversas na Duke University; Universidade de Essex, Universidade da Pensilvânia; Trinity College em Hartford; Universidade de Nova York; Claremont Colleges; Oberlin Colege; Universidade da Califórnia em Santa Bárbara, Santa Cruz e Davis; Universidade de Estocolmo; University College, Birkbeck College e Goldsmiths' College, todos da Universidade de Londres; Cheltenham and Gloucester College of Education; St. Anthony's College, Oxford e o Istituto Universitario Orientale em Nápoles. Gostaria de agradecer as pessoas que organizaram essas visitas e a todos que se deram ao trabalho de comparecer e participar de minhas palestras.

Devo agradecer também a ex-colegas que me ajudaram de diversas maneiras: Laurence Marlow, Tony Woodiwiss, Mary Girling, Brenda Croti, Peter Hulme e Elaine Jordan.

Outras pessoas me incentivaram e apoiaram em Londres. Aqui agradeço a Mandy Rose, David A. Bailey, Karen Alexander, Cynthia Rose, Pratibha Parmar, Patrick Wright e Beryl Gilroy.

Amigos nos Estados Unidos também ajudaram de diferentes maneiras. Agradeço a Hazel Carby e Mike Denning sobretudo por sua assistência com livros e outras obscuras demandas de bibliotecas; ao professor Ed Gordon por me tornar possível uma visita a Yale; a James Clifford pelas discussões estimulantes que tivemos em viagens e muito mais; a Gloria Watkins por ver coisas que ninguém mais consegue ver; a Manthia Diawara por sua visão cética da particularidade africano-americana; e ao professor Houston A. Baker Jr. por me ajudar a imprimir *There Ain't No Black in the Union Jack* em papel alcalino na University of Chicago Press. O incentivo de Mick Taussig foi bem-vindo, tal como o ocasional fornecimento por Dana Seman de um lar em que me senti em casa.

Um tipo diferente de gratidão é prestado a Bill French, da University Place Bookstore, em Manhattan; a Pete Webb, da Compendium Books em Camden Town; a Integrity in Music em Weatherfield, Connecticut; e a Hones John's em Portobello Road. Agradecimentos a Mark Ainley especialmente por 24 Karat Black e a Kellie Jones por comungar de meu entusiasmo fatal pelo vinil. Um dia as obras completas de Rudy Ray Moore serão nossas.

Meu contato inicial com os Jubilee Singers de Fisk resultaram da dedicação de Pat Preston. Gostaria de agradecer a ela agora por esse generoso presente da biblioteca de seu falecido marido. A trilha que isso abriu me levou ao Atlântico negro via a Archive Bookstore na Bell Street e uma primeira edição autografada. Sou grato a Val Wilmer pelo empréstimo de diversos itens raros de sua coleção pessoal. Ao lado de Yvonne Occampo, Peter Linebaugh e Flemming Rogilds, ela merece aqui agradecimento pelo exemplo que ela dá e várias formas de ajuda prática.

Robert Reid Pharr, Sandhya Shukla e Anne-Marie Fortier me desafiaram em diálogos que nasceram de seus projetos pessoais de pesquisa.

Anthony Jackson, o maior baixista do planeta, cujo gênio arguto e puro é algo que me empenho em imitar, merece aqui agradecimento pelo prazer que sua obra dissonante me proporcionou enquanto eu escrevia e refletia sobre a cultura negra.

Finalmente, mas também primeiramente, tenho uma dívida incalculável com Vron Ware, meu co-pai, leitor ideal e crítico mais severo e construtivo.

# ÍNDICE ONOMÁSTICO

2 Live Crew, 176-9
Above the Law, 178
Adorno, T. W., 97, 157, 211-2, 384, 396
África do Sul, 186, 279, 371-2, 395
Alemanha, 142, 223, 258, 262, 264, 405
Ali, Shahrazad, 362-3
American Colonisation Society [Sociedade Americana de Colonização], 70-1
Anderson, Perry, 111
Andrews, William L., 151-2
*Anglo-African, The*, 68
Apache Indian, 174
Appiah, Kwame Anthony, 41, 359
Asante, Molefi Kete, 66, 353, 355-6, 359
Assing, Ottilia, 135
Auld, Thomas, 136-7, 152
Average White Band, 213
Bad Brains, 206
Baker Jr., Houston A., 41, 203, 244, 247, 297, 374, 418
Baldwin, James, 281, 283, 328, 331, 378, 403-4
Baltimore, 53, 152
Bandung, Conferência de, 286
Baraka, Amiri, 123-4, 327
Bastide, Roger, 14
Bataille, Georges, 327

Baudelaire, Charles, 109, 125, 281
Baudrillard, Jean, 214
Bauman, Zygmunt, 27, 93, 104-5, 383, 397-9
Beaconsfield, Lord, 202
Beauvoir, Simone de, 348
Bell, Bernard, 299
Benhabib, Seyla, 27, 95-6
Benjamin, Walter, 31, 125, 351, 373, 384, 396, 406
Bennett, Gwendolyn, 63
Benson, George, 218
Berman, Marshall, 27, 104, 109-14, 194
Bernal, Martin, 134, 357, 401
Besant, Annie, 62, 279
Bíblia, 23, 95, 246, 374
Big Daddy Kane, 218
Bismarck, Otto von, 62, 91, 262
Black Ark, 213
*Black Metropolis*, 291, 311
Black Power, 17, 24
Blake, William, 50
Blyden, Edward Wilmot, 75, 92, 131, 224, 299, 361, 388-94
Boas, Franz, 14, 227
Bootsy (ver Collins, Bootsy)
Bradley, David, 336, 413
Braidotti, Rosi, 108
Brasil, 9-10, 12, 355, 372
Brion Davis, David, 115, 117-8
Bright, John, 12

Britânia, 56
Broderick, Francis, 262, 273
Bronx (Nova York), 211, 216
Brooklyn (Nova York), 231
Browder, Earl, 317
Brown, James, 213, 221, 371, 376
Brown, William Wells, 61, 68, 70, 141, 185, 259, 388
Burke, Edmund, 45, 47, 49
Burning Spear, 387
Byrd, Donald, 63
*Cabana do Pai Tomás, A*, 78, 187, 255
Cachoeira (Bahia), 23
Calhoun, Lena, 264
Cambell, Luther, 176-7
Cambridge, 61, 241
Campbell, Robert, 68
Canadá, 63-4, 73, 78-9
Carby, Hazel, 41, 191, 418
Caribe, 11, 36, 38, 58, 65, 173, 197-8, 220, 242, 371
Caribe dinamarquês, 388
Carlyle, Thomas, 49-50, 109, 230
Cato Street, conspiração de, 51
Cayton, Horace, 291, 311
Certeau, Michel de, 60, 210-1
Chambersburg (Pensilvânia), 69
Charles, Ray, 380
Charlestown (Virgínia), 69
Chicago, 14, 197-8, 218, 276, 284, 291, 296, 299, 311, 341, 353, 367
*Chicago Defender*, 273
Cícero, 252, 392
Clapton, Eric, 194
Clifford, James, 61, 260, 418
Clinton, George, 376
Clore Gallery, 54
Clube do Livro do Mês, 282
Coffin, Levi, 143-5, 147-8

Collins, Bootsy, 55
Colombo, Cristóvão, 59
Colonial Seamen's Association [Associação dos Marinheiros Coloniais], 63
Compton's Most Wanted, 178
Cone, James, 385, 402
Congresso Universal das Raças (Londres, 1911), 279, 399
Cooper, Anna, 63
Cooper, Craig T., 213
Copérnico, Nicolau, 114
Covey, Edward, 135-6
Croce, Benedetto, 274
Crouch, Stanley, 403-4
Crummell, Alexander, 61, 73, 78, 95, 131, 202, 245, 270-1, 280, 299, 361
Cruse, Harold, 403
Cuba, 79, 81
Cuffay, William, 51
Cunard, Nancy, 191-2
Davidson, William "Black", 51
Davis, Charles, 327
Davis, Miles, 200-1, 218, 379
De La Soul, 178
Defoe, Daniel, 11
Delany, Martin Robison, 38, 61-2, 65-82, 84-5, 91-2, 95, 131, 148, 224, 233, 239, 273, 357, 361, 363, 387, 406
Deleuze, Gilles, 80, 85
Denmark Vesey, 53-4
Descartes, René, 115, 121, 353
Detroit, 63-4, 199
Dickens, Charles, 109
Dinamarca, 62, 338
Diop, Alioune, 366
Diop, Cheik Anta, 356
Dostoiévski, Fiódor, 109, 324, 391

Douglass, Frederick, 12, 31, 53-4, 61, 63, 66, 69, 92, 101, 131-43, 149-54, 160-1, 217, 224, 229, 233, 258, 269, 289, 345, 368
Dread, Mikey, 58
Drummond, Tim, 221
Du Bois, W. E. B., 9, 28-9, 56, 62, 64, 83, 91, 100, 126, 142, 154-5, 187-9, 191, 202, 223-58, 260-74, 176, 279-80, 285, 289, 307, 359, 361, 368-9, 394, 412, 416
Dublin, 367
Dunn, Donald "Duck", 221
Egito, 67, 134-5, 353, 386
Eli, Bobby, 221
Eliot, T. S., 50
Elkins, Stanley, 398
Ellison, Ralph, 168-9, 223, 288, 300, 330, 376-7
Equiano, Oluadah, 51
Escócia, 101, 131
Eslovênia, 395
Espanha, 289
Ésquilo, 255
Etiópia, 67
Euclides, 389
Eyre, governador Thomas, 48
Fabre, Michel, 327, 337
Faneuil Hall, 142
Fauset, Jessie, 63
Fausto, 259
Ferney (França), 259
Feuerbach, Ludwig, 135
Fisher, Julius, 339
Fisk, Jubilee Singers da (ver Jubilee Singers)
Foster, Stephen, 79
Foucault, Michel, 128, 160, 209
Franklin, Aretha, 221

Freedmen's Bureau [Comitê dos Homens Libertos], 245
Frente Negra Brasileira, 18
Freud, Sigmund, 24, 300, 321, 370
Funki Dreds, 58
Gaines, Archibald K., 144
Gana, 233, 284, 290
Gandhi, Mahatma, 279
Garner, Margaret, 143-7, 408
Garnet, Henry Highland, 101
Garvey, Marcus, 54, 60-1, 359, 386
Gates Jr., Henry Louis, 41, 44-5, 177, 247
Gaye, Marvin, 199
Genet, Jean, 349
George, Nelson, 89, 195, 200
Ghetto Boys, 178
Gillespie, Dizzy, 218
Gilman, Sander, 44-5
Gladstone, William Ewart, 187-8
Glissant, Edouard, 12, 33, 85, 162, 171
Goethe, Johann Wolfgang von, 109, 135
Gold, Mike, 317
Gorée, ilha de (Senegal), 23
Graham, Larry, 221
Great Barrington (Massachusetts), 230
Grécia, 134-5, 389
Grupo de Exploração do Vale do Níger [*Niger Valley Exploring Party*] (1859), 78
Guattari, Félix, 80, 85
Guerra Fria, 16-7, 23
Gueto de Varsóvia, 403
Habermas, Jürgen, 27, 102-4, 109-10, 114-7, 212, 367
Haiti, 11, 53, 61, 169, 256, 393
Hall, Stuart, 41, 179

Índice onomástico 423

Harlem (Nova York), 190, 322, 393, 403
Hathaway, Donny, 379-80
Hegel, G. W. F., 45, 101, 109, 112, 115-8, 122-4, 126, 135-6, 140, 152, 159, 262-3, 267, 299, 324, 346
Heidegger, Martin, 323
Henderson, David, 194
Hendrix, Jimi, 193-6, 221
Heráclito, 288
Herder, Johann Gottfried, 91, 299, 391
Heródoto, 389
Herzen, Alexander, 109
Hibbler, Al, 376
*Highlife*, 371
Hill Collins, Patricia, 119-22
Hitler, Adolf, 311
Hobsbawm, Eric, 56
Holiday, Billie, 379
Holmes, Oliver Wendell, 70
Holocausto, 396-8, 400, 404
Homero, 389
hooks, bell, 27, 105, 164, 260, 417
Horne, Lena, 264
Hose, Sam, 235
Hughes, Langston, 54, 300
Hume, David, 45, 316
Hurston, Zora Neale, 191-2, 333-4
Husserl, Edmund, 305, 324
Ice Cube, 179
Ice T, 218
Igreja Africana Metodista Episcopal, 80
Impressions, The, 197
Índia, 50, 279
Israel, 182, 385, 395
Itália, 63, 148, 282
Jackson, Jesse, 217
Jackson, Michael, 207, 351, 386

Jamaica, 49, 51, 60, 174, 178, 197, 355
Jamerson, James, 94, 221
James, C. L. R., 30, 41, 56, 169, 304, 411
James, George, 135, 356
James, William, 267
Jameson, Fredric, 27, 102, 367, 384-5
Jazzie B, 58, 180
JBs, The, 58
Johnson, Charles, 406, 410-1
Johnson, James Weldon, 157, 192, 255, 256-8, 260, 268, 379
Johnson, Robert, 223, 379
Jones, Leroi, 124, 208
Jones, Quincy, 217, 220-1
Jordan, Louis, 300
Jubilee Singers, 182-93, 230-1, 246, 372, 418
Jungle Brothers, 178
Kafka, Franz, 384
Kant, Immanuel, 45, 115
Karenga, Maulana, 362
Kaye, Carol, 221
"Keep On Moving", 58-9, 223
Keil, Charles, 376
*Kemet*, 353, 355, 359
Kent, George, 283, 288
Kentucky, 143, 146, 150
Kierkegaard, Sören, 304-5, 323
King, Albert, 221
King Jr., Martin Luther, 123, 279, 380, 386, 402
Kingsley, Charles, 49
Kingston, 14, 51, 211
Kirk, Rahsaan Roland, 196
Kojève, Alexander, 346
Kool DJ Herc, 211
Kool G Rap, 157
Kool Moe D, 218

Kristeva, Julia, 164, 357
Kropotkin, Peter, 62
KRS1, 178
Ku Klux Klan, 275
Kuti, Fela, 371
Kwanzaa, 362
Lacan, Jacques, 140
Lagos, 371
Larsen, Nella, 62
Laws, Ronnie, 212-3
Lee, Spike, 200
Lei do Escravo Fugitivo [*Fugitive Slave Act*], 144
Leman, Iago, 259
Lerner, Richard M., 399
Levi, Primo, 400
Levin, Rahel, 135
Levinas, Emmanuel, 94, 398
Lewis, Edmonia, 63
Lewis, Wyndham, 272-4
Libéria, 58, 70, 72, 75, 169, 242 361, 389-90
Linebaugh, Peter, 51, 53-4, 57, 188, 396, 418
LL Cool J, 216
Locke, Alain, 190-1
Locke, John, 115, 316
*Lohengrin*, 272
Londres, 256, 279-80, 368, 375, 399
Love, Monie, 180
Lukács, Georg, 84, 118
Lynch, Hollis, 390
Lyotard, Jean-François, 401
Macka B, 197
Maillou Jones, Lois, 63
Mandela, Nelson, 197-8
Mannoni, Octave, 322-3, 327, 346
Marley, Bob, 12
Marsalis, Wynton, 200-1
Martinica, 256

Mary Jane Girls, 216
Marylebone Reading Society, 52
Matisse, Henri, 274
Mayfield, Percy, 197, 380-2
McAdoo, Orpheus Myron, 372
McCalman, Iain, 51-2
McCrae, Gwen, 216
McFeely, William, 135
McKay, Claude, 54
Melle Mel, 218
Mercer, Kobena, 171, 207
*Middle Passage*, 38, 61, 79, 260, 355, 368, 406, 411, 414
Mill, J. S., 316
Moisés, 274, 386
Montesquieu, 45, 107, 110
Morant, rebelião da baía de, 49-50
Morris, William, 62
Morrison, Toni, 143, 167-8, 404, 406
Morton, Samuel, 70, 134
Muller Hill, Benno, 399
Murray, Charles Shaar, 194
Nabuco, Joaquim, 12
Nashville (Tennessee), 230
*Negro Worker*, 62
Nehru, Pandit, 285
New Haven (Connecticut), 220
*New Masses*, 335
New Orleans, 144
Newmark, Andy, 221
Nietzsche, Friedrich, 31, 33, 45, 115, 142, 306, 321, 323-4, 402
Nigéria, 72, 372
Nino, Pedro, 59
Nkrumah, Kwame, 290, 360
*North Star*, 69
Nova York, 195
Ohio, 144
Oliver, Paul, 300
Padmore, George, 54, 62

Índice onomástico 425

Paris, 63-4, 85, 107, 125-6, 218, 256, 259, 287, 289, 296-7, 305, 310, 327, 349, 365-6, 368, 393
Parker Remond, Sarah, 63, 68, 148
Parsons, Lucy, 62
Patterson, Orlando, 140
Peterloo, massacre de, 52
Phillips, Esther, 380
Phillips, Wendell, 142
Picasso, Pablo, 274
Pissarro, Camille, 391
Pitts, Helen, 134
Poor Righteous Teachers, 178
*Présence Africaine*, 287, 290, 332-3, 365-6, 393
Priest, Maxi, 180
Proctor, Robert, 399
Proust, Marcel, 274
Prússia, 262, 264
Raboteau, Albert, 386
Rainey, Chuck, 221
Rainha de Sabá, 385
Rakim, 177
Rampersad, Arnold, 233, 247, 273, 297-8
Reardon, Catherine Cooper, 339
Rebel MC's, 354
Rediker, Marcus, 53
Reynolds, Paul, 336
Riley, Teddy, 58
Rio de Janeiro, 14
Robeson, Paul, 300
Robinson, Cedric, 241
Robinson, John, 221
Rodriguez, Rico, 14
Rosskam, Edwin, 295
Rousseau, Jean-Jacques, 77, 110, 115
Royal Academy, 55
Rushdie, Salman, 48-9, 98
Ruskin, John, 49, 54

Sagoo, Bally, 174
Salgado, Plínio, 18
Salomão, 385
Salvador (Bahia), 23
São Domingos, 53
Santos, Arlindo Veiga dos, 18
Sartre, Jean-Paul, 124, 281, 327
Schopenhauer, Arthur, 45, 101
Scott, Sir Walter, 131
Seattle, 218
Segundo Congresso de Escritores e Artistas Negros (Roma, 1959), 365
Seminário Teológico Fairmount, 145
Senghor, Léopold Sédar, 249
Seroff, Doug, 186, 188
Serra Leoa, 58
Shaftesbury, Duque de, 66, 183
Sharpe, Jenny, 50
Shepperson, George, 393
Shohat, Ella, 384
Simmel, Georg, 279, 399
Sims, J. Marion, 69
Sionismo, 22, 382, 384, 387, 390, 394
Sociedade Feminina Antiescravidão de Salem, 148
Sombart, Werner, 279
Soul II Soul, 58-9, 180, 223
Souza, Raul de, 14
Spence, Thomas, 52
Spencer, Herbert, 228
St. Thomas, 388, 391
Stalin, Josef, 315
Stein, Gertrude, 297
Stepto, Robert B., 133, 247, 256, 268-9
Stone, Lucy, 145-8
Stone, Sly, 221

Stowe, Harriet Beecher, 12, 78, 133, 187
Suécia, 63
Swift, Jonathan, 50
Takaki, Ronald, 133, 141
Taylor, Samuel Coleridge, 249
Temperton, Rod, 221
Tennessee, 230, 236, 252
Thompson, E. P., 50, 56
Tim Dog, 178
Tönnies, Ferdinand, 279
Treitschke, Heinrich von, 62, 91, 262
Tribe Called Quest, A, 178
Truth, Sojourner, 142
Turner, J. M. W., 54-6, 59, 79
Turner, Nat, 136
Turner, Victor, 269
Underground Railroad, 143, 145, 386
Universidade de Atlanta, 235, 245
Universidade de Harvard, 70, 232, 273
Universidade Fisk, 183, 227, 230-2
Unter den Linden, 273
Vaughan, Sarah, 218
Vitória, Rainha, 187
Voltaire, 45, 259
Wailers, The, 175, 197, 223
Warrington (Inglaterra), 148
Washington, Booker T., 240, 244-5, 252, 268
Weber, Max, 115
Wedderburn, Robert, 51-2
*Weekly Anglo-African*, 68
Wells, Ida B., 62, 64
Wertham, Frederic, 322
Wesley, Fred, 14
West, Cornel, 27, 41, 64, 105, 123, 267
Wheatley, Phyllis, 62, 169

Wheeler, Caron, 180
Wilhelm II, Kaiser, 62
Williams, Deniece, 197
Williams, Raymond, 48-50
Williams, Sherley Anne, 409-10
Wirth, Louis, 291
Wright, Patrick, 55, 418
Wright, Richard, 29, 64-5, 84, 94, 118, 152, 155, 159, 187, 192, 230, 235, 281-349, 359-61, 365, 368, 378-9
X Clan, 178
Young Disciples, 180
Zawinul, Joe, 218
Zimbábue, 372

Índice onomástico 427

# SOBRE O AUTOR

Paul Gilroy nasceu em Londres, em 1956. Além de ter sido professor visitante no Goldsmiths College da Universidade de Londres, lecionou Sociologia na Universidade de Yale, em New Haven, Estados Unidos, onde também foi Diretor de Estudos Graduados do Center for African American Studies. Foi professor de Teoria Social na London School of Economics e desde 2012 leciona Literatura Americana e Inglesa no King's College. Em 2019 recebeu o Holberg Prize, por sua contribuição à sociologia e às ciências humanas. Publicou, entre outros, os seguintes livros:

*The Empire Strikes Back: Race and Racism in '70s Britain* (como coautor). Londres: CCCS/Hutchinson, 1982.

*There Ain't no Black in the Union Jack: The Cultural Politics of Race and Nation*. Hutchinson, 1987.

*Small Acts: Thoughts on the Politics of Black Cultures*. Londres: Serpent's Tail, 1993.

*The Black Atlantic: Modernity and Double Consciousness*. Londres: Verso, 1993 (vencedor do American Book Award, Before Columbus Foundation, 1994).

*Hendrix, hip-hop e l'interruzione del pensiero* (com Ian Chambers). Gênova: Costa & Nolan, 1995.

*Between Camps: Nations, Cultures and the Allure of Race*. Penguin, 2000.

*Against Race: Imagining Political Culture Beyond the Color Line*. The Belknap Press of Harvard University Press, 2000.

*Between Camps: Nations, Culture and the Allure of Race*. Allen Lane, 2000.

*After Empire: Multiculture* or *Postcolonial Melancholia*. Routledge, 2004.

*Black Britain: A Photographic History*. Londres: Saqi Books, 2007.

*Darker Than Blue: On The Moral Economies of Black Atlantic Culture*. Harvard University Press, 2010.

*Conflicting Humanities* (organização com Rosi Braidotti). Londres: Bloomsbury, 2016.

Este livro foi composto em Sabon, pela Bracher & Malta, com CTP da New Print e impressão da Graphium em papel Pólen Natural 70 g/m² da Cia. Suzano de Papel e Celulose para a Editora 34, em março de 2023.